国家出版基金项目
NATIONAL PUBLICATION FOUNDATION

 欧亚历史文化文库

总策划 张余胜

兰州大学出版社

光明的使者

——摩尼与摩尼教

丛书主编 余太山

马小鹤 著

图书在版编目(CIP)数据

光明的使者:摩尼与摩尼教 / 马小鹤著. —兰州:
兰州大学出版社,2013.1

(欧亚历史文化文库/余太山主编)

ISBN 978-7-311-04056-7

Ⅰ.①光… Ⅱ.①马… Ⅲ.①摩尼教—研究 Ⅳ.
①B989.1

中国版本图书馆 CIP 数据核字(2013)第 025700 号

总 策 划	张余胜
书 名	光明的使者
	——摩尼与摩尼教
丛书主编	余太山
作 者	马小鹤 著
出版发行	兰州大学出版社 (地址:兰州市天水南路 222 号 730000)
电 话	0931-8912613(总编办公室) 0931-8617156(营销中心)
	0931-8914298(读者服务部)
网 址	http://www.onbook.com.cn
电子信箱	press@lzu.edu.cn
印 刷	兰州人民印刷厂
开 本	700 mm×1000 mm 1/16
印 张	29.75(插页 22)
字 数	397 千
版 次	2013 年 3 月第 1 版
印 次	2013 年 3 月第 1 次印刷
书 号	ISBN 978-7-311-04056-7
定 价	120.00 元

(图书若有破损、缺页、掉页可随时与本社联系)

淘宝网邮购地址:http://lzup.taobao.com

图1-1 巴比伦的伊希达门（Ishtar Gate）
[2009-05-25]. http://www.n3m.com/gallery/
images/20060712081113_dsc_0859.jpg.

图1-2 圣者传图（1）
吉田丰，图版7

图1-3 圣者传图（1）（部分）
吉田丰，图版8

图1-4 波斯国王沙卜尔一世（右）俘获罗马皇帝瓦列里安

[2009-05-25].http://www.livius.org/a/1/iran/shapur_valerian.jpg.

图1-5 菲尔多西《王书》中的"画家摩尼的故事"插图

[2010-08-06].http://nrs.harvard.edu/urn-3:FHCL:9840 40?height=150&width=150.

图1-6 巴黎国立图书馆保存的一块凹透镜，周围用福音体（Estrangelo）叙利亚文刻着："摩尼，基督耶稣的使徒"

[2009-05-25].http://www.iranica. com/newsite/articles/unicode/ images/ot_grp13/manichean_art_ fig_1.jpg.

图1-7 高昌壁画MIK III 6918：左侧的大人物可能是摩尼，围绕着他的是男性选民（和听者[？]），右侧是女性选民与听者

Le Coq 1913, Taf. 1 (color); Le Coq 1923, Taf. 1 (color). Gulácsi 2001, Fig. 91

图1-8 伊朗比沙普尔摩崖石刻：波斯国王瓦赫兰一世君权神授

左面是阿胡拉·玛兹达，将象征权力的环授予右面的瓦赫兰。二者都骑在马上，瓦赫兰将敌人踩在脚下。但是，这个倒毙的敌人似乎不是原作，而是后来加上去的。

[2009-05-25].http://www.livius.org/a/iran/bishapur/bishapur_relief_5_1.JPG .

图1-9 伊朗纳克希-鲁斯塔姆摩崖石刻：波斯萨珊王朝琐罗亚斯德教大祭司科德

[2009-05-25].http://www.livius.org/a/iran/naqshirustam/kartir.JPG.

图1-10 菲尔多西《王书》中 "摩尼被杀害"的插图

[2010-08-07].http://shahnama.caret.cam.ac.uk/new/jnama/imagepage/ceillustration:666809457.

图1-11 比鲁尼《古代遗迹》中"摩尼被杀害"的插图

[2010-08-29].http://ids.lib.harvard.edu/ids/view/view/17637292?width=600&height=381&res=-1&viewheight=381&viewwidth=600.

图1-13 画家摩尼向波斯国王呈献自己的绘画

[2010-08-07].http://upload.wikimedia.org/wikipedia/commons/thumb/c/c5/Mani_Bukhram-Gur.jpg/220px-Mani_Bukhram-Gur.jpg.

图1-12 吐鲁番高昌遗址出土文书MIK III 4964 (recto):摩尼像(?)

Le Coq 1923, Taf. 5e (color). Gulácsi 2001, Fig51.1

图1-14 福建泉州华表山草庵摩尼光佛像
[2009-05-25].http://www.anchist.mq.edu.
au/images/7.%20Cao%27an-Mani.jpg.

图2-2 福建华表山摩尼教遗址摩崖石
刻："劝念清净、光明、大力、智慧，
无上至真，摩尼光佛"
[2009-05-25].http://www.anchist.mq.edu.
au/images/10.%20Cao%27an%20
inscr.%202.jpg.

图2-1 宇宙图
个人藏，吉田丰，图版1

5

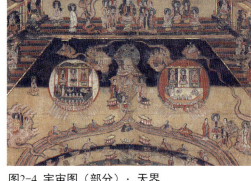

图2-3 吐鲁番出土文书MIK Ⅲ
4965正面：残存神的头像，光轮之
间残存9个小头像，原先也许有12
个

Le Coq 1923, Taf. 8 b/c (color).
Gulácsi 2001, Fig. 45.2

图2-4 宇宙图（部分）：天界
吉田丰，图版2

图2-5 新疆柏孜克里克第25窟壁画：三干树（复原图）
根据格林威德尔（A. Grünwedel），森安孝夫，PL. Ⅱ

图2-6 吐鲁番发现的壁画残片MIK III 6917：一位摩尼教（女）神的头部

Le Coq 1913, Taf. 2b (color). Gulácsi 2001, Fig. 94

图2-7 宇宙图（部分）：十天
吉田丰，图版3

图2-8 宇宙图（部分）：天地之间
吉田丰，图版4

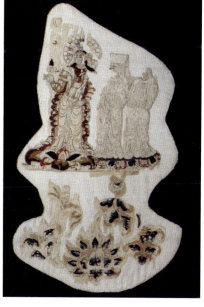

图2-9 吐鲁番出土绢绣残片MIK III 6251：女神与两个女选民

Le Coq 1913, Taf. 6c (color). Gulácsi 2001, Fig. 89.1

图2-11 吐鲁番出土文书MIK Ⅲ 4965反面：神像残片
Le Coq 1923, Taf. 8 a/c (color). Gulácsi 2001, Fig. 45.2

图2-10 吐鲁番出土绢绣
残片MIK Ⅲ 6251局部：
女神
Le Coq 1913, Taf. 6c
(color). Gulácsi 2001,
Fig. 89.2

图2-12 以诺与神同行，神将他取
去，他就不在世了
[2009-07-05].http://tbn3.
google.com/images?q=tbn:C6_
HFKKzCJBnmM:http://www.
oneyearbibleimages.com/enoch.jpg.

8

图2-13 伪装成老人的阿赫里曼诱惑马什亚（亚当[?]）与马什亚内（夏娃）吃树上的果子

Arnold 1924, Illustration 15. [2010-08-29].http://ids.lib.harvard.edu/ids/view/view/17637291?width=1200&height=937&res=-1&viewheight=937&viewwidth=1200.

图2-14 吐鲁番出土卷轴残片MIK Ⅲ 4947与Ⅲ 5 d：佛陀

Le Coq 1923, Taf. 6e.

Gulácsi 2001, Fig. 66

图2-15 耶稣受洗

Arnold 1924, Illustration 17. [2010-08-29].http://ids.lib.harvard.edu/ids/view/view/17637310?width=600&height=416&res=-1&viewheight=416&viewwidth=600.

图2-16 《摩尼教残经一》

图2-17 吐鲁番出土文书MIK III 4959
反面：审判图

[2009-07-05].http://image.guoxue.com/albums/
oldpic/coc/normal_coc0062.jpg.

Le Coq 1923, Taf. 8a/d. Gulácsi 2001,
Fig.34.1

图2-18 最后的审判

图3-1 教皇利奥一世会见匈人首领阿提拉

[2009-07-05].http://
www.crystalinks.com/
lastjudgmentmich.jpg.

[2009-07-05].http://www.wga.hu/detail/r/raphael/4stanze/2
eliodor/4meetin.jpg.

图3-2 伊皮凡尼乌

[2009-07-05].http://upload.wikimedia.org/
wikipedia/commons/thumb/2/2c/Epiphanius-
Kosovo.jpg/250px-Epiphanius-Kosovo.jpg.

图3-4 新疆吐鲁番高昌故城

[2009-07-05].http://www.cadreg.com.cn/
ImageFiles/2007-1/Image/xResize%20of%20
高昌故城.jpg.

图3-3 三圣人：圣乔治、大马士革的圣约
翰和厄弗冷（右）

[2009-07-05].http://upload.wikimedia.org/
wikipedia/commons/thumb/e/e1/George_
John_Ephraim_Triptychon_fragment_
Sinai_14th_century.jpg/180px-George_
John_Ephraim_Triptychon_fragment_
Sinai_14th_century.jpg.

图3-5 新疆吐鲁番高昌遗址 α 发现的寺幡
（IB7323）：供养人画像

Le Coq 1923, Ⅲ, pl.17, pp.45f. [2010-08-29].
http://dsr.nⅡ.ac.jp/toyobunko/LFB-2/V-3/
images/900x900/0095.jpg.

图3-6 新疆吐鲁番高昌遗址细密画残片MIK
III 4937：一排贵妇人
Le Coq 1923, II, pl.6c, p.44. [2010-08-29].
http://dsr.nII.ac.jp/toyobunko/LFB-2/V-2/
images/900x900/0081.jpg.

图3-7 新疆吐鲁番高昌遗址细密画残
片MIK III 4973a—c：两个女性头像
Le Coq 1923, Taf. 5f. [2010-08-29].
http://dsr.nII.ac.jp/toyobunko/LFB-2/
V-2/images/900x900/0079.jpg.

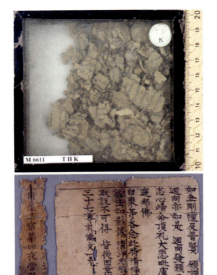

图3-8 上面：德国考察队带回来的一盒
修复之前的摩尼教文书残片M6611；下
面：修复后的汉文文书Ch 1792
[2009-05-23].http://idp.bl.uk/archives/
news29/images/turfan.jpg.

图3-9 新疆吐鲁番高昌遗址K壁画残片MIK
III 6916：三个女性头像
Le Coq 1913, Taf. 2c. [2010-08-29]. http://dsr.
nII.ac.jp/toyobunko/LFc-42/V-1/page-hr/0034.
html.en.

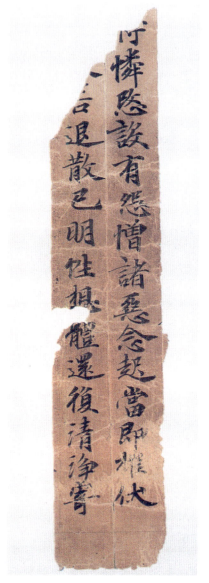

图3-19 日本奈良大和文华馆藏元代绢本着色画

Gulácsi 2008, Fig.1

图3-21 柏林藏摩尼教汉文文书 Ch3218

[2009-07-08].http://coe21.zinbun. kyoto-u.ac.jp/papers/TANGzwzh2007. pdf.

图3-22 埃及法雍南边的麦地纳-马地：通向中
王国时期神庙的甬道

[2009-07-10]. http://touregypt.net/featurestories/
medinetmadi25.jpg.

图3-23 达赫莱绿洲的古代喀里斯遗
址

[2009-05-25].http://www.touregypt.net/
featurestories/dakhlehproject4.jpg.

图3-24 喀里斯遗址第3号房子的第6间房间的地板
[2009-07-03].http://www.lib.monash.edu.au/
exhibitions/egypt/xegy54.jpg.

图3-25 喀里斯遗址第4号房子，位
于A区西部边缘，靠近D区

[2009-07-03].http://www.lib.monash.
edu.au/exhibitions/egypt/xegy55.jpg.

图3-26 喀里斯出土的摩尼写的七部大经之一：
《书信》

[2009-07-08].http://www.lib.monash.edu.au/
exhibitions/egypt/xegy74.jpg.

图3-27 喀里斯出土的叙利亚文、科普特文双语词汇表
[2009-07-03].http://www.lib.monash.edu.au/exhibitions/egypt/xegy75.jpg.

图4-1 高昌出土文书MIK Ⅲ 4614，摩尼教轴卷书书名页：画了一面旗子，两侧站着精灵或神
Gulácsi 2001, Fig. 65. Le Coq 1923, Taf. 3 (color).[2010-08-29]. http://dsr.nⅡ.ac.jp/toyobunko/LFB-2/V-2/images/900x900/0075.jpg.

图4-2 木头沟出土MIK Ⅲ 8260，梵夹式装订，正面有图，是跪着的圣徒；反面是一篇中古突厥文经典
Gulácsi 2001, Fig. 69.1, 69.2.Le Coq 1923, Taf. 7c. (color).[2010-08-29]. http://dsr.nⅡ.ac.jp/toyobunko/LFB-2/V-2/images/900x900/0083.jpg.

图4-3 高昌出土MIK Ⅲ 6268皮革书的封皮
Gulácsi 2001, Fig. 70. Le Coq 1923, Taf. 4e.[2010-
08-29].http://dsr.nⅡ.ac.jp/toyobunko/LFB-2/V-2/
images/900x900/0077.jpg.

图4-4　高昌遗址K出土文书
MIK Ⅲ 6368正面：抄经图
Gulácsi 2001, Fig. 40.1.Le Coq
1923, Taf. 8 b/b.[2010-08-29].
http://dsr.nⅡ.ac.jp/toyobunko/
LFB-2/V-2/page/0087.html.en.

图4-6 中古波斯文《沙卜拉干》残
片之一：M482+477b正面
[2010-06-26].http://www.bbaw.de/
forschung/turfanforschung/dta/m/
images/m0482plus_recto.jpg.

图4-5　高昌出土文书残片MIK Ⅲ 4962a, b, c：人
物和花卉
Gulácsi 2001, Fig. 23.1, 55.2, 55.3.Le Coq 1923,
Taf. 7d/1-3 (color).[2010-08-29].http://dsr.nⅡ.ac.jp/
toyobunko/LFB-2/V-2/page/0083.html.en

图4-7 中古波斯文《生命福音》残片之一：M17反面[2010-06-26]. http://www.bbaw.de/forschung/turfanforschung/dta/m/images/m0017_verso.jpg.

图4-8 埃及喀里斯出土科普特文文书P. Kell. Copt. 53（p.51）：摩尼《书信集》残片
Kellis literary texts, v.2, Supplementary images, Plate 14

图4-9 中古波斯文《大力士经》残片：M101a页1[2010-06-26].http://www.bbaw.de/forschung/turfanforschung/dta/m/images/m0101a_seite1.jpg.

图4-10 高昌遗址K出土绢画MIK Ⅲ 6279：驱逐巨人Gulácsi 2001, Fig. 77. Le Coq 1913, Taf. 4a.[2010-08-29].http://dsr.nⅡ.ac.jp/toyobunko/LFc-42/V-1/page/0040.html.en.

图4-11 《小赞愿经》残片之一：M538正面[2010-06-26].http://www.bbaw.de/forschung/turfanforschung/dta/m/images/m0538_recto.jpg.

图4-12 尼采米的《五诗集》（Khamsa）插图：摩尼在水晶盖上画死狗[2010-08-06]. http://nrs.harvard.edu/urn-3:FHCL:2460300?height=150&width=150.

图4-13 《科隆摩尼古卷》
[2009-06-14].http://www.uni-koeln.de/phil-fak/ifa/NRWakademie/papyrologie/Manikodex/Manikodex_300/M92_77_300.jpg.

图4-14 伊朗比沙卜尔摩崖石刻：沙卜尔一世凯旋浮雕。沙卜尔骑在马上，罗马皇帝瓦列里安跪在马前
[2010-06-13].http://www.livius.org/a/iran/bishapur/bishapur_relief_2_1.JPG.

图4-15 《惠明经》帕提亚文残片：M384等的页一
[2010-06-28].http://www.bbaw.de/forschung/turfanforschung/dta/m/images/m0384plus_seite1.jpg.

图4-16 《摩尼教残经一》首页（中国国家图书馆藏）

图4-17 帕提亚文组诗《胡亚达曼》残片之一：M233反面
[2010-06-27]. http://www.bbaw.de/forschung/turfanforschung/dta/m/images/m0233_verso.jpg.

图4-18 天界图（A）
个人藏, 吉田丰, 图版5

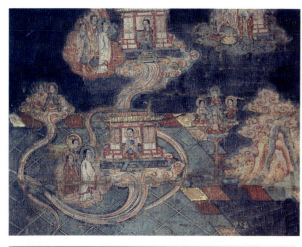

图4-19 天界图（B）
个人藏, 吉田丰, 图版6

摩尼光佛教法儀略一卷
開元十九年六月八日大德拂多誕奉
詔集賢院譯
託化國主名号宗教第一
佛夷瑟德烏盧詵者 本國梵音也 譯云光明使者又号
具智法王亦謂摩尼光佛即我光明大慧无上
醫王應化法身之異号也當欲出世二耀降
靈分光三體大慈愍故應敵魔軍親受明
尊清淨教命然後化誕故云光明使者精真
洞慧堅疑克辯故曰具智法王虛應靈聖
覺觀究竟故号摩尼光佛光明所以徹內
外大慧所以極人天无上所以位高尊醫王
所以布法藥則老君託孕太陽流其晶釋迦

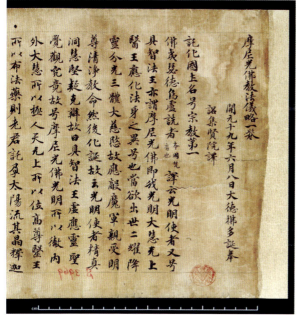

图4-20 《摩尼光佛教法仪略》首页
[2010-06-29].http://pic.goodweb.cn/xj/mngf/m2.asp.

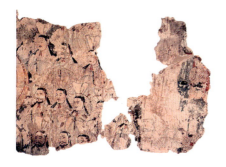

图5-1 吐鲁番高昌故城遗址K发现的壁画MIK Ⅲ 6918: 摩尼教高僧（摩尼[？]）身后的众僧
Le Coq 1913, Taf. 1 (color); Le Coq 1923, Taf. 1 (color).[2010-07-01].http://www.iranica.com/uploads/files/Manichean_Art/manichean_art_fig_4.jpg.

图5-2 吐鲁番高昌故城遗址K发现的旗幡MIK
III 6283

Gulácsi 2001, Fig.80.1 & Fig.80.2. Le Coq 1913,
Taf. 3b (color). [2010-08-29]. http://dsr.nⅡ.ac.jp/
toyobunko/LFc-42/V-1/images/900x900/0037.jpg.

图5-3 吐鲁番高昌故城遗址K发现
的旗幡MIK Ⅲ 6283正面(?)局部

Gulácsi 2001, Fig.80.1 Le Coq 1913,
Taf. 3b (color). [2010-08-29].http://
dsr.nⅡ.ac.jp/toyobunko/LFc-42/V-1/
images/900x900/0037.jpg.

图5-4：吐鲁番柏孜克里克65号洞窟出土粟特文文书
81TB65:1：书信A的插图

[2010-07-01].http://www.iranica.com/img/ot_grp13/
manichean_art_fig_2.jpg.

图5-5 吐鲁番高昌故城遗址K发现的对折纸（Folio）残片MIK Ⅲ 6368正面：赞呗礼诵图

Gulácsi 2001, Fig.40.2. Le Coq 1923, Taf. 8b (color). [2010-08-29].http://dsr.n Ⅱ.ac.jp/toyobunko/LFB-2/V-2/images/900x900/0086.jpg.

图5-6 吐鲁番高昌故城遗址K发现的对折纸（Folio）残片MIK Ⅲ 6368正面局部
Gulácsi 2001, Fig.40.3. Le Coq 1923, Taf. 8b (color). [2010-08-29].http://dsr.n Ⅱ.ac.jp/toyobunko/LFB-2/V-2/images/900x900/0086.jpg.

图5-7 吐鲁番高昌故城发现的粟特文书残片So 18700和M501e：吹笛者
Gulácsi 2001, Fig.40.2 （局部）

图5-9 吐鲁番高昌故城遗址K发现的旗幡MIK III 6286 反面
（？）：女听者
Gulácsi 2001, Fig.81.2

图5-8 吐鲁番高昌故城遗址K发现的旗幡MIK III 6286 正面
（？）：女选民
Gulácsi 2001, Fig.81.1. Le Coq 1913, Taf. 3a (color).
[2010-08-29].http://dsr.nII.ac.jp/toyobunko/LFc-42/V-1/
images/900x900/0037.jpg.

图5-10 吐鲁番高昌遗址α发现的壁画残片MIK III 4624：两个男选民

Gulácsi 2001, Fig.92. Le Coq 1923, Taf. 1b (color). [2010-08-29].http://dsr.nII.ac.jp/toyobunko/LFB-2/V-2/images/900x900/0071.jpg.

图5-11 吐鲁番高昌遗址α发现的绢画残片MIK III 4815：女选民

Gulácsi 2001, Fig.82.1. Le Coq 1923, Taf. 2 (color). [2010-07-29].http://dsr.nII.ac.jp/toyobunko/LFB-2/V-2/page/0073.html.en.

图5-12 吐鲁番高昌故城发现的文书残
片M559：施舍图
Gulácsi 2001, Fig.37.1

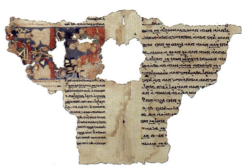

图5-13 吐鲁番高昌故城遗址 α 发现的双折纸
残片MIK Ⅲ 8259第一张（？）正面
[2010-07-01].http://www.iranica.com/img/ot_
grp13/manichean_art_fig_5.jpg.

图5-14 吐鲁番高昌故城遗址 α 发
现的双折纸残片MIK Ⅲ 8259第一
张（？）正面局部：讲经图
Gulácsi 2001, Fig.28.4. Le Coq
1923, Taf. 7b (color). [2010-07-29].
http://dsr.nⅡ.ac.jp/toyobunko/LFB-
2/V-2/images/900x900/0083.jpg.

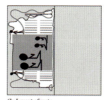

图5-15 吐鲁番高昌故城发现的文书MIK Ⅲ
4974：收食单偈与图
Gulácsi 2001, Fig.36.1.[2010-07-01].http://www.
iranica.com/uploads/files/Manichean_Art/manichean_
art_fig_6.jpg.

图5-16 吐鲁番高昌故城发现的文书MIK III 4974正面：收食单偈与图 Gulácsi 2001, Fig.36.1. Le Coq 1923, Taf. 7a (color). [2010-07-29]. http://dsr.nⅡ.ac.jp/toyobunko/LFB-2/V-2/images/900x900/0083.jpg.

图5-17 吐鲁番高昌故城发现的双折页MIK III 4979a, b反面：庇麻节 Gulácsi 2001, Fig.32.1. Le Coq 1923, Taf. 8aa-8ba (color).[2010-07-01].http://dsr.nⅡ.ac.jp/toyobunko/LFB-2/V-2/images/900x900/0087.jpg.

图5-18 吐鲁番柏孜克里克第25窟：壁画中央画了一棵三干树
森安孝夫，Pl. Ⅲa

图5-19 黄震《黄氏日钞分类》卷八六《崇寿宫记》
哈佛燕京图书馆藏清乾隆32年（1767年）刻本

图5-20 陈高《不系舟渔集》卷十二《竹西楼记》
哈佛燕京图书馆藏清代精抄本，据明成化元年序刊本抄

图5-21 晋江草庵附近出土的
"明教会"碗
[2010-07-16].http://www.
anchist.mq.edu.au/doccentre/
Zayton.htm.

图5-22 2004年的福建泉州草庵
[2010-07-16]. http://www.anchist.mq.edu.
au/doccentre/Zayton.htm.

图5-23 福建霞浦柏洋乡上万村乐山堂遗址
[2010-07-16]. http://www.ixiapu.com/read.
php?tid-12171-fpage-3-page-7.html.

图6-1 ：伊皮凡尼乌
[2010-07-12].http://www.angelfire.com/
ny4/djw/epiphanius.html.

图6-2 埃及喀里斯出土科普特文文书P.
Kell. Copt. 53 (p.52)：摩尼《书信集》
残片
Kellis literary texts, v.2, Supplementary
images

图6-3 罗马皇帝戴克里先

[2010-07-12].http://
en.wikipedia.org/wiki/
Diocletian.

图6-4 君士坦丁大帝

[2010-07-12].http://
upload.wikimedia.org/
wikipedia/commons/
c/ce/Rome-Capitole-
StatueConstantin.jpg.

图6-5 西罗马帝国皇帝瓦伦提尼
安的钱币

[2010-07-12].http://www.
forumancientcoins.com/
Coins2/35169q00.jpg.

图6-6 罗马帝国皇帝狄奥多西
一世

[2010-07-12].http://upload.
wikimedia.org/wikipedia/
commons/0/0b/Theodosius-1-.jpg.

图6-7 米兰主教安布罗斯与
罗马皇帝狄奥多西一世

[2010-07-12]. http://upload.
wikimedia.org/wikipedia/
commons/2/2f/Anthonis_van_
Dyck_005.jpg.

图6-8 贝诺佐·戈佐利
绘圣奥古斯丁抵达罗马

[2010-07-18].http://
www46.homepage.
villanova.edu/john.
immerwahr/images/
Augustine%20Pictures/
rome1.jpg.

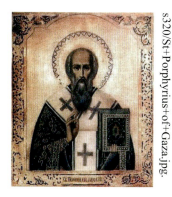

图6-9 加沙主教波菲里
[2010-07-12].http://2.bp.blogspot.
com/_wUI6qYkH1wk/SbgbtF833uI/
AAAAAAAAf8/NeM0jNnSPAQ/
s320/St+Porphyrius+of+Gaza.jpg.

图6-10 教皇利奥一世会见匈人首
领阿提拉
[2010-07-12].http://www.topfoto.
co.uk/gallery/PapalVisits/images/
prevs/aaac000159 7.jpg.

图6-11 查士丁尼一世及其朝臣们

[2010-07-20]. http://tenthmedieval.files.
wordpress.com/2010/05/justinianmosaic.
jpg.

图6-12 保罗派受迫害

[2010-07-12].http://upload.wikimedia.org/wikipedia/
commons/b/be/Persecution_of_Paulicians.png.

图6-13 鲍格米勒派遗迹
[2010-07-13]. http://
www.komarna.co.uk/
sightseeing/images/
bogomil2.jpg.

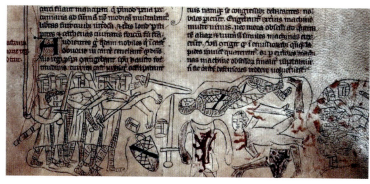

图6-14 13世纪抄本：在进攻阿尔比派的十字军战役中，围攻图卢兹
时，1218年6月25日孟福尔被杀

[2010-07-13].http://shots.snap.com/explore/10486/?key=e5a3c1e6dff5de35b
1c6e7c470411886&src=warandgame.

图6-15 伊朗纳克希-鲁斯塔姆摩崖石刻：琐罗亚斯德教教主科德及其碑铭

[2010-07-17].http://upload.wikimedia.org/wikipedia/commons/thumb/4/4d/Kartir.jpg/800px-Kartir.jpg.

图6-16 萨珊王朝金银器：沙卜尔二世狩猎

[2010-07-17]. http://www.hermitagemuseum.org/imgs_En/03/artwork/e3_5_4a_sassanian.jpg.

图6-17 伊朗德黑兰的比鲁尼像

[2010-07-18].http://upload.wikimedia.org/wikipedia/commons/thumb/8/85/Laleh_park_jonub.jpg/220px-Laleh_park_jonub.jpg.

图7-2 九姓回鹘可汗碑残石

[2010-07-24].http://irq.kaznpu.kz/pictures/399.jpg.

图7-1 《望贤迎驾图》：唐肃宗在陕西咸阳望贤驿迎接唐玄宗

[2010-07-23].http://a1.att.hudong.com/52/13/0130000044974112521 2136945752.jpg.

图7-3 九姓回鹘可汗碑碑头
[2010-07-23].http://irq.kaznpu.kz/
pictures/400.jpg.

图7-4 吐鲁番出土回鹘文文书U73：《牟羽可汗入教记》残片
[2010-07-24].http://www.bbaw.de/forschung/
turfanforschung/dta/u/images/u0073recto.jpg.

图7-5 吐鲁番高昌故城遗址α发现的双折页残片MIK III 4979 a, b背面：国王图像
Gulácsi 2001, Fig.32.2. Le Coq 1923, Taf. 8aa (color). [2010-07-24].http://dsr.nⅡ.ac.jp/
toyobunko/LFB-2/V-2/images/900x900/0086.jpg.

图7-6：吐鲁番高昌故城遗址α发现的双折页残片MIK III 4959背面：印度神祇 Gulácsi 2001, Fig.34.2. Le Coq 1923, Taf. 8a/d (color). [2010-07-24].http:// dsr.nⅡ.ac.jp/toyobunko/LFB-2/V-2/ images/900x900/0086.jpg.

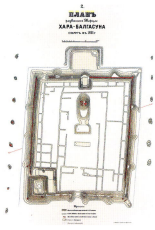

图7-7 喀喇巴喇哈逊回鹘故都斡尔朵八里宫城遗迹
[2010-07-24]. http://irq.kaznpu.kz/sizes/3029.jpg.

图7-8 喀喇巴喇哈逊回鹘故
都斡尔朵八里宫城平面图
[2010-07-24].http://irq.kaznpu.
kz/pictures/1432.jpg.

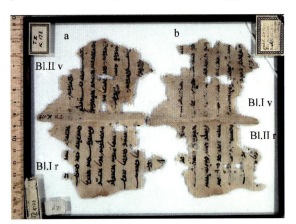

图7-9 吐鲁番高昌故城遗址K
出土回鹘语文书U 1a, b (T Ⅱ
K 173)：摩尼教历史文献
[2010-07-26].http://www.bbaw.
de/forschung/turfanforschung/
dta/u/images/u0001abseite1.jpg.

图7-10 〔南宋〕梁楷《八高僧故事图》之三：白居易拱谒，鸟巢指说
[2010-07-22].http://www.cnrr.cn/rrys/yshh/zgms/image/036/1c0132a.jpg.

图7-11 吐鲁番出土中古波斯文文书M1：摩尼教赞美诗集之一页正面

森安孝夫，Pl. XXI

图7-12 吐鲁番出土中古波斯文文书M1：摩尼教赞美诗集之一页背面

森安孝夫，Pl. XXII

图7-13 吐鲁番高昌城外一座景教教堂的壁画："圣枝图"

[2010-07-29].http://en.wikipedia.org/wiki/Nestorianism.

图7-14 吐鲁番高昌城外一座景教教堂的壁画：一位年轻姑娘

[2010-08-01].http://dsr.nⅡ.ac.jp/toyobunko/LFc-42/V-1/page/0047.html.en.

图7-15 吐鲁番交河故城鸟瞰图
[2010-07-30].http://www.cadreg.com.cn/
ImageFiles/2007-1/Image/xResize%20
of%20%E4%BA%A4%E6%B2%B3%E6%
95%85%E5%9F%8E%E9%B8%9F%E7%
9E%B0%E5%9B%BE.jpg.

图7-16 柏孜克里克第9窟内殿入口左侧窄墙
上的女供养人像
[2010-07-30].http://dsr.n Ⅱ.ac.jp/toyobunko/
LFc-42/V-1/page/0116.html.en.

图7-17 吐鲁番高昌故城发现的彩色书页
MIK Ⅲ 4957a：身穿中式服装的官员
[2010-07-29].http://dsr.n Ⅱ.ac.jp/toyobunko/
LFB-2/V-2/page/0079.html.en.

图7-18 吐鲁番高昌故城遗址出土粟特文
经典插图
[2010-07-29].http://dsr.n Ⅱ.ac.jp/
toyobunko/LFB-2/V-2/page/0081.html.en.

图7-19 吐鲁番柏孜克里克第25窟侧壁（西侧）摩尼教壁画：摩尼宝珠、2个乐人、连珠纹、唐草纹

森安孝夫，Pl. IX

图7-20 吐鲁番柏孜克里克第17窟（新编第27窟）

森安孝夫，Pl. X

图7-21 吐鲁番胜金口摩尼寺外景

晁华山，彩色图版

7-22 吐鲁番胜金口北寺第4窟生命树壁画

晁华山，彩色图版

图8-1 哈佛燕京图书馆藏光绪庚辰（1880年）《重刊福宁府志》：林嵩撰《太姥山志》

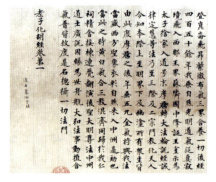

图8-2 英国藏敦煌写经《老子化胡经》

[2010-08-05].http://img.bimg.126.net/photo/GqVWpJAqF96rGBL1uR0O-A==/3156741863810577986.jpg.

图8-3 王钦若

[2010-08-04].http://a0.att.
hudong.com/25/42/0130000019
2401121453428231861_s.jpg.

图8-4 张君房（戴敦邦
绘）

[2010-08-04].http://a0.att.
hudong.com/13/73/0130000
0350658125349734907465.
jpg.

图8-5 〔宋〕赵佶(徽宗)
《听琴图》，画中弹琴
者或即宋徽宗

[2010-07-22].http://
www.gugongworld.
com/songdai/images/
beijinggugong/tingqintu.
gif.

图8-6 福建霞浦柏洋乡上万村乐山堂遗址

[2010-07-16]. http://www.ixiapu.com/read.php?tid-12171-fpage-
3-page-7.html.

图8-7 福建霞浦县柏洋乡上万村清代同治十一年
（1872年）《林氏宗谱》

《霞浦县明教（摩尼教）史迹调查报告》第5页

图8-8 福建霞浦县柏洋乡上万村至今仍保存着"五雷号令"与"圣明净宝"印章及角端等法器

[2010-08-05].http://book.ifeng.com/culture/2/detail_2010_04/26/1336453_1.shtml.

图8-9 福建霞浦县柏洋乡塔后村神牌

《霞浦县明教（摩尼教）史迹调查报告》第10页

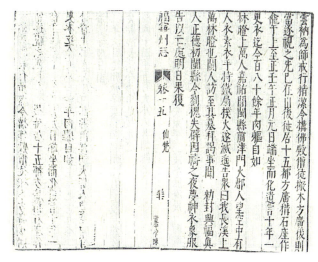

图8-10 《万历福宁州志》

图8-11 宋明教会黑釉碗

[2010-07-22].http://a0.att.hudong.com/37/29/013
0000024998712279329984742_s.jpg.

图8-12 陆游

[2010-08-14].http://www.todayonhistory.
com/upic/201001/2/54161143211.jpg.

图8-13 〔清〕梁球绘
《白玉蟾大中堂》
[2010-08-01].http://
farm3.static.flickr.com
/2350/2209003360_
4e8f24d984.jpg.

图8-14 《马可·波罗游记》
[2010-08-12].http://upload.
wikimedia.org/wikipedia/
commons/d/d2/Marco_
Polo%2C_Il_Milione%2C_
Chapter_CXXIII_and_CXXIV_
Cropped.jpg.

图8-15 刘贯道《元世祖出
猎图》
[2010-08-18].http://i1.ce.
cn/ce/kjwh/scpm/tzjb/
zhgsh/zgshgd/200911/24/
W020091124520312620505.
jpg.

图8-16 福建泉州元代双文合璧墓碑石

[2010-08-13].http://www.anchist.mq.edu.au/
images/25.%20Z44biling.jpg.

图8-17 选真寺记碑

[2010-08-01].http://images.china.cn/
attachement/jpg/site1000/20081008/00
0bcdb95f170a56544f0a.jpg.

图8-18 福建霞浦柏洋
乡发现的《乐山堂神
记》
《霞浦县明教（摩尼
教）史记调查报告》第
7页

图8-19 圣者传图（2）
个人藏，吉田丰，图版9

图8-20 朱元璋像

[2010-07-22].http://www.ce.cn/xwzx/
xwrwzhk/peoplemore/200712/06/
W020071206358078863950.jpg.

图8-21 福建莆田市涵江区明
教十六字石碑

林悟殊 2005，图版九

图8-22 福建霞浦盐田畲族乡北洋村飞路塔

《霞浦县明教（摩尼教）史记调查报告》页4

图8-23　福建晋江罗山镇苏内村境主宫壁画五境主像粘良图，彩色图版二十一

图8-24　福建晋江罗山镇苏内村村民保存的摩尼像
[2010-08-13]. http://www.anchist.mq.edu.au/images/14.%20Mani%20Redface.jpg.

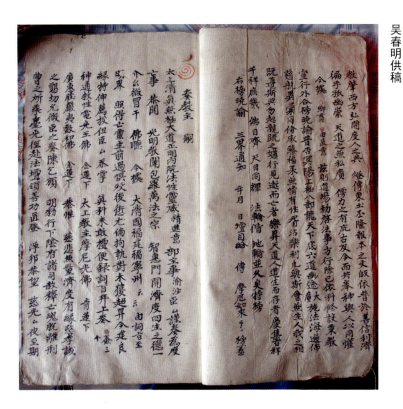

图8-25　福建霞浦县柏洋乡谢道琏传用《奏申牒疏科册·奏教主》（部分）　吴春明供稿

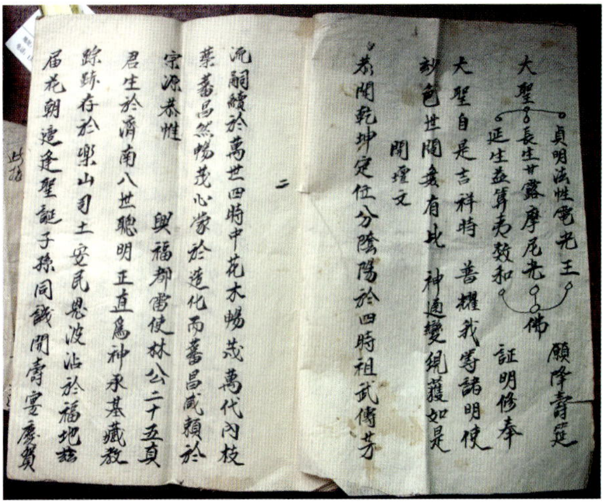

貞明法性電光王 願降壽筵
大聖 長生甘露摩尼光 佛 證明修奉
延生益算壽敷和
大聖自是吉祥特 普耀我等諸明使
妙色世間無有比 神通變現獲如是
開壇文
恭聞乾坤定位分陰陽於四時祖武傳芳
二
流嗣續於萬世四時中花木暢茂萬代門枝
葉蕃昌懋暢茂心家於造化而蕃昌感賴於
宗源恭惟 興福都雷使林公二十五真
君生於濟南八世聰明正直爲神永基藏教
蹤跡存於樂山司土安民恩波沾於福地茲
屆花朝速逢聖誕子孫同識閒壽宴慶賀

图8-26 霞浦县柏洋乡《兴福祖庆诞科·起大圣》（部分）

吴春明供稿

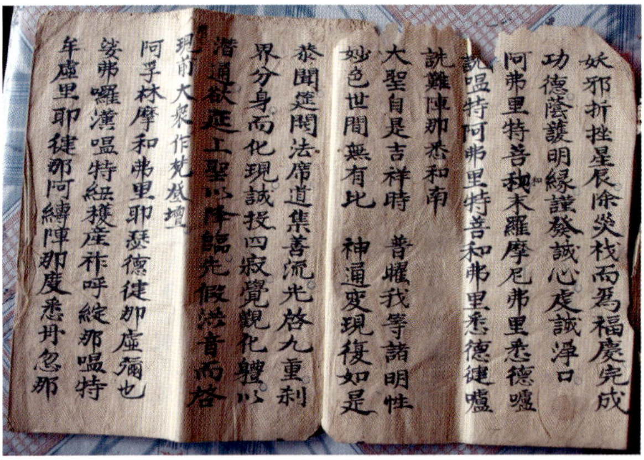

妖邪折挫星辰除災伐而爲福慶完成
功德蔭護明緣謹發誠心虔誠淨口
阿弗里特普和末羅摩尼弗里悉德嚧
訖嗢特阿弗里特普和弗里悉德健嚧
訖難陣那悉和南
大聖自是吉祥時 普耀我等諸明性
妙色世間無有比 神通變現復如是
恭聞莚闡法席道集善流光啓九重刹
界分身而化現誠投四寂覺觀化體以
浩通欲延上聖以降臨先假法音而啓
現前大衆作梵歎壇
阿孚林摩和弗里耶瑟德健那盧𠾖也
娑弗囉漢嗢特紐拔庢祚呼綻那嗢特
年盧里耶徤那阿縛陣那度悉卅忽那

图8-27 福建霞浦县柏洋乡无名科本（部分）

吴春明供稿

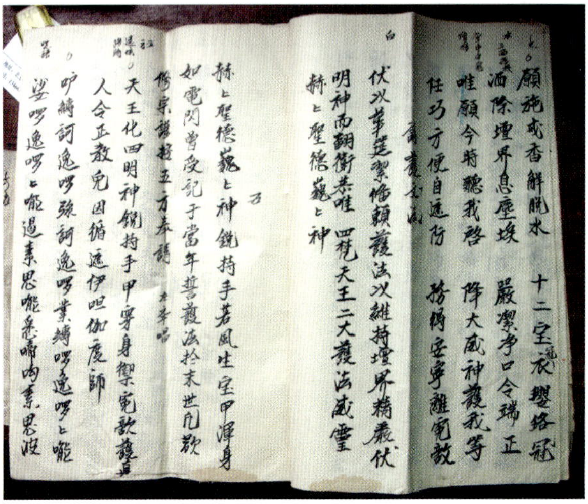

願施戒香解脫水 十二空衣瓔珞冠
灑除壇界息塵埃 嚴潔淨口令瑞正
唯願今時聽我啓 降大威神護我等
任巧方便自遮防 務得安寧離冤敵
伏以華筵潔備賴護法以維持壇界精嚴仗
明神而翊衛恭唯 四梵天王二大護法威靈
赫赫聖德巍巍神
赫赫聖德巍巍神鉞持手若風生空中渾身
如電閃曾受記于當年普護法於末世凡歎
天王化四明神鉞持手甲胄身禦冤歎
人令正教免因循遮伊吧伽度師

图8-28 霞浦县柏洋乡《兴福祖庆诞科》之《净坛文》、《请护法文》（部分）

吴春明供稿

出 版 说 明

　　随着 20 世纪以来联系地、整体地看待世界和事物的系统科学理念的深入人心，人文社会学科也出现了整合的趋势，熔东北亚、北亚、中亚和中、东欧历史文化研究于一炉的内陆欧亚学于是应运而生。时至今日，内陆欧亚学研究取得的成果已成为人类不可多得的宝贵财富。

　　当下，日益高涨的全球化和区域化呼声，既要求世界范围内的广泛合作，也强调区域内的协调发展。我国作为内陆欧亚的大国之一，加之 20 世纪末欧亚大陆桥再度开通，深入开展内陆欧亚历史文化的研究已是责无旁贷；而为改革开放的深入和中国特色社会主义建设创造有利周边环境的需要，亦使得内陆欧亚历史文化研究的现实意义更为突出和迫切。因此，将针对古代活动于内陆欧亚这一广泛区域的诸民族的历史文化研究成果呈现给广大的读者，不仅是实现当今该地区各国共赢的历史基础，也是这一地区各族人民共同进步与发展的需求。

　　甘肃作为古代西北丝绸之路的必经之地与重要组

成部分,历史上曾经是草原文明与农耕文明交汇的锋面,是多民族历史文化交融的历史舞台,世界几大文明(希腊—罗马文明、阿拉伯—波斯文明、印度文明和中华文明)在此交汇、碰撞,域内多民族文化在此融合。同时,甘肃也是现代欧亚大陆桥的必经之地与重要组成部分,是现代内陆欧亚商贸流通、文化交流的主要通道。

基于上述考虑,甘肃省新闻出版局将这套《欧亚历史文化文库》确定为2009—2012年重点出版项目,依此展开甘版图书的品牌建设,确实是既有眼光,亦有气魄的。

丛书主编余太山先生出于对自己耕耘了大半辈子的学科的热爱与执著,联络、组织这个领域国内外的知名专家和学者,把他们的研究成果呈现给了各位读者,其兢兢业业、如临如履的工作态度,令人感动。谨在此表示我们的谢意。

出版《欧亚历史文化文库》这样一套书,对于我们这样一个立足学术与教育出版的出版社来说,既是机遇,也是挑战。我们本着重点图书重点做的原则,严格于每一个环节和过程,力争不负作者、对得起读者。

我们更希望通过这套丛书的出版,使我们的学术出版在这个领域里与学界的发展相偕相伴,这是我们的理想,是我们的不懈追求。当然,我们最根本的目的,是向读者提交一份出色的答卷。

我们期待着读者的回声。

总序

　　本文库所称"欧亚"(Eurasia)是指内陆欧亚,这是一
个地理概念。其范围大致东起黑龙江、松花江流域,西抵
多瑙河、伏尔加河流域,具体而言除中欧和东欧外,主要
包括我国东三省、内蒙古自治区、新疆维吾尔自治区,以
及蒙古高原、西伯利亚、哈萨克斯坦、乌兹别克斯坦、吉
尔吉斯斯坦、土库曼斯坦、塔吉克斯坦、阿富汗斯坦、巴
基斯坦和西北印度。其核心地带即所谓欧亚草原
(Eurasian Steppes)。

　　内陆欧亚历史文化研究的对象主要是历史上活动
于欧亚草原及其周邻地区(我国甘肃、宁夏、青海、西藏,
以及小亚、伊朗、阿拉伯、印度、日本、朝鲜乃至西欧、北
非等地)的诸民族本身,及其与世界其他地区在经济、政
治、文化各方面的交流和交涉。由于内陆欧亚自然地理
环境的特殊性,其历史文化呈现出鲜明的特色。

　　内陆欧亚历史文化研究是世界历史文化研究中不
可或缺的组成部分,东亚、西亚、南亚以及欧洲、美洲历
史文化上的许多疑难问题,都必须通过加强内陆欧亚历
史文化的研究,特别是将内陆欧亚历史文化视做一个整

体加以研究,才能获得确解。

中国作为内陆欧亚的大国,其历史进程从一开始就和内陆欧亚有千丝万缕的联系。我们只要注意到历代王朝的创建者中有一半以上有内陆欧亚渊源就不难理解这一点了。可以说,今后中国史研究要有大的突破,在很大程度上有待于内陆欧亚史研究的进展。

古代内陆欧亚对于古代中外关系史的发展具有不同寻常的意义。古代中国与位于它东北、西北和北方,乃至西北次大陆的国家和地区的关系,无疑是古代中外关系史最主要的篇章,而只有通过研究内陆欧亚史,才能真正把握之。

内陆欧亚历史文化研究既饶有学术趣味,也是加深睦邻关系,为改革开放和建设有中国特色的社会主义创造有利周边环境的需要,因而亦具有重要的现实政治意义。由此可见,我国深入开展内陆欧亚历史文化的研究责无旁贷。

为了联合全国内陆欧亚学的研究力量,更好地建设和发展内陆欧亚学这一新学科,繁荣社会主义文化,适应打造学术精品的战略要求,在深思熟虑和广泛征求意见后,我们决定编辑出版这套《欧亚历史文化文库》。

本文库所收大别为三类:一,研究专著;二,译著;三,知识性丛书。其中,研究专著旨在收辑有关诸课题的各种研究成果;译著旨在介绍国外学术界高质量的研究专著;知识性丛书收辑有关的通俗读物。不言而喻,这三类著作对于一个学科的发展都是不可或缺的。

构建和发展中国的内陆欧亚学,任重道远。衷心希望全国各族学者共同努力,一起推进内陆欧亚研究的发展。愿本文库有蓬勃的生命力,拥有越来越多的作者和读者。

最后,甘肃省新闻出版局支持这一文库编辑出版,确实需要眼光和魄力,特此致敬、致谢。

余太山

2010 年 6 月 30 日

目录

1 摩尼的生平

1.1 摩尼的时代背景

摩尼教（Manichaeism）的创立者摩尼（Mani,216—约274）于公元216年出生于美索不达米亚（Mesopotamia）南部。在叙述摩尼的生平及其创立摩尼教的活动之前,我们先简要介绍一下美索不达米亚及其邻近地区的政治和文化宗教态势。

伊斯兰时代以前,美索不达米亚政治史的特点是:这里多次成为强大帝国激烈争夺的地区。兴起于伊朗高原东北部的帕提亚人（Parthians）建立了安息王朝（Arsacids,247 BC—228 AD）,约在公元前141年从希腊化的塞琉古王朝（Seleucids）手中夺取了美索不达米亚（图1-1[1]）。帕提亚人保留了这个地区希腊人的殖民地,在这些殖民地中希腊文仍然是行政公文所使用的文字。塞琉古王朝在底格里斯河西岸建立的重要城市塞琉西亚（Seleucia）几乎原封不动,帕提亚人甚至没有在那里驻扎军队,而是在河对岸的泰西封（Ctesiphon,位于今伊拉克首都巴格达东南约30公里）建立了自己的冬都。希腊文化在当地根深蒂固,在摩尼的思想中可以明显地看到希腊文化包括柏拉图哲学的影响。罗马帝国向东扩张,导致了它与安息王朝对美索不达米亚的长期争夺。到摩尼出生前夕,安息王朝已经日薄西山。当安息王朝西向与罗马争锋之际,伊朗高原西南部的波斯省（Pars）乘机独立,其主阿尔达希（Ardashir,224—240）于224年大破帕提亚军队,手刃帕提亚国王阿

---

〔1〕[2009-05-25].http://tbn0.google.com/images? q=tbn:mTYwQ2oFn8hduM:http://w.886.cn/8JAO/143894782.

塔巴努斯（Artabanus,213—224），建立了萨珊王朝（Sassanians,224—651）。阿尔达希后来占领了泰西封,进而征服了安息的其他属地,攻占了许多位于安息与罗马之间的小国。阿尔达希死于240年,其子沙卜尔（Shāpur）继位,与罗马的战争重新激化。摩尼就是在这个时代,在这种政治形势下,创立与传播其宗教的。

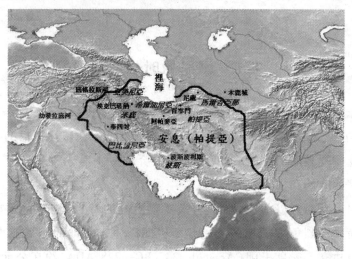

图1-1　帕提亚地图

美索不达米亚不仅是波斯与罗马在政治军事上你争我夺的地区,而且也是东方与西方宗教竞争和交融的地区。这个地区的帕提亚与萨珊王朝的上层阶级信奉的是琐罗亚斯德教（Zoroastrianism）。琐罗亚斯德教因其教主琐罗亚斯德（图1-2[1]）而得名,认为存在着代表光明的善神阿胡拉·玛兹达（Ahura Mazdā）和代表黑暗的恶神阿赫里曼（Ahriman）。在善与恶的斗争中,人们有自由选择的意志,也有决定命运的权力。

图1-2　琐罗亚斯德像

〔1〕〔2009-05-25〕. http://farm4. static. flickr. com/3149/2568312598 _fa202ddc31. jpg? v = 1213119063.

人死之后,灵魂要接受末日审判。阿胡拉·玛兹达将根据其人在世时的言行,或送上天堂,或投入地狱。火是光明和善的代表,是阿胡拉·玛兹达的象征,因此以礼拜"圣火"为主要仪式。摩尼的母亲与安息王室有亲戚关系,摩尼很可能熟悉琐罗亚斯德教的这些教义,并将其吸收到自己的宗教体系中来。但是,现存的琐罗亚斯德教文献成书甚晚,其中与摩尼教类似之处,也可能是后期琐罗亚斯德教吸收了摩尼教成分的结果。

时至 3 世纪,基督教已经在美索不达米亚北部建立了稳固的立足点,它对摩尼的影响至为明显。在摩尼教神学体系中,耶稣是一个非常重要的神。在汉文赞美诗《下部赞》中,就有一首长 70 多颂的《赞夷数文》,"夷数"就是耶稣的异译。另有一首音译帕提亚文的《初声赞文》,伪托"夷数作"。摩尼自视为受到天启是基督的使徒,犹如保罗(Paul),虽未及亲聆基督教诲,亲见其奇迹,但通过自己的"大马士革之路"而成为使徒。摩尼在自己书信的起首套用保罗书信的格式,清楚地显示出他实际上自视为保罗第二。在当时,摩尼教徒自视为正宗的耶稣门徒,坚持与基督教竞争。到了后世,摩尼教则被视为基督教的一种异端。

圣保罗思想的激进化发展为 2 世纪基督教异端马克安(Marcion,约卒于 160 年,见图1-3[1])的学说。马克安认为,旧约的创世之神以严酷的律法统治着世界,他是"正义"的,但是没有仁慈与善。他的创造物,包括世界与人,也是如此。在他之上,是一位善的、陌生的神,不为人所知。

图 1-3 马克安展示其真传经典

这位彼岸的"陌生的和未知的上帝"出于仁慈的爱,派遣他的儿子耶稣来到这个世界,拯救人类。耶稣的身体只是一个幻影,若没有这个身体,他就无法进入这个世界,但是他在这个身体中承受了十字架上的

---

〔1〕〔2009 - 05 - 25〕. http://www.umass.edu/wsp/images/marcion.jpg.

死亡,在回到圣父那里去之前,他降到冥府中去进行拯救。马克安拒斥旧约,挑选了10封保罗书信与路德福音作为新约圣经。摩尼教的最高神——大明尊,类似马克安的"未知的上帝",摩尼对耶稣的理解也类似马克安心目中的耶稣。

马克安的学说在美索不达米亚遭到了埃德萨的巴戴桑(Bardaisan of Edessa,约154—222,埃德萨位于今土耳其东南部)的抨击。他对人类与物质世界的起源抱着比马克安更积极肯定的观点:世界是由5种元素组成的,每种元素各安其位,光明位于东方,风位于西方,火位于南方,水位于北方,黑暗位于下方,上帝高居上方。有一次,前4种元素互相冲撞,黑暗乘机从低处兴起,与它们混合在一起。前4种元素躲开黑暗,求助于上帝。上帝派基督把黑暗扔回原来的处所。净化的元素重新各安其位。基督将黑暗与其他元素混合而成的混杂物建构了这个世界。这些教义与摩尼教创世说也不无类似之处。

摩尼教神学远比马克安与巴戴桑的教义复杂,摩尼的思想背景必须到一个更为广阔的宗教和哲学运动中去寻找。这个宗教运动就是2世纪末已经在美索不达米亚扎下根子的诺斯替教(Gnosticism)。诺斯替教也被翻译成"灵智派"、"神知派",是罗马帝国时期在西亚、北非各地流行的一种秘传宗教;起源于公元1世纪,它比基督教的形成早一些,盛行于2至3世纪,消亡于6世纪。诺斯替教没有一个统一的教会,而是各种流派、体系和支派并存,他们的反对者以他们的领袖、象征符号、圣经或神话人物或者他们崇拜的动物给他们命名。一般认为它是一种哲学与宗教的混合体系,各个流派教义歧异,很难作出统一的概括。大致上说,它主张二元论,强调得救的条件在于获得"诺斯"(希腊语γνῶσις,意为真知);物质世界并不是至高神所创造的,而是一位得谬哥(δημιουργός,意为巨匠造物主)所创造。诺斯替教各派有各种复杂离奇的宇宙生成论学说(流溢说)。(参见图1-4[1])基督教产生后,该教中的一些派别吸收了基督教的某些观点,形成基督教诺斯替派。诺斯替派认为基督从上帝流出,为的是到世上来拯救人类;人类是

---

[1]Rudolph, P.68.

从上界坠落下来的,本来是属灵的;耶稣的使命是要把人类从物质世界中拯救出来,他自身不带有肉身的弱点。基督教诺斯替派还主张善恶二元论,认为善与恶为互相对立的本原,精神属于善因,肉体属于恶因;人类因禁于肉体之中,不能与神直接交往,必须依靠中介。基督救人,把智慧赐给人类,使人知道如何从肉体的桎梏中解放出来。人类应当与神合作,刻苦禁欲。为此规定某些食物不可尝食,并禁止婚娶。早期教父著作多加以驳斥。

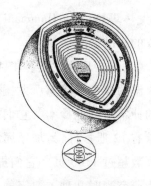

图 1-4　诺斯替教蛇派教徒（Ophite）的宇宙观图解

　　2 世纪的诺斯替教教师中最著名的是瓦伦提奴（Valentinus,约100—165）（图1-5[1]）。现代学者主要通过批判他的早期教父的著作了解他的主要思想,其间难免有不尽一致之处。根据爱任纽的转述,瓦伦提奴派认为:物质是邪恶的,最高神比多（Bythus）与创世无关。在最高神比多与创世的得谬哥（demiurge）之间有 30 个永世（Aeons）,这 30 个永世都是成对（Syzygiai）的。这些神祇中最重要的一位是诺斯（Nous）,即心智之意。永世中最后一位是索菲亚（Sophia）,即智慧之意;她创造了得谬哥。得谬哥因错误而离开了光明世界,创造了物质世界。所以灵智教导人逃避尘世。瓦伦提奴派把人分为肉体的、心理的和精神的三部分。精

图 1-5　瓦伦提奴

神是最有价值的;肉体是最无价值的,不应该得救,应当加以苦待,或加以放纵。瓦伦提奴派认为最低的神也高于人,不相信道成肉身,不相信身体复活。他们否认基督是由女人所生,死在十字架上,并且复活了。

---

〔1〕［2009-05-25］. http://www.historien.nl/wp-content/uploads/2009/02/valentinus.gif.

欧·亚·历·史·文·化·文·库·

《拿戈·玛第(Nag Hammadi)文集》中的《真理的福音》可能就是瓦伦提奴的作品。

《拿戈·玛第文集》(图1-6[1])是1945至1946年间在埃及尼罗河上游的拿戈·玛第所发掘出来的一批古抄本,包括灵智(诺斯替)主义的抄本和其他抄本。它们抄写的年代大约为公元350年前后。这批文献有12册抄件,另加原属第13册抄本的8页内容,一共有52卷书,总页数超过1100页。它们提供了古代晚期的灵智主义的第一手资料,也为研究当时几种主要宗教(包括基督教、犹太教和灵智派)之间的竞争和发展提供了重要材料。对灵智派的真正认识是在《拿戈·玛第文集》被发现之后。《拿戈·玛第文集》的各卷已经先后出版校注本,均被翻译成英文,目前已经有中译本。由于摩尼教与灵智派有许多共同之处,原来的《拿戈·玛第研究》丛书扩大为《拿戈·玛第与摩尼教研究》丛书,已经出版60多种专著。

图1-6 《拿戈·玛第文集》

摩尼教宇宙论的许多神话细节也见于诺斯替教的著作,比如:希腊文ἄρχων(Archons)原来的意思是"掌权者",在诺斯替教中意为次等的神祇,摩尼教的暗魔、五类魔也都借用了这个词汇;希腊文αἰων原意为"永世",在瓦伦提奴派中意为从最高神到得谬哥之间的30个成对活动的神祇,在摩尼教中意为"无数世界诸国土";希腊文ἔκτρωμα原意

---

[1][2009-05-25]. http://arian-catholic.org/images/nag-hammadi.jpg.

为"流产",在瓦伦提奴派中指30个神祇中的最后一位智慧神索菲亚犯错误所产生的无形之物,摩尼教中造立人身的魔鬼借用了这个名称;诺斯替教的得谬哥(图1-7[1])也被摩尼教借用来称呼创造世界的神祇净风(Living Spirit)。摩尼教传教士遵循瓦伦提奴派传统,把摩尼的神我(叙利亚文可能是 t'm' ܬܐܘܡܐ)翻译为希腊文 ὁ σύζυγος,而不是更接近原意的 ὁ δίδυμος。摩尼教里造立人身的魔鬼撒克拉(Sakla)也见于《拿戈·玛第文集》第2册第4卷书《掌权者的本质》。摩尼教的光辉卫士(Custodian of Splendour)令人想起《拿戈·玛第文集》中《埃及人福音》写到的多科索美顿永世(Doxomedon-ae-on)。摩尼教里有十二微妙时"每现化男化女身"引诱魔党的故事,而在《拿戈·玛第文集》中通常被称为《论世界的起源》的书

图1-7 狮子脸的神,可能即得谬哥

中也有一个类似的故事。摩尼教相信,受难耶稣被钉在每一块石头、每一棵树上,《拿戈·玛第文集》第2册第2卷《多马福音》(Gospel of Thomas)第77条耶稣语录说:"你们若劈开一块木头,我就在那里;你们若举起一块石头,就要在那里寻到我。"摩尼教术语"光明的十字架"(Cross of Light)在诺斯替教作品《约翰行传》(Acts of John)中有长篇讨论。瓦伦提奴派把人分成精神的、心理的和肉体的三个部分,摩尼教在摩尼语录《克弗里亚》(Kephalaia,意为"纲目",即摩尼语录)第114章中也讨论了这三个概念(πνεματικός、ψυχικόν、σωματικός)。

摩尼教不仅是狭义的诺斯替教的一个派别,而且是唯一从近东诺斯替教传统中兴起的世界性宗教。没有其他任何一个诺斯替教派像摩尼教这样成功,像摩尼教一样弘扬传教精神,以建立一个真正的世界性宗教为目标。著名哲学家汉斯·约纳斯(Hans Jonas,1903—1993)在其名作《诺斯替宗教:异乡神的信息与基督教的开端》(The Gnostic

〔1〕[2009－05－25]. http://1.bp.blogspot.com/_2igrRcl36g4/R－uEaYlmbl/AAAAAAAA-JQ/wm8vpJTQ93A/s320/.

Religion：The Message of the Alien God and the Beginnings of Christianity）
中认为：不要因为摩尼采用综合的方法就假设他的体系本身是一种七
拼八凑的东西。相反，他的体系是诺斯替宗教原理最不朽的纯一化身，
其教义与神话有意识地利用了更古老的宗教的因素。这并不否定摩
尼的思想实际上受到耶稣、琐罗亚斯德、佛陀创立的三种宗教的影响，
摩尼承认他们是自己的先驱者。如果我们尝试分析这种影响，我们可
以说，在他的宇宙论方面，伊朗宗教的影响最强；在末世论方面，基督教
影响最强；而在人类生活的伦理与禁欲理想方面，则受佛教影响。但
是，摩尼教的核心则是摩尼自己的诺斯替教思想。

1.2　摩尼亲受明尊清净教命

　　摩尼教的创始人是摩尼，汉文《摩尼光佛教法仪略》记载了摩尼的
出生与父母："按彼波斯（Persia）婆毗（Bābēl？）长历，自开辟初有十二
辰，掌分年代。……至第十二辰，名魔谢（māsya[g]），管代五百廿七
年，摩尼光佛诞苏邻国（Sūristān）跋帝（Patīg）王宫，金萨健
（Kamsar[a]gān）种夫人满艳（Maryam）之所生。……至若资禀天符而
受胎，斋戒严洁而怀孕者，本清静也；自胸前化诞，卓世殊伦，神验九征，
灵瑞五应者，生非凡也。"波斯的世界纪元共 12000 年，分成 12 千年
（辰），与黄道十二宫对应，最后一个千年与双鱼宫（Pisces）对应，帕提
亚文称为m'sy'g，音译为魔谢，意为"鱼"。这个千年与赛琉西（Seleu-
cid）纪元相应，开始于公元前 311 年，第 527 年换算成公历为公元 216
年。这个年份与比鲁尼（Al-Bīrūnī，973—1048）引用的摩尼用中古波斯
文写的《沙卜拉干》（Shābuhragān）中摩尼的自述一致，可以相信这就
是摩尼的出生年份。摩尼的父亲叫跋帝，母亲满艳出自金萨健家族。
这个家族与波斯的安息王室有亲戚关系，在 4 世纪的亚美尼亚历史中
常常被提及。所谓"胸前化诞"当为受佛教影响而添加的神话色彩。
在其他资料中，摩尼常自称是"巴比伦的医生"。（巴比伦，见彩色图版
1－1）阿拉伯书目学家奈迪木（al-Nadim）的《群书类述》（al-Fihrist）记
载了摩尼的父母、摩尼的出生与摩尼童年、少年时的主要情况。摩尼的

父亲跋帝原来住在哈马丹(Hamadan,在伊朗中西部,即埃克巴塔那
[Ecbatana]),后迁徙到巴比伦(Babylon),定居于泰西封。有一天,跋
帝像其他人一样前往一座崇拜偶像的寺庙做礼拜时,听到一个响亮的
声音对他说话,告诫他:不要吃肉,不要饮酒,不要性交。在此后的三天
中,这样的呼唤一再地重复。于是他加入了一个名叫净洗派(阿拉伯
文:穆格塔西拉[al-Mugtasila])的教派。当他决定加入这个教派时,他
的妻子正在怀孕,于公元216年4月14日诞下一子,即为摩尼。摩尼
诞生时,据说满艳曾经入梦,醒来后看到有一种力量使摩尼升天而去,
过了一两天才把他送回来。当摩尼4岁时,他的父亲回来将摩尼带回
到净洗派当中去,按照这个教派的规矩来抚养他。摩尼自幼能言善辩。
他12岁时,受到光明王国之王的启示,那位带来启示的天使被称为
"神我"(阿拉伯文 al-Tawm)。天使告诉他:"摒弃这个教派,你不属于
他们。你必须洁白无瑕,不受欲望支配。不过你显现的时机尚未来到,
你还太年轻。"当摩尼24岁的时候,神我对他启示:"现在是你显现自
己、号召其他人加入你的事业的时候了。"

20世纪70年代,在德国科隆大学收藏的手稿中,发现了一本希腊
文小册子,学者们通常称之为《科隆摩尼古卷》(*Colone Mani Codex*)。
这份古卷的释读标志着摩尼教起源问题研究新时代的开始。它为我
们提供了关于摩尼早期宗教思想形成阶段的许多前所未知的细节。
摩尼从小在其中被抚养长大的净洗派(源自希腊文的名称:厄勒克塞
派[Elchasaites])是一种犹太教化的基督教异端,其创始者厄勒克塞
(希腊文 Ἀλχασαῖος)也见于早期教父著作。摩尼12岁受到神我(希腊
文 σύζυγος)的启示以后,与净洗派的信条和实践日益格格不入。这些
冲突首先表现为双方对植物的生命采取决然相反的态度。净洗派是
素食者,完全以农业为生。摩尼却从来不从田地中收摘蔬菜,而是以获
得施舍的方式去得到蔬菜。因为摩尼认为,收获是谋杀光明分子的行
为。有一次,一个净洗派信徒强拉摩尼一起去砍柴,那棵将被砍倒的棕
榈树突然对那个净洗派信徒说话,告诉他:如果他停止加害于它,他就
可以免于像一个谋杀犯一样死掉。这个净洗派信徒大为震惊,拜倒在

摩尼脚下。另一次,教派中的一个领导人迫使摩尼一起去干农活,一个类似的奇迹出现了:被镰刀割到的植物血流如注,像孩童一样哀号。这个净洗派信徒极为烦恼,拜倒在摩尼面前。

《科隆摩尼古卷》描绘了摩尼与净洗派同床异梦的生活:"他就像一头置身于异类之中的小羊,或者像一只小鸟与其他语言不同的鸟儿生活在一起。因为自始至终他暗藏智慧与技能地生活在他们当中,但是他们当中没有人知道他是谁,或者他受到了什么样的启示,揭示给他的是什么东西。他们只以貌相人。"摩尼自视为一个孤独者。《科隆摩尼古卷》详细记载了摩尼24岁时神我对他的启示:"当我二十[四]岁的时候,那一年波斯国王阿尔达希(图1-8[1])征服了哈特拉(Ha-

图1-8　伊朗纳克希-鲁斯塔姆(Naqš-i Rustam)摩崖石刻:
萨珊波斯国王阿尔达希君权神授

tra)城,他的儿子沙卜尔王加冕[为摄政],在阴历的法尔马息(Phar-mouthi)月第八天(公元240年4月17/18日),最神圣的主……派我的神我前来……以这种方式,他(神我)召唤我,选择我,引导我,使我与

----

〔1〕右面是阿胡拉·玛兹达,将象征权力的环(cydaris)授予左面的阿尔达希。二者都骑在马上,阿胡拉·玛兹达把阿赫里曼踩在脚下,阿尔达希则将安息王朝的国王阿塔巴努斯踩在脚下。

〔2009-05-25〕. http://www.livius.org/a/1/iran/ardashir_i_inv.JPG.

他们分开。他把我引到一边……[对我启示]我是谁,我的身体是什么,我从何路而来,我是怎样来到这个世界上的,我会成为什么人而与最优秀的人物为伍,我怎样以这个肉体而出生于世,即经由哪个女人使我诞生于世、进入这个肉体,我由谁所生。……谁是我在天之父,即以何种方式我与他分离,根据他的意志被派下来,在我投胎和堕落这具臭皮囊的谬误之前,在我陷入昏睡及其陋习之前,他给我什么命令与指示,谁是[我永远清醒的神我]……[神我进一步揭示]我天父的秘密、[思想]和卓越,以及关于我自己:我是谁,谁是我不能分离的神我;此外,关于我的灵魂:什么是宇宙各界的灵魂,它本身是什么,它是如何形成的。除此之外,他也向我启示无限的高与无底的深……"

《科隆摩尼古卷》保存了托名亚当(Adam)、塞特(Seth)、以挪士(Enosh)、闪(Shem)和以诺(Enoch)等圣经人物所写的启示录的引文,这些文献今天都失传了。不过,摩尼在此期间阅读过这些犹太教著作,并对其宗教思想的发展有很大影响。

净洗派并不了解摩尼的思想,这个教派的长老西塔(Sita)很喜欢摩尼,将他视为儿子。有一次,无人在旁,他握住摩尼的手,带摩尼去看他秘密隐藏的巨大财富,并表示有意把这笔财富交给摩尼。但是摩尼拒绝了。当摩尼不再隐瞒他与净洗派的分歧时,双方的决裂遂不可避免。摩尼温和地对净洗派信徒们说:仪式性地洗净食物的做法是没有价值的,因为这个身体是脏的。一个人吃这些仪式性洗净的食物,从这些食物中仍然产生血、胆汁、饱嗝、大便和身体的各种脏东西。如果他数日不吃,所有这些脏东西就都停止产生了。如果他恢复进食,身体里又会充满这些脏东西。这说明这些脏东西是从食物本身中产生的。如果某人吃仪式性洗净的食物,然后再吃未经仪式性洗净的食物,后果是一样的。净洗派信徒每天在水中仪式性地沐浴也是没有价值的,因为如果你一旦洗净和纯洁,为什么你每天还要仪式性地清洗自己呢?很明显,所有的污秽出自身体本身,而人类就被囚禁在这样的臭皮囊之中。所谓的纯洁只能通过神智(γνῶσις)来获得;它是光明与黑暗、生命与死亡、源头活水与污泥浊水的分离。

·欧·亚·历·史·文·化·文·库·

摩尼指出净洗派的谬误,为他赢得了少数朋友,却招来了许多敌人,这些敌人由西塔所领导。在辩论中,摩尼引用了净洗派的创立者厄勒克塞的 4 个故事来支持自己的观点:当厄勒克塞打算在水里沐浴时,泉水里出现了一个人的形象,批评他污染了水;当这种情况再次发生时,他放弃了在水中沐浴。当他打算犁地时,土地质问他为何以土地为生,他抓起一把土,哭泣着说"这是我主的血与肉",放弃了犁地。当他发现其门徒烘烤面包,而面包对他抱怨时,他禁止他们再烘烤面包。净洗派看到摩尼坚持己见,拒绝悔改,就勃然大怒,抓住他的头发,大声怒吼,在狂怒中打算勒死摩尼。摩尼的父亲跋帝请他们不要对教友下手,他们考虑后才让摩尼离开。摩尼独自祷告,祈求主的支持。这时摩尼的神我又出现在他面前,劝慰摩尼。摩尼对神我诉说:既然他从小在其中长大的教派成了他的敌人,他将到何处去呢?如果这些最熟悉摩尼的人都不给他任何余地去接受真理,这个世界及其王公或宗教领袖会接受摩尼吗?神我对摩尼说:"你被派来不仅是为了这个教派,而且是为了每个民族、每个学派、每个城镇和每个地区。这个希望将通过你向世界上所有的[地带]和地区解释和弘扬。无数人将接受你的言辞。因此,离开这里,出去周游;当你各处宣示我所揭示给你的一切时,我将作为帮助者和保护者,处处与你同在。不要担忧,不要悲伤。"

摩尼得到神我的鼓励后,最后与净洗派决裂,前往泰西封。后来净洗派的两个年轻人西蒙(Simeon)和阿必札却斯(Abizachias)前来追随摩尼,成为他无处不在的助手。跋帝不知道摩尼的去向,四处寻找未果,直到一个净洗派教友告诉他,曾在底格里斯河的桥上看到过摩尼,跋帝才前往泰西封,在附近的村庄里找到了摩尼。他在理解了儿子得到神的启示后,也成为摩尼的门徒。

1.3　摩尼宣说正法

摩尼及其少数信徒看来没有在泰西封(图1-9[1])活动很久,就开

---

〔1〕[2009-05-25]. http://www.cais-soas.com/CAIS/Images2/Sasanian/Ctesiphone/ctesiphon.

始向东北方向进行传教活动。他们来到冈萨克（Ganzak，在阿塞拜疆），那里正发生一场大饥荒。一个人得知摩尼是医生后，请求摩尼为他女儿治病。摩尼治好其女儿的病以后，他问摩尼希望获得什么样的报酬。摩尼没有要任何金银财宝，只要他为摩尼的追随者们提供一天

图1-9 泰西封遗址，残存世界上用烧砖建筑的最高、最宽的拱顶

的伙食。然后摩尼一行巡游到高山地带，遇到一个浑身长着长毛的隐士。这个隐士请求摩尼传授真知。摩尼教他禁忌、戒律和崇拜日月。他后来离开摩尼，成为希望的先驱，将真知教给百姓。此后，摩尼来到一个地方，在日出之时，碰到这个国家的国王出来打猎。摩尼突然出现在国王及其王公们面前，使他们大吃一惊。当摩尼走近国王与王公们时，他们从战车上下来。摩尼站在国王面前，向他致敬。摩尼向他解说真知、戒律和万事万物。之后几天，摩尼就留在那里，国王本人及其王公们坐在摩尼面前。摩尼向他们阐述二宗性情悬隔，以及初际、中际和后际的学说。国王接受了从摩尼那里听到的每一样东西。神我通过摩尼取得了辉煌成就之后，当国王坐在王位上、他的王公们在他面前时，神我突然飞下来，朝摩尼走去，使王与王公们大吃一惊。国王对智慧的信念日强，坚定立足于真知与信仰。他的王公们也都深信不疑。国王心甘情愿地接受了摩尼教导他的戒律，而且要求在全国到处解释与宣示这些戒律。从那时起，这个宗教就传入了那个地方。

摩尼在与一个教派辩论并赢得胜利以后，来到底格里斯河与幼发拉底河河口的法拉特（Pharat）港，在一个净洗派的集会上传教。摩尼

·欧·亚·历·史·文·化·文·库·

结识了一位名叫奥吉阿斯（Oggias）的名人，奥吉阿斯监督商人们把他的货物装上船去，准备登船前往印度。他可能邀请摩尼与他一起前往印度。不少中古波斯文、帕提亚文和粟特文的吐鲁番文书残片可能是摩尼行传或摩尼教使徒行传的组成部分，像基督教的使徒行传一样，记载了摩尼及其使徒的活动。根据帕提亚文书，摩尼曾在杜兰（Turan，在今巴基斯坦的俾路支斯坦）访问一位义人（ardaw）和杜兰沙（国王），当场使义人升入空中，显示自己的神力，并与义人讨论玄学。摩尼给了杜兰沙洞察力与智慧，向他说明天堂与地狱、世界的净化、太阳与月亮、灵魂与身体、降临大地的使徒、义人与罪人、选民[1]（摩尼教僧侣）的工作和听者（在家信徒）等教义。当杜兰沙和贵族们听了这些言辞以后，很是高兴，他们接受了这个信仰，对使徒摩尼及其宗教倍感亲切。杜兰沙把摩尼视为佛陀。摩尼在印度有机会接触到佛教，他可能吸收了佛教关于轮回报应的思想，以及把信徒分为僧侣与居士的组织方式。当摩尼回到波斯以后，又派跋帝和约翰（Hanni）到塔布（Deb，印度河三角洲最重要的港口之一）去继续传教。后来摩尼还写信给印度的门徒。这说明，通过摩尼及其子弟的传教活动，摩尼教徒的社团在印度建立起来了。

吉田丰先生在最近发表的论文中刊布了5件元末明初出自宁波地区的摩尼教绘画，其中两件绘画被他命名为"圣者传图"（Hagiography）。第一件圣者传图描绘了海上航行的情况，以及在某地登陆以后的场景，一位摩尼教高僧及其追随者向当地人民，包括佛教僧侣宣示其宗教，这些佛教僧侣最后皈依摩尼教，并向摩尼教高僧施舍。（彩色图版1-2、1-3）第二件类似第一件的下半部分，描绘的是传教活动。

---

〔1〕犹太教指神从万民中所特别"拣选"者。《旧约圣经》称以色列民族为上帝的"选民"。基督教信徒引用《圣经·加拉太书》3：28-29，认为基督徒已取代犹太人成为神的选民和亚伯拉罕的后裔："从此，不管是犹太人，希腊人，自由的，为奴的，不论男女老幼，都在基督里合二为一了。这样看来，所有属于基督的人，都是亚伯拉罕的后裔，都是照着上帝的诺言承受福分的人。"摩尼教中的"选民"即僧侣，现存摩尼教伊朗语文献描写教团分成两"支"：即选民（英文 Elect，中古波斯文 wcydg'n）和听者（英文 Auditor，中古波斯文 nywš'g'n），即出家的僧侣和不出家的平信徒。汉文摩尼教经以电那勿（音译中古波斯文 dyn'wr）、清静善众、诠者、师僧、阿罗缓（音译中古波斯文/帕提亚文 'rd'w'n）、纯善人、侍者等名称来称呼选民。

吉田丰猜测这两幅画描绘了摩尼早年到印度传教以及他此后在那里取得的摩尼教传播的成功。

大约在262年以前,摩尼说服米西尼(Mesene,在巴比伦南部,今天的伊拉克南部)的统治者米赫尔沙(Mihershāh)改宗了摩尼教。帕提亚文文书M47 I记载了他会见米赫尔沙的情况。米赫尔沙拥有一处超凡出众的花园,以此自傲,问摩尼:"在你讲的天堂里有我这样的花园吗?"摩尼以其神力向米赫尔沙显示了光明的天堂,那里住着众神,花园里应有尽有。米赫尔沙见此倒地昏迷三小时。摩尼将手放在他的头上,他恢复了知觉。他拜倒在摩尼脚下,握住了摩尼的手,信奉了摩尼教。

《群书类述》描述了摩尼与波斯国王沙卜尔一世(约240—70,图1-10[1])的初次会见:摩尼从穆护(Magians)和基督教徒那里演绎出

图1-10 伊朗纳克希-鲁斯塔姆摩崖石刻:沙卜尔一世凯旋浮雕

自己的教义。他撰写[其]经典的字母同样是由叙利亚文和波斯文演化而成的。摩尼在遇到沙卜尔之前……先诉求于沙卜尔的兄弟卑路

---

[1]沙卜尔骑在马上,罗马皇帝腓力(Philippus Arabs)跪在马前,支付赔款。站着的是罗马皇帝瓦列里安,他于260年被俘。沙卜尔抓住其手,表示他被俘了。沙卜尔后面是大祭司科德。

[2009-05-25].http://www.livius.org/a/1/iran/sapor.JPG.

· 欧 · 亚 · 历 · 史 · 文 · 化 · 文 · 库 ·

斯(Fayrūz),卑路斯把他介绍给沙卜尔。摩尼教徒说,当摩尼出现时,他的肩上有两道像灯光一样的光芒。这给沙卜尔留下了深刻的印象,对摩尼敬畏有加。[实际上]沙卜尔本来是决定杀掉摩尼的,但是,当他遇到摩尼时,他满心赞赏,喜欢不绝,问摩尼为他带来了什么,答应会再次会见摩尼。摩尼提出了一些要求,包括沙卜尔在各省和各个属地显示乐于让摩尼相伴,摩尼与其教徒可以享有活动的自由。沙卜尔同意了摩尼所有的要求。因此摩尼可以在印度、在中国、在呼罗珊(Ḥurāsān,即 Khorasan)人民中传播他的信息。根据一种希腊文资料,摩尼曾经伴同沙卜尔参加数次与罗马帝国的战役。260 年沙卜尔俘获罗马皇帝瓦列里安(Valerian)时(彩色图版 1 – 4),摩尼就可能在场。沙卜尔一世将大批罗马军队的俘虏送往伊朗高原西南部的波斯省,按照希腊城市的方格形布局建设新都比沙卜尔(Bishāpūr,意为沙卜尔之城),在城外摩崖上开凿了巨大的君权神授与凯旋石刻。271 年,又在胡泽斯坦省(Khuzistan)建造了根德沙卜尔(Gundeshapur,意为沙卜尔军队之城),叙利亚语称贝拉斐(Beth Lapat),作为萨珊波斯的文化中心。摩尼为了让沙卜尔了解他的神学,用中古波斯文概括自己的教义,特别是宇宙创成学说,写成他的早期著作《沙卜拉干》。

据科普特文《克弗里亚》记载:摩尼跟在沙卜尔身边有数年之久,到过波斯省、帕提亚人的国家、阿迪亚波纳(Adiabene,在今伊拉克北部)和邻近罗马王国诸省的边境地区。第 76 章《关于主摩尼:他怎样巡游》中记载:沙卜尔经常频繁地召唤摩尼去参加讨论,以至于摩尼的一个门徒开玩笑说:"请给我们两个摩尼,一个与门徒们在一起,另一个与沙卜尔王在一起。"摩尼回答,这个世界实际上很少接受他的教义。他回顾了自己巡游各地的传教活动。他到过印度,回到波斯省,又上米西尼,来到巴比伦之地,进入亚述人(Assyrians)的城市和其他城市,去过米底人(Medes,居住在今伊朗西北部)和帕提亚人之地,他所到之处都引起了震动。一个摩尼来到这个世界上,已经搅得全世界各地的强权寝食不安,如果两个摩尼来到这个世界上,什么地方能容忍他们?什么地方能接受他们?这是摩尼对自己的评价。伊朗人后来记得在沙卜尔的时代,他作为先知出现在朝廷上,同时对他的绘画才能记忆犹深。菲尔多西(Firdausi,? —1020?)写的《王书》(*Shahnamah*)中就把他称为"画家"。(彩色图版1-5)

沙卜尔准许摩尼及其门徒在萨珊波斯各地巡行与传教。摩尼派遣持法者('spsg)阿驮(Addā)、承法教导者(粟特文 mwz-"k')帕提格(Pattīg)、加布里亚布(Gabryab)等向罗马帝国境内传教。帕提格在那里待了一年就回来了。摩尼派了三个书记带着《(生之)福音》和其他两部经书到阿驮那里去。阿驮建立了许多寺院,挑选了许多选民与听者,写了一些经书,以智慧为武器与其他宗教辩论。他来到亚历山大(Alexandria),使许多人改宗,施行了许多奇迹,摩尼教一度在罗马帝国颇为兴盛。阿驮在南美索不达米亚与罗马帝国商道上的重镇帕尔米拉(Palmyra,位于今叙利亚的大马士革东北215公里,图1-11[1])施行

图1-11　帕尔米拉遗址

奇迹,治愈了纳弗莎(Nafshā)的病,从而不仅使她,而且使她的姐妹——王后塔迪(Tadī)及其丈夫帕尔米拉城主塞普蒂米乌斯(Septimius)都皈依了摩尼教。加布里亚布在雷范王国(Revan,可能在今亚美

〔1〕〔2009-05-25〕. http://www. ruin. net/wp-content/uploads/2007/09/palmyra2. jpg.

尼亚的埃里温［Erevan］）与基督教徒竞争,治好了一个女孩的病,争取到大量信徒。

摩尼又派末冒(Mār Ammō)等向东方传教。末冒不仅精通帕提亚语文,而且认识许多帕提亚贵族,是向东方传教最理想的人选。与他一起去的人当中有几个书记,一个书籍插图画家,还有阿尔达班(Ardabān)王子(可能是帕提亚王子)。中古波斯文 M2 记述了这样一个神话传说:当末冒一行来到贵霜(Kushan,即贵霜沙,在印度次大陆西北部)边境,女神巴格德(Bagard)问末冒来传播什么宗教。末冒回答说:“我们不吃肉,不喝酒,不近女色。”女神回答说:“在我的王国里,有许多像你这样的人。”末冒背诵了摩尼著作《净命宝藏经》,终于使女神同意他们前往东方。这说明东方禁欲主义盛行,摩尼教只有进一步加强自己的道德诉求,才能与佛教等东方宗教竞争。末冒一行在木鹿(Merv,今土库曼斯坦的马里［Mary］)等地的活动很成功,他使许多国王与王公、大公与贵族、王后与贵妇、王子与公主改宗了摩尼教,展示了光明使者的佛性,完成了摩尼的各种命令与指示。末冒用帕提亚文编译了不少摩尼教文献,现存的摩尼教赞美诗组诗《胡亚达曼》(*Huyadagmān*,旧译《胡威达曼》［*Huwīdagmān*］,彩色图版 4－17)和《安格·罗斯南》(*Angad Rōšnān*)可能就是他撰写的。

1.4　摩尼的形象与摩尼之死

摩尼(图1－12[1])在世时,他的宗教已经发展成一个世界性宗教。巴黎国家图书馆保存了一块水晶石,一幅倒映图刻在其凸面上,周围用叙利亚文刻着:“摩尼,基督耶稣的使徒。”中间那个人物可能就是摩尼,头上包着头巾,长发披肩,长胡子编成两缕,垂到胸前。(彩色图版1－6)在攻击摩尼教的著作中,也留下了一些对摩尼形象的描绘。《阿基来行传》(*Acta Archelai*)把摩尼描绘成一个波斯的巫师,左胳膊下挟着一本巴比伦的书。《群书类述》中则说他是一个跛子。《摩尼光佛教

---

〔1〕［2010－08－07］. http://upload.wikimedia.org/wikipedia/commons/6/63/Mani.jpg.

法仪略》描述摩尼的形象："摩尼光佛顶圆十二光王胜相,体备大明,无量秘义;妙形特绝,人天无比;串以素帔,仿四净法身;其居白座,像五金刚地;二界合离,初后旨趣,宛在真容,观之可晓。诸有灵相,百千胜妙,实难备陈。"德国考古学家勒柯克(Albert von Le Coq,1860—1930)记载:高昌(今吐鲁番)发现的一幅壁画左侧有一个大人物,甚至比真人还大。他身穿华丽的白色摩尼教大祭

图 1 - 12　摩尼像

司法衣,与其他选民穿的白色法衣类似。这个大祭司的头部保存得很好,是一个老人的面容,头上戴着一顶非常讲究的高帽子。这位大祭司的头光与摩尼教其他所有绘画上的头光不同,它是一个白色镶边的大红圆盘,可能表示一轮红日,被黄色月牙围绕着。在摩尼教神话中,太阳和月亮极为神圣,它们在这里出现,可能表示这个大人物就是摩尼教的创始人。(彩色图版 1 - 7)

　　公元 227 年,沙卜尔一世在比沙卜尔城去世,摩尼立即晋见其继承者奥尔米兹德(Hormizd,272—273)(图1 - 13[1])。在经过友好的辩论以后,摩尼从他那里得到了许诺,他的宗教继续在波斯帝国享有原来的地位。但是奥尔米兹德的统治只延续了一年,新的波斯国王瓦赫兰一世(Vahrām Ⅰ,273—276)(彩色图版 1 - 8)对摩尼并不抱有前两位国王般的热情。他在琐罗亚斯德教大祭司科德(Kirdir)(彩色图版 1 - 9)的影响下,不像沙卜尔那样对宗教比较宽容。

图 1 - 13　奥尔米兹德的钱币:
发行于阿富汗,仿贵霜帝国式样

　　[1][2009 - 05 - 25]. http://upload. wikimedia. org/wikipedia/commons/thumb/8/86/Hormiz-dI. jpg/180px - HormizdI. jpg.

19

· 欧 · 亚 · 历 · 史 · 文 · 化 · 文 · 库 ·

科普特文的《布道书》(*Homilies*)保存了比较完整的关于摩尼被囚禁与去世的记载,中古伊朗语文献残片中也保存了一些细节。大约在273年,摩尼打算前往贵霜地区,但是可能受到阻拦,颇为沮丧地回到米西尼。从那里他来到底格里斯河,登船前往泰西封。在路上,摩尼已经预料到凶多吉少,向他的门徒们预言自己将不久于人世。次年年初,摩尼收到瓦赫兰一世的传唤,要他前往贝拉斐的朝廷。摩尼在前往贝拉斐的路上,访问了故乡高凯(Gaukhai)的摩尼教社团。

琐罗亚斯德教祭司(穆护)(图1-14[1])在萨珊波斯有很大的势力。1月21日,摩尼来到贝拉斐,在城门口引起了穆护们的骚动。他们向大祭司科德控诉摩尼,科德又通过更高级的官员把这种控诉转告给国王。于是瓦赫兰召摩尼进宫,摩尼在一个翻译与两个门徒的伴同下前去觐见。当时瓦赫兰正在进餐,尚未洗手。廷臣们进来报告:"摩尼来了,正站在门口。"国王传话给摩尼说:"等会儿我自己可以来接见你。"然后摩尼在侍卫的一边坐下来等候。国王吃完饭,一手挽着沙卡(Shāka)王后,一手挽着一个贵族,来到摩尼面前。他对摩尼说的第一句话就是:"你不受欢迎。"摩尼回答道:"为

图1-14　杜拉·幼罗波斯
(Dura-Europos)的
穆护(Magi)

什么?我做了什么错事?"国王说:"我曾发誓不让你再到这里来。"接着他愤怒地对摩尼说:"啊,你有何用处,因为你既不打仗,又不打猎。或许还需要你行医?其实你连这个也没干。"摩尼回答说:"我无害于你。[相反,]我总是对你和你的家族行善。我为你的许许多多臣仆驱走雌雄魔鬼。我给许多人治愈了各种热病和寒热。我让许多人起死回生。"可能正在此时,瓦赫兰的姐妹突然得病去世,他显然为此相当难

---

〔1〕〔2009－05－25〕. http://www.revistamirabilia.com/Numeros/Num2/Magos%204%20－%20Zoroastro.jpg.

过。他对摩尼自称拥有真理非常不满。摩尼回顾了沙卜尔王对他的照应,沙卜尔王为他写信给所有的贵族们,要他们看顾摩尼,帮助他,不让任何伤害发生在摩尼身上。奥尔米兹德王对摩尼也很仁慈。但是,瓦赫兰不为所动,下令囚禁摩尼。摩尼被三条链子捆绑起来,上了脚镣,头颈上也捆了一条链子,被送入监狱。瓦赫兰可能又把摩尼带到自己面前,询问摩尼自己去世的姐妹的灵魂到哪里去了。摩尼的回答无法使他满意,又被送回监狱。

摩尼在狱中口授了给信徒的"最后的书信",通过末冒之手,向整个教会作了指示。摩尼向所有人作了告别。帕提亚文文书 M5569(图1-15[1])用文学的语言记载了摩尼之死,在佛教文化的影响下,将之称为"大涅槃"(Parinirvana):就像帝王卸下盔甲与战袍,穿上另一件王袍一样,光明使者卸下了躯体的战袍;他坐上光明的宝船,穿上神圣的妙衣,戴上光明的花冠和美丽的花环。他在光明众神的左右陪伴下,在琴声欢歌之中,像电光一样飞升明月战车。在沙赫瑞瓦尔(Shahrevar)月第 4 日,星期天,11 点钟,在胡泽斯坦省的贝拉斐城,摩尼升天而去。在伊朗人的记忆中,摩尼的去世更为悲惨。菲尔多西的《王书》描写了摩尼被杀害的情况。(彩色图版 1-10)比鲁尼的《古代遗迹》也描绘了摩尼被杀害的情景。(彩色图版 1-11)

在摩尼去世之后,摩尼教继续向四处传播。762 年前后,回鹘汗国牟羽可汗(759—780? 在位)接受了摩尼教。840 年回鹘西迁吐鲁番地区,建立了高昌回鹘王国,仍然信奉摩尼教,那个地区留下了大量摩尼教文献与绘画残片。吐鲁番文书 MIK Ⅲ 4964 正面是一幅细密画的残片,从摩尼文字的大小来判断,这块小残片原来的书页是相当大的。这上面保存了一位摩尼教人士的半身画像,他穿着白袍,留着长长的黑头发,嘴唇上留着小胡子,下巴上留着叉状的长髯,这些都是摩尼教选民的特征。但是,如果他是选民的话,应该戴一顶摩尼教僧侣通常戴的帽子。他却没有戴帽子,与通常的选民明显不同之处是穿着一件金色

---

〔1〕〔2009-05-25〕. http://www.bbaw.de/forschung/turfanforschung/dta/m/images/m5569_recto.jpg.

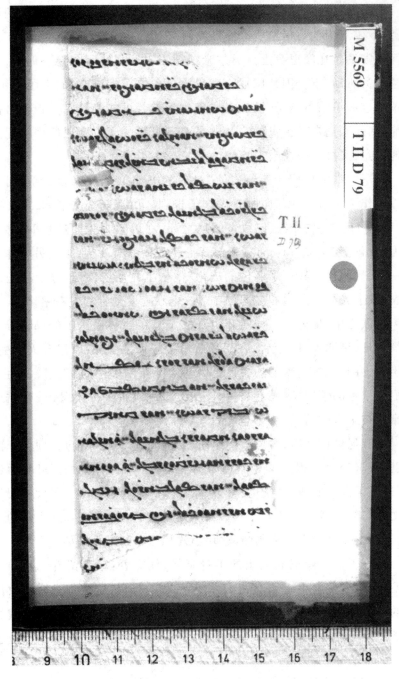

图 1 - 15　吐鲁番出土帕提亚文书 M5569(T Ⅱ D 79) :摩尼之死

的斗篷,头上围着一圈光轮(只有神才能有光轮)。光轮上有金叶修饰,间以宝石红色。美国学者古乐慈(Zsuzsanna Gulácsi)认为,这个人物可能是摩尼本人。(彩色图版1-12)

在后来波斯的民间传说中,摩尼曾作为画家向瓦赫兰·古尔(Bukhram-Gur[Bahram],即瓦赫兰五世,420—438)呈献自己的绘画,16世纪塔什干(Tashkent)画家阿里-设·纳瓦伊(Ali-Shir Nav a'i)曾以此为题材画过一幅画。(彩色图版1-13)瓦赫兰·古尔与摩尼不同时代,自然不可能接受摩尼的绘画,很可能是与瓦赫兰一世混为一谈了。

在中国,摩尼教于843年遭到唐武宗镇压后,在内地自行传播。其活动方式之一是佛教化的寺院,福建泉州华表山草庵就是最著名的一处。这所寺院建于元代,正厅内依崖凿一圆形佛龛,直径1.9米,圈内浮雕是一尊摩尼光佛坐像。头部比较特别,呈现辉绿岩(青斗石)颜色,长方形面孔。背有毫光射纹饰,呈现花岗岩石质。留长发,发梢垂于双肩,端坐莲坛,面容圆润,眉毛隆起,嘴唇薄,嘴角线深显,显得安详自如。身穿宽袖僧衣,胸襟打结带,无扣,结带用圆饰套束蝴蝶形,而向两侧下垂于脚部。双手相叠平放,手心向上置于膝上。神态庄严慈善,衣褶简朴流畅,用对称的纹饰表现时代风格,脸、身、手三部分巧妙地利用岩石不同的自然色调构设。这是目前世界上仅存的一尊摩尼石雕像,被列为全国重点文物保护单位。(彩色图版1-14)

2 摩尼教教义

2.1 二宗三际

汉文《摩尼光佛教法仪略》的《出家仪第六》简明扼要地概括了摩尼教的根本教义:"初辩二宗:求出家者,须知明暗各宗,性情悬隔;若不辩识,何以修为? 次明三际:一,初际;二,中际;三,后际。初际者,未有天地,但殊明暗;明性智慧,暗性愚痴,诸所动静,无不相背。中际者,暗既侵明,恣情驰逐;明来入暗,委质推移。大患厌离于形体,火宅愿求于出离。劳身救性,圣教固然。即妄为真,孰敢闻命? 事须辩折,求解脱缘。后际者,教化事毕,真妄归根;明既归于大明,暗亦归于积暗。二宗各复,两者交归。"摩尼教的根本教义为二宗三际。二宗指明暗,也就是善恶,是两个独立存在的本体。三际指初际、中际、后际。初际阶段,还没有宇宙天地,更没有人类;明暗是各自分开的,明性是智慧,暗性是愚痴,是互相对立的。中际阶段,黑暗侵入光明,光明与黑暗斗争,两者混合。这个阶段当然最为复杂,也与现实世界最有关系。后际阶段,明暗重新分开。

最近日本学者吉田丰先生发表文章,刊布了日本私人收藏的 5 件摩尼教绘画。这些绘画可能是元末明初宁波地区的画家所画的。其中第一件是宇宙图,可能就是《摩尼光佛教法仪略》中记载的"大门荷翼图,译云《大二宗图》"。此图详细描绘了摩尼教的整个宇宙结构,可以让我们形象地了解其教义。(彩色图版 2-1)

未有天地之前,只有明暗二宗。明即光明王国,光明王国里有"五种伟大",汉文《下部赞·此偈赞明尊讫末后结愿用之》歌颂了这五大:

"大真实主,十二光王,众妙世界、微尘国土,常活妙空,堪褒誉地、作光明者。忙你(摩尼)尊佛,舍诸罪,有碍无碍,或时本意,或随他意,身口思想,诸不善业,我等善众及诸听者,乞忏罪已,各如本愿!"这"五种伟大"是:(1)大真实主,即最高神伟大的父(Father of Greatness),汉文摩尼教经又称为常明主、大慈父、明尊、无上光明王。(2)光王,又称宝光王,即十二个永世(Aeons,世界之意)。(3)众妙世界、微尘国土,又作无数世界诸国土,即永世之永世(the Aeons of the Aeons)。(4)常活妙空,又作妙香空,即生命之气(the Living Air)。(5)堪褒誉地,又作金刚宝地,即光明之地(the Land of Light)。最高神有知性(νουδ)、知识(εννοια)、思考(φροησιδ)、熟虑(ενθυμησιδ)和意识(λογισμοδ)等五种国土。这与诺斯替教瓦伦提奴派的思想、新约外传《多马行传》、《拿戈·玛第文集》中的《耶稣的智慧》、《蒙福的尤格诺斯托》等作品中的观念非常类似。汉文则翻译为相(应该是"想"的假借字)、心、念、思、意等五种国土,显然借用了佛教,特别是唯识论的术语。

最高神有仁爱、诚信、忠实、慈善和智慧等五种大德,汉文翻译为怜悯、诚信、具足、忍辱和智慧。最高神是与光明、威力、智慧四位一体的,在希腊文资料中,他被称为"伟大的四面(τετραπρüσωποδ)之父",在科普特文资料中则称为"四面之神(πνουτε νϥτουϧο)",《摩尼光佛教法仪略》翻译为"四寂法身"。福建华表山摩尼教遗址摩崖石刻为"劝念清净、光明、大力、智慧,无上至真,摩尼光佛"18个大字,清净、光明、大力、智慧就是表达这四位一体的概念。(彩色图版2-2)

瑞典东方学家、宗教史专家维登格伦(Geo Widengren,1907—1996)指出,在摩尼教中古波斯文与粟特文资料中,最高神被称为蔡宛,琐罗亚斯德教蔡宛派(Zervanism)的最高神蔡宛(Zurvān,时间之神,图2-1[1])也是四位一体的(见表2-1):

---

〔1〕〔2009-07-04〕. http://www.crystalinks.com/zurvan.jpg.

25

表 2 - 1　四寂表

汉文	中古波斯文	粟特文	蔡宛派
清净	Zarvān	Zrw'	蔡宛
光明	Rōšn	rwxšny'k	光明
大力	Zōr	Zwr	力量
智慧	Vahçh	γrβ'ky'	智慧(xrat)

在最高神的四面有 12 个神,每面有 3 个,汉文称为十二常住宝光王。德国学者克里姆凯特(H. -J. Klimkeit)在分析一幅摩尼教神像残片(彩色图版 2 - 3)时指出:神的头上有光环,光环有几个同心圆组成,中心圆是金色的,外圆为带阴影的绿色。金色光环与绿色光环之间有很多戴王冠的头像。这些头像,只保存下来 9 个,原来也许有 12 个。这使我们想起围绕着伟大之父的十二宝光王。不过这个神像是否代表光明王国的最高神,尚有待讨论。古乐慈则认为,这个神很可能是第三使。

图 2 - 1　波斯琐罗亚斯德教的蔡宛派的最高神蔡宛:身上缠着蛇,脚下踩着地球

吉田丰刊布的宇宙图最上面的部分,描绘了天界。(彩色图版 2 - 4)天界的中央是一个金色的台,台上有莲花座(?),莲花座上坐着一尊神,头上与身后有光环,这应该就是最高神伟大的父(大真实主)。这尊主神的两边各有 6 个神向主神合掌致敬,一共 12 个神,这些神应该就是十二个永世(十二常住宝光王)。天界的两边,右侧有三幢建筑物,左侧有两幢建筑物,一共有五幢建筑物,每幢建筑物里有一个神,这五幢建筑物就象征着最高神的五种国土:知性(相,想)、知识(心)、思考(念)、熟虑(思)、意识(意)。中央偏右有一组四个神坐在玉座上,他们可能象征最高神的"四净法身"、"四寂法身",即清净、光明、大力、智慧。

根据安条克的塞佛留(Severus of Anti-
och,约 465—538,图 2 – 2[1])的《布道书》
(Homily)第 123 章的有关记载,摩尼教徒认
为,二宗即光明与黑暗,并非由谁所创造的,
而是自始就存在着。光明也就是善,黑暗也
就是恶,也即物质(Hyle)。二宗的不同可以
比之于国王与猪猡。光明在适合它的地方存
在,犹如在王宫里;黑暗就像猪猡,在泥潭中
打滚,吞吃甚至贪恋污秽,它也像爬进洞里的
蛇一样。猪猡和蛇都不是谁所创造的。善,
也叫做光明和生命之树。生命之树上饰满了
各种令人愉快的、可爱的和美丽的东西。它
充满了一切善的东西,稳定而不改"本性"。

图 2 – 2　安条克的塞佛留

它向三个方向无限伸展:北方、东方与西方,都是既包括上方,也包括下
方。汉文摩尼教文献称之为常荣(宝)树,《下部赞・赞夷数文》写道:
"敬礼称赞常荣树,众宝庄严妙无比。擢质弥纶充世界,枝叶花果
□□□。一切诸佛花间出,一切智慧果中生。能养五种光明子,能降五
种贪□□。……常荣宝树性命海,基址坚固金刚体,茎干真实无妄言,
枝条修巨常欢喜。众宝具足慈悲叶,甘露常鲜不凋果,食者永绝生死
流,香气芬芳周世界。"柏孜克里克第 25 窟里的一幅壁画上画的三干
树可能就是生命之树。(彩色图版 2 – 5)树的两边各有 6 个人物,前排
的 8 个跪在地上,后面的 4 个站着。最靠近树的人物,从衣着和头巾来
看,左边穿着铠甲的是男听者,右侧是女听者,女听者旁边跪着一个有
翅膀的男性天使,他后面站着一个有翅膀的男性天使。树位于整群人
中间,由三根树干组成,每根树干又有分叉。在树冠中可以看到花朵和
葡萄似的果实。树干较低的部分被覆盖了。这棵树不是长在圆形容器
里,就是位于一个扶手椅形状的宝座后面。三根树干可能表示生命之

　　[1][2009 – 07 – 04]. http://tbn0. google. com/images? q = tbn:lpK49a802vJaoM;http://dli-
brary. acu. edu. au/research/theology/ejournal/Issue3/images/Severus_B. jpg.

树向东、西和北无限伸展。

黑暗王国则以死亡之树为代表,占据着南方。黑暗王国分为五个世界,分别住着五类魔:烟的世界里住着两足动物,火的世界里住着四足动物,风的世界里是会飞的动物,水的世界里是会游的动物,黑暗世界里是爬行动物。吉田丰刊布的宇宙图最下面的部分,描绘了鸟、蛇、四足兽、鱼、二足的恶魔,可能就是表示黑暗王国。(图2-3[1])黑暗王国甚至并不统一在一个统治者之下,每个世界都有自己牛鬼蛇神般的统治者(Archon)——魔鬼、狮子、鹰、鱼和龙。"黑暗之王"是这五类魔的集体名词。因此在有的资料中,黑暗之王被描绘成狮首、龙身、鸟翼、鱼尾和兽足。在伊朗语文献中,黑暗之王被称为阿赫里曼('hrmyn)。维登格伦等学者认为,摩尼教的黑暗之王的渊源就是琐罗亚斯德教的恶神阿赫里曼。阿赫里曼词义为"居心险恶者",其代称为阿格拉·曼纽(Angra Mainyu),词义为"邪恶的教唆者"。它是谎言、不义、不净等黑暗的象征。

图2-3 宇宙图(部分)

2.2 中际:第一次召唤

光明王国与黑暗王国在初际是完全分开的,它们的势力范围是互不重叠的。但是,黑暗王国并不统一,各个部分你争我斗,企图互相毁

---

[1]吉田丰,插图3。

灭。它一直处于一种随机运动的状态中,各种互相争斗的部分可能溢出其边界。在这种随机运动中,有的魔鬼(比如两足魔鬼)看到了上界,被它们所看到的东西迷住了。它们渴望与光明混合到一起去。不久就发生了大规模的入侵,一切形状与大小的魔鬼都参加了这场入侵。黑暗(及其象征的物质)与风、浊水、幽灵等等都争先恐后地进入光明王国。从此就开始进入中际。

这场侵略使光明王国惊慌失措。它的五种国土只适合安静与和平,不适合战争。在神的国度里没有邪恶的东西。神没有可以与雷电一起发出的烈火,没有可以用来大发洪水、淹死对手的水,没有能够砍伐的铁器和其他武器,只有光明和高贵。他必须找到其他的方式抵抗侵略。因此伟大之父只能自己去面对敌人。他召唤出一些善神去对抗入侵。善神不是伟大之父产生的。摩尼避免使用"产生"这个与性交有关的词汇。第一次召唤出来的是生命母(The Mother of Life,汉文摩尼经称善母、慈悲母、诸佛母)。吐鲁番高昌故城遗址 K 正厅西侧附近的废墟中发现的壁画残片 MIK Ⅲ 6917,当为一幅巨大壁画上的摩尼教大祭司外衣的一部分。这是一个圆形胸章,上面有一个摩尼教女神像,头戴精致的白色帽子,配以雅致的头饰,背景则是一个红色光环,表示这是一个神。这个神戴着耳环,显示了女性的特征,她似乎是举起左手,做出说法的姿势。(彩色图版 2 - 6)

善母召唤出初人(Primal Man,汉文摩尼经称为先意、先意父)。在诺斯替教文献中,常看到先于宇宙形成之前就有一位被称为"人"的神,这是他们的"神智"的最主要的秘密之一。在摩尼教伊朗语文献中,先意被称为四面之神(蔡宛)的儿子奥尔穆兹德(Ohrmezd),即阿胡拉·玛兹达。阿胡拉·玛兹达(图 2 - 4[1])是琐罗亚斯德教的最高神,代表善与光明,与代表恶与黑暗的阿赫里曼相对立,展开长达12000 年的斗争,最后战胜恶魔。摩尼教与琐罗亚斯德教里,奥尔穆兹德的异同是明显的。在摩尼教中,奥尔穆兹德不再是最高神,而仅仅是最高神召唤出来的诸神之一,最高神伟大之父本身是超然存在的,不

---

〔1〕〔2009 - 07 - 04〕. http://www.livius.org/a/1/iran/faravahar.jpg.

再直接介入与黑暗的斗争,更不可能在这场战斗中被打败;这种斗争的重任就落在了奥尔穆兹德身上。

图2-4 琐罗亚斯德教的最高神阿胡拉·玛兹达的象征

摩尼教伊朗语文献中,把最高神、黑暗之王、先意分别称为蔡宛、阿赫里曼与奥尔穆兹德。在蔡宛派里,蔡宛是最高神,生出了一对孪生子:长子阿赫里曼是黑的,气味难闻;次子奥尔穆兹德是白的,气味芳香。阿赫里曼与奥尔穆兹德平分世界,但是奥尔穆兹德具有更大的权力,并会取得最后的胜利。而摩尼教不认同他们为孪生兄弟之说。在回鹘文《忏悔书》中,有一条就是:如果说了奥尔穆兹德与阿赫里曼是长幼兄弟,那么就要忏悔。

先意召唤出他的 5 个儿子,就像一个武士穿上盔甲,准备战斗。这 5 个儿子是:气、风、明、水、火。汉文摩尼教经翻译为:清净气(净气)、妙风(微妙风)、明力、妙水和妙火。它们作为一个集体被称为五明子,或者五明佛、五大光明佛、五等光明佛、五明欢喜子。先意穿上这五明子作为自己的盔甲,前往战斗。有一个名叫那诃斯跋(Nhšbṭ)的天使手持常胜冠冕,为他引路。黑暗之王看到先意前来,心中计议道:"我正在向远处寻觅的东西,现在我却发现就近在眼前。"他随即以自己的五类魔武装起来,与先意鏖战。最后,先意被打败,躺在战场上,而五明子则为众暗魔所吞噬,与黑暗混合在一起。五明子失去了知觉,他们中了黑暗之子的毒,就像被疯狗或蛇咬过的人。从此五明子成了关注的中心。黑暗之王俘虏了五明子,把他们囚禁在不洁之中,使他们又瞎又聋,意识不清,思想混乱,不再知道自己真正的起源。五明子命运之重要在于:他们构成了此后人类的灵魂,而人类灵魂迷乱的状态就是五明子昏醉失忆的结果。《下部赞·叹五明文》要求有智慧的人领悟五明子的命运:"觉察五大光明佛,缘何从父来此界。了知受苦更无过,善巧抽拔离魔窟。是即名为有眼人,是即名为智惠(智慧)者。停罢一切诸恶业,遂送还于本宗祖。"受到灵智启示的人应该停止作恶,把自己的灵魂,也就是五明子,送还光明王国。

有的摩尼教文献显示,这场大战是伟大之父牺牲局部的战略。科普特文《赞美诗》第CCXXⅢ首的四节形象地描述了这种战略:

就像一个牧羊人看见一头狮子前来毁灭他的羊群:他使用计谋,取了一头羊,把它作为诱饵,他就能用它来逮住这头狮子;用一只羊他挽救了他的整个羊群;这些事儿过去之后,他再来治疗这头被狮子伤害的羔羊。

这也是伟大之父的办法,他派出了他骁健的儿子;这儿子从他自己产生出装备着五种大力的女神,她将与黑暗的五个深渊战斗。

当守卫者(?)站在光明王国的边界上时,他向暗魔显现其女神——那是他的灵魂;暗魔们在其深渊中蠢蠢欲动,想要凌驾于她之上,他们张开嘴巴想要吞噬她。

他紧抓住她的大力,把她撒向他们,就像把渔网撒向鱼群。他使她像净水的云雨洒落在他们头上,她就像穿透黑暗的闪电把自己射向他们。她渗透到他们的内部,把他们统统束缚起来,他们却全然不知。

这里把"盔甲"转化成了"女神",作为灵魂的象征符号。守卫者有意识地、最有效地用她打入敌人内部,从暗魔内部进行斗争。

根据叙利亚景教主教巴尔库尼(Theodore Bar Khoni,约800年)的

《斯可利亚》(*Book of Scholia*)的记载,先意恢复知觉以后,向大明尊作了 7 次祈祷。于是大明尊进行了第二次召唤。

2.3 第二次召唤

　　大明尊进行第二次召唤,首先召唤出明友(Friend of Lights,乐明佛、乐明第二使)。明友的具体职能不甚明了,奈迪木的《群书类述》记载,他是从暗魔那里解救先意的先驱者。明友又召唤出大般(Bān rabbā,意为大建筑师,造相佛、造新相)。大般的职能是建造新乐园,作为光明分子临时的家园。大般又召唤出净风(Living Spirit,意为生命的精灵,又名净活风)。净风又召唤出自己的 5 个儿子(汉文称为五等骁健子):光辉卫士(Keeper of Splendour,拉丁文 Splenditen,持世明使、持使主),尊贵的王(King of Honour,Rex honoris,十天大王、十天王),阿大姆斯(Adamas of Light,Adamas,降魔胜使、降魔使),荣耀之王(King of Glory,Gloriosus rex,地藏明使、地藏),持地者(Atlas,催光明使、催明)。他们来到黑暗王国的边界,从那里往下看地狱的深渊,发现先意及其五子被黑暗所吞噬。净风大声呼唤,他的声音犹如利剑,他对先意说:"祝你平安,恶魔中的善神,黑暗中的光明,不知荣誉的凶恶野兽中的神。"先意回答:"[你]带来了和平,你带来了珍贵的和平与平安。"先意急于马上知道,自己与五明子的牺牲是否换来了众神的平安,问净风:"我们众神可安好? 光明之子在其国度中如何?"净风回答说:"他们都很好。"这一呼一应产生了两个神,一个是呼神(Call,汉文音译呼嚧瑟德[Xrōštag],意译说听、警觉声),成了先意的第六个儿子;另一个是应神(Answer,呗嘍嚩德[Padvāxtag],唤应),成了净风的第六子。呼神象征着拯救的信息,而应神象征着人类希望得救的意愿。净风和善母再次来到黑暗王国,净风伸出他的右手,先意抓住了它,被救出黑暗的深渊,上升天界,重新成为神祇。在摩尼教徒中,互握右手是一种具有拯救意义的姿态。

　　吐鲁番高昌发现的摩尼教书页图解残片 MIK Ⅲ 4970c 的一面上还留下一个残缺的半身像。所绘人物脸上长满胡子,具有伊朗人的特

征。头戴头巾,上边还有一顶带褶痕的无檐帽。无檐帽上有一钩月牙,这说明他可能是个神。(图2-5[1])

图2-5　吐鲁番高昌故城发现的书页图解残片
MIK Ⅲ 4970c

先意虽然被救出来了,但是他的五明子已经与黑暗混为一体。如果五明子不能返回光明王国,光明王国就会失去这一部分光明分子。因此这时的中心是要从暗魔身上把光明分子分离出来,让他们回到光明王国。为了解救被暗魔吞噬的光明分子,就要创造一个宇宙。汉文《摩尼教残经一》中,摩尼在解答阿驮的问题时,简明扼要地叙述了这个神话:

> 汝等当知,即此世界未立已前,净风、善母二光明使入于暗坑无明境界,拔擢骁健常胜[先意佛]大智甲五分明身,策持升进,令出五坑。其五类魔黏五明身,如蝇著蜜,如鸟被黐,如鱼吞钩。以是义故,净风明使以五类魔及五明身,二力和合造成世界十天八地。如是世界即是明身医疗药堂,亦是暗魔禁系牢狱。其彼净风及善母等以巧方便,安立十天;次置业轮及日月宫,并下八地、三衣、三轮,乃至三灾、铁围四院、未劳俱孚山(Sumeru,须弥山),及诸小山、大海、江河,作如是等,建立世界。

创造世界的重任主要落在了净风的身上,他在摩尼教中古波斯文的资料中被称为密斯拉神(myhr yzd),在希腊文、科普特文资料中则被称为得谬哥(Demiurge),意为巨匠造物主,这显然是一个合乎其身份的称呼,因为实际上就是净风创造了这个宇宙。犹太教、基督教和伊斯兰

---

[1]Le Coq 1923, Taf. 5d (color). Gulácsi 2001, Fig. 50.2.

教认为上帝者,包括摩尼教在内的诺斯替派即称之为得谬哥。摩尼教与其他诺斯替教的不同之处在于,一般诺斯替教把得谬哥作为反面角色,而在摩尼教中作为巨匠造物主的净风是正面角色。

净风及其五子再次降临黑暗王国,与暗魔进行战斗,获得了胜利。净风以战死的暗魔的尸体造成八地,用他们的皮造成十天,用他们的肉造成泥土,用他们的骨头造成山岳。净风让其子持世明使驻扎在第10层天上,提住整个宇宙,掌管最上面的3层天(第8—10层天)。其子十天大王则驻扎在第7层天上,掌管其他7层天。在第1层天的下面,建造了天球和黄道十二宫,就是《摩尼教残经一》中所说的"业轮"。净风也把一些吞噬了光明分子的掌权者(Archons)——黑暗之子锁在天上,用未受污染的光明分子建造了日月宫。

根据粟特文文书 M178 Ⅱ:净风和善母造了五块毯子(?)(fsp'),让持世明使坐在其上。在其下造成十天,设置一面神奇的镜子。召唤出 40 个天使,他们支撑着这 10 层天。每一层天有 12 扇门。毗首羯磨(wyšprkr,即净风)召唤天王(十天大王)。他们让他坐在第 7 层天的王位上,让他掌管所有的 10 层天。在诸天下面他们设置了转轮和黄道十二宫。他们把最邪恶、恶毒和叛逆的暗魔囚禁在黄道十二宫里。他们把神的两个儿子放在那里作为守卫者。

吉田丰刊布的摩尼教绘画宇宙图的当中一段就描绘了十天。(彩色图版 2 – 7)每一层天有 12 道金色的门。每一层天的两端各有 2 个天使。右端的 2 个天使穿着白色和红色的衣服,左端的 2 个天使穿着绿色和蓝色的衣服,一共有 40 个天使。《下部赞》第 134 颂说:"复启四十大力使,并七坚固庄严柱,一一天界自扶持,各各尽显降魔相。"这40 个支撑 10 层天的天使当即"四十大力使"。第 7 层天上的右边有一个圆轮,可能就是粟特文文书 M178 Ⅱ讲到的神奇的镜子。第 7 层天的左边有 8 个士兵护卫、坐在玉座上、穿红袍的神当即十天大王。最下面一层天中央有两个神持着一个圆盘,当即黄道十二宫。(图 2 – 6[1])

──────────

〔1〕吉田丰,插图 2。

图 2-6　宇宙图(部分):黄道十二宫

这幅图上十二宫的排列与通常的方式不一样,如表 2-2。

净风穿着风、水、火"三衣"(three garments)来到黑暗王国的边界。他在黑暗王国上面,先依次建造了热水、黑暗、火与水等 4 层地,在其上面建造了第 5 层地,让其子催光明使驻扎在这层地上。在第 6 层地上,他建造了四面墙(铁围四院)、三道壕沟,把众魔关在这三道壕沟(阿拉伯文 khanadiq,希腊文 phossata)里(三灾?)。地藏明使则掌管催光明使头上的 3 层地,即第 6—8 层地。降魔胜使驻扎在十天与八地之间,掌管天地之间与大地四方。这个神话把摩尼教的悲观主义宇宙观表现得淋漓尽致:所有围绕着我们的自然界都出自妖魔的尸体,只是置于众神的监管之下。这就像一篇波斯摩尼教文献概括的:"世界是阿赫里曼的化身。"这个世界是"暗魔禁系牢狱",暗魔被囚禁在这个范围里;同时它也是"明身医疗药堂"。科普特文摩尼教《赞美诗》第 CCXXⅢ 首说:"他(净风)把所有地狱的力量撒向十天八地,他把它们关在这个世界(cosmos)里,他把它作为所有黑暗力量的监狱。它也是净化那些被他们吞噬的灵魂的处所。"净风把被吞噬的光明分成三类,他用完全没有受污染的光明分子造成日月,用稍受污染的光明分子造成众星,为受到污染的光明分子建造了三轮。

·欧·亚·历·史·文·化·文·库·

表2－2　黄道十二宫表

一般黄道十二宫					摩尼教宇宙图	
序号	符号	黄经	拉丁文名称	中文名称	图像	名称
1	♈	0°	Aries	白羊宫 （牡羊座）	蟹	蟹座
2	♉	30°	Taurus	金牛宫 （牡牛座）	秤	天秤座
3	♊	60°	Gemini	双子宫	蝎子	蝎座
4	♋	90°	Cancer	巨蟹宫	两匹有角 动物	牡牛座？ 牡羊座？
5	♌	120°	Leo	狮子宫 （狮子座）	弓	射手座
6	♍	150°	Virgo	处女宫 （乙女座）	壶	水瓶座
7	♎	180°	Libra	天秤宫	鱼	双鱼座
8	♏	210°	Scorpio	天蝎宫	狮子？	狮子座？
9	♐	240°	Sagittarius	人马宫 （射手座）		双子宫？
10	♑	270°	Capricornus	山羊宫 （摩羯座）		乙女座？
11	♒	300°	Aquarius	宝瓶宫 （水瓶座）		牡牛座？ 牡羊座？
12	♓	330°	Pisces	双鱼宫	头上有角	山羊座？

吉田丰刊布的宇宙图的主体部分就是描绘天地之间的。(彩色图版 2 – 8)最下层的天(第 10 层天)下面是一片椭圆形的大地,也即八地的最上面一层,人类就居住在这层上。大地的中央是须弥山(smyr,出自梵文 sumeru)。大地上方右侧有一轮红日,左侧有一轮月亮(图 2 – 7[1])。须弥山的观念源自佛教,须弥山上有 33 天宫。摩尼教宇宙图

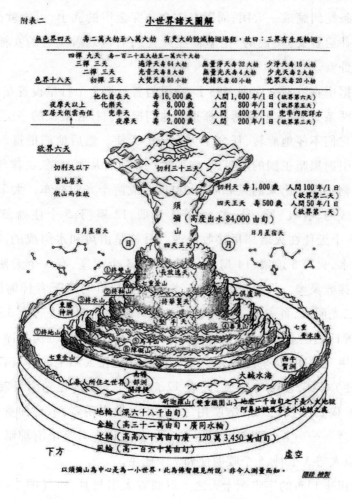

附表二　　　　**小世界諸天圖解**

無色界四天　壽二萬大劫至八萬大劫　有更大的毀滅輪迴過程,故曰:三界有生死輪迴。

四禪 九天	壽一百二十五大劫至一萬六千大劫			
三禪 三天	遍淨天壽64大劫	無量淨天壽32大劫	少淨天壽16大劫	
二禪 三天	光音天壽8大劫	無量光天壽4大劫	少光天壽2大劫	
色界十八天 初禪 三天	大梵天壽60小劫	梵輔天壽40小劫	梵眾天壽20小劫	

	化自在天	壽16,000歲	人間1,600年/1日	(欲界第六天)
夜摩天以上	化樂天	壽8,000歲	人間800年/1日	(欲界第五天)
空居天依雲而住	兜率天	壽4,000歲	人間400年/1日	兜率內院詳右
↑	夜摩天	壽2,000歲	人間200年/1日	(欲界第三天)

欲界六天

切利天以下
皆地居天
依山而住故

切利三十三天

切利天 壽1,000歲 人間100年/1日 (欲界第二天)

須彌山(高度出水84,000由旬)

四天王天 壽500歲 人間50年/1日 (欲界第一天)

日月星宿天 (日)　四天王天　(月) 日月星宿天

①持雙山

長放遠天

②持水山 七重金山 九俱盧洲

東勝神洲 持華髮天

③持地山 堅手天

摩羅天

七重金山 七重香水海

西牛賀洲

南贍 部洲 (眾人所住之世界) 閻浮提 大鹹水海

斫迦羅山(雙重鐵圍山) 地底一千由旬之下是人大地獄
阿鼻地獄及各大小地獄之處

地輪(深六十八千由旬)
金輪(高三十二萬由旬,廣同水輪)
水輪(高高八十萬由旬廣,120萬3,450萬由旬)
風輪(高一百六十萬由旬)

下方　　　　　　　　　虛空

以須彌山為中心是為一小世界,此與佛智觀見所說,非今人測量而如。　　圖錄 楠製

图 2 – 7　须弥山

上须弥山的树冠状部分有 32 个金色的房子。32 个金色房子上面,有 2

---

〔1〕[2010 – 08 – 08]. http://www.tdhf.net/zhihui/UploadFiles_4080/200904/2009041014482320.jpg.

个天使随侍一尊坐在莲花座上的神,前面有 4 人向他跪着合掌膜拜。这可能源自佛教的帝释天与四天王。椭圆形大地上有一些小山,大地四周是大海,海中有妖魔。大地左侧有一个恶魔躺在地上,仰望着须弥山。他的身旁站着一个武士,一手持盾,一手握三叉戟向恶魔刺去。这个武士可能即降魔胜使。画面上方右侧是平等王进行审判的图景;中间有 6 条蛇纠缠成一大团,周围有 7 个身穿金甲的武士,可能就是《下部赞·普启赞文》中说的"七坚固庄严柱";右侧驾着黑云的女神可能是光明处女。

根据中古波斯文文书 M98 I,净风与善母把 7 个行星设置在天上,悬挂了两条龙,把它们紧缚在那里。他们把它们挂在最低的一层天上,为了让它们不停地旋转,任命了男女 2 个天使。然后他们把得救的光明分子引向黑暗王国的边界,引向明界。净风将从善与恶、灵魂与物质的混合物中净化出来的风和明、水和火造成两个光明战车。太阳是火和光造成的,有气、风、明、水、火等 5 道墙,12 扇门,5 个住处,3 个玉座,有 5 个天使在火墙那里接收灵魂。月神是由风和水组成的,有气、风、明、水、火等 5 道墙,14 扇门,5 个住处,3 个玉座,有 5 个天使在水墙那里接收灵魂。汉文《下部赞·此偈凡至莫日与诸听者忏悔愿文》说的"二光明殿,各三慈父",指的就是日月二大光明殿上各有 3 个神。《此偈赞日光讫末后结愿用之》之"大力堪誉慈悲母,骁健勇猛净活风,十二船主五收明,及余无数光明众",说的就是在太阳上的神有日光佛(第三使)本身、善母与净风,并有 12 船主与 5 个接收光明灵魂的天使。《此偈赞夷数讫末后结愿用之》说:"夷数光明者,示现仙童女,广大心先意。……五收明使七船主……",就是说在月亮上有耶稣、光明处女、原人等 3 个神,5 个收明使和 7 个船主。

吉田丰刊布的宇宙图十天之上就画着太阳与月亮。(图 2 - 8[1])右面那个赤色的圆形物即太阳,上面画了 12 道门,射出光芒;门的后面有 12 个神,可能就是"十二船主";再后面有一排 5 个神,可能就是"五

---

[1] 吉田丰,图版 2。

收明";再后面3个主神当即日光佛、善母、净风。左面的那个水色的圆形物即月亮,上面画了14道门,也有光芒射出;门的后面有7个神,可能就是"七船主";再后面一排5个神也是"五收明";再后面3个主神当即耶稣、光明处女、原人。

图2-8 宇宙图(部分):太阳与月亮

根据科普特文《克弗里亚》第38与70章,天地的各个部分是与人体相对应的。我们可以略过一些细节,只摘录与其神学体系密切相关的部分:十天相应于人的肋骨;众星运行的天球和黄道十二宫(业轮星宿)相应于人的肚脐;从天球到四个世界的各个角落,即大气层,相应于人的肚脐到臀部;持地者站在第5层地上,他头上的3层地相应于人的腰臀部;持地者所站的第5层地相应于人的胫骨。天地的宏观世界与人体的微观世界相应,是我们理解摩尼教许多神话的关键。摩尼教文献为什么花费很多篇幅展开大量的神话故事?就是为了把宏观世界神魔之间的斗争作为人类与邪恶斗争的蓝本。如果不注意这一点,就很难理解大量神话故事的含义。

净风虽然把未受污染、稍受污染的光明分子造成了日月星辰,但是,还有大量受到污染的光明分子仍然有待解救,这就需要一个更复杂的过程。净风首先用风、水和火造成了三个轮子,即《摩尼教残经一》中记载的"三轮"。为了使三轮运转以拯救深受污染的光明分子,伟大之父进行了第三次召唤。

·欧·亚·历·史·文·化·文·库·

2.4　第三次召唤

光明之父进行第三次召唤,首先召唤出来的神是第三使(The Third Messenger),他在汉文资料中被称为道师三丈夫、第二尊、三明使等,在摩尼教帕提亚文资料中被称为密斯拉神(myhr yzd)。《下部赞》中有一首歌颂第三使的偈《此偈赞日光讫末后结愿用之》写道:"称赞微妙大光辉,世间最上最无比! 光明殊特遍十方,十二时中作欢喜。大力堪誉慈悲母,骁健勇猛净活风,十二船主五收明,及余无数光明众。各乞悯念慈悲力,请救普厄诸明性,得离火海大波涛,合众究竟愿如是!"慈悲母即善母,净活风即净风,十二船主指太阳之舟上的12个船主,五收明是指太阳上在火墙后面接收灵魂的5个天使,十二时则指第三使召唤出来的神——光明处女。

第三使又召唤出光明处女(光明少女,Maiden of Light, Virgin of Light),汉文称为电光佛、电光明。她又称为十二处女(Twelve Maidens),汉文称为十二化女。她又被称为第三使的12个小时(twelve hours),汉文翻译为十二微妙时、十二时。克里姆凯特认为,高昌遗址K藏书室的走廊上发现的一片绢绣残片上的女神就是电光佛。(彩色图版2-9)这位由两个女选民陪伴的摩尼教拯救之神是一个女神,可能是电光佛。她站在一个华丽的、色彩鲜明的、盛开的莲花宝座上。长袖、高领的豪华袍子带有紫色绣饰,上面绣着或者织着紫色、黄色和橘黄色的珠串或饰物。头上戴着漂亮的绣花头饰,有一圈珍珠镶边的光环。女神后面的两个女选民站在一个大的莲花座上。很明显,女选民感到与光明女神有一种特殊关系,这个光明女神可能就是光明处女。这幅构图所属的大画面只有下部保存了下来。在其精致的刺绣中可以看到一些蓝色和白色的金边花朵。古乐慈同意绢绣残片MIK Ⅲ 6251上的女神很可能就是光明处女。女神向一旁举着右手的前臂,手掌向上,大拇指与食指拈着一样花朵状的东西,其他手指直伸。女神的左上方似有新月的三分之一的轮廓。(彩色图版2-10)这可能象征着

40

电光佛将解脱的光明分子——灵魂送上月亮。

吉田丰刊布的宇宙图下部须弥山顶上的左侧有一个女神,乘着一朵黑云,吉田丰猜测她可能是光明处女。(图2-9[1])

图2-9 宇宙图(部分):光明处女(?)

第三使与光明处女为了引诱那些被锁在天上的掌权者释放他们吞噬的光明分子,在月亮与太阳上裸体呈现于掌权者面前。第三使化作俊男裸体出现在雌魔面前,而光明处女化作少女裸体出现在雄魔面前。雄魔看到美丽的光明处女,把他们体内的光明分子随精子一起射泄出来。第三使把光明与罪恶分开。罪恶掉到海里的部分,变成一个像黑暗之王的怪兽。净风之子降魔胜使被派去对付它,用长矛把它刺死了。吉田丰刊布的宇宙图主体部分左侧用三叉戟刺恶魔的武士可能就是降魔胜使。(图2-10[2])那些与光明分子混在一起的罪恶(黑暗物质)掉到陆地上,变成五种草木,因此草木仍然含有比较多的光明分子。怀孕的雌魔看到第三使的裸体,受到诱惑,纷纷流产。这些流产物掉到地上,吞吃植物,互相交配繁殖,成为种种动物,它们含的光明分子比较少,低于植物。这就是“诱惑暗魔”的故事,在奥古斯丁的拉丁文著作中引用的摩尼写的大经《净命宝藏经》对这个故事有比较详细的描述。《下部赞·普启赞文》也提及了这个神话:“复启十二微妙时,吉祥清静光明体,每现化男化女身,殊特端严无有比。”“诱惑暗魔”的故事可能出自古代流传下来的神话。诺斯替教中就有女神巴伯罗(Barbelo)诱惑掌权者的故事。

---

〔1〕吉田丰,图版4。
〔2〕吉田丰,图版4。

图 2 - 10　宇宙图(部分):降魔胜使刺恶魔(?)

　　第三次召唤以三个神为一组,除了第三使与光明少女之外,另一个重要的神是光耀柱(Column of Glory),他是光明分子的总和,在空中展现为银河。在汉文《下部赞》中,称其为金刚相柱、大相柱、卢舍那。卢舍那是毗卢遮那的略称,梵文作 Vairocana,意译光明遍照,为佛之报身。摩尼教徒借用卢舍那来称呼光耀柱,是一种方便的选择。吉田丰刊布的宇宙图上部日月中间的神可能就是金刚相柱。(彩色图版 2 - 4,图 2 - 11[1])第一层天之上左右有两条彩虹向中间汇聚,在日月之间合流,形成一个扇形。扇形的左右各有一个神,脚下各有一幢建筑物。扇形上左右各有一幢小建筑物,其上有一个巨大的

图 2 - 11　宇宙图(部分):
金刚相柱(?)

神像,已经破损。吉田丰猜测这个巨大的神像可能就是金刚相柱像。

　　《下部赞》有一首《此偈赞卢舍那讫末后结愿用之》写道:"称赞褒

------

〔1〕吉田丰,插图4。

誉,苏露沙罗夷,具足丈夫,金刚相柱,任持世界,充遍一切,以自妙身,以自大力,利益自许,孤捷宠子。我等今者,不能具赞,唯愿纳受,此微启讼,护助善众,常如所愿!"在伊朗语文献中,这个神的名字借用了琐罗亚斯德教的遵命天使的名字斯鲁什(Srush),中古波斯文作 srwšhr' y(粟特文作 srwšrt βγγγ),音译为苏露沙罗夷,又作窄路沙罗夷。他又被称为完人(Perfect Man),意译为具足丈夫。金刚相柱是光耀柱的意译。这个神的另一个中古波斯文名称 qyšwrw' ryzd,意为"支持世界之神","任持世界"可能即其意译。

当第三使转动风、水、火三轮时,从黑暗物质中解脱出来的光明分子被提升和净化,沿着银河从月亮飞升太阳。日月是光明分子的中转站。月亮的圆缺就是由这些光明分子的运送所引起的。月亮有 15 天不太明亮,是因为光明分子在那里净化,其中不纯洁的黑暗分子显露出来所造成的。等到光明分子都净化了,转到日宫去了,月亮就又恢复了光明。光明分子从太阳再去新乐园。新乐园是由第二次召唤中的神大般所建造的,由先意掌管,与光明王国不同。新乐园主要是被召唤出来的诸神与被解救的光明分子的家园,他们将住在那里,直到后际,他们最后回归光明王国。这些当然都是渊源久远的神话,但是摩尼通过这种神话,把本来与人世无关的天体运动也赋予了宗教意义,以加强其教义的说服力。

克里姆凯特认为,吐鲁番出土的摩尼教插图书页有一个残片画着一些神,可能就是第三宇宙阶段所创造的神。(彩色图版 2-11)拱门下面有一些神像,主神位于中央,较其他神为大。主神的王冠上还另有一装饰,看来是一个戴着同样王冠的较小的人头。伴随着两个较小的神像,保存得最完好的一个也戴着与主神类似的王冠,但没有主神那一附加装饰。古乐慈指出,文书残片 MIK Ⅲ 4965 反面绘画中的主神头上有光环,拱门下面左面的神穿着一件绿衣服,系一条紫红色的腰带,头上有紫红色的光环。拱门大部分看不到了。两个带翅膀的天使捧着三个金色的带日轮的月牙和两个金色日轮,另外每一个神的头上都戴着金色的日轮与月牙。但是,摩尼教的所有神祇都与光明有联系,很难确定这些神是什么神祇。这幅画表现出对神的高度敬意。

根据科普特文《克弗里亚》第7章"关于五个天父",第三使召唤出三个神,除了光耀柱和光明处女之外,还有光明耶稣(Jesus the Splendor)。这个神在摩尼教的神谱中具有极大的重要性,《下部赞》中有长达70余颂的《赞夷数文》,"夷数"就是耶稣的异译。其中讲道:"妙色世间无有比,神通变现复如是:或现童男微妙相,癫发五种雌魔类;或现童女端严身,狂乱五种雄魔党。"这显然是把第三使与光明处女"诱惑暗魔"的故事嫁接到了光明耶稣身上。

随着伟大之父三次召唤,唤出诸神,建造了宇宙,把诸魔囚禁起来,获得了很大的胜利。《摩尼教残经一》简明扼要地说明了这种胜利局面。

> 建立世界。禁五类魔,皆于十三光明大力以为囚缚。其十三种大勇力者,先意、净风各五明子,及呼嚧瑟德、呦嘍嚯德,并宰路沙罗夷等。其五明身犹如牢狱,五类诸魔同彼狱囚,净风五子如掌狱官,说听、唤应如喝更者,其第十三宰路沙罗夷如断事王。

科普特文《克弗里亚》第38和70章详细地叙述了这种胜利局面。在上述13个神之外,再加上第三使与青年耶稣(Jesus the Youth),而以净风五子为囚缚五类魔的主将:持世明使对应于"想"和"怜悯",掌管最上面的3层天。十天大王对应于"心"和"诚信",驻守在第7层天上,掌管第1—7层天。降魔胜使相应于"念"和"具足",掌管天地之间和大地四方,因此贪魔造立人身以囚禁明性就发生在他的辖区内。吉田丰猜测,他刊布的宇宙图上第1层天上面右侧坐在金色宝座上的神就是持世明使。(彩色图版2-4,图2-12[1])荣耀之王相应于"思"和"忍辱",掌管三轮和第6—8层地。持地者相应于"意"和"智慧",掌管他所驻守的第5层地和他脚下的4个纽带。吉田丰刊布的宇宙图最下面的部分应该是八地。(图2-13[2])中间有一幢大建筑物,坐在莲花

---

[1]吉田丰,图版2。
[2]吉田丰,图版1。

座上的神上半身破损,下半身尚可看到。吉田丰猜测这个神就是持地者(アトラス)。右侧有三轮,再往右有一尊神及其从者。吉田丰猜测这尊神是荣耀之王(荣誉の王)。

图2-12　宇宙图(部分):持世明使(?)

除了净风五子,还有说听(呼嚧瑟德)与唤应(呦喽

图2-13　宇宙图(部分):八地(?)

嚽德)也驻守在那里。现在,囚缚五类魔的众神包括净风的6个儿子,以及初人的6个儿子。此外,使者(第三使、日光佛)又把伟大的心灵,即光耀柱、完人(窣路沙罗夷)置于他们中间。此外,青年耶稣也在那里。催光明使在奥古斯丁的拉丁文著作中的名字是阿特拉斯,他是希腊神话中以肩顶天的巨神。我们了解净风五子与怜悯、诚信、具足、忍辱、智慧等五种主德的对应关系,以及他们的职掌与斗争,对于我们理解世间"新人"与"旧人"的斗争甚为重要。

到这场胜利为止,摩尼教的宇宙论(cosmology)基本完成,接着是阐述人类的始原、本性及命运的人类论(anthropology,通常译作人类学)。

2.5　贪魔造立人身囚禁明性

贪魔看到这种众魔都被囚禁的情况,不甘心束手待毙,发动了一

45

场全面进攻。根据《克弗里亚》第 38 和 70 章,在净风五子分管的十天八地的范围内,都发生了动乱与叛变:在持世明使管辖的范围内,流产的罪恶与光明混合,冲击使者的形象,在陆地上造立树木,在海里掀起大动乱。光耀柱前来帮助持世明使镇压了这场叛乱。在十天大王的辖区,天上的守望者来到地上,胡作非为。他们在世界上传播奇技淫巧,把天上的秘密告诉人们。4 个天使被召唤出来对付他们,用永久的枷锁把守望者捆绑起来,关在黑暗的牢狱里,从大地上把守望者的儿子消灭干净。在降魔胜使的辖区,流产怪物造立了亚当与夏娃,指望通过他们统治这个世界。流产怪物在地上创造了各种引起贪欲的东西,整个世界充满了他们的贪欲。他们迫害教会,时不时地、一代又一代地杀害使徒和义人。耶稣被派来把这些流产怪物捆绑起来。在地藏明使的辖区内,也发生了动乱,阻断了风、水和火三轮的运行。耶稣降临这个辖区,使三轮恢复运行。在催光明使的辖区,发生了地震,地下的纽带松动了。耶稣降临这个辖区,加强了地下的纽带。

这 5 个辖区中发生的叛乱及其被镇压当中,比较重要的是两个:(1)十天大王的辖区内,守望者的叛乱及其失败。这实际上就是巨人的故事。(2)降魔胜使辖区内,流产怪物造立人身。

我们先介绍巨人的故事。希伯来文《旧约圣经·创世记》第 6 章第 4 节说:"当时,地上住着一些巨人(נפלים nĕpîlîm),他们后来也存在,当神的儿子和那些人类的女儿结婚以后,她们就为他们生养(孩子)。他们是古之强人(גברים gibbôrîm)、名人。"(图 2 - 14[1])摩尼可能将nĕpîlîm理解为nefäl,将其解释为"流产物"。降魔胜使辖区内造立人身的流产怪物可能就渊源于此。摩尼把gibbôrîm理解为"巨人"。大约在公元前 163 年至公元 80 年间用亚兰文假托《圣经》人物以诺名义所写的不属于《圣经》原本的经文《以诺书》(*Book of Enoch*)中,有类似的故事,但是远为详细。(以诺,见彩色图版 2 - 12)故事的

---

〔1〕〔2009 - 07 - 04〕. http://tbn3. google. com/images? q = tbn: KA_TZpH7GwJwkM: http://www. alienresistance. org/Nephilim. gif.

图2-14 神的儿子(守望者)与人的女儿结婚

开头讲道:那时人类之子不断繁衍,他们生养了漂亮而标致的女儿。守望者——上天之子看到了她们,希望得到她们。他们一共200个,在贾雷德的时代下降到赫蒙山山顶。守望者都娶了女人为妻,教她们巫术和符咒。她们受孕并给他们生了大巨人。巨人生了内菲林,内菲林生了埃利欧德。巨人们在地上为非作歹,四大天使下凡,把堕落的天使——守望者捆绑起来,永远囚禁,并把巨人毁灭掉。上帝派以诺到守望者那里去宣示其审判,以诺去了以后,反而应守望者的请求,为他们向上帝求情。以诺于睡梦中升天,看到异象,受命再次去申斥守望者。以诺醒来以后,就去训诫守望者,讲述自己睡梦中升天看到的异象。死海古卷里的《巨人书》残片则有很多的细节,讲述以诺与守望者、巨人们的故事。

　　摩尼可能年轻时在净洗派当中就读到过巨人的故事,思想深受其影响。他在撰写自己的经典时,就利用巨人的故事,写成七部大经之一的《大力士经》。今天所看到的《大力士经》残片讲道:巨人们互相杀害,危害人间,以诺请求神的干预。有一个巨人到以诺处,得到两块刻有以诺传达神谕的石碑。守望者与巨人知道了神谕后,反应不一,有的藐视神意,大部分陷入沮丧之中。四天使下降人间与守望者、巨人战斗。守望者伪装人的模样,躲在人群中,但还是被识别出来。经过鏖战,他们向须弥山山脚下逃去,被俘房并被关进净风建造的32个镇里。他们的儿子——巨人则被毁灭。但是,这并没有结束善恶之间的斗争。吉田丰刊布的宇宙图上须弥山上有32个建筑物,可能就是关押守望者的。(图2-15[1])

图2-15 宇宙图(部分):须弥山上的32镇

降魔胜使辖区内,贪魔造立人身的故事,在汉文《摩尼教残经一》中有比较详细的叙述:

于是贪魔见斯事已,与其毒心,重兴恶计:即令路傍及业罗决,以像净风及善母等,与中变化,造立人身,禁囚明性,放(仿)大世界。如是毒恶贪欲宍身,虽复微小,一一皆放天地世界:业轮、星

〔1〕吉田丰,图版4。

宿、三灾、四围、大海、江河、干湿二地、草木、禽兽、山川堆阜、春夏秋冬、年月时日,乃至有碍、无碍,无有一法不像世界。喻若金师,摸(模)白象形,写指环内,于其象身,无有增减。人类世界,亦复如是。

根据其他资料,雄魔撒克拉(Saclas = 路伤?)知道流产怪物们眼红第三使的形象,说服他们把自己的后代交出来,答应他们,为他们造一个神的形象。他自己吃了很多流产怪物的雄性后代,把雌性后代交给雌魔奈菠萝(Nebroel,即业罗泱,帕提亚文称为皮苏斯[pysws])吃了。然后撒克拉与奈菠萝性交,奈菠萝相继生下了儿子亚当和女儿夏娃。亚当是一个小宇宙,严格模仿大宇宙。根据《克弗里亚》第70章,人的头相当于五衣(five garments)的第一批果实。从其头颈到心脏相当于十天。其心脏相当于天球(业轮、星宿)。从其心脏到肠子(?)相当于从天球到大地之间的大气层。身体的男性器官相当于这个大地。从其肠子(?)到腰臀部相当于三层地(第6—8层地)。其胫骨相当于持地者站立的空间(第5层地)。其脚底相当于持地者脚下的四个纽带。

撒克拉和奈菠萝也见于其他诺斯替教文献,比如,《拿戈·玛第文集》中的《埃及人福音》就讲到他们。不过撒克拉(Sakla)在那里是大天使,与大魔奈菠萝(Nebruel)合在一起,变成生养大地的灵,生育了辅助的众天使。亚当在中古波斯文文献中被称为 gyhmwrd,出自阿维斯陀语 gaiia-marətan,在钵罗婆文中作 gayǒmart(伽玉玛特)。据钵罗婆文《本达希申》的记载,男性无配偶的伽玉玛特独居 30 年而亡,但其种子被保留下来,40 年后,从种子中生出人类最早的一对伴侣:男人马什亚(Mashya)和女人马什亚内(Mashyànç,或 Mǎshyǒi)。夏娃在中古波斯文中被称为 mwrdy'ng。阿诺德(Thomas W. Arnold)在爱丁堡大学图书馆收藏的比鲁尼所著《古代遗迹》的 1307 年抄本中找到一幅插图,初看似乎是上帝走到伊甸园中与亚当、夏娃说话。(彩色图版 2-13)但是,抄本在此完全没有提及犹太教或基督教,而是讲琐罗亚斯德教第一对男人和女人(马什亚和马什亚内)受诱惑的神话,据说他们幸福地生活了 50 年,不需要吃喝,没有痛苦和烦恼。然后恶魔阿赫里曼装作老人出现在他们面前,说服他们吃树上的果子;他先做了个榜样,吃了果子立即变成了一个英俊的年轻人。这样的神话从来没有成为基督教艺术的主题。这幅画的表现手法与基督教表现亚当、夏娃的堕落大相径庭:基督教艺术中夏娃手中拿的是苹果(图 2 - 16[1]),而这里的

图 2 - 16 基督教艺术中的亚当与夏娃

阿赫里曼手中拿的是石榴。此外,画上的树木花草的中国艺术特色表明这幅画源自东方,而不是西方。这幅画不可能出自基督教艺术,更不可能出自伊斯兰艺术。它可能源自摩尼教艺术中表现亚当、夏娃故事的作品。

　　贪魔通过造立人身,找到了最有力的反击光明世界的武器——人类本身。人身是按照天神的形象(第三使、日光佛)创造的,但是构成

―――――――――

〔1〕〔2009 - 07 - 05〕. http://www.courtauld.ac.uk/gallery/exhibitions/2007/cranach/adam - eve5.jpg.

其肉体的物质是黑暗的。人身恰恰用来囚禁明性,与天神对抗。这就为摩尼教对身体与性的憎恶,以及严格的禁欲主义道德立场提供了一个神话的基础。

亚当由恶魔所创造,只受肉体欲望的拖累,完全不知道他体内的光明分子是属于光明王国的。当伟大之父(大明尊)的 5 个天使(想、心、念、思、意)察觉伟大之父的光明被囚禁在亚当和夏娃的体内,他们请求第三使(日光佛)、善母、先意、净风等诸神,派神去把亚当从物质的奴役中解救出来,把正义的知识传授给他。因此他们就派光明耶稣前去。光明耶稣发现亚当处于昏睡状态,便抓住他,摇晃他,把他唤醒,驱走欲魔,驱走大雌魔,并将其锁起来。亚当审视自己,认识到自己是什么。耶稣向亚当说明天堂、天上的诸神、地狱、诸魔、天地、日月。耶稣向亚当显示,亚当的自我被扔进了豺狼虎豹之口,被饕餮所吞噬,被狗群所吞吃,被束缚在黑暗的污秽之中。耶稣使亚当站立起来,并让亚当吃了生命之树的果实。亚当向上凝视,像狮子一样长啸,捶胸号啕:"该死的,该死的! 造立我的肉身,把我的灵魂囚禁在肉身中的造立者真该死! 奴役我的叛逆真该死!"

耶稣把淫欲的危险告诉亚当,使亚当害怕夏娃。耶稣向亚当解释,夏娃是不可接触的,亚当服从了。但是雄魔却与夏娃性交,生下了该隐(Cain)。该隐又与夏娃性交,生下亚伯(Abel)。众所周知,在《圣经》中,该隐、亚伯都是亚当与夏娃之子,该隐务农,亚伯畜牧。上帝喜欢亚伯的献祭甚于该隐的献祭,该隐盛怒之下杀了亚伯。摩尼教显然以此为蓝本进行了改编。根据摩尼教的神话:该隐又与夏娃性交,生下两个女儿,该隐娶其中之一为妻,将另一个给亚伯为妻。堕落的天使与亚伯之妻性交,生了两个女儿,亚伯怀疑是该隐生的,向夏娃告状,引起了该隐的愤怒,杀了亚伯。

魔鬼又教夏娃巫术,引诱亚当,使亚当破坏自己保持贞洁的誓言。夏娃成功地做到了这一点,生下了男孩塞特(Seth)。因为亚当体内有比夏娃更多的光明分子,他与夏娃的第一个孩子塞特被魔鬼认为是异己,欲除之而后快。但是亚当养育了塞特,并请求伟大之父、善母和净

·欧·亚·历·史·文·化·文·库·

风的帮助。他们回应亚当的祈祷,送给他灿烂的冠冕(《下部赞·普启赞文》称为"特胜花冠者"),驱退了众魔。亚当用莲花汁液养育了塞特。魔鬼再次利用夏娃诱惑了亚当,但是塞特要亚当与他一起到东方去,到神的智慧与光明那里去。亚当遵循了塞特的意见,因此在死后进入了光明王国。(图2-17[1])夏娃及其后代却入了地狱。

图2-17 亚当与塞特

2.6 耶稣、慧明使与众使徒

在摩尼教的人类论中,从撒克拉与奈菠萝造立人身的一刻开始,人类的本性与命运就已经决定了。人类的肉体及其种种欲望是来自贪魔的,而人类的灵魂就是被囚禁的五明佛——光明分子。人生来并不知道自己内在的神性,处于昏醉状态,只有通过明使的启蒙,才能发现自己处境的悲惨,摒弃一切欲念,一心向善,使自己的灵魂回归光明王国。而在拯救人类的明使中,第一位就是耶稣。摩尼教中的耶稣,至少可以分为三个:(1)光明耶稣(Jesus the Splendor,光明夷数),他是第

----

〔1〕〔2009-07-05〕. http://www.metahistory.org/images/AdamSeth.jpg.

三次召唤中出现的神祇之一,是第三使(日光佛)召唤出来的。他是拯救囚禁在人身内的光明分子的救世主,是摩尼教神学中最众所周知的神祇之一。东西方都有大量歌颂他的文献。(2)受难耶稣(The suffering Jesus, Jesus patibilis),这主要见于西方摩尼教文献,是囚禁在物质中的全部光明的象征。光明分子在物质中受难,就像耶稣在十字架上受难一样。(3)拿撒勒的耶稣(Jesus of Nazareth),即历史上存在过的耶稣,摩尼认为真实的耶稣是自己的先驱。

今存汉文《下部赞》的第一首颂诗就是《赞夷数文》,仅举其中一部分,以见全豹之一斑。这部分可以分为两个段落,第一个段落,明性以第一人称哀叹被囚禁在肉体中的痛苦,对自己身处的世界悲观绝望:

我今恳切求哀请,愿离肉身毒火海。腾波沸涌无暂停,魔竭出入吞船舫。

元是魔官罗刹国,复是稠林芦笔泽。诸恶禽兽交横走,蕴集毒虫及蚖蝮。

亦是恶业贪魔体,复是多形卑诉斯;亦是暗界五重坑,复是无明五毒院。

亦是无慈三毒苗,复是无惠五毒泉。上下寒热二毒轮,二七两般十二殿。

一切魔男及魔女,皆从肉身生缘现。又是三界五趣门,复是十方诸魔口。

一切魔王之暗母,一切恶业之根源,又是猛毒夜叉心,复是贪魔意中念。

一切魔王之甲仗,一切犯教之毒网,能沉宝物及商人,能翳日月光明佛。

一切地狱之门户,一切轮回之道路,徒摇常住涅槃王,竟被焚烧囚永狱。

今还与我作留难,枷锁禁缚镇相萦。令我如狂复如醉,遂犯三常四处身。

大地草木天星宿,大地尘沙及细雨,如我所犯诸愆咎,其数更

·欧·亚·历·史·文·化·文·库·

多千万倍。

罗刹(图2-18[1])、夜叉等名词自然出自佛教,这是为了使中国信徒更容易理解这段经文。但是思想内涵无疑是摩尼教的。

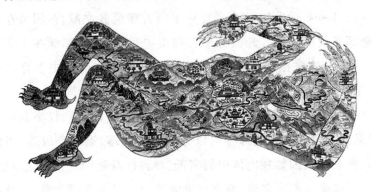

图2-18　罗刹女仰卧身上建立的十二座镇边佛教寺庙(西藏)

明性处于这样痛苦的状态中,呼吁夷数佛来拯救他:

广惠庄严夷数佛,起大慈悲舍我罪。听我如斯苦痛言,引我离斯毒火海。

愿施戒香解脱水,十二宝冠衣缨珞。洗我妙性离尘埃,严饰净体令端正。

愿除三冬三毒结,及以六贼六毒风。降大法春荣性地,性树花果令滋茂。

愿息火海大波涛,暗云暗雾诸缭盖。降大法日普光辉,令我心性恒明净。

愿除多劫昏痴病,及以魍魉诸魔鬼。降大法药速医治,嗉以神咒驱相离。

我被如斯多障碍,余有无数诸辛苦。大圣鉴察自哀矜,救我更勿诸灾恼。

唯愿夷数降慈悲,解我离诸魔鬼缚。现今处在火坑中,速引令安清净地。

一切病者大医王,一切暗者大光辉,诸四散者勤集聚,诸失心

〔1〕〔2009-07-05〕.http://www.hnmuseum.com/hnmuseum/whatson/Tibet/treasures/treasures001.html

者令悟性。

我今以死愿令苏,我今已暗愿令照。魔王散我遍十方,引我随形染三有。

令我昏醉无知觉,遂犯三常四处身。无明痴爱镇相荣,降大法药令疗愈。

大圣速申慈悲手,按(按)我佛性光明顶。一切时中恒守护,勿令魔党来相害。

与我本界已前欢,除我旷劫诸烦恼,尽我明性妙庄严,如本未沉贪欲境。

复启清静妙光辉,众宝庄严新净土,琉璃绀色新惠日,照我法身净妙国。

根据《克弗里亚》第7章,光明耶稣又召唤出伟大的法官(great Judge),汉文称为平等王、真实平等王、真实断事平等王;又召唤出青年耶稣(Jesus the Youth);并召唤出光明诺斯(Light Noũs)。光明诺斯是所有使徒之父,真实的宗教领袖们都来自于他。光明诺斯在西方文献中也被称为圣灵(Holy Spirit)。圣灵是基督教基本信条三位一体中的第三位。《尼西亚信经》规定:他"是主,是赐生命的,从父出来,与父子同受敬拜、同受尊荣。"光明诺斯在基督教艺术中常常被描绘成一只鸽子。(图2-19[1])汉文摩尼教资料中,将此神称为惠(慧)明、慧(惠)明使、惠明大使、惠明法相、惠明庄严佛(应当是庄严惠明佛),也将他等同于圣灵。《摩尼教残经一》说:"若电那勿(中古波斯文 dyn'wr,即僧侣)等身具善法,光明父子及净法风皆于身中每常游止。其明父者即是明界无上明尊;其明子者即是日月光明;净法风者即是惠明。"净法风即圣灵之意。

慧明使在人间的体现是一系列完人:《圣经》人物塞特(Seth)、诺亚(Noah)、亚伯拉罕(Abraham)、闪(Shem)、以挪士(Enosh)、以诺(E-

----

[1] [2009-07-05]. http://www.cartage.org.lb/en/themes/Arts/painting/paintings/bigphotos/B/trinity.jpg.

图 2 - 19　基督教艺术:圣灵被表现为一个鸽子,与圣父、圣子耶稣、众天使一起

noch),然后是真正宗教的创立者:佛陀、琐罗亚斯德、弥赛亚耶稣。慧明使最后的、最完美的化身就是摩尼。吐鲁番出土卷轴残片 MIK Ⅲ 4947 与 MIK Ⅲ 5d 上有一尊神像,勒柯克猜测这是摩尼的肖像。克里姆凯特则推测是摩尼教徒中常见的描绘先觉者佛陀的佛教细密画。(彩色图版 2 - 14)古乐慈认为这个卷轴属于回鹘摩尼教艺术的西亚风格。该卷轴残存两个形象。右上部是一个佛陀的形象,胸上有粟特字母 bwt,意思是佛陀。佛陀盘腿而坐,足底向上,右手做说法的手势,耳垂很长。他的身体显示微妙形相(lakshanas)的一些特征,比如发髻(ushnîsha)。围绕着他的身体有一圈又涂金粉又着色的光环。这些都与中亚东部佛陀的表现形式相符。另一个形象只残存巨大复杂的光环的一小部分,位于佛陀像的左下方。这圈光环由两道涂色彩、三道涂金粉的环所组成。这幅画原来可能有五个神像。(图 2-20[1])中间那个大的神像可能就是摩尼,周围四个神像是摩尼的先驱,只有右上方的这个基本保存下来了,可以确定是佛陀。摩尼教僧侣(电那勿)可能用这种卷轴作为演讲时的图示,向信徒(听者)讲述教义。

图 2-20　吐鲁番出土卷轴残片 MIK Ⅲ 4947 与 Ⅲ 5 d 及其重构示意图

　　古乐慈还分析了吐鲁番出土的一幅绢画的临摹图,原画已经不存,也没有照片保存下来。构图可能与上面那幅画类似,一共有 5 个神像,中间可能是摩尼,周围 4 个是他的先驱者。只有右下方的那个,保存得稍微多一些,根据他手持的杆子的顶端有一个十字架,可以猜测他是耶稣。(图 2-21[2])摩尼教僧侣可能在讲经时,用这种悬挂式的卷轴来帮助信徒理解教义。

　　拿撒勒的耶稣,即历史上实际存在过的耶稣,尽管只是众使徒之

〔1〕Gulácsi 2008, Fig. 2a, Fig. 2b.
〔2〕Gulácsi 2008, Fig. 3a, Fig. 3b.

图 2 - 21 吐鲁番出土绢画临摹图及其重构示意图

一,但是在摩尼教的教义中具有特别重要的地位。摩尼自称为耶稣的使徒。阿诺德在爱丁堡大学图书馆收藏的比鲁尼所著《古代遗迹》的1307 年抄本中找到另一幅插图,初看是耶稣受洗图。(彩色图版 2 - 15)阿诺德认为,这幅画完全缺乏传统基督教艺术的任何特点。风格是中亚的;巨大的靴子显然是突厥斯坦人穿的那种。基督教与伊斯兰教艺术都不可能为这幅画提供蓝本。但是耶稣在摩尼教神学体系中拥有如此突出的地位,他们在描绘福音的各种故事时,一定有自己的特点,这幅画很可能就是追随摩尼教绘画的宗教传统的。

摩尼教帕提亚文文献把耶稣受难称为 parniβrǎn,这是一个来自印度的借词,梵文作parinirvâṇi,意思是"大般涅槃"、"究竟涅槃"。显然,东方摩尼教徒将耶稣受难比之于佛陀圆寂。现存东方摩尼教文献在描绘耶稣受难时,所根据的资料则可能是叙利亚基督教教会 5 世纪以前一直使用的他提安(Tatian)的《四福音合参》(*Diatessaron*),还有《彼得福音》(*Gospel of Peter*)、《尼哥德慕福音》(*Gospel of Nicodemus*)、《彼拉多行传》(*Acts of Pilate*)等新约外传。摩尼教文献中,在耶稣被钉上十字架这件悲剧上,罗马总督彼拉多(Pilate)申述:"哦,我手上没有沾上这位上帝之子的血。"军官与士兵得到彼拉多的命令:"保守这个秘密。这由犹太人他们自己负责。"他(彼拉多)把他(耶稣)与罪人们一起钉在十字架上。然后彼拉多在羊皮纸(?)上用希腊文与拉丁文题词:"这是拿撒勒的耶稣,犹太人之王。阅读这篇题词的任何人都应该知道,在他身上是挑不出瑕疵的。"

摩尼教文献把耶稣受难更多地归罪于当时的犹太教祭司。耶稣被捕后,犹太教大祭司盘问他收徒施教的事。一篇帕提亚文残片记载:"耶稣很好地回答犹太人:'问那些我的门徒,我教导的教义是什么,我对他们做的事情是什么。'大祭司该亚法(Caiphas)和所有的犹太人穷凶极恶。他们用无比痛苦的酷刑剧烈折磨我们热爱的耶稣。"这显然比基督教的描绘(图 2 - 22[1])把更多的责任加在犹太人身上。

图 2 - 22 14 世纪的意大利绘画:耶稣在大祭司该亚法面前

如上所述,大明尊分为三次召唤出了许多神祇,比较复杂。汉文

---

〔1〕[2009 - 07 - 05]. http://www.christusrex.org/www1/giotto/SSC - caifa.jpg.

《下部赞·普启赞文》的前半部比较全面地概括了摩尼教神谱：

　　普启一切诸明使，及以神通清静众，各乞愍念慈悲力，舍我一切诸愆咎。

　　上启明界常明主，并及宽宏五种大，十二常住宝光王，无数世界诸国土。

　　又启奇特妙香空，光明晖辉清静相，金刚宝地元堪誉，五种觉意庄严者。

　　复启初化显现尊，具相法身诸佛母，与彼常胜先意父，及以五明欢喜子。

　　又启乐明第二使，及与尊重造新相，雄猛自在净活风，并及五等骁健子。

　　复启道师三丈夫，自是第二尊广大，夷数与彼电光明，并及湛然大相柱。

　　又启日月光明宫，三世诸佛安置处，七及十二大船主，并及一切光明众。

　　复启十二微妙时，吉祥清净光明体，每现化男化女身，殊特端严无有比。

　　又启五等光明佛，水火明力微妙风，并及净气柔和性，并是明尊力中力。

　　复启富饶持世主，雄猛自在十天王，勇健大力降魔使，忍辱地藏与催明。

　　又启阎默善思惟，即是夷数慈悲想，真实断事平等王，并及五明清净众。

　　复启特胜花冠者，吉祥清净通传信，最初生化诸佛相，及与三世慈父等。

　　又启唤应警觉声，并及四分明兄弟，三衣三轮大施主，及与命身卉木子。

　　复启四十大力使，并七坚固庄严柱，一一天界自扶持，各各尽现降魔相。

又启普遍忙你尊,阎默惠明警觉日,从彼大明至此界,敷杨正法救善子。

……

又启善业尊导师,是三明使真相貌,自救一切常胜子,及以坚持真实者。

……

敬礼清静微妙风,本是明尊心中智,恒于四处光明宫,游行住止常自在。

……

清净光明力智惠,慈父明子净法风,微妙相心念思意,夷数电明广大心。

我们以宗德曼(Werner Sundermann)、翁拙瑞(P. Bryder)和范·林德(Paul Van Lindt)的研究为基础,把有关汉文主要神魔名字的资料列表 2-3。每个神魔名字的前面加上编号,如:"2/1. 伟大之父",斜线前面的数字有 6 个,分别代表:1,神名转写;2,神名意译;3I,伊朗语神名;3B,佛教神名;3C,诺斯替或基督教神名;4,其他。

表2-3　摩尼教神魔表

		汉文	伊朗语	科普特文
五种大		2/1 大慈父	2/1 伟大之父	2/1 伟大之父
		明父	光明之父	4/1 光明之父
		常明主、光明王	光明之巨人（主）	光明之王
		4/1 明尊		
		2/1.1.1-4 四寂法身		四面之神
		清净	神性	
		光明	光明	
		大力	力量	
		智慧	智慧	
		2/1.2.1-5 五种国土		
		相（想）	心智	心智
		心	知觉	知觉
		念	感知	感知
		思	思考	·思考
		意	熟虑	熟虑
		4/A 十二宝光王、十二光王	4/A 十二个光明世界	4/A 十二个永世
		4/A 无数世界诸国土、众妙世界微尘国土	4/A 无数福地（永世）	4/A 永世之永世
		4/B 妙香空、常活妙空	4/B 纯洁空气	4/B 生命之气
		金刚宝地、堪褒誉地	光明之地	光明之地

62

	汉文	伊朗语	科普特文
第一次召唤	2/2 善母、善母佛、诸佛母	2/2 生命之母	2/2 生命之母
	4/3 先意、先意父、先意佛	2/3 初人、先思	2/3 初人
	1/4 .1.1 摩诃罗萨本(初人五子) 2/4 .1.1 五明、五明佛、五明欢喜子 2/4 .2.1-5 气、清净气、净气 风、微妙风、妙风 明、明力 水、妙水 火、妙火	3I/4 .1.1 元素(初人五子) 2/4 .1.1 五明 2/4 .2.1 空气 2/4 .2.2-5 风 光明 水 火	2/4 .1.1 (光明的五种)元素 2/4 .1.1 五种荣耀 2/4 .2.1-5 空气 风 光明 水 火
第二次召唤	1/5 呦喽嚱德 3B/5 势至 4/5 唤应、唤应声	2/5 应神	2/5 应神
	2/6 乐明、乐明佛 4/6 第二使	2/6 光明之友	2/6 光明之友
	2/7 造新相、造相佛	1/7 大建筑师	2/7 大建筑师
	2/8 净风、净风佛	2/8 生命之灵	2/8 生命之灵 3C/8 得谬哥
	4/9 五等骁健子 4/9 .1-3 持世主、持世明使 十天王、十天大王 降魔使、降魔胜使 3B/9 .4 地藏、地藏明使 4/9 .5 催明、催光明使	3I/9 .1 国家之主 4/9 .2 边镇之主 3I/9 .3-5 村庄之主 部落之主 住户之主	4/9 生命之灵的(五个)儿子们 4/9 .1-2 光辉卫士 尊贵的王 1/9 .3 阿大姆斯 4/9 .4-5 荣耀之王 奥莫福罗斯
	1/10 呼嚧瑟德 3B/10 观音 4/10 说听、警觉声	2/10 呼神	2/10 呼神

续表 2－3

		汉文	伊朗语	科普特文
第三次召唤		2/11.1 三明使 　　　光明相 　　　第二尊 2/11.2 日光佛	4/11.1 第三使 　　　光明国之神 2/11.2 太阳神	4/11.1 第三使 　　　光明使者 2/11.2 太阳
		2/12 十二化女、十二时 4/12 吉祥时	2/12 十二少女,十二神女	2/12 (十二[智慧]少女)
		1/13 苏露沙罗夷、窒路沙罗夷 2/13 具足丈夫 3B/13 卢舍那 4/13 大相柱、大庄严柱、金刚相柱	3I/13.1 斯鲁什(遵命天使) 2/13.1 完人 2/13.1 光耀柱	3C/13.1 完人 2/13.1 光耀柱
		1/14 光明夷数	1/14.1 光明耶稣	1/14.1 (光明)耶稣
		1/15 电光佛	2/15 光明处女	3C/15 (光明)处女
		2/16.1 广大心、惠明、惠明法相 4/16.1 净法风、清净微妙风	2/16.1 光明诺斯 2/16.2 生命之灵	4/16.1 光明诺斯 3C/16.2 圣灵
		4/17 正义的审判之神	2/17 平等王	2/17 正义的审判之神
		2/D (日月)二(大)明船 日月光明宫	4/D 日月二明船	4/D (二明)船 日月
		4/20 暗魔 　　　五类魔	3/20 阿赫里曼	2/20 黑暗之王 4/20.2.1－5 　烟的世界之王 　火的世界之王 　风的世界之王 　水的世界之王 　黑暗世界之王

汉文	伊朗语	科普特文
2/21 贪魔	2/21 贪欲	2/21 罪恶
2/22 路伤	1/22 撒克拉	2/22 撒克拉
1/23 业罗泱	4/23 皮苏斯	

2.7　故人与新人

慧明使唤醒了灵魂,并不意味着直接的得救。贪魔继续想方设法使灵魂陷入昏醉状态,把灵魂囚禁在肉体中。旧人与新人之间要进行无休无止的斗争。"旧人"与"新人"的观念是摩尼从圣保罗那里借用的。圣保罗(St. Paul,3—67? 图 2 - 23[1])在其《罗马书》第 6 章第 5—6 节中说:"如果我们同基督一同死,也就与他一同复活;要知道,我们的'旧人'已经和他一起钉在十字架上,使我们身体上的罪恶性情失去力量,我们便不再做罪的奴隶。"他在《以弗所书》第 4 章第 21—24 节中说:"如果你们真的听过基督的道理,领受了他的教训和在他身上发现的真理,就应该改变从前的生活方式,脱去'旧人',摒除那被情欲所污染、腐化了的'旧品性'。又要洗心革面,穿上'新人',这'新人'是照着上帝的样式造的,有从真理而来的公义和圣洁。"他写的《歌罗西书》第 3 章第 9—10 节说:"不要再像以前一样彼此说谎了,因为你们已经把'旧人'和旧的行为丢弃了,换上了一个'新人'。这个拥有新生命的'新人',不断学习去过一个新的生活,于是渐渐演变成我们创造主基督的形象。"他的《哥林多后书》第 5 章第 17 节说:"无论是谁,只要相信基督,与他联合起来,就成为新造的人。以往的事,都成为过去,一切都焕然一新了。"

在科普特文的《克弗利亚》第 38 章中,使徒摩尼向他的学生详细讲解了"旧人"和"新人"的教义。摩尼首先说明大宇宙与人身小宇宙

---

〔1〕[2009 - 07 - 05]. http://www. 1st - art - gallery. com/thumbnail/69553/2/St - Paul - Preaching - In - Athens. jpg.

图2-23 圣保罗在雅典布道

之间的对应关系,净风五子等众神管辖的大宇宙中,众魔时时造反,那么,慧明使管辖的人身小宇宙中,种种贪欲也不时叛乱:

> 然后使徒对他说:看看辖区的所有这些守望塔,在这些塔中,这些伟大的众神是主人,监管着他们(众魔)[……]造反和叛乱发生于它们(这些辖区)当中。在它们当中时不时地……直到他们使敌人的力量卑躬屈膝。

> 在这个身体里也是如此!有一个巨大的力量住在里头,尽管它形体微小。但是,罪恶住在里头,旧人就寄宿在它里头。当然他是残酷的,诡计多端的;一直要到慧明使发现怎样驯服这个肉身,随心所欲地驱使它。

> 就像在他(慧明使)的伟大的外界兄弟们的辖区里一样,他们是那个区域的主人。在它们(这些辖区)当中,在这个巨大的躯体里(宇宙里):地震与叛乱时不时地发生。在慧明使掌管的辖区里,即肉身里,也是如此。罪恶时不时地抬头,它在身体里骚动不安。

现在你们应该这样理解,光明的力量是善的。初始与终结被揭示给他们。所有他们做的事情都是根据正确的判断而做的。确实,他们可能让敌人逞凶霸道,为所欲为。然后他们抓住……他们首先根据正义的判断而行动。

净风造成世界十天八地,以自己的5个儿子分管5个辖区,成功地囚禁了暗魔。暗魔反过来造立人身,囚禁明性。明性就是先意的5个儿子——清静气、妙风、明力、妙水、妙火。摩尼继续向他的弟子讲述暗魔怎样进行这场反攻:

现在,你们也知道……世界建立起来了,井然有序……净风[的五个儿子]各司其职……罪恶从土里(?)造出了这个肉身……以其诸器官造立它(肉身)。它从黑暗的五种躯体造出其肉身。[罪恶]造立肉身。不过,它的灵魂是从五个光明神祇那里取得的。[罪恶]把灵魂束缚在肉身的五个器官里。他把"想"束缚在骨里;把"心"束缚在筋里;把"念"束缚在脉里;把"思"束缚在肉里;把"意"束缚在皮里。

[罪恶]牢牢树立起它的五种力量:它的"想"在灵魂的"想"之上;它的"心"在灵魂的"心"之上;它的"念"在灵魂的"念"之上;它的"思"在灵魂的"思"之上;它的"意"在灵魂的"意"之上。它把自己的五类魔与威权凌驾于灵魂的五体之上,它攫取灵魂的五体,把它们束缚在肉身中。他们……对灵魂说话,一直引着它为非作歹,把它引向种种贪欲,引向崇拜偶像,引向异端邪说,引向屈辱;陷入奴隶般的屈辱之中! 当它根深蒂固时,崇拜那些事物……将不会留存;顶礼膜拜……木头的、金的和银的偶像。……崇拜不洁与污染的野兽! 他们的形体与模样丑陋不堪。

[灵魂]陷入迷乱与遗忘。它遗忘了它的本性、它的族类、它的亲戚;不知道那个对它祈祷、对它请求的地方的入口。它变得敌视其慈父……它自己,罪孽深重……它自己的光明……

《摩尼教残经一》(彩色图版2-16)几乎用类似的语言,描述了贪魔在人身内囚禁明性的细节:

其彼净风取五类魔,于十三种光明净体囚禁束缚,不令自在。魔见是已,起贪毒心,以五明性禁于肉身为小世界,亦以十三无明暗力,囚固束缚,不令自在。其彼贪魔以清静气禁于骨城,安置暗相(想),栽莳死树;又以妙风禁于筋城,安置暗心,栽莳死树;又以明力禁于脉城,安置暗念,栽莳死树;又以妙水禁于肉城,安置暗思,栽莳死树;又以妙火禁于皮城,安置暗意,栽莳死树。贪魔以此五毒死树栽于五种破坏地中,每令惑乱光明本性,抽彼客性,变成毒果。是暗相(想)树者生于骨城,其果是怨;是暗心树者生于筋城,其果是嗔;其暗念树者生于脉城,其果是淫;其暗思树者生于肉城,其果是忿;其暗意树者生于皮城,其果是痴。如是五种骨、筋、脉、肉、皮等,以为牢狱,禁五分身;亦如五明囚诸魔类。又以怨憎、嗔恚、淫欲、忿怒及愚痴等,以为狱官,放(仿)彼净风五骁健子。中间贪、欲以像唱更说听、唤应。馋毒猛火恣令自在,放(仿)窣路沙罗夷。其五明身既被如是苦切禁缚,废忘本心,如狂如醉。犹如有人以众毒蚖编之为笼,头皆在内,吐毒纵横;复取一人,倒悬于内,其人尔时为毒所逼,及以倒悬,心意迷错,无暇思惟父母亲戚及本欢乐。今五明性在肉身中为魔囚缚,昼夜受苦,亦复如是。

《摩尼教残经一》所使用的有些语言与《克弗里亚》第38章很类似,比如,都讲到把想、心、念、思、意囚禁在骨、筋、脉、肉、皮中。《摩尼教残经一》继续讲述暗魔惑乱明性的故事:

又复净风造二明船,于生死海运渡善子,达于本界,令光明性究竟安乐。怨魔贪主见此事已,生嗔妒心,即造二形雄雌等相,以放(仿)日月二大明船,惑乱明性,令升暗船,送入地狱,轮回五趣,备受诸苦,卒难解脱。

吐鲁番高昌故城遗址 K 发现的丝绸上的残画 MIK Ⅲ 6278 可能就是描绘了月亮明船运渡善子的神话。画面的中间,我们看到涂金的月轮,被画成一艘正在航行的船。船上有三个人,端坐中央的那个戴着王冠,有一圈光轮,表示他是拯救之神。另外两个人可能代表得救的灵魂。画的左面,画着一位站立的男性,站在一棵结满红果的石榴树前面。旁边还画着两个较小的人物正朝着树前的人物跪拜。画面的右面,也有一个站立的人物,也许是个女性,戴着头巾或王冠,旁边也有果树。这人似乎在仰望那船上的拯救之神。(图2-24[1])

图2-24 吐鲁番高昌故城遗址 K 发现的丝绸上的摩尼教残画 MIK Ⅲ 6278

暗魔不仅以 13 种无明暗力控制了明性,而且阻断了明性通过日月两大明船达于本界的得救途径,明性看来陷入绝望之中。就在此时,惠明使降临人身,把怨憎等罪恶囚禁到骨、筋等器官中去,从自己的气、风、明、水、火等五体中,化出怜悯、诚信、具足、忍辱、智慧等五施,解救明性,缔造新人:

> 若有明使出兴于世,教化众生,令脱诸苦。……犹如国王破怨敌国,自于其中庄饰台殿,安处宝座,平断一切善恶人民。其惠明使亦复如是。既入故城,坏怨敌已,当即分判明暗二力,不令杂乱。先降怨憎,禁于骨城,令其净气,俱得离缚;次降嗔恚,禁于筋城,令净妙风,即得解脱;又伏淫欲,禁于脉城,令其明力,即便离缚;又伏忿怒,禁于肉城,令其妙水,即便解脱;又伏愚痴,禁于皮城,令其妙火,俱得解脱。……以是义故,惠明大智以善方便,于此肉身,铨救明性,令得解脱。于己五体化出五施,资益明性。先从明相(想)

〔1〕Le Coq 1913, Taf. 4b (color). Gulácsi 2001, Fig. 79.

·欧·亚·历·史·文·化·文·库·

化出怜悯,加被净气;次从明心化出诚信,加被妙风;次从明念化出
具足,加被明力;又于明思化出忍辱,加被净水;又于明意化出智
惠,加被净火。呼嚧瑟德,呦嘍嚯德,于语藏中加被智惠。其气、
风、明、水、火、怜悯、诚信、具足、忍辱、智惠,及呼嚧瑟德,呦嘍嚯
德,与彼惠明,如是十三,以像清静光明世界明尊记验。

《摩尼教残经一》中,有三组十三种力量互相呼应:在大世界(大宇
宙)中,有十三种光明大力囚禁五类魔,取得了重大胜利。但是,贪魔
进行反击,造立人身,在人身这个小世界(小宇宙)中,用十三种无明暗
力囚禁明性。明尊父并没有放弃这些被囚禁的光明分子,又以十三种
力量解救被囚禁在肉身中的明性。大世界的十三种光明大力、小世界
的十三种无明暗力、明尊的十三种记验一一对应如表2-4:

表2-4　十三种光明大力、无明暗力、明尊记验表

十三种光明大力		十三种无明暗力	十三以像明尊记验
净风五明子	清净气	骨	相(想)
	妙风	筋	心
	明力	脉	念
	妙水	肉	思
	妙火	皮	意
净风五明子 (净风五骁健子)	持世明使	怨憎	怜悯
	十天大王	嗔恚	诚信
	降魔胜使	淫欲	具足
	地藏明使	忿怒	忍辱
	催光明使	愚痴	智惠
说听(呼嚧瑟德)		贪	呼嚧瑟德
唤应(呦嘍嚯德)		欲	呦嘍嚯德
窜路沙罗夷		馋	惠明

《克弗里亚》第38章用非常类似的语言,叙述了慧明使缔造新人
的过程:

慧明前来,寻找灵魂……他使灵魂的"想"离开束缚,从骨里

解脱出来;他使灵魂的"心"从筋里解脱出来,把罪恶的"心"囚禁在筋里;他把灵魂的"念"从脉里解脱出来,把罪恶的"念"囚禁在脉里;他将使灵魂的"思"离开束缚,使其从肉里解脱出来,把罪恶的"思"囚禁在肉里;他将使灵魂的"意"从皮里解脱出来,把罪恶的"意"囚禁在皮里。

他就是这样使灵魂的诸体离开束缚,使它们从罪恶的五体中解脱出来。相反,曾经不受束缚的罪恶的五体,他将把它们囚禁起来。他将使灵魂诸体恢复正常;培养与净化它们,用它们缔造一个新人——一个正义之子。他创造、建构和净化新人;然后他将从伟大的五体中化出伟大的五种生命体。他把它们植入新人诸体。他将其"想"——热爱植入新人的"想"。"心"即诚信,他将之植入新人的"心";他将净化他。他的"念"即完美,他将之植入新人的"念"。他的"思"即忍耐,他将之植入其"思"。智慧是其"意",[他将之植入]新人的"意"中。他将使"语藏"的形象纯洁,不掺杂罪恶的"语藏";他将自己的"语藏"加在其上,这样他的……成为养育者和加强者……

……

新人以其热爱,以其诚信,以其完美,以其忍耐,以其智慧支配自己。他的国王……慧明使是普天之下的国王。他按照自己的高兴统治它。当诸体……这样罪恶就被囚禁起来了。慧明使是国王,但是,冲突仍然时不时地在肉身中兴起。

慧明使将故人改造为新人,并没有就此结束斗争,贪魔并不放弃反攻。《克弗里亚》第38章描写,罪恶先以其愚蠢扰乱新人的"意",遮蔽其智慧;新人如果不接受教会的拯救,那么罪恶进一步侵入新人的"思",夺走其忍耐;罪恶以淫欲覆盖新人;如果新人不能戒绝淫欲,罪恶会进一步侵入其"心";最后罪恶会夺取其"想",扰乱其热爱,让他充满怨憎。我们翻译其原文如下:

有时候罪恶以其愚蠢兴起:它扰乱"意",遮蔽此人的智慧和理解。它使他心中对真理生疑,他会说出一些蠢话和一些……当他的愚蠢的态度出现……在教会里，导师们和……和长老们集合起来……帮助他，使他的智慧恢复如常……他的"意"于此得以矫正。他的智慧复归其位……

现在，如果他不接受其兄弟们及其帮助者的指责和教诲，那么罪恶就会再次兴起，从"意"侵入"思"。它会从他夺走忍耐，将懦怯和伤害加诸其身。罪恶显现在其兄弟们中间。……他变得愚蠢。在"思"里慧明使与罪恶将展开一场斗争与战斗。……他们将集合起来……使他平和……他们再一次使他复归其位……

如果再一次到那步田地……然后罪恶将会兴起……将淫欲和傲慢和骄傲加诸其身，他与其导师及其兄弟们分开。所有的时间他都独来独往，他想独食独酌，成为一个孤独者。他将总是踽踽独行。这是他不愿意与其兄弟们交往的第一个迹象。

如果他还……不使其心智[远离]淫欲，罪恶将以死亡之"心"加诸其"心"，他将……虚荣自负，使其信仰及其真理离他而去。当他愚蠢的迹象展现出来，关于他的传闻在教会中传播时，教会的智者们将在他面前集合起来，那样他们可以使他的"心"得以矫正，以上帝的教诲开导它。如果现在他接受其兄弟们的忠告，聆听……使自己远离其嗔恚和……他可能生活下去，战胜罪恶及其所有的进攻。

但是，如果他没有坚守这道防线，罪恶将兴起，掌握他的"想"，扰乱他本来平静的"想"。它将夺走他对其导师及其教员的热爱。它将夺走他的心灵对教会的热爱，使其充满怨憎。他所有的兄弟们在他面前变得可憎。他的兄弟们及其热爱的人，以及热爱他的朋友们在他面前将像敌人一样。那个人就这样心烦意乱，让其仁爱及其意志离他而去。那个人将变成废品，他与教会分道扬镳，他的人生目标堕落于尘世。本来在他里头的"想"将离他而去，回到派遣它的使徒那里去。他将充满罪恶；罪恶的精灵们盘踞在他里头，将其任意驱使。他自己变得像俗人一样。他将变化，变得像铩羽之鸟。他变成了行尸走肉。

《克弗里亚》第38章是按照"意、思、念、心、想"的顺序叙述的,《摩尼教残经一》(图2-25)的相应段落则按照"想、心、念、思、意"的顺序

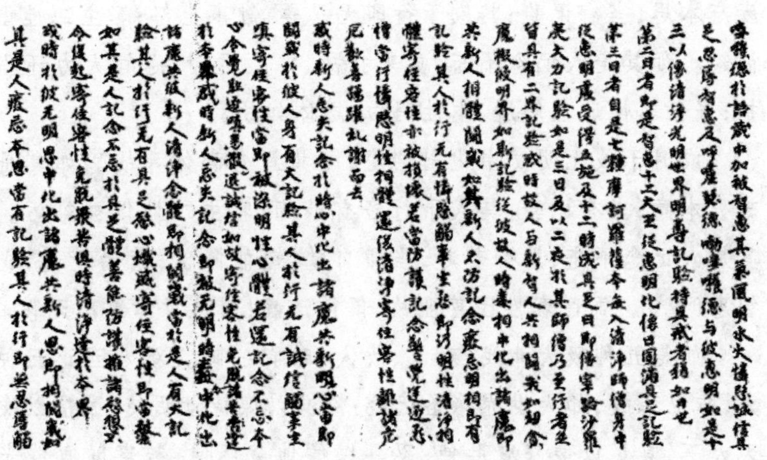

图2-25 《摩尼教残经一》局部

叙述,并且强调了怜悯对怨憎、诚信对嗔恚、具足对欲想(淫欲)、忍辱对怒心(忿怒)、智慧对愚痴的"五种极大斗战"的胜利,并将其与大世界的斗争相比较:

惑(或)时故人与新智人共相斗战,如初贪魔拟侵明界。如斯记验,从彼故人暗毒相(想)中化出诸魔,即共新人相体斗战。如其新人不防记念,废忘明相,即有记验:其人于行无有怜悯,触事生怨,即污明性清净相体;寄住客性亦被损坏。若当防护记念,警觉逆逐怨憎,当行怜悯。明性相体还复清净;寄住客性离诸危厄,欢喜踊跃,礼谢而去。

惑时新人忘失记念,于暗心中化出诸魔,共新明心当即斗战。于彼人身有大记验:其人于行无有诚信,触事生嗔;寄住客性当即被染。明性心体若还记念,不忘本心,令觉驱逐,嗔恚退散,诚信如故;寄住客性免脱诸苦,达于本界。

惑时新人忘失记念,即被无明暗毒念中化出诸魔,共彼新人清静念体即相斗战。当于是人有大记验:其人于行无有具足,欲心炽盛;寄住客性当即被染。如其是人记念不忘,于具足体善能防

欧·亚·历·史·文·化·文·库·

护，摧诸欲想，不令复起；寄住客性免脱众苦，俱时清静，达于本界。

或时于彼无明思中化出诸魔，共新人思即相斗战。如其是人废忘本思，当有记验：其人于行即无忍辱，触事生怒；客主二性俱时被染。如其是人记念不忘，觉来拒敌，怒心退谢，忍辱大力还当扶护；寄住客性欣然解脱，本性明白，思体如故。

或时于彼无明意中化出诸魔，即共新人意体斗战。如其是人忘失本意，当有记验：其人于行多有愚痴；客主二性俱被染污。如其是人记念不忘，愚痴若起，当即自觉，速能降伏；策勤精进，成就智惠（慧）。寄住客性因善业故，俱得清静；明性意体湛然无秽。

如是五种极大斗战，新人、故人，时有一阵。新人因此五种势力，防卫怨敌，如大世界诸圣记验：怜悯以像持世明使，诚信以像十天大王，具足以像降魔胜使，忍辱以像地藏明使，智惠以像催光明使。为此义故，过去诸圣及现在教作如是说：出家之人非共有碍肉身相战，乃是无碍诸魔毒性互相斗战。如此持戒清静师等类同诸圣。何以故？降伏魔怨不异圣故。

《克弗里亚》第 38 章虽然没有这么明确地指出怜悯、诚信、具足、忍辱、智慧与净风五子之间的对应关系，但是，摩尼也向他的学生们说明了小世界与大世界之间是互相呼应的：

我不是已经告诉过你们，已经打开你们的眼界：在这些强大的众神的营盘里，在天界，混乱是怎样兴起的？在慧明使的［辖区］内，扰乱也是这样时不时发生的。就像这些营盘的看守之神，他们在天界岿然屹立……［但是］他们是看不见的。惠明使的方式也是如此，因为他在肉身里是看不见的。

相应于这些外星的［营盘看守之神］；他们是伟大的，但是他们压缩自己。他们变得微小到适应分派给他们每个的任务。惠明使也像这样，他是伟大的，高昂的；但是他弯腰曲背，变得微小，以进入这个没有价值的小身躯。

外层空间的众神是这样的：他们是超凡的和纯洁的，他们在万物混杂中岿然屹立，不受污染。惠明使也像这样。……

汉文资料中的"慧明使"在中古波斯文资料中称 whmn,这本来是
琐罗亚斯德教的六大天神之一善思(Vohu Manh,图 2 – 26[1])的名字。
善思在天国代表玛兹达的智慧和善良,后被奉为动物神。摩尼教讲述

图 2 – 26　善思(Vohu Manah)

了许多大宇宙中众神与贪魔、巨人等战斗的神话,与此相应的是人身
小宇宙中,慧明使化出怜悯、诚信、具足、忍辱、智慧等五主德,与怨憎、
嗔恚、淫欲、忿怒、愚痴等五种罪恶的斗争。

　　〔1〕〔2009 – 07 – 05〕. http://persiandna. com/images/vohu. jpg.

2.8　审判、末日与后际

关于选民和听者死后灵魂的命运,《克弗里亚》第 7 章"五个父亲"中写道:第五个父亲是光明形态;他会出现在每个临终的人面前,有三个伟大荣耀的天使与他一起出现。一个(天使)手持奖品。第二个带着光明之衣。第三个带着花冠、花环和光明王冠。这些是光明天使,他们将与这个光明形态一起前来;他们与他一起出现在选民与慕道友(听者)面前。

灵魂接受了这三种胜利的标志,通过光耀柱、日月上升到新乐园。有时拯救之神以光明处女的形象出现。

《下部赞》"此偈凡至莫日,与诸听者忏悔愿文"的描写与此类似:

> ……若至无常之日,脱此可厌肉身。诸佛圣贤前后围绕;宝船安置,善业自迎,直至平等王前。受三大胜,所谓"花冠璎珞万种妙衣串佩"。善业福德佛性,无穷赞叹。又从平等王所,幡花宝盖,前后围绕,众圣歌杨(扬)。入庐舍那境,于其境内,道路平正,音声梵响,周回弥覆。从彼直至日月宫殿,而于六大慈父及余眷属,各受快乐无穷赞叹。又复转引到于彼岸,遂入涅槃常明世界,与自善业,常受快乐。合众同心,一如上愿。

但是,更多的文献有另一种说法,摩尼教把教徒分为选民(僧侣)与听者,两者死后的命运是不同的。选民死后,灵魂可以直接回到光明王国。听者的灵魂则留在尘世,要经过一系列轮回,最后成为选民,方得以重返光明王国。听者要多久才能得到最终的解脱,那要看听者对选民的服务有多投入。那些没有被慧明使唤醒的灵魂,将堕落地狱,受到惩罚。

摩尼关于听者死后的命运,在汉文《下部赞·此偈为亡者受供结愿用之》中有简要的描述:

> 某乙明性,去离肉身,业行不圆,恐沉苦海。唯愿二大光明、五分法身,清静师僧,大慈悲力,救拔彼性,令离轮回刚强之体,及诸

地狱镬汤炉炭。唯愿诸佛,哀悯彼性,起大慈悲,与其解脱;自引入于光明世界本生之处,安乐之境。功德力资,依如上愿。

有一幅摩尼教图画表现了人们死后受到审判的景象。(彩色图版2-17)该图底色为蓝色,最左边那个人物只残存一点儿。其他三个人物基本保持完整:左边应该是审判者,他的右肩上扛着一根棍棒,以警告的神情举起左手食指。他穿着一件红色的齐膝盖的长袍,束一条腰带。长袍开衩处露出白色的内裤。上臂衣袖是不同颜色的。另外两个男性当中,一个是处于审判过程中,另一个在等待审判,都只穿着白色内裤。左边的那个受责骂的男性头颈上挂着一个有角动物的脑袋(可能是一个水牛头),可能表明他所犯的罪愆和将要受到的惩罚。在此两人中间,竖着一束绿枝,下边有两个肉色脚印。这幅画所显示的情景,或许也是灵魂死后受审。

吉田丰认为,他所刊布的宇宙图主体部分右侧描绘了一个平等王审判的场景。(彩色图版2-18,图2-27[1])在一幢建筑物中坐着的神当即平等王,左右各有一个助手。建筑物的台阶前有1个裸体的人、2匹山羊般的四足兽、1蛇、1鸟、1鱼,地上还有5个人头。左侧是驾云的光明处女及其两个从者,意思可能是来指点审判的。审判的结果分为3种,一种上升天界,一种堕入地狱,第三种转世为人。转世为人的场景描绘在画面左侧,那里在一朵红

图2-27　宇宙图(部分):平等王审判

〔1〕吉田丰,图版4。

云上跪着4个男人,一个戴黑色帽子,一个穿着甲胄,一个戴三角帽子,一个穿白衣服,可能代表4种不同的职业,类似士农工商。

摩尼教关于个人灵魂死后的命运的描述,与其关于整个世界的末世论是不同的。在世界末日以前会有一场大战,那时,有的是冲突、痛苦,信仰淡薄了,因为大部分光明已经从世界上吸走了。回鹘文文书T. M. 180讲到,会出现一个假弥勒菩萨(a false Maitreya),实际上是妖魔之子。这个世界上的奇技淫巧和各种巫术,他无所不知。他向所有的人民自称是神的儿子,要人民崇拜他。这个故事可能就是所谓"大战"的一个组成部分。弥勒菩萨(图2-28[1])是佛教里的未来佛,摩尼教东方文献借用这个佛教菩萨的名字来称呼耶稣或者摩尼。

图2-28　犍陀罗3世纪的弥勒菩萨雕像

大战之后,摩尼教教会将取得全胜,散布在各地的教会将聚集到一起,经典将得以保存。伟大的王将降临,进行统治,新的一代将向他致敬。接着,耶稣将再度降临,他将建立法庭,把正义者和邪恶者分开。

中古波斯文《沙卜拉干》(《二宗经》,图2-29[2])详细地描绘了最后审判前后的情况:

　　[题目A]:沙卜拉干的二宗

　　他们(假先知们)说:"我们是服从众神指示的人,[你们应该

〔1〕[2009 - 07 - 05]. http://upload. wikimedia. org/wikipedia/commons/thumb/4/48/TheFutureBuddhaGandhara3rdCentury. jpg/800px - TheFutureBuddhaGandhara3rdCentury. jpg.

〔2〕[2009 - 07 - 05]. http://www. bbaw. de/forschung/turfanforschung/dta/m/images/m0470aplus_recto. jpg.

图 2 - 29　吐鲁番出土中古波斯文文书 M470 等

走]我们的道路。"大部分人上当受骗了,跟随他们为非作歹。不再相信自己宗教的正义者(电那勿)也跟着做。当世界上的情况如此之时,在地上、天上、日月上[和]星宿上,会出现一个伟大的信号。智中王(Xradeshahr,智慧世界之神,即作为审判官的耶稣)

·欧·亚·历·史·文·化·文·库·

曾经首先给那个男性造物——第一个人(亚当)以智慧与知识,以后一次又一次、一代又一代把智慧与知识给予人类,在这个最后时代,在[世界]更新以前,智中王[再度降临]。

[题目 B]:人子的降临

所有的神和正义者(电那勿)……站在天上,一个伟大的召唤将会发出,全世界都会听到。在天地宇宙间的那些神是催光明使(住户之主)、降魔胜使(村庄之主)、地藏明使(部落之主)、持世明使(国家之主)、十天大王(边镇之主),以及毁灭妖魔之神都祝福智中王。世界各地的统治者将迅速到他那里去,[向他]致敬,接受他的命令。贪淫、邪恶和暴虐的人将忏悔。然后[智]中王将[派]使者们到[东方]与西方去。他们将去把正义者及其帮助者以及邪恶者及其帮凶都带到智中王面前,他们将向他致敬。

义人们对他说:"[我们的神和]我们的主,如果你愿意的话,我们将告诉你[这些]罪人对我们[干的]事。"智中王将回答他们,"仰视我,欢欣鼓舞吧。不管谁伤害你们,我会为了你们将他绳之以法,我会将他定罪。但是,你们希望告诉我的任何事情,我已经知道了。"

然后他祝福他们,安抚他们,把他们安置在他的右边,他们对众神[与他们在一起]欣喜万分。他把恶人从义人中分出来,把他们安置在左边,指责他们说,"你们不会复活,你们也不会成为光明,因为你们犯下的罪行和你们欺骗所造成的痛苦,你们对人子[所做的事]……"

[题目 C]:审判与分离

对站在他右边的义人的[帮助者],他说:"欢迎你们,你们是受伟大之父祝福的人,因为当我饥饿与干渴的时候,你们给[我]食物和滋养品。当我赤身露体的时候,你们给我衣服。当我生病的时候,你们看顾我。当我被捆绑时,你们为我松绑。当我是一个囚徒时,你们释放了我。当我是一个外邦人和流浪者时,你们在自己的家里收留了我。"[然后]义人的那些帮助者们对他致以深深的敬意,对他说:"主啊,你是神,是不朽的,贪魔与淫欲之魔不会征服你。你不会饥饿,也不会干渴,[痛苦]与伤害不会落在你身上。我们什么时候为你做了这些事情?"智中王将对他们说:"你们[对]义人所做的事情,就是你们为我做的[事情]。我将给你们天堂作为奖励。"他将给他们巨大的欢乐。

然后他这样对站在他左边的恶人说:"你们这些恶人,你们唯利是图、贪婪成性,为非作歹,永无厌足。我控告你们,当我饥饿与干渴的时候,你们不给[我]食物和滋养品。当我赤身露体的时候,你们不给我衣服。当我生病的时候,你们不看顾我。当我是一个囚徒和一个外邦人时,你们不在自己的家里收留了我。"而恶人将对他说:"我们的神和主,什么时候你这样贫困潦倒,而我们没有救助你?"智中王将对他们说,"义人们[关于你们]所说的那些事情,你们干了就是对我犯罪,因此我要控告你们。"

······

"你们是恶人,因为你们欺骗义人们的朋友。你们使[他们]痛苦,对他们没有仁慈。对众神你们[也]罪恶累累。"然后他命令天使[处置]这些恶人,他们抓住他们,把他们打入地狱。

当智中王把世界整顿得井然有序时,月份与年份就结束了,虚弱将降临到贪魔与淫欲之魔头上。痛苦之魔与烦恼之魔······饥饿之魔与折磨之魔将不[再能]作恶。妙风、妙水和妙火将自由支配这个世界,天空将降下细雨。[树]、草、果木和植物将繁荣生长······[在]这个世界上将有······以及心满意足。人类将倾听宗教。所有的······仁慈与热爱······将灿烂辉煌。当他们走过坟场或墓地的时候,他们[将]看到[他们]。[然后]他们将回忆他们自己的亡故的亲朋好友,他们会说:"哀哉,那些在罪恶的时代去世与毁灭的人!但是谁能够使他们从安息之地抬起他们的头,向他们显示我们现在享受的这种欢乐?"

科普特文《布道书》(*Homilies*)的《大战讲记》(*The Sermon of the Great War*)中也有类似的描写。摩尼的末世论显然深受基督教的影响。《马可福音》第 13 章、《路得福音》第 21 章都有类似的描绘,而以《马太福音》第 24 和 25 章描写的最后审判前后的情景(彩色图版 2 -18)较为详细,非常可能就是摩尼描述"最后审判"的蓝本:

耶稣正坐在橄榄山上,门徒悄悄地来问他,"请问这件事会在什么时候发生呢?你再来时,以及世界的末日会有什么预兆呢?"

耶稣告诉他们说,"你们要小心,提防上了别人的当。因为许多人会假冒我的名义,欺骗许多的人。你们会听闻或真或假的战争消息。但千万不要惊慌,因为这是末日来临前必然发生的事,只是还未到世界末日。……

"假如有人告诉你们:'看哪!这人是基督'或'那人是基督',你们千万不要相信。因为到时候假基督、假先知相继出现,大显神通,甚至连上帝所选召的人也可能上当。你们要记住,我已经预先警告过你们了。

"因此,如果有人告诉你们说:'基督在荒野里!'不要出去看。有人说:'基督在屋内!'也不要相信。因为我再来的时候,要如闪电般从东到西划过。尸体所在的地方,就有鹰群集。

"当灾难一过,便会日月无光,星体陨落,太空的天体震撼不定。那时候,天空会出现人子再来的预兆。全人类看见人子驾着彩云,带着能力与荣耀降临,都要悲哀痛哭。他要差遣天使,用号角高声从四方八面,从天这边到天那边,召集他的选民。"

……

"当人子在他的荣耀里,同着众天使降临的时候,要坐在他荣耀的宝座上。万民都要聚集在他面前。他要把他们分别出来,好像牧羊的分别绵羊、山羊一般,把绵羊安置在右边,山羊在左边。于是,王要向那右边的说:'你们这些蒙我父赐福的,可来承受那创世以来为你们预备的国。因为我饿了,你们给我吃;渴了,你们给我喝;我做客旅,你们留我住;我赤身露体,你们给我穿;我病了,你们看顾我;我在监狱里,你们来看我。'义人就回答说:'主啊,我们什么时候见你饿了,给你吃,渴了,给你喝?什么时候见你做客旅,留你住,或是赤身露体,给你穿?又什么时候见你病了,或是在监狱里,来看你呢?'王要回答说:'我是在告诉你们:这些事你们既做在我这兄弟中一个最小的身上,就是做在我身上了。'王又向那左边的说:'你们这些被诅咒的人,离开我,进入那为魔鬼和他的使者所预备的永火里去!因为我饿了,你们不给我吃;渴了,你们不给我喝;我做客旅,你们不留我住;我赤身露体,你们不给我穿;我病了,我在监狱里,你们不来看顾我。'他们也要回答说:'主啊,我们什么时候见你饿了,或渴了,或做客旅,或赤身露体,或病了,或在监里,不待候你呢?'王要回答说:'我实在告诉你们:这些事你们既不做在我这[弟兄]中一个最小的身上,就是不做在我身上了。'这些人要往永刑里去,那些义人要往永生里去。"

最后的审判之后,智中王将飞升明界。《沙卜拉干》详细描写了宇宙的崩溃与大火:

……然后将是天地宇宙更新的时代。从宇宙中他们将让[死者]复活,义人们将飞升[天堂]。动物和树和有翼之鸟和水生物和地上的爬虫将从地上消失而堕落[地狱]。

[题目F]:宇宙的崩溃

然后,站在最低层的地上、扛住各层地的催光明使(住户之主,即持地者),兴起妙风、妙水和妙火的地藏明使(兴风神,即荣耀之王),站在大地上把巨龙降伏在北部的降魔胜使(村庄之主,即光明的阿大姆斯)及[其]助手们都将[飞升]天堂。然后,各层地都将一层接一层地崩溃,崩塌到囚禁魔鬼的[下面的]四层地上去。

[然后]女性[神]——先意佛(奥尔穆兹德)之母将在太阳战车上出现,俯视各层天。站在各层天之上、抓着那[五明]神(五种光明元素)的手的持世明使(国家之主,即光辉卫士)……以及另一位神……(十天大王,即尊贵的王)……那五明佛……曾经被贪魔与阿赫里曼、[以及雄]雌众魔所击倒,他们也将在天堂里再次融为一体,就像他们最初[被]先意佛所创造出来、还没有被贪魔

与众魔所击倒时那样。那位保持天地[井然]有序的催光明使(持地者)将他们领上天堂。然后十天、黄道十二宫以及地带、王位、住户和村庄、部落和国家、地区和边镇、警卫与门户、月份、日子和[时辰],以及四层(下面的)地——[众魔的]牢狱,以及(上面的)各层地及其……王位(?)与地带、山岳和谷地和人造运河、地狱和贪魔和淫欲之魔、阿赫里曼和[雌]雄众魔、[巫婆、愤怒之魔]、妖怪和魔头,[当他们都]集合在一起,并[被囚禁]在那里时,它们(各层地)将全部崩溃。

[题目G]:大火的猛烈

在那三道[有]毒的黑暗壕沟[周围],燃遍宇宙的大火将烧向它们。[本来]从四面八方围绕与保护宇宙的熊熊烈火将在[宇宙的]北方和东方、南方和西方,以及高处和深处、[广度?]和长度燃烧。[而]天地宇宙将在那场大火中燃烧,就像蜡在火中燃烧一样。

贪魔和[淫欲之魔]、阿赫里曼和众魔、愤怒之魔、妖[怪]和魔头和……将受罪1468年,将在痛苦中折腾和扭动。众神的光辉与美丽的力量与精力曾留在这个天地宇宙间,曾被贪魔和众魔所击倒、打退和征服,现在将从大火中重现,净化,上升到太阳与月亮。他们将以先意佛的样子成神。他们将与日月一起飞升天堂。从北方地区来的先意佛,从东方来的日光佛(明界之神,即第三使),从南方来的造相佛(造新相神,即大建筑师),从西方地区来的净风佛(密斯拉神,即生命之灵),他们[从各自的]驻地[前来],以及他们的[扈从]和助[手],将站在新乐园的结构上,在那大火周围,俯视这场大火。那些[义]人[也]在天堂上,将坐在[他们的]光明王位上。

那些仍然可能被拯救的光明分子将被聚集在一起形成"最后的形态"(Last Statue),上升天界。黑暗之物质将被囚禁,其监狱将被巨石所封闭。这样,便进入了"明既归于大明,暗亦归于积暗"的后际。后际并非初际的重复,后际标志着胜利,从此以后,黑暗不可能再像它在初际之末那样侵入光明王国。同时,这种结局是二元论的,光明也不可能彻底消灭黑暗,黑暗并不是被消灭,而只是被永远囚禁起来。摩尼教的末世论也很可能是受到犹太教、基督教末世论(图 2 – 30[1])的影响而形成的。

图 2 – 30 世界的末日

〔1〕〔2009 – 07 – 05〕. http://www. christisall. org/wp – content/kalbauch _ Jerusalem%20destruction – Titus. jpg.

3 间接史料、原卷与研究概况

3.1 间接史料及其翻译与研究

16世纪下半叶马丁·路德(Martin Luther,1483—1546,图3-1[1])发动宗教改革之后,天主教会的捍卫者把路德标新立异的主张解释成摩尼异端邪说的复活,通过把路德与历史上最著名的异端——摩尼联系在一起的手法来诋毁路德。这些攻击受到了回击。1578年出现了第一部研究摩尼教的历史著作,其作者是施庞根贝格(Cyriacus Spangenberg),他激烈反驳对路德的指责,认为路德并未宣扬摩尼的错误主张。他主要使用奥古斯丁关于摩尼教的著作来说明:路德和清教徒没有重蹈摩尼的覆辙,事实上,路德的教义与摩尼的教义毫无共同之处。

图3-1 马丁·路德

这种冲突持续了一段时间,有趣的是这导致了搜集与出版广泛散见于各种古代拉丁文与希腊文文献中关于摩尼与摩尼教的资料。这种工作贯穿了整个17世纪,一直持续到18世纪。17世纪初关于摩尼教的主要资料有三种:奥古斯丁(Aurelius Augustine,354—430,他373—382年是摩尼教徒)、教皇利奥一世(Pope Leo Ⅰ,? —461,图3-2[2])以及曾经是北非摩尼教徒的维克多利努斯(Fabius Marius Victorinus)的一篇反摩尼教的论文。其他教父们的著作尚有待编辑出版。

---

〔1〕[2009-07-05]. http://www.ucalgary.ca/~elsegal/C_Transp/martin-luther.jpg.

〔2〕[2009-07-05]. http://www.stleothegreat.com/images/STLEO.gif.

奥古斯丁的著作是最重要的摩尼教资料之一,下面我们还要经常提及。教皇利奥一世出生于意大利,440—461 年为罗马主教,是基督教历史上的重要人物。虽然他承认所有主教都是基督使徒的继承人,但强调彼得是使徒之长,而罗马主教为彼得的继承人,居此位者就是众主教之首,从而将罗马教会提升到西方基督教各个教会中最高的地位。他从罗马皇帝手中取得了罗马主教的合法地位。在神学理念上,他强烈反对基督一性说(此派认为耶稣的人性为神性所吸收)。汪达尔人入侵北非使许多摩尼教徒与其他人一起逃到罗马,摩尼教徒在罗马的活动引起了利奥一世的担忧,他在 443 年组织了一次调查,迫使摩尼教徒的代表忏悔,焚烧了他们的书籍,警告罗马基督教徒不要上当。他的努力促使瓦拉提尼安三世(Valentinian Ⅲ,419—455,西罗马帝国皇帝[425—455])发布了反对摩尼教的诏书。利奥一世的拉丁文布道书与书信中有一些批评摩尼教的内容。他生平最著名的事件是在 452 年说服匈人首领阿提拉(Attila the Hun)从罗马撤退,阻止了匈人西进。后世天主教会称其行动保全了罗马城,而尊之为"大利奥"(Leo Magnus)。(彩色图版 3 – 1)

图 3 – 2 教皇利奥一世

1668 年,在意大利米兰的一家图书馆里,发现了一份有关摩尼教的古代文献。这份文献是赫格曼尼亚斯(Hegemonius)所写的《阿基来行传》,欧洲知识界在此之前已经从4世纪教父们的著作引文中知道这本著作。这些教父包括:耶路撒冷的西里尔(Cyril of Jerusalem,315—386?)、伊皮凡尼乌(St. Epiphanius,生于313年,彩色图版3-2)和圣杰罗姆(St. Jerome,345—419)。伊皮凡尼乌生于约旦,在埃及当修道士,接触过神智派的瓦伦提奴派;回到约旦后创建了一座隐修院,任教30年。他通希伯来、叙利亚、埃及、希腊和拉丁等多种语文,得雅号"五言"(Pentaglossis)。367年他到塞浦路斯出任主教。主要著作有《落锚》,意谓要像落锚一样地坚持三位一体的教义。另一本著作是用希腊文写成的《良药宝箱》(Panarion),书名的含义是:对各种异端的批判是防止基督徒中毒的良药。书中列举了80种异端,引用了大量异端的学说,其中包括《阿基米行传》的片断。《阿基来行传》叙述了277年在美索不达米亚的卡斯哈尔(Kaskhar),摩尼与当地基督教主教阿尔科劳斯(Archelaus)进行的关于教义的争论。根据此书,阿尔科劳斯两次在辩论中取胜,让赫格曼尼亚斯笔录这两次辩论。当时学者们认为,此书的原本当为叙利亚文,后来翻译成希腊文与拉丁文。这次发现后,学术界开始搜索《阿基来行传》的足本,发现了几个抄本,1698年出版了校本。

现存最古老的反对摩尼教教义的著作是埃及的里科普里斯的亚历山大(Alexander of Lycopolis,约300年)在4世纪初所写的,分为26章。他本来是一个摩尼教徒,后来改宗基督教。此书于1672年出版。此后其他几种原始资料得到了研究与出版,其中包括叙利亚保斯托拉(Bostra)僧侣狄托斯(Titus,?—371)的希腊文著作《反摩尼教徒》(Against the Manicheans)。他读过摩尼的著作《秘密法藏经》(Book of Mysteries)。另一种史料是散见于各种抄本中的比较大量的表白书,即摩尼教徒改宗基督教时宣读的否定摩尼教教义的忏悔书。其中最古老的是奥古斯丁著作中引用的反对摩尼的十条诅咒。在这一时期发现与出版的各种文献中,君士坦丁堡(Constantinople)的蒂莫西(Timothy)在其著作中提及了摩尼的两部著作:《克弗里亚》和《祈祷书》。

到 17 世纪中期,原本力图为宗教改革与摩尼教划清界限的宗教研究演变成一种希望更多地了解摩尼其人及其教义的学术活动。因为摩尼出自东方,因此学者们向东方寻找资料。1651 年出版了第一部这样的著作。1700 年托马斯·海德(Thomas Hyde,1636—1703)出版了第一本全面研究伊朗诸宗教的专著,他认为摩尼教首先是波斯宗教之敌。18 世纪开始,出版了一些涉及摩尼教的叙利亚文著作,其中包括叙利亚的厄弗冷(St. Ephraim the Syrian,306—373,彩色图版 3－3)的著作。但是总的来说,要到 19 世纪才开始大量编辑出版东方史料。厄弗冷是东方基督教会最重要的人物之一,306 年出生于美索不达米亚的尼西伯城(Nisib),363 年罗马人撤走后,波斯人占领了这个城市,厄弗冷与许多教徒迁居埃德萨(Edessa,现在土耳其境内)。当时反对《尼西亚信经》(325 年)的阿里乌派(Arians)、马克安派(Macionites)、摩尼教徒、巴戴桑派(Bardaisanites)和其他各种诺斯替派都宣称他们自己是正统基督教教会。在这种混乱的情况下,厄弗冷写作了很多赞美诗捍卫《尼西亚信经》。他也写了很多散文著作反对巴戴桑、摩尼、马克安和其他异端,为我们留下了一些有关摩尼教的资料。他的著作甚为风行,以至于他去世后,还有很多人冒用他的名义撰述了成百的著作。

第一本真正重要的对摩尼教及其资料的研究是 1734—1739 年出版的博索布勒(Isaac de Beausobre)的专著。他确定资料价值时得出的最重要结论是:《阿基来行传》不可能真的是摩尼与阿尔科劳斯辩论的实录;它可能是在此事发生后 60 年,即 340 年,赫格曼尼亚斯所撰写的。因为所有教父们的希腊文著作都以此书为他们叙述摩尼和摩尼教的主要资料,但这整个传承并不可靠,因此必须集中研究东方资料。当时并无足够的资料描绘一幅完整的、甚至大致完整的关于摩尼及其宗教的图景。但是,博索布勒根据有限资料所描绘的图景与我们今天所描绘的相当吻合。

1825—1850 年前后,出现了几种关于摩尼教的研究。作者们在分析摩尼教义的多种成分时,假设摩尼原来属于琐罗亚斯德教,使用他们的教义作为自己教义的基础,后来又增加了一些基督教的成分。这个观点至今仍然被许多学者所相信。今天我们知道摩尼更可能是以基督教为基础,吸收了一些伊朗宗教的成分而形成自己的教义的。更重要的是,对东方宗教更广泛的研究使学者们能够看到摩尼教在亚洲的传播情况。

1831 年鲍尔(F. C. Baur)出版了一本篇幅不大的德文著作《摩尼教宗教体系,根据对资料的重新调查与解释》(*Das manichäische Religionssystem, nach den Quellen neu untersucht und entwikelt*),第一次不是把摩尼教当做一种异端或者琐罗亚斯德教的变种,而是作为一种真正的宗教来研究。鲍尔与他的一些前辈不同,集中研究西方资料,他指出,这些西方资料是与早期摩尼教社区同时存在的。鲍尔分析了教义,得出结论:虽然其术语是早期基督教的,但是其内容起源于印度宗教,更具体地说是耆那教。

19 世纪中叶,开始出版有关摩尼教的阿拉伯文文献:1842 年出版了卓越的宗教史学家沙拉斯塔尼(Shahrastāni,1086—1153)的阿拉伯文的《宗教教派与哲学学派之书》(*The Book of Religious Sects and Philosophical Schools*)。1862 年弗吕格尔(G. Flügel)出版了一部专著,其中包括了奈迪木 987 年左右写的阿拉伯文的《群书类述》中关于摩尼教的部分。这部分内容在书中被翻译成德文,并加以注释。奈迪木是一个书商、书法家,生活在巴格达,与当时的知识精英交往频繁,与他们一样熟知和赞赏古代希腊与印度的哲学和科学,特别是亚里士多德。他最重要的著作无疑就是《群书类述》。此书是一部书目,表现出作者惊人的渊博,书目包括所有奈迪木经眼的阿拉伯文著作。前面 6 章是有关伊斯兰文化的各种著作的书目,后面 4 章是非伊斯兰著作的书目。第 9 章是各种有关非一神论教义和印度、印度支那、中国的著作的书目,其中包括对所谓迦勒底人的二元论诸派,即摩尼教、巴戴桑派和其他西亚、中亚神智派的教义与著述的系统介绍。弗吕格尔从其对阿拉伯文资料的研究中得出结论:摩尼教是一种以琐罗亚斯德教、净洗派(mughtasilah)的萨比教(Sabiesm)以及以基督教教义为基础的亚洲宗教。

塞库(E. Saechau)1878 年编辑出版了比鲁尼(图 3 - 3[1])的阿拉伯文的《古代诸民族编年史》,次年出版了此书的英文译本(*The Chronology of ancient nations*);1887 年出版比鲁尼的阿拉伯文的《印度考》,次年出版了此书的英文译本(*India: An Account of the Religion, Philosophy, Literature, Chronology, Astronomy, Customs, Laws, Astrology of India about A. D. 1030*)。比鲁尼说,他的资料来自《秘密法藏经》,那是他经过长期寻找,从花剌子模的图书馆里找到的。比鲁尼是加兹尼(在今阿富汗境内)人,他是伊斯兰教自然科学领域最富于创造性而且学识最渊博的学者。他以阿拉伯文著述,会说突厥语,除波斯语外,还懂梵语、希伯来语和叙利亚语。在他的这两部著作中保存了一些摩尼教的资料。

图 3 - 3　比鲁尼

施皮格尔(Fr. Spiegel)以这些新资料为基础,认为摩尼从伊朗的二元论观念出发,然后吸收了一些基督教与佛教的因素,但是主要是吸收了古巴比伦的宇宙论而形成自己的教义。这种研究摩尼教的研究方法在 1889 年出版的凯斯勒(Konrad Kessler)的著作《摩尼》第 1 卷中得到了淋漓尽致的发挥。凯斯勒认为,摩尼继承了古巴比伦和迦勒底诸宗教,他采用了伊朗宗教结构的某些因素,再加上他在印度发现的

----

〔1〕[2009 - 07 - 05]. http://tbn0. google. com/images? q = tbn:kNw4n1VKvURBTM:http://www. muslimheritage. com/uploads/Al_Biruni_in_different_stamps. JPG.

佛教的道德训诫,最后为了便于在美索不达米亚的基督教社区中传播而穿上了基督教术语的外衣。此后这种辩论又持续了一段时间,但是没有产生什么能够为后人所继承的成果。

对摩尼教的研究更重要的是对《阿基来行传》的研究与一些叙利亚文资料的刊布。在《阿基来行传》的一些新抄本被发现以后,学术界最后认定《阿基来行传》是赫格曼尼亚斯用希腊文所写成的,后来在392—450年,非洲的天主教会与摩尼教对抗期间,此书被翻译成了拉丁文。1871年,出版了此书的英文译本。1905年比森(C. H. Beeson)在莱比锡刊布了此书的新校本,包括导言、拉丁文足本、希腊文片断、校注和词汇表。

这个时期在发现新的抄本后,出版了两种重要的叙利亚文资料:厄弗冷反对摩尼教的著作于1912年由米切尔(C. W. Mitchell)翻译成英文出版(*Ephraim's Prose Refutations of Mani, Marcion and Bardaisan*)。6世纪叙利亚瓦西特(Wasit)景教主教巴尔库尼(Theodore bar Konai)写了《斯可利亚》(*Book of scholies*),有些部分概述了摩尼教教义。1898年刊布了此书的摘录。法国学者丘蒙(F. Cumont)1908年出版的《摩尼教研究》第1卷中对巴尔库尼书中记载的摩尼教创始说作了研究。1910年谢尔(A. Scher)刊布了全书。美国哥伦比亚大学教授杰克逊(A. V. W. Jackson)在1932年出版的《摩尼教研究:侧重吐鲁番文书》的第4部分将《斯可利亚》有关摩尼教的段落翻译成英文,详加注释。

随着20世纪摩尼教原始材料的发现与刊布,学者们把更多的注意力放在这些第一手资料的研究上,但是并没有忽视拉丁文、希腊文、阿拉伯文和叙利亚文文献中有关摩尼教的记载。1954年亚当(A. Adam)出版了一本选自各种文献的资料集(*Texte zum Manichäismus*)。1978年贝克(E. Beck)收集与出版了厄弗冷对摩尼与摩尼教的评论。1976年霍斯特(P. W. van der Horst)与曼斯菲尔德(J. Mansfeld)出版了亚历山大的里科普里斯的《驳摩尼教义》的英文译本,有导言与评注(*An Alexandrian Platonist against dualism: Alexander of Lycopolis' treatise "Critique*

of the doctrines of Manichaeus")。1987 年费尔德曼(E. Feldmann)收集
与出版了北非摩尼教徒使用的拉丁文书籍《基要书信》(*Epistula fund-
menti*)。刘南强(Samuel N. C. Lieu)1983 年发表论文,刊布了拜占庭早
期反摩尼教的表白书,翻译成英文,收入 1994 年出版的论文集中(*An
Early Byzantine Formula for the Renunciation of Manichaeism*)。

　　1970 年道奇(B. Dodge)把奈迪木的《群书类述》翻译成英文,附有
参考书目、词汇表、索引(*The Fihrist of al-Nadīm*)。1987—1994 年出版
的《拿戈·玛第与摩尼教研究》(*Nag Hammadi and Manichaean studies*)
第 35 卷是伊皮凡尼乌的《良药宝箱》的英文译本(*The Panarion of
Epiphanius of Salamis*)。

　　近年来,在《摩尼教文献集成》(*Corpus Fontium Manichaeorum*)中
重新校订与翻译了有关资料。其中的《拉丁语系列》(*Series Latina*)的
第 1 卷是教皇利奥一世反对摩尼教的布道与书信选,附有英文翻译,并
有导言与评注(*Sermons and letters against the Manichaeans : selected
fragments*),于 2000 年出版。第 2 卷
是奥古斯丁的《反福斯图斯》,附有
法文翻译,并有导言与评注(*Acta
contra Fortunatum Manichaeum*),于
2004 年出版。《摩尼教研究》(*Mani-
chaean studies*)丛书第 4 卷是《阿基
来行传》的英文译本,有导言与评注
(*Acta Archelai = The acts of Arch-
elaus*),于 2001 年出版。《奥古斯丁
全集——21 世纪译本》2006 年出版
了第 1 部分第 19 卷《与摩尼教的辩
论》(*The Manichean Debate*),收入了

图 3 - 4　圣奥古斯丁

奥古斯丁（图 3 - 4[1]）反驳摩尼教的 8 篇主要论著的英文译本。

3.2 东方摩尼教遗存的发现和初步研究

从 20 世纪初开始,摩尼教研究的情况发生了翻天覆地的变化。通过一系列摩尼教原始资料的发现,关于摩尼教的起源与后来的发展,学者们都得出了一幅更为完整与清晰的图景。这些新资料也是学者们检验已知传统资料的参照物,他们可以更有把握地使用那些与原始资料吻合的传统资料。20 世纪摩尼教原卷的发现可以分为四次重大发现与两个单独发现的文献:第一,两次重大发现是 20 世纪初在吐鲁番、敦煌发现的大量摩尼教伊朗语(中古波斯文、帕提亚文、粟特文)、回鹘文、汉文文书;第三次重大发现是 1930 年代在埃及麦地纳 - 马地(Medinet Madi)发现的 7 册科普特文写本;第四次重大发现是对埃及达赫莱(Dakhleh)绿洲(古称喀里斯[Kellis])的考古发掘中发现的科普特文、希腊文和叙利亚文原卷,目前这个考古项目还在进行之中。两份单独发现的文书是:1918 年在阿尔及利亚发现的拉丁文的《特贝萨(Tebessa)写本》,以及 1970 年前后在德国科隆大学图书馆中鉴别出来的《科隆摩尼古卷》。

1898 年俄国科学院派克列门兹(D. A. Klimentz,1848—1914)率队考察吐鲁番,并带回了几件梵文和回鹘文的印本佛典。1900—1901 年匈牙利裔英籍考古学家斯坦因(Marc Aurel Stein,1862—1943)进行第一次中亚考察,主要发掘了和田与尼雅的古代遗址,出土了大量梵文、于阗文、佉卢文和少量汉文材料以及大批文物。克列门兹与斯坦因的考古发现促使柏林民俗学博物馆的印度艺术史专家格伦威德尔(Albert Grünwedel,1856—1935,图 3 - 10:中排右二)决心前往中亚考察,以吐鲁番为目标。1902 年 8 月,由格伦威德尔和胡特(Georg Huth,1867—1906)、巴图斯(Theodor Bartus)三人组成的第一次德国吐鲁番

---

〔1〕〔2009 - 07 - 05〕. http://upload. wikimedia. org/wikipedia/commons/thumb/4/44/Augustine_Lateran. jpg/200px-Augustine_Lateran. jpg.

考察队从柏林出发,于11月底到达吐鲁番。

德国考察队在吐鲁番的高昌故城(Khocho,彩色图版3-4)得到了最多的摩尼教文物。高昌故城位于今吐鲁番市东40多公里,面积约为1平方公里,围着一道几乎是正方形的大城墙。(图3-5[1])

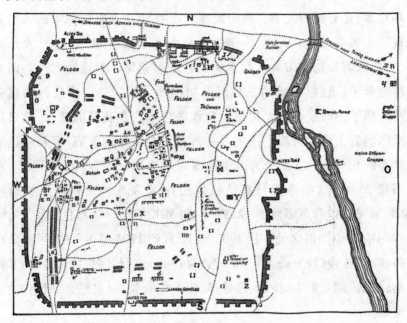

图3-5 高昌故城遗迹图

在考察吐鲁番高昌故城西南的遗址 α 时,巴图斯挖掘到一座建筑物的地面,后来证实这座建筑物是神庙内殿的一部分。内殿的墙上装饰着壁画,有一幅壁画画着一位穿白袍、戴长方形帽子的僧侣的上半身。在他们前往另一个地方发掘后,当地居民带给他们在遗址 α 内殿周围的走廊上挖出来的一些写本的残片。残片之一是细密画(MIK Ⅲ 4979a, b),画上穿白袍的人很像壁画上的僧侣。后来通常把正面称之为"国王图"(King Scene)或"握右手图"(Right Hand Scene,彩色图版7-5),反面称之为"庇麻节图"(Bema Scene,彩色图版5-17)。格伦

〔1〕Le Coq 1923,v.2,P.23.〔2010-07-29〕.http://dsr.nii.ac.jp/toyobunko/LFB-2/V-2/images/gray/0027.jpg.

威德尔猜测,考察队无意之间挖到了一个储藏写本的地方。这些写本的字母立即被认出来是最常见的叙利亚文字体之一——福音体(Estrangelo),但是不那么容易确定其语言。在这处综合建筑的南门附近是一排堆满断砖碎瓦的房间,在那里发现了回鹘文文书,以及佛经印本与写本,还有世俗文书。格伦威德尔在遗址 α 小室前侧室的入口处发现了一幅寺幡(IB7323)。寺幡通常由 3 个部分组成,即长方形旗巾、三角形附加物和带有木制垂物的长方形旗尾。最顶端有一条用来悬挂的带子。这幅寺幡的三角形附加物部分画着一个穿红袍的拯救之神。旗子中间所画的人物是一位浅肤色的白发苍苍的老人,显然是一个回鹘君主或者贵族。他戴着一顶有三个尖角的头冠,穿着一件非常精美的长外衣。在这个大人物膝盖高度的地方画有两个童子。(彩色图版 3 - 5)这幅寺幡与高昌故城遗址 K 发现的两幅摩尼教旗幡(MIK Ⅲ 6283[彩色图版 5 - 2,5 - 3]和 MIK Ⅲ 6286[彩色图版 5 - 8,5 - 9])有不少类似之处。从 1902 年 12 月到 1903 年 4 月初,考察队在高昌故城、胜金口(Sengim)、木头沟(Murtuk)进行发掘,共获得 40 多箱古物,包括写本、刻本、壁画、雕像等,写本中有梵文、突厥文、回鹘文、蒙文文献。

1903 年底,德国考察队把他们在吐鲁番等地得到的文物送回柏林,其中文书残片交给缪勒(F. W. K. Müller,1863—1930,图 3 - 22)鉴定和整理。缪勒是汉学家,同时精通古典阿拉伯语和波斯语,还通晓多种古代与现代语言,具有鉴别字体和语言的广泛经验。1904 年 2 月 18 日,缪勒向普鲁士王家科学院提交了《中国突厥斯坦吐鲁番福音体文字写卷残片考》(*Handschriften-Reste in Estrangelo-Schrift aus Turfan,Chinesisch-Turkistan*,略称为 *HR* ⅰ)。他在这篇文章中,释读和翻译了文书 MIK Ⅲ 8259,这是一首赞颂摩尼教东方教区法王的赞美诗。缪勒判断这份文书的语言是一种中古伊朗语,称之为钵罗婆语(Pahlavi)。他认为这是久已失传的摩尼教文书,汉文史料表明这个地区曾经是中世纪摩尼教的一个中心。

5 个月以后,缪勒向普鲁士科学院提交了第二次报告(*HR* ⅱ),检索了 1903 年底送回柏林的约 800 件残文书,从中选取了将近 70 件文书,予以转写和考释。他根据奈迪木的《群书类述》中关于摩尼著作的记载,比定出摩尼用中古波斯文撰写、呈献给波斯国王沙卜尔一世的《沙卜拉干》的许多残片。1979 年麦肯吉发表文章《摩尼的〈沙卜拉干〉》(Mani's Šābuhragān),重新刊布了所有他所掌握的《沙卜拉干》的片断,并翻译成英文。缪勒在这篇文章中还刊布了文书 M98 和 M99,这是净风创造十天八地的详细描述。缪勒在这篇文章中刊布的其他文书还有摩尼七部大经中的《大应轮经》(Evangelium,意译《彻尽万法根源智经》)、摩尼书信和摩尼教历史的残片。缪勒的鉴定、考释结果震撼了学术界。他开启了一个新的学术领域。吐鲁番的新发现为学者们研究东传摩尼教及其在中亚和中国的流传提供了意想不到的第一手资料。缪勒的开拓性成就启迪了俄国学者沙勒曼(C. Salemann),他发表 4 篇文章(Manichaeica Ⅰ—Ⅳ,1907—1912),编辑和翻译了俄国奥登堡(S. F. Oldenburg,1863—1934)考察队收集的摩尼教中古波斯语和帕提亚语文献。同时沙勒曼以希伯来文字母转写,重新刊布了缪勒刊布的文书,附有完整的词汇表。

缪勒后来在 1915 年发表《吐鲁番发现物中的两篇柱子上的题记》,认为遗址 α 发现的一根柱子上的回鹘文题记讲到的牟羽(Bögü)可能就是第一个接受摩尼教的回鹘可汗,这所佛寺可能是 768 年建立的。这样就无法解释,为何这里发现了那么多摩尼教遗物,佛教徒为何要把摩尼教遗物,特别是壁画,存放在自己的佛寺里。最近森安孝夫考证,牟羽只是尊号,可汗的真名是智海(Köl Bilgä),1017—1031 年曾向宋朝朝贡,因此遗址 α 的佛寺建立的时间实为 1008 年。在这之前这里是一个摩尼教中心,甚至可能是东方教区法主的驻地。(图 3 - 6[1])

德国第一次考察队的巨大收获震惊了德国东方学界,并引起了普鲁士皇帝的关注。考察队的经费因此得到政府支持,考察队也被命名为第一次普鲁士皇家吐鲁番考察队(第二次德国吐鲁番考察队)。由

---

〔1〕Le Coq 1923, Pl. A, fig. b.

图 3 - 6　1905 年从西面看到的高昌遗址 α

于格伦威德尔身体欠佳,队长由勒柯克(图 3 - 10:中排右一)接替。勒柯克出生于德国一个富裕的酒商家庭,1887 年继承祖业,经营酒类贸易公司,但是 3 年后,卖掉了公司,专攻东方语言,成为著名的突厥语专家,志愿来到柏林民俗学博物馆工作。勒柯克和巴图斯组成的考察队于 1904 年 11 月到达吐鲁番,继续发掘高昌故城,他们发现了据说有 24 种文字拼写的 17 种语言的文献。他们也发现了很多艺术品。有一幅细密画(MIK Ⅲ 4937)描绘了一排贵妇人,画面中的 5 个人物只是原画面中一排人物的一部分。她们的装束很华丽,或许是供养人。人物的名字是用粟特文被写在人物头部边上的。(彩色图版 3 - 6)3 片细密画残片(MIK Ⅲ 4973a—c)上可以辨认出两个女性头像,最大的那一件上的女性戴着红色和黄色圆片组成的头饰,发型雅致,戴耳环和项圈;另一个女性与其非常类似。第 3 个残片是什么东西尚待研究。(彩色图版 3 - 7)

　　格伦威德尔曾交给勒柯克一份古建筑物名单,让他在这些古建筑物中寻找写本文书。这个名单上居于首位的,是位于高昌西南方的 α 遗址。勒柯克等用了 3 周的时间挖掘这座城堡形的庙宇。在南墙东角堆积很深的瓦砾灰尘中,他们发现了一块灰浆块的残片,在蓝色的底色上描绘了 2 个身穿白色服装的西亚人的头像,通常被称为"两个男选民图"。(MIK Ⅲ 4624,彩色图版 5 - 10)总的来说,他们没有找到很多有价值的文物。

摩尼教文物(彩色图版 3 - 8)主要发现于高昌城中央的 K 遗址群。勒柯克认为这是高昌摩尼教团最重要的寺庙或祭祀的地方。(图 3 - 7[1])K 遗址群主要可以分为 4 个部分,即:北部的一组拱顶小房,东部的藏书室,中部的几个大厅和西部的拱顶大房。(图 3 - 8[2])

图 3 - 7　高昌遗址群 K,从南面斋堂眺望北城墙上的拱形建筑

K 遗址群的中间是一座由 3 个相连的大厅组成的综合建筑物,作为摩尼教徒集会和礼拜的场所。所有 3 座大厅的内壁,据推测原先都装饰有壁画。中厅西墙上有一幅罕见的摩尼教大型壁画的残存,这件大型壁画曾经覆盖了整个西墙。(彩色图版 1 - 7)这是最后的唯一一件保存到 1905 年的残件。画面最右面(观看者的左面)有一个看上去和真人一样大小,或者比真人略为大一些的人物形象,身穿华丽的摩尼教大祭司的法衣。勒柯克与许多学者相信这可能就是摩尼本人的

〔1〕Le Coq 1923, Pl. A, fig. d.

〔2〕Le Coq 1923, p. 24. http://dsr. nii. ac. jp/toyobunko/LFB-2/V-2/page/0028. html. en.

画像。这幅画的其余部分上,画了许多男人与女人,但是比大祭司小得多。他们分成3组,其中最大的一组占据了此画的整个中部,为一群身穿白衣的男人,看来都是选民,只保存了4排。在第2、第3和第4排人物的画像上或画像旁,都以黑色墨汁、使用后期粟特字母(回鹘文)写着他们各自的名字,只有一个地方使用红色,并以摩尼教字母写了名字。这些名字里没有一个接近我们根据摩尼教历史资料所知道的摩尼最初的使徒的名字。在这面墙正对面的废墟上,发现了摩尼教手抄本残片。

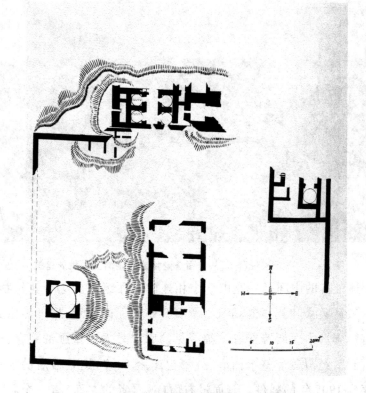

图 3-8　K 遗址中主要建筑物示意图
中央为三个大厅组成的综合建筑物,左为拱顶大房,北面为四
间拱顶小房,右面为"藏书室"

遗址 K 的北面综合体有 4 座拱顶小房,在这里发现了大堆的摩尼教手抄本,是用摩尼教文字、粟特文和后期粟特字母(回鹘文)书写的。

在一个房间里发现了许多已经成为木乃伊的佛教僧侣的尸体,这个房间因此被称为"尸室"。在这里的墙壁上发现一幅残画,描绘的是在蓝色底面上的 3 个女性头像。她们戴着王冠似的头饰和一种包头巾。(MIK Ⅲ 6916,彩色图版 3 - 9)在一个房间的台阶附近,他们发现了一捆摩尼教手稿。其中包括细密画残件 MIK Ⅲ 6368,正面是"乐师图"(彩色图版 5 - 5,5 - 6),反面是"抄经图"(彩色图版 4 - 4)。

　　在遗址 K 北面的东南角上被认为是藏书室的附属建筑物中,最重要的是一间穹隆顶房间,及其东侧紧挨着的一条长廊。勒柯克他们在这条长廊的瓦砾堆中发现了大量的摩尼教绢画的残件、碎布片和写本。他们所收集到的所有摩尼教寺幡都来自这里。其中包括:MIK Ⅲ 6286 是摩尼教女选民像(彩色图版 5 - 8,5 - 9),MIK Ⅲ 6283 是男选民像(彩色图版 5 - 2,5 - 3)。同时还有书籍的封面(MIK Ⅲ 6268,彩色图版 4 - 3)。这里还发现了一幅描绘 5 个拯救之神的绢画,无编号,原件不存,只留下了线描图。(图 2 - 21)另有一幅大绢画的残片(MIK Ⅲ 6279,彩色图版 4 - 10),描绘的是两个武士驱魔。彩色图版 3 - 10 显示了一些在藏书室长廊上发现的绢画、纸画残片。中间上面的那幅绢画残片 b(MIK Ⅲ 6278)描绘了月宫的神像与 4 个人物。(图 2 - 20)左面的那幅绢画残片 c(MIK Ⅲ 6270)描绘了一个选民。右面最上面的纸画残片 d(MIK Ⅲ 6271)上可以看到一个绯红色的椭圆体,外边围着暗红色的带子,里面露出一个扎白头巾的头像,戴宝石头饰和大耳环,画面左、右两侧各画有一行椭圆形珠子。右面中间的绢画残片 e(MIK Ⅲ 6275)描绘了一个女性,身穿红色紧身衣,两臂高举,双手外伸。勒柯克把她称为摩尼教的女神,认为式样独特的头饰只存在于摩尼教绘画中。左下的彩绘的丝绸残片 f(MIK Ⅲ 6273)也可能是佛教题材。(彩色图版 3 - 10)其上还包括在胜金口峡谷 10 号寺庙平台上的小庙里发现的两篇绢画残片:下面中间的那一片 g(MIK Ⅲ 6274b)是一个女性的头像,戴着金冠,有光环,可能是女神。下面右边的那一片 h(MIK Ⅲ 6274a)残存男性头像,穿橘红色的袍子,不留发,可能是僧侣。在藏书室旁边的长廊内还发现了一些丝绸刺绣残片。(彩色图版

欧·亚·历·史·文·化·文·库

3－11)这些残片:右边的刺绣品 e(MIK Ⅲ 6251)是一个摩尼教女神及两个女选民。(见彩色图版 2－9、2－10)中间的上面是一朵花 f(MIK Ⅲ 6254),下面是一只公鸡 d(MIK Ⅲ 6255)。剩下的 3 个残片是两条龙和一朵莲花,本来是一块比较大的刺绣 a—c(MIK Ⅲ 6252a—c)。

那间穹隆顶房间为正方形,勒柯克发现整个地面是用一层 8 厘米厚的、质地柔软、湿润并涂有金色和其他深颜色的材料铺成的。更仔细地考察,发现全部都是由于潮湿的侵蚀而发了霉、却保存完整的摩尼教书籍。勒柯克等试图烘干一些书籍,但是在烘干的过程中大量残件碎成了小碎块,进而融入尘埃。壁画多数已经被盗走。西壁上有个很低的神龛,旁边保留着壁画残迹:佛龛北边是小型男人像,穿白衣,戴独特式样的白帽子。(MIK Ⅲ 6915)西墙的西南角上,有一行武士的画像残余,他们手持弓箭和有锦旗的长矛,正在向右侧行进。(MIK Ⅲ 6914 a—e)画面右侧的 4 块残片当时还在墙上,画面左上角的那块墙皮是在地面上发现的。右面有 3 个武士画像的残余,以中间人像保存得最好,脸很宽,穿一件绿色战袍,上面有很大的黑花图案,腰带右边挂着很大的箭筒,左边是一有弦的弓,放在(画面上看不见的)弓囊里。每人手持一杆黑柄长矛。左面的墙皮只剩第 4 个人物的头部,戴着黑帽子,还有部分旗杆,旗杆上系了一面红旗,还有个榜题牌。左边的榜题牌上写着回鹘文题字,读做"伊难珠－奥龙古－达干"。第二块榜题牌上所记的名字已经失去,但从最后一个字可以认出这个武士是一名"山棍"(sangun),即"将军"的异译。最前面的题记也有"奥龙古"的称号。(彩色图版 3－12)另外在垃圾里,还有头像残部的 5 个残片。左面的残片是一个留胡须的人,当中两个残片可能是神像,脸的周围有棕紫色头光。右面是一个画得很美的女人头像。(MIK Ⅲ 6913a—e,图 3－9[1])

除了 α 和 K 这两个主要的发现地点外,摩尼教细密画的残件还在高昌故城的其他遗址中被发现。在大寺院遗址发现有佛教、摩尼教和

---

[1]Le Coq 1913,Taf. 2e. http://dsr. nii. ac. jp/toyobunko/LFc-42/V-1/page/0034. html. en.

图 3 - 9　新疆吐鲁番高昌遗址 K 壁画残片 MIK Ⅲ 6913a—e:头像残片

景教的手稿残件。

　　交河故城在吐鲁番西北约 5 公里左右,坐落在一座大峭壁之上,一条小溪从两边流过,在峭壁的东南端,水道又重新汇合。地势险要,易守难攻。自西汉至后魏,车师前国以此为都城。唐灭高昌王国后置交河县。8 世纪末被并入吐蕃,9 世纪中叶又属回鹘。这里也出土了摩尼教文书,后来这些文献被确定为忏悔文(Xuāstvānīft)的一部分。

　　吐峪沟(Toyok)东距吐鲁番市约 55 公里。在这里的一座大寺院附近的一间房子(遗书室)里,发现了用摩尼字体、叙利亚文、粟特文、回鹘文抄写的文书残片。还有一些用蓝突厥如尼文字写的摩尼教文书。

　　在胜金口也发现了一些摩尼教文献。在 9 号寺院北部,紧靠着又窄又长的那处建筑物遗址的河右岸逆水方向的那座佛塔里,勒柯克他们发现了一本保存基本完好的摩尼教写本。

　　柏孜克里克(Bezeklik)千佛洞位于吐鲁番市东 45 公里木头沟西岸的悬崖上。格伦威德尔曾要求勒柯克把木头沟的寺庙原封不动地留给他处理。但后来因为格伦威德尔没有及时赶来,勒柯克便对这里进行了大规模的切割式发掘。他在第 9 窟切割了一幅壁画,画上是 3 个男性供养人,颜色鲜艳,就好像是刚刚画完似的。画师不再满足于用粉底来千篇一律地复制壁画人物,壁画已经具有个性化的特点,看来是真人肖像。(彩色图版 3 - 13)3 个供养人都穿着很长的红色长衫,头上都戴着教皇式金冠。勒柯克认为,这种头冠在摩尼教画像中经常出现。帽带与摩尼教的帽带也是一样的。勒柯克在第 19 窟的瓦砾中发现了一块壁画残片,是一个回鹘高官显贵的画像。他的左侧有一块题跋牌,上面写着:"神圣的阿尔波·阿斯兰(Alp Arslan,意为勇猛的狮子)神一般的画像,他拥有统治权……"他穿着红色长衣,手里拿着一朵花。(彩色图版 3 – 14)勒柯克认为,这个回鹘王子头上戴有摩尼—波斯风格的头巾,头发在头顶中间很细心地被分开,像我们在摩尼教细密画上所常见的那样,平整地梳理后一绺一绺地垂向后背。

关于此次考察,勒柯克后来于 1913 年编撰了大型图录《高昌——普鲁士王国第一次吐鲁番考察重大发现图录》。此书中介绍的艺术品原件有一半左右在第二次世界大战中盟军轰炸柏林时被毁,只有依赖此书才能继续研究这些珍贵文物。1997 年出版了赵崇民的中译本《高昌——吐鲁番古代艺术珍品》。勒柯克 1926 年还出版了第二、第三次考察的旅行记,有英译本,1928 年在伦敦出版。英译本流传很广。1999 年出版了陈海涛的中译本《新疆的地下文化宝藏》。

1905 年,勒柯克一行接到柏林方面让他们前往喀什与格伦威德尔会合的电报后,即前往喀什,12 月与格伦威德尔一起开始第三次吐鲁番考察队的活动。(图 3 – 10[1])他们在库车西面的库木吐拉(Kumtura)和克孜尔(Kizil)石窟考察后,1906 年 5 月,考察队东行到焉耆附近的硕尔楚克(Shorchuk)考察。此后,勒柯克由于健康不佳,先期回国,考察队由格伦威德尔率领继续东行到吐鲁番,在高昌故城和哈密一带,一直工作到 1907 年 4 月。在木头沟的石窟庙宇中,发现了大量摩尼教书籍的残片,有些还配有有趣的细密画。残存的一本用中古突厥语书写的摩尼教抄本《摩尼大颂》,使用梵夹(pothī)的形式装订,首页上部三分之二画着一个坐着的选民,下面三分之一画着两个女选民。(MIK Ⅲ 8260,彩色图版 4 – 2)在柏孜克里克的佛教大石窟庙宇里,有些洞窟本来可能是摩尼教寺庙。第 25 窟本来就是属于摩尼教的。有一幅壁画,画着三干树,左右有崇拜者跪拜,就是摩尼教壁画。(彩色图版 2 – 5)

---

〔1〕〔2009 – 07 – 05〕.http://www.aasianst.org/EAA/lecoq.jpg.

图 3 – 10　德国第二次与第三次考察队

中排从右到左：勒柯克、格伦威德尔、巴图斯、波尔特（Pohrt）

第四次，即最后一次德国吐鲁番考察队由勒柯克与巴图斯组成，1913 年 5 月末离开柏林，奔赴喀什。此行的主要目的地是库车。柏林收藏的摩尼教文献残片中得自这次考察者，可能是当地人从高昌带到库车给勒柯克的。1914 年勒柯克等返回柏林。除了考古报告外，勒柯克和瓦尔德施密特（Ernst Waldschmidt，1897—1985）合编了 7 卷本的《中亚古代晚期的佛教文物》，1922—1933 年在柏林陆续出版。2006 年新疆教育出版社出版此书的中译本《新疆佛教艺术》。其中第 2 卷是摩尼教细密画。

欧洲各国对中亚的探险也极大地吸引了日本京都西本愿寺第 22 代宗主大谷光瑞（Otani Kuzui，1876—1948，图 3 – 11[1]）的注意力，1902—1910 年他派遣橘瑞超等进行了 3 次中亚探险。这 3 次探险所获的文献通常称为大谷收集品（Otani collection），尽管流散在东京、京都、

〔1〕〔2009 – 07 – 05〕. http://www.showchina.org/rwysjxl/lsjndmgk/200710/W020071029581343 4310000.jpg.

汉城和旅顺等地,但是仍然被认为是中业研究的重要资料。日本学者吉田丰在大谷收集品中比定出帕提亚语摩尼教《初声赞文》残片、粟特文摩尼经典残片等。吉田丰还和德国学者宗德曼合作编写《龙谷大学所藏大谷探险队收集中亚出土伊朗语断片目录》,著录粟特文资料 406 件,摩尼文资料 127 件,以及叙利亚文资料 3 件。

图 3-11 大谷光瑞

在新疆,摩尼教资料的发现并没有随着德国考察队活动的结束而结束。中国考古学家黄文弼(1893—1966,图 3 - 12[1])在1927—1930 年参加了中瑞西北考察团在内蒙古、新疆的考察活动,其中 1928 年春,在吐鲁番活动了 20 余日,搜集若干资料;1930年在此地工作月余,系以墓葬为重点,亦采集若干遗物。他在吐鲁番所采集之古维吾尔文字(回鹘文)资料,在 1954 年出版的《吐鲁番考古记》中予以刊布,其中包括回鹘文摩尼教寺院文书的照片。

图 3-12 黄文弼

柏孜克里克千佛洞(彩色图版 3 - 15)的有些洞窟以前可能是摩尼教寺院。1981年夏天清理 65 号窟内坍塌的土沙时,出土了保存完好的 3 件粟特文和 5 件回鹘文文书,这 8 件文书全部都是摩尼教徒的书信,

图 3-13 吉田丰

由日本学者吉田丰(图 3 - 13[2])、森安孝夫考释。2000 年文物出版社出版了《吐鲁番新出摩尼教文献研究》。

---

〔1〕[2009 - 07 - 05]. http://imgsrc.baidu.com/baike/abpic/item/9113862297e749e0d6cae25a.jpg.
〔2〕[2009 - 07 - 05]. http://www.let.osaka-u.ac.jp/toyosi/sial/yoshida.jpeg.

1989年以来从对柏孜克里克第38窟(格伦威德尔第25窟)的考察中揭示,这是一个摩尼教—佛教二重窟,原来是摩尼教洞窟,墙上画有壁画,后来改成了佛教洞窟。从1987年到1992年,北京大学考古系晁华山连续在新疆考察石窟,他认为在吐峪沟、柏孜克里克和胜金口有一些洞窟以前曾经是摩尼寺。是否这些洞窟都是摩尼寺,尚有待进一步的研究。他考察了胜金口北寺,指出主平台正壁建有5个洞窟,也许当初正是按照《摩尼光佛教法仪略》中讲到的经图堂、斋讲堂、礼忏堂、教授堂和病僧堂等五堂体制建造的。后来礼拜窟改画佛教壁画,全寺被用做佛教寺院。(彩色图版3-16)中心是有环形道的礼拜窟(第3窟),南邻窟(第4窟)是大窟,主室三壁开有旁室,其正壁上方半圆面画是两株交会的大树,右侧的树冠枝叶繁茂,左侧的树冠凋零枯萎。(彩色图版3-17)晁华山称之为"生命树与死亡树交会图",认为这与摩尼教教义相合。此窟主室两侧壁画"宝树果园图",树下有斋讲高师。大礼拜窟北邻寺(第2窟)正壁有龛,龛外和两侧壁画"宝树果园图",券腹画葡萄树。晁华山认为,这些壁画题材都与摩尼教写本上所记载的相同。

当勒柯克进行第二次考察,于1905年8月途经哈密时,听说了敦煌发现藏经洞的事,但柏林发来电报,要勒柯克去喀什同格伦威德尔会合,勒柯克被迫放弃了去敦煌的计划。敦煌藏经洞是1900年当地的王道士在他居住的下寺对面的大窟(现编为第16窟)中清理积沙时偶然发现的。这个洞窟是一个小窟(现编为第17窟),约丈余大。匈牙利裔英籍考古学家斯坦因(Marc Aurel Stein, 1862—1943, 图3-14[1])1906—1908年进行第二次中亚考察,走访敦煌莫高窟,1907年5

图3-14　斯坦因

---

〔1〕[2009-07-05]. http://www.britishmuseum.org/images/steinportrait.jpg.

月,利用看管洞窟的王道士的无知,被允许进入藏经洞。当时藏经洞中塞满了写卷、绢纸绘画的包裹,在包裹搬出大半后,露出里层的壁画和镶在墙里的石碑(洪□告身碑)。(彩色图版3–18)斯坦因以廉价买走藏经洞出土文献24箱、绢画和其他丝织品等文物5箱,其中就包括摩尼教文献汉文《摩尼光佛教法仪略》的上半截和《下部赞》,以及回鹘文《摩尼教徒忏悔书》($X^{u}\bar{a}stv\bar{a}n\bar{i}ft$)。斯坦因本人没有在他攫取的文献中识别出摩尼教文献,直到后来学术界才发现斯坦因的收藏是继吐鲁番之后摩尼教文献的又一个重要来源。

斯坦因在敦煌获得藏经洞文献的消息很快吸引了其他探险家,其中包括法国汉学家伯希和(Paul Pelliot,1878—1945,图3–15[1])。伯希和于1908年2月25日到达敦煌千佛洞,取得王道士的同意进入藏经洞,将藏经洞文献中的精品和斯坦因所遗绢纸绘画及丝织品廉价购走。他在为法国国立图书馆收购的文献中,识别出一份30行的汉文文书(P3884)是一份摩尼教教义概述的中间部分(《摩尼光佛

图3–15　伯希和在敦煌藏经洞寻宝

教法仪略》的下半截),这份文书遂因此而被称为"伯希和文书"。

1909年8—9月,伯希和到北京购书,他随身携带的敦煌藏经洞的一些珍本使中国学者认识到了藏经洞宝藏的巨大价值,促使清政府把藏经洞所余经卷悉数运京。罗振玉(1866—1940,图3–16[2])1911年在《国学丛刊》第2册上刊布了一份写经的抄本,他在按语中写道:"残写经一卷,前半已缺佚,后半完好,然无后题。……然火祆、摩尼与景教

---

〔1〕[2009 – 07 – 05]. http://upload. wikimedia. org/wikipedia/commons/thumb/3/3d/Pelliot-cave2. jpg/433px – Pelliotcave2. jpg.

〔2〕[2009 – 07 – 05]. http://tbn0. google. com/images? q = tbn: -vHwOHgZdZkGSM: http://www. alternativearchive. com/ouning/uploads/200702/09_021027_15. jpg.

颇类似,未易分别,且皆由波斯流入中土,故姑颜之曰波斯教经,以俟当世之宗教学者考证焉。"这份文书今藏北京的中国国家图书馆,旧编号宇字第56,新编号北8470,最近出版时的编号为北敦00256号。这件重要文书可谓伯希和在敦煌藏经洞拣选文书中的最大失漏,他急忙和老师沙畹(Ed. Chavannes,1865—1918)研究这份文书的抄本,翻译成法文,加以详尽的注释,附以"伯希和文书",并广泛收集有关摩尼教的汉文史料,翻译为法文。研究成果于

图3-16　罗振玉

1911年和1913年分三次发表在《亚洲报》(*Journal Asiatique*)上,题为《中国发现的一部摩尼教经典》。1931年冯承钧将此文的一部分翻译为中文发表。

　　王国维(图3-17[1])在伯希和的基础上,新增11则史料,以《摩尼教流行中国考》为题,发表于1921年的《亚洲报》上。陈垣(1880—1971,图3-33)1923年发表《摩尼教入中国考》,根据原件刊布了《波斯教残经》(改名为《摩尼教残经一》)和《摩尼光佛教法仪略》的校勘本,收集有关摩尼教的汉文史料与沙畹、伯希和、王国维相类,但是辑录了若干新史料,其中包括何乔远《闽书》中的有关记载。伯希和又在此基础上,于1923年发表

图3-17　王国维

《福建摩尼教遗迹》,引起学术界对福建摩尼教遗迹的注意。

　　何乔远的《闽书》记载,华表山两峰角立如华表,山背之麓有草庵,元时物也,祀摩尼佛。张星烺、陈万里曾到华表山访问,因走错了路,未

　　〔1〕[2009-07-05]. http://imgsrc.baidu.com/baike/abpic/item/b94f65ec799e08c22f2e21a9.jpg.

能找到,遂以为"所谓摩尼教遗址者,并无残迹遗存,仅山地一片而已"。20世纪50年代,吴文良找到了这处祭祀摩尼的草庵,在晋江西南部距泉州城区23.7公里处的华表山上。草庵规模不大,有楼阁僧舍,全部以花岗石砌成。庵中正厅奉祀摩尼光佛一尊。(彩色图版1-13)2008年粘良图发表文章,并出版了《晋江草庵研究》,报道他在草庵一带进行田野调查,发现附近的村庄苏内村有个境主宫,宫中奉摩尼光佛等5位神灵为境主。他认为摩尼教在此地已经演变成民间信仰中的一个支派。

摩尼教曾在中国东南地区流行,有的遗物甚至有可能流传到日本。日本奈良大和文华馆藏有一幅元末的绢本着色画(图3-18[1]),一直被认为是佛教的"六道图"。近来美国学者古乐慈、日本学者吉田丰认为,这是一幅摩尼教作品。根据画上的题记,可以命名为"冥王圣图"。古乐慈认为,这可能是捐赠给宁波一所摩尼教寺院的绢画,画面分为5段。(彩色图版3-19)

最上面的一段,表现天界,当中是一幢宫殿。这一段又分为3个连续性的图景,犹如连环画。最左面,光明处女及其两个扈从从天而降,有三个女主人欢迎她们。中间是光明处女与女主人一起坐在宫殿里谈话。右边是三个女主人欢送光明处女及其两个扈从,光明处女及其两个扈从升天而去。这一段或许可以命名为"光明处女访问天界"。

第2段中间是一座很大的摩尼教神像(最可能就是摩尼本人),右边是两个穿白衣服的摩尼教选民(僧侣),一个坐着,可能正在说法,另一个站着的是其助手。左边穿红衣坐着的,当为聆听说法的听者,可能是捐赠此画的施主张思义,站着的穿黑衣者当为其侍者。这段或许可以命名为"摩尼像前选民说法"。说法的内容非常可能就是这整幅绢画所表现的内容——摩尼关于拯救灵魂的教义。

第3段分成4个小格,分别代表中国社会的4个等级:士、农、工、

〔1〕大和文华馆,《大和文华馆所藏品图版目录2·绘画·书迹》,奈良市:大和文华馆,1974年,第112图.

图 3-18　日本奈良大和文华馆藏元末的绢本画

商。最右边是一个读书人，带着一个书童。右边数过来第二幅，是两个农民，一个在驾牛犁地，另一个在用耙修筑田埂。右边数过来第三幅，是两个工人，在建造房子。最左边的一幅，是两个商人在跑买卖。这一段或许可以命名为"善有善报"，描绘听者的灵魂转世。

第4段，描绘死后的审判。右边是一个公堂，一张桌子后面坐着一位审判官，可能即敦煌汉文摩尼教文献中记载的"平等王"，他的身边有几个助手。审判官面前有两组小鬼押着他们的囚犯，听候审判以决定其命运。左上角光明处女及其两个扈从腾云驾雾而来，可能是来干预审判的。这段或许可以命名为"光明处女干预审判"。

第5段，即最下面一段，是描绘地狱景象的。从右到左：一群小鬼等着下手；一只烈火熊熊的大轮子碾过一个人的身体；一个人被锯作两截；一个人被吊在红色的架子上，成为小鬼的箭靶。这段或许可以命名为"恶有恶报"，是堕落的灵魂的结局。

最近，学术界开始注意到福建省霞浦县民间保存的《奏申牒疏科册》等文书。文书以摩尼光佛、夷数和佛、电光王佛取代道教的三清，作为最高神。这批文书也可能是摩尼教演变成民间宗教的一个支派后留下的文献。

摩尼教一方面向东传播到中原，另一方面是否可能向西南方向传播到北印度与西藏呢？荣新江（图3－19[1]）2000年发表的《〈历代法宝记〉中的末曼尼和弥师诃——吐蕃文献中的摩尼教和景教因素的来历》中，发现大约编成于774—779年的《历代法宝记》中有攻击末曼尼——摩尼的故事。《历代法宝记》大约在765年传入吐蕃，吐蕃赤松德赞（755—797）所撰《真正言量略集》把摩尼称为"波斯的大谎言家、贪婪无厌的异端末摩尼"，可能就是受《历代法宝记》的影响。

克里姆凯特认为，印度河上游阿尔奇（Alchi）三层庙（Sum-tsek）的第一层有一幅壁画，画了五如来，用摩尼教来解释，就是五明佛。（彩

---

[1]［2009－07－05］. http://tbn2. google. com/images? q = tbn: AEOm5dz9SzMwaM: http://www. hssl. org/chinese/zhuanjiamingdan/image/rongxinjiang. gif.

色图版3−20)画的右上方是毗卢遮那佛，左上方是不动如来，左下方是阿弥陀如来，中下方是宝生如来，右下方是不空成就如来。在不动如来的国土中，如来的右上方有一个十字架。(图3−20[1])这在佛教艺术中是罕见的。光明十字架是摩尼教的一个标志，象征着受难耶稣，也象征着有待解脱的"活灵魂"。在阿弥陀如来的国土中，画的右下方有一个十字架，左下方有一轮太阳。十字架可能代表光明耶稣。

图3−19　荣新江

图3−20　阿尔奇(印度河上游)：不动如来和光明十字架

　　阿尔奇大殿(Du-'khang)的入口大厅有一幅壁画，上面画着一幅二船图。(图3−21[2])克里姆凯特认为，在佛教中，常用船来象征渡过苦海，但用两条船来象征，则属罕见。汉文伪经《佛说天地八阳神咒经》中，佛向信徒说："夫天地广大清，日月广长明"，只是简单地称为

────────────

〔1〕[2009−07−05]. http://looklex.com/e.o/ill/manichaeism01.jpg.

〔2〕[2009−07−05]. http://www.travellerdreams.com/india/alchi/big/Anna%20%20080631_01.jpg.

113

"日月"。但是,回鹘文译本却把这句汉文翻译为"日月神二光明宫殿",这种用法可能是受了回鹘文摩尼教文献常常把日月称为宫殿的影响。鉴于这一事实,我们可以猜想,阿尔奇的两条船,每条都画着一个船夫带着一班乘客,这也是间接地受到摩尼教的启发。刘南强也认可克里姆凯特的这一观点。我们认为,这些出现在佛教寺院里的壁画是否确实与摩尼教有关,尚待进一步探讨。

图 3 – 21　阿尔奇的二船图

3.3　东方摩尼教遗存的刊布与研究

德国考察队在吐鲁番地区的一些遗址所发现的大批写本中,很多是用中古伊朗语所写成的,其中包括帕提亚语(Parthian,又称安息语,因建立帕提亚王朝的安息家族而得名)、中古波斯语(Middle Persian)和粟特语(Sogdian)文书,还有少量巴克特利亚语(Bactrian)文书。学术界第一阶段的首要任务必然是辨认、释读和研究这些文书,也即进行语言学为主的研究。同时要理解摩尼教文书,也必须根据已有的知识深入分析其教义与历史。

德国第二次考察队还在进行之际,缪勒(图 3 – 22[1])继续刊布摩

---

［1］［2009 – 05 – 25］. http://www. bbaw. de/bbaw/Forschung/Forschungsprojekte/turfanforschung/bilder/mueller.

尼教中古伊朗语文献。1905 年他发表论文
《摩尼教的〈赫马牧人书〉》，刊布了摩尼教中
古波斯文文书 M97，其中包括早期基督教著
作《赫马牧人书》的引文。因为当时一般还把
摩尼教看成一种伊朗宗教，所以中亚摩尼教
文献中引用众所周知的基督教著作的意义未
为人们所注意。自从希腊文《科隆摩尼古卷》
被发现与释读以来，学术界已经更清楚摩尼
教的犹太—基督教背景，这份文书显然反映

图 3 - 22 缪勒

了摩尼教的这种渊源。缪勒的另一个更重要的贡献是发表《摩尼教赞
美诗的双抄页》。这张双抄页（M1）包括赞美诗的索引，正是这个索引
成为后来学者们鉴别摩尼教赞美诗残片的利器。缪勒认为，这张双抄
页还包括这本散失的赞美诗集的序言，其中有明确的纪年——光明使
者诞生后 546 年（762 年），也有供养人的姓名，很有史料价值，受到中
亚史研究者的珍视。宗德曼进一步研究后推测，这并非序言，而是跋
文，与索引一起构成此书的结尾部分。缪勒也把他的语言学素养与学
问用于研读吐鲁番出土的基督教文书，这些文书大部分使用叙利亚文
字母写成。缪勒不久就根据一些文书残片的专用名词判断出这些文
书是用一种未知的中古伊朗语翻译的叙利亚文本圣经。他对照叙利
亚文本，破译了这种新认识的语言，后来伊朗学家安德列斯（F. C. An-
dreas，1846—1930）根据比鲁尼记载的古伊朗语与粟特语之间的一些
语法变化，建议将这种新认识的语言命名为粟特语，这个建议得到了
缪勒和其他学者的认可。

　　粟特语显然是丝绸之路上最常用的语言，甚至可以说是国际共同
语。除了摩尼教和基督教文献之外，还有相当数量的佛教文献是用粟
特语写成的。粟特人在这三种世界性宗教的传播与交流中起了很大
作用。缪勒除了在普鲁士科学院工作之外，也在大学开课，吸引了一些
青年学子，其中最出色的学生之一葛玛丽（Annemarie von Gabain，

1901—1993,图3－23[1])后来成为伊斯兰化以前突厥文化研究的主要权威。

图3－23　葛玛丽

直到德国考察队的活动结束,柏林的德国学者们一直主导着吐鲁番文书的研究。唯一用英文撰写的重要的吐鲁番文书研究著作的学者是美国梵文与伊朗语专家杰克逊(A. V. W. Jackson)。他重新刊布了一些有关摩尼教宇宙论的重要文书,并加以详细的注解与评述。他把这些文书都用缪勒发明的拉丁化转写方式加以转写,这对于难于使用沙勒曼(C. Salemann)用希伯来文字母转写的圣彼得堡藏摩尼教文书的学者来说特别有用。

在德国,除了柏林之外,哥廷根是研究摩尼教文书的另一个中心。安德列斯从1903年起,在哥廷根大学引领学生们致力于研究吐鲁番出土的伊朗语文书。他首先判定帕提亚语和中古波斯语分属不同的方言,帕提亚语为北部方言,中古波斯语为西南方言。他是一位学术上的完美主义者,不肯发表不够成熟的著作,因此他一生发表的文章不多。但是,他最大的影响是培养出一些优秀的弟子。他的授课方式很有特色,过了午夜,就到了他上课的时间。他为弟子们准备下小吃,开始考释文书,共同探讨,切磋琢磨,直到破晓。安德列斯的一个高足楞茨(Wolfgang Lentz)与汉学家、印度学家瓦尔德施密特合作考释汉文《下部赞》,将德藏中古波斯语、帕提亚语和粟特语文书与《下部赞》进行了比较,成为《下部赞》研究的奠基石。

安德列斯的另一个高足是恒宁(W. B. Henning, 1908—1967,图3－24[2]),受普鲁士科学院的委托整理出版安德列斯的遗稿。恒宁以

〔1〕[2009－05－25]. http://tbn2. google. com/images? q = tbn:_KIyczSxBaf-xM;http://www. karizim. cn/files/Content/gabain% .

〔2〕[2009－05－25]. http://upload. wikimedia. org/wikipedia/commons/thumb/b/b5/Wbhenning2. jpg/225px-Wbhenning2. jpg.

《中国突厥斯坦出土中古伊朗语摩尼教
文献》为题，分三次刊布了遗稿，包括转
写、翻译和详细的注释。第一次刊布了
摩尼教宇宙论文书（M7980—7984），这
些文书形象地描述了贪魔造立男女人
身的故事。第二次刊布了主题广泛的
中古波斯语文献，其中包括文书 M2 I，
记载了摩尼派遣阿驮、帕提格到罗马帝
国去传教。他们使一个名叫纳弗莎
（Npš'）的重要人物信仰了摩尼教。阿
驮把摩尼教一直传播到亚历山大，挑选

图 3 - 24　恒宁

了许多选民，建立了寺院。这比基督教寺院的建立早了半个世纪。因
此，埃及的摩尼教寺院制度对基督教寺院的影响成为一个尚需进一步
研究的问题。第一、第二次刊布的安德列斯遗稿都使用了沙勒曼开创、
楞茨也采用的希伯来文字母转写，这对于不熟悉希伯来文字母的学者
显然不方便。恒宁在第三次刊布安德列斯遗稿时，采用了一种拉丁化
的转写方式，不久就为学术界普遍接受了。第三次刊布的安德列斯遗
稿也包括多种主题，例如光明分子的最后得救与回归天界。这三篇长
文成为考释吐鲁番出土摩尼教伊朗语残卷的基础性著作。

　　安德列斯遗稿中有许多神学与语言学的评注，恒宁自己的博士论
文《吐鲁番残卷中的中古波斯语动词》进一步加强了对摩尼教神学与
语言学的研究，这篇博士论文已经成为标准参考书。1932 年普鲁士科
学院收购了另一批重要的摩尼教文献——这次是在埃及出土的科普
特文文献。安德列斯的另一个学生波罗茨基（Hans Jakob Polotsky，
1905—1991，图 3 - 25[1]）在释读与研究这批文书方面做了许多工作。
因为他是犹太裔学者，纳粹的兴起使他于 30 年代离开了德国，前往耶

　　〔1〕〔2009 - 05 - 25〕. http://tbn1. google. com/images？ q = tbn:yNiv2uDeimA2vM；http://198.
62. 75. 5/opt/xampp.

·欧·亚·历·史·文·化·文·库·

路撒冷的希伯来大学就任埃及学教职。恒宁与波罗茨基的姐姐(或是妹妹)订婚,也于 1937 年离开德国,前往英国接任贝利(H. W. Bailey)担任伦敦大学东方研究学院的伊朗语讲师。恒宁在移民之前一年把注意力集中在研究一本摩尼教小写本上,残存的小写本包括一些用帕提亚文和粟特文写成的祈祷文与忏悔文。恒宁 1935年开始学习粟特文,当时只有一些佛教与基督教粟特文的研究成果可供参考,但是

图 3 - 25　波罗茨基

恒宁居然能够在短短的一年内完成对这部写本的考释和全面的语言学评注,以《摩尼教祈祷与忏悔书》为题发表,此文被称为摩尼教粟特文文献研究者的"圣经"。欧战爆发,英国当局因恒宁是敌国公民而将其拘押,他的《粟特语文献杂考》多亏贝利帮忙处理出版事宜,才得以问世。一年后恒宁因健康原因得以获释,重新着手摩尼教伊朗语文献的研究。早在德国时,恒宁已经发表《摩尼教〈以诺书〉考》,发现摩尼教文献中引用了伪托犹太教旧约圣经人物以诺所写的经书《以诺书》,确定犹太教对摩尼教的教义有很大影响。在此基础上,1943 年恒宁发表《〈大力士经〉考》,收集、考释、研究摩尼七部大经之一的《大力士经》的各种语言的残片和引文,确证《大力士经》深受犹太教文献《以诺书》的影响。恒宁对摩尼教研究的贡献,主要集中在对伊朗语,特别是粟特文文书的考释上,他发表了《穆护的谋杀》(1944)、《粟特语故事》、《摩尼教的斋戒》(1945)、《两件摩尼教法术文献》(1947)、《一件粟特语摩尼教创世纪残片》(1948)等重要论文。1947 年恒宁升任伦敦大学中亚研究教授。格施威彻(Ilya Gershevitch,1914—2001,图 3 - 26[1])是他最早的学生之一,编撰了《摩尼文粟特语语法》,引用了许

---

〔1〕[2009 - 05 - 25]. http://tbn3. google. com/images?　q = tbn:hYcPBYK27urn3M:http://www. fravahr. org/IMG.

多未刊布的德藏粟特语写本的文句。恒宁后来前往美国加州柏克莱,1961 年升任伊朗学教授,促进了美国伊朗学研究的发展。1967 年恒宁英年早逝,这是摩尼教伊朗学研究的一个重大损失。后来恒宁的弟子博伊丝等主编出版了《恒宁选集》,收入了他的主要论文,又出版了纪念他的论文集,成为研究摩尼教伊朗语资料的学者所不可或缺的常备书。

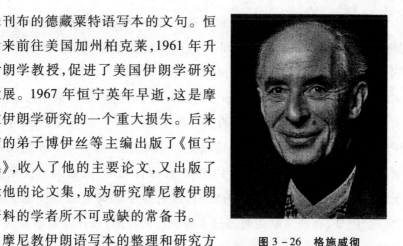

图 3 - 26　格施威彻

摩尼教伊朗语写本的整理和研究方面,恒宁后继有人。他的弟子博伊丝(Mary Boyce,1920—2006,图 3 - 27[1])的博士论文就是研究摩尼教帕提亚文组诗《胡亚达曼》和《安格罗南》的。她把这两首长诗的许多片断转写、翻译为英文,加以评注,整理成《帕提亚语摩尼教赞美诗集》一书, 于 1947 年出版。恒宁在 1959 年发表论文刊布了这两首长诗的回鹘文写本残片。1990 年宗德曼刊布了这两首长诗更多的帕提亚文和粟特文残片,以及所有残片的照片。博伊丝的一个重要

图 3 - 27　博伊丝

贡献是对摩尼教伊朗语文献的编目。普鲁士考察队所获资料最初入藏于柏林民俗学博物馆,二战期间分藏在各地,二战后分别归东西德国所有,对研究者来说极为不便,编制一份总目遂成为当务之急。此外,论著中引用文书时所使用的文书编号也不够清晰,给那些没有机会直接接触文书的研究者带来了许多问题。许多残片使用类似甚至相同的编号,比如 T Ⅰ α 或者 T Ⅱ K,T 表示吐鲁番考察队所得资料,

───────────

〔1〕[2009 - 05 - 25]. http://tbn2. google. com/images?　q = tbn:5Ex6L -8AQr8y3M:http://www. cais-.

Ⅰ 或 Ⅱ 表示第一或第二次考察所获,α 或 K 表示出自吐鲁番 α 或 K 遗址。有上百个残片都使用 T Ⅱ K 这个编号而不加区别。缪勒 1904 年刊布中古伊朗语文献的时候,使用一种以 M 开头的编号,表示文书是用摩尼文字(Manichaean script)所写的。但是他只编到 M919。战后有关学者们决定继续按照缪勒的编号编下去。这个工作到 1960 年由博伊丝完成,出版了《德国吐鲁番收集品中摩尼文字所写伊朗语写本目录》,著录了她所能看到的大约 5000 种原件与照片,以及有关研究状况,附有按照文书内容归类的索引,成为摩尼教研究最重要的工具书之一。但是,有些文献当时逃过了博伊丝的注意,现在亟须出版这个目录的修订本。博伊丝在编制这本目录时,发现文书 M1224 使用的是一种不为人所知的语言。后来恒宁确定这是摩尼教巴克特利亚语,后来此文书被交给格施威彻研究。格施威彻在论文与会议报告中说明这件文书讨论的是:摩尼教选民(僧侣)需要听者(在家信徒)照料其日常需要的问题。恒宁去世后,博伊丝的主要研究兴趣转向琐罗亚斯德教,摩尼教伊朗语文献的研究比较沉寂。但是,博伊丝编写了《摩尼教中古波斯语和帕提亚语读本》,用拉丁字母转写,用英文注释了这两种语言所写的主要文献,为难于接触原卷和辨认希伯来字母转写的研究者提供了很大方便。博伊丝又为此书编制了一本词汇表,帮助学者们掌握这批重要的摩尼教原始资料。1975 年,丹麦伊朗学家阿斯木森(J. P. Asmussen,1928—2002)将其主要内容翻译成英文,加上其他一些资料,编写成《摩尼教文献:主要选自中古波斯语和帕提亚语著作的代表作品》,使非专攻伊朗语的学者也能利用这批摩尼教文献。学者们希望在不久的将来也能出现摩尼教粟特文文献的类似读本。

博伊丝的同事、哥廷根的伊朗学教授麦肯吉(D. N. MacKenzie,1926—2001,图 3 - 28 [1])受到博伊丝的读本的鼓舞,发表了摩尼的中古波斯文著作《沙卜拉干》残片的新校勘本,并翻译成英文。许特尔

---

〔1〕[2009 - 05 - 25]. http://tbn3. google. com/images? q = tbn:4knbM1MMKE1DOM:http://www. fravahr. org/IMG.

（M. Hutter）1992 年出版了《沙卜拉干》的宇宙生成论残卷，附有图版。恒宁和博伊丝在东方与非洲研究学院建立起来的摩尼教研究的高标准由辛姆斯－威廉姆斯（N. Sims-Williams）教授所继续。他是一位粟特文专家，发表了《英国国家图书馆藏粟特文残卷》。他刊布了更多的《胡亚达曼》的残卷，继许多西方伊朗学家之后再次为这首长诗增补了新的资料。

图 3－28　麦肯吉

　　俄国收集品中的粟特文摩尼教写本大多数由拉果扎（A. N. Ragoza）在 1980 年出版的《东方学研究所中亚收集品中的粟特语残卷》一书中刊布，辛姆斯－威廉姆斯马上写了一篇书评——《列宁格勒藏粟特语残卷》，比定出一些文献的名称，其中包括《僧伽吒经》写本断片。后来，辛姆斯－威廉姆斯又发表了《列宁格勒藏粟特语残卷》之二和之三两篇论文，勾勒了在波斯众王之王（Shahanshah）奥尔米兹德的朝廷上，摩尼与一个穆护辩论的情况，刊布了摩尼教忏悔词新残卷。美国学者施杰我（P. O. Skjærvø）重新校勘了文书 M28 I 中的摩尼教抨击异教的诗歌。

　　东德科学院拥有最多的摩尼教中古伊朗语资料，宗德曼（图 3－29[1]）的成果使东柏林回到了这个研究领域的舞台中心。他 1968 年发表了《伊朗语摩尼教文献传统中的基督教福音书》，刊布了摩尼教文献中引用的基督教福音书，特别是不收入今天标准本圣经的新约次经。一份新校勘的残卷记载了耶稣在大祭司面前受审的情形（M4570）。1971 年开始出版《柏林吐鲁番文献》（*Berliner Turfantexte*）丛刊，为研究者们提

图 3－29　宗德曼

　　〔1〕〔2009－05－25〕. http://www.bbaw.de/bbaw/Mitgliederfotos/Sundermann. jpg.

供了系统刊布资料的便利方式。1973 年宗德曼出版了《中古波斯语和帕提亚语的摩尼教创造宇宙与譬喻文献》,作为《柏林吐鲁番文献》之四,附有有关文书的照片,这种做法建立了一种新的标准。1979 年他发表的《摩尼教神话的各种伊朗语异本中的神名、魔称和人名》,成为学者们经常参考的手册。1981 年他又出版了《中古伊朗语摩尼教教史文献》,作为《柏林吐鲁番文献》之十一,大大扩充了我们对摩尼教早期历史的了解。其中一份粟特文文书描绘了摩尼门徒加布里亚布在雷范的国王朝廷上,与基督教祭司竞争,争取王室的眷顾。宗德曼的这部重要著作因为东德缺少纸张,印刷量很小,学者们要看到这本著作几乎像看到残卷原件一样困难。1985 年宗德曼出版了《摩尼教粟特语譬喻文书》,作为《柏林吐鲁番文献》之十五。这批文献大量使用佛教术语与宗教符号,采用佛经的样式,清楚显示摩尼教在塔里木盆地发展的最后阶段已经丧失了自己的个性,逐渐佛教化。此后他又发表了三篇连续性论文《伊朗语摩尼教教史文献研究》之一、二、三(1986—1987),确认许多摩尼教帕提亚文文献是出自叙利亚文,而没有经过中古波斯文的转译。只有承认这一点才能解释,为什么有些科普特文文献与帕提亚文献存在许多平行与相似之处,而且在帕提亚文献中有很多叙利亚文借词。这一假设对研究从帕提亚文翻译过来的汉文《摩尼教残经》也很重要。1992 年宗德曼出版了《〈明使演说〉惠明经》,作为《柏林吐鲁番文献》之十七,1997 年他出版的《灵魂说教》,作为《柏林吐鲁番文献》之十九,均与汉文摩尼教经的研究甚有关系。宗德曼早在 1984 年就用德文发表,1989 年修订后以俄文发表《摩尼〈大力士经〉的新残卷》,刊布圣彼得堡所藏中古波斯文文书 SI 0/120,认为第一张纸上的内容为《大力士经》残卷,第二张纸上的内容则与汉文《摩尼教残经》内容类似。1994 年,他又刊布了粟特文文书 M7800/Ⅱ,内容是贪魔造立人身,也与《摩尼教残经》内容类似,而早先恒宁刊布的粟特文文书 M7800/Ⅰ 则是《大力士经》残卷。这两篇论文为我们进一步研究《摩尼教残经》改编自《大力士经》的问题给予了启发。

在东西德统一之前数年中,宗德曼有机会引导几位德国年轻学者从事吐鲁番研究。科尔迪茨(I. Colditz)1987年出版了一本研究摩尼教譬喻书的著作。雷克(C. Reck)1992年发表了研究莫日(星期一)赞美诗和庇麻赞美诗的文章。宗教史家克里姆凯特(1939—1999)1989年出版了一本包括许多伊朗语和回鹘语文献的德文译本,1993年出版了《丝绸之路上的诺斯替教——中亚发现的诺斯替教文献》一书,用英文翻译了中古伊朗语与回鹘语摩尼教文献,便于学术界利用不同国家学者、特别是德国学者的研究成果。1996年宗德曼又编辑出版了《早期(1904—1934)出版书刊中的吐鲁番出土伊朗语摩尼教文书照相图录本》,2000年韦伯(D. Weber)继其之后出版了《1934年以来吐鲁番出土伊朗语摩尼教文书照相图录本》,为学者们直接研究原卷提供了方便。目前已经有网上的彩色照片可供使用。德金(Desmond Durkin-Meisterernst)2008年出版了《摩尼的赞美诗:吐鲁番收集品中的中古伊朗语、帕提亚语和粟特语文书》。

　　早在普鲁士考察队把吐鲁番写本带回柏林后不久,勒柯克就开始了对突厥和回鹘文献的整理。他在1910年发表了《吐鲁番(中国突厥斯坦)发现的摩尼教忏悔书》,这份残卷很可能译自粟特文,后来恒宁刊布过一些粟特文残卷。这种忏悔书一开始概述摩尼教的宇宙论与道德标准,然后就是听者忏悔自己犯下的各种罪过。因此忏悔书对于研究摩尼教的宇宙论与道德观都很重要。忏悔书当时可能流传甚广,不仅在德国收集品中有,在俄国与英国收集品中也有此书的残卷。从1911年到1922年,勒柯克分3次刊布了用摩尼教福音体文字书写的回鹘语残卷,题名为《高昌突厥语摩尼教文献集》。勒柯克像其前辈缪勒一样,挑选一些保存状况最好的残卷予以释读,各种主题的残卷都有。当时摩尼教研究还处于起步阶段,勒柯克的刊本只有简短的导言和很少的注释。不过他比定了一些与汉文《摩尼教残经》对应的回鹘文残卷。很显然,许多他刊布的残卷需要重新刊布与深入研究。柏林的语言学家邦格(Wilhelm Bang, 1869—1934)开始对勒柯克发表的残卷进行一系列的研究。他也与葛玛丽合作,出版了《吐鲁番突厥语文献》前4卷。其中第3卷完全用于研究一首摩尼赞美诗残卷,以及对摩

·欧·亚·历·史·文·化·文·库·

尼教风神的研究。其中第 2 卷也包括一篇有关摩尼教在回鹘朝廷上的历史的文献(TM276a),叙述了牟羽可汗皈依摩尼教的历史事件。

吐鲁番出土的回鹘文佛教文献数量要比摩尼教文献大得多,与考释回鹘文文献的巨大任务相比,伊斯兰以前突厥学专家数量很少,摩尼教回鹘文文献没有得到像中古伊朗语文献一样深入的研究。二战爆发前很长时间,摩尼教回鹘文献的刊布实际上已经陷于停顿状态。二战期间,葛玛丽编撰了一部古突厥语语法,其中包括摩尼字体的例句,1974 年出版了经过增补的第三版,成为研究回鹘文摩尼教文献的重要工具书。战后,她关于回鹘摩尼教文献的唯一主要贡献是与吐火罗文专家温特(Werner Winter)合编的《吐鲁番突厥语文献》第 9 卷,这是吐火罗语 B 和突厥语译本的摩尼教赞美诗,葛玛丽负责突厥语部分。另一方面,她出版了两本关于高昌回鹘王国历史的研究论著:《高昌回鹘王国:850—1250》和《高昌回鹘王国的生活》。战后 20 年间摩尼教回鹘文文献方面唯一重要的研究是阿斯木森对回鹘文忏悔书的校勘,他对勘了已经发表的德国、俄国和英国所藏的本子,翻译成英文,并附有内容丰富的评注。

1960 年代中期德国的摩尼教回鹘文文献研究开始复兴,茨默(Peter Zieme,图 3 - 30[1])发表了《摩尼教的题记与国王》等一系列论文,比较集中的成果是出版了《突厥文摩尼教文献》,作为《柏林吐鲁番文献》之五(1975)。中亚出土的摩尼教文献中有一部装订形式独特的贝叶书(pothi)。其出土地点曾被错定为高昌,实际上出自柏孜克利克(木头

图 3 - 30　茨默(中)

沟)。此书残存 50 多页,但是分散刊布在勒柯克、邦格和葛玛丽等人的论著中。1982 年美国学者克拉克(Larry V. Clark)发表《突厥文摩尼教

---

〔1〕〔2009 - 05 - 23〕. http://idp. bl. uk/archives/news29/images/zieme. jpg.

贝叶书》，把这些残卷辑录为一个新的校勘本，翻译为英文。

回鹘文摩尼教文献研究当直接受益于中国与国际学术界交流的恢复。上文已经提到，黄文弼1954年刊布了一份回鹘文寺院文书的照片。学术界一直没有去释读这份文书。直到1975年茨默才发表论文，概述了这份文书的内容，翻译了其中比较能够辨认的部分。中国回鹘研究专家耿世民（图3-31[1]）于1978年发表了《回鹘文摩尼教寺院文书初识》，将其翻译为中文。1981年刘南强用英文发表了《摩尼教寺院的观念与实践》，将耿世民的研究成果介绍给国际学术界。林悟殊曾将刘南强的这篇论文翻译为中文。耿世民于1991年将回鹘文摩尼教寺院文书翻译为英文发表（包括转写）。

图3-31　耿世民

同年日本学者森安孝夫（图3-32[2]）出版了专著《回鹘摩尼教史研究》，深入研究了这份文书，包括校勘本、日文翻译、词汇索引和背景研究。荣新江曾为此写过书评，评论森安孝夫的这本著作。这份回鹘文摩尼教寺院文书释读比较困难，不同学者仍然有不少不同的理解，葛玛丽曾将其翻译为德文，茨默也曾将其翻译为英文，但均未发表。1987年，耿世民与德国学者克里姆凯特、马堡（Marburg）的劳特（P. Laut）博士合

图3-32　森安孝夫

作，释读了1980年代早期在清理柏孜克利克38号窟时发现的一份回鹘文文书，记载了摩尼与奥尔米兹德王之间的一场辩论。耿世民又与克里姆凯特合作，利用汉堡收藏的吐鲁番文书照片，释读了文书M112的正面，这是一个摩尼教僧侣重新装修一座摩尼教寺院的报告，有利

---

〔1〕[2009-05-23]. http://www.mzzjw.cn/zgmzb/res/1/20071221/76031198204825102.jpg.
〔2〕[2009-05-23]. http://www.let.osaka-u.ac.jp/toyosi/sial/MORIYASU.2.JPEG.

·欧·亚·历·史·文·化·文·库·

于证明高昌 α 遗址是摩尼教东方教区的中心。

　　美裔法国学者哈密顿（J. Hamilton）于 1986 年出版了两卷本的《敦煌九至十世纪回鹘文写本汇编》，收集了伯希和与斯坦因从敦煌获得的回鹘文写本 38 件，缀合成 36 种文献或文书，作了转写，翻译成法文，加以注释，并编制词汇索引，影印了全部图版。其中包括 3 份摩尼教文书：Pelliot Chinois 3049、3407 和 3071。这些写本对于我们研究汉文《下部赞》的《初声赞文》很有帮助。杨富学（图 3 – 33[1]）、牛汝极（图 3 – 34[2]）根据哈密顿刊布的照片，

图 3 – 33　杨富学

参考其转写，直接从回鹘文译成汉文，收入《沙洲回鹘及其文献》，于 1995 年出版。两人还发表过有关摩尼教的论文、译文多篇。

　　摩尼教汉文经典主要有三部：入藏京师图书馆的《摩尼教残经》，下半截在巴黎、上半截在伦敦的《摩尼光佛教法仪略》和斯坦因携归伦敦的《下部赞》。上文已经讲过，沙畹、伯希和 1911 年刊出了《摩尼教残经》的法文译本，附有《摩尼光佛教法仪略》的下半截。但是，沙畹、伯希和并无机会亲见《摩尼教残经》的原卷，他们根据的本子是罗振玉刊布的抄件。抄写者有时抄错，有时妄

图 3 – 34　牛汝极

改，这给两位法国学者造成了很大的困惑，也影响了法译的质量。不幸的是，这个抄件是国外学者据以进行研究的主要文本。它被收入《大

---

　　〔1〕〔2009 – 05 – 24〕. http://ndnews. imu. edu. cn/UploadFiles / 200806/20080610094041686. jpg.

　　〔2〕〔2009 – 05 – 25〕. http://imgsrc. baidu. com/baike/abpic/item/b5ce9254aea 7b50c3 a2935f9. jpg.

正新修大藏经》中,流传甚为广泛。陈垣(图3-35[1])1923年根据原卷刊布了校勘本,但是基本上不为国外学者所知。林悟殊1987年在北京出版《摩尼教及其东渐》,1997年在台湾出版了增订版,对《摩尼教残经》作了新的校勘,并提供了照片。中国国家图书馆出版《国家图书馆藏敦煌遗书》,第4册(2005年出版)第

图3-35　陈垣

357—366页是《摩尼教残经》的照片,这是迄今最清楚的图版。

　　1926年汉学家瓦尔德施密特与伊朗学家楞茨合作,发表《夷数/耶稣在摩尼教中的地位》一文,文中刊布了德国收藏的吐鲁番出土的一些伊朗语残卷,有一些明显地与《摩尼教残经》的段落相应。他们在附录中将《摩尼教残经》第321—339行翻译为德文。他们将"mnwhmyd(惠明)"的语义比定为"gnosis(神智)",发现了《摩尼教残经》的伊朗语原本书名为 *mnwhmyd rwšn wyfr's*(《惠明说教》)。博伊丝1960年出版的《德国吐鲁番收集品中摩尼文字所写伊朗语写本目录》,在其索引中,在"Traité/《摩尼教残经》"名下,列举了20个号的伊朗语残卷,另立"与 Traité/《摩尼教残经》有关残卷"的项目,列举了9个残卷号,共计29个号。宗德曼系统研究与《摩尼教残经》对应和有关的伊朗语残卷,发表数篇重要论文,1992年出版了《〈[明使演说]惠明经〉——东传摩尼教的一部说教作品:帕提亚语和粟特语本》,检出帕提亚语、粟特语残卷49号(其中粟特语残卷6号),加以转写,翻译成德文,附有评注和索引。他一一指明伊朗语残卷与汉文《摩尼教残经》以及回鹘文残卷之间的对应关系,并分析了《惠明经》(《摩尼教残经》为其汉文

────────────────

〔1〕[2009-05-25]. http://tbn2.google.com/images? q=tbn:Wmo2t6MFvRhzwM:http://www.gzlib.gov.cn/.

127

·欧·亚·历·史·文·化·文·库·

译本)与科普特文《克弗里亚》第 38 章、《大力士经》之间的关系。勒柯克早在 1922 年就刊布了一些与《摩尼教残经》对应的回鹘文残卷,克里姆凯特、施寒微(H. Schimidt-Glintzer)1984 年将有关回鹘文残卷与汉文作了比较研究。茨默 1995 年又刊布了新的有关回鹘文残卷。刘南强则已经把汉文《摩尼教残经》翻译为英文。最近刘南强与汉学家米克尔森(G. Mikkelsen)、突厥学家通格鲁(A. van Tongerloo)、伊朗学家宗德曼、辛姆斯－威廉姆斯(图 3-36[1])合作,准备编一个《摩尼教残经》的新校勘本,翻译成英文,并附有相应的帕提亚语和突厥语的英译对照。

图 3-36　辛姆斯－威廉姆斯

敦煌三件汉文摩尼教文献之中的《下部赞》在 1907 年被斯坦因带到伦敦英国博物馆,编号 S7053。1916 年日本学者矢吹庆辉判定了它的摩尼教文书的性质。这是当时最长的单篇摩尼教文献,无疑是摩尼教赞美诗最大的诗集。伯希和自然充分了解这份文献的重要意义,在翟里斯(L. Giles)的建议下,颇有意给这份文献加以译注。但是由于他工作繁忙,就将此工作让给德国学者瓦尔德施密特与楞茨承担。瓦尔德施密特与楞茨 1926 年发表的《夷数/耶稣在摩尼教中的地位》,前半部分论述了耶稣在摩尼教中的多种角色,后半部分翻译了《下部赞》的《初声赞文》、《赞夷数文》、《赞日光后结愿偈》、《莫日听者忏悔愿偈》,并检出、释读与德文翻译了有关的伊朗语残卷。1932 年他们发表第二篇研究论文《见于汉文文本和伊朗语文本的摩尼教教义》,译出《下部赞》的《普启赞文》、"十二时"、《收食单偈》,也检出、释读与德文翻译了有关的伊朗语残卷。沙畹、伯希和译注《摩尼教残经》时,可供参考

---

〔1〕[2009-05-25]. http://tbn1. google. com/images? q = tbn: mLVNaxswiEtHpM: http://img158. imageshack.

的其他语言文献不多,只能就汉语文献本身进行研究。到瓦尔德施密特与楞茨研究《下部赞》时,已经可以较多利用吐鲁番出土的伊朗语文书,他们的这两篇论文基本上规定了下一时期的研究范式。伊朗语文献往往是断简残篇,而汉文摩尼教文献比较完整,通过比较研究,有助于理解伊朗语文献的意思。精通摩尼教伊朗语文献的恒宁充分重视汉文文献对伊朗语文献研究的意义,请在英国的中国学者崔骥(Tsui Chi)将《下部赞》翻译为英文,使这份文献广为西方学者所知。但是,在二战期间,崔骥没有机会看到原卷,只是根据有些汉字看不清楚的胶卷和错字较多的《大正新修大藏经》的本子翻译,尚有改善余地。恒宁在崔骥的译文后面加了一篇附记,指出《下部赞》的《叹明界文》是帕提亚语组诗《胡亚达曼》首篇的汉译本。

恒宁除了请崔骥用英文翻译《下部赞》之外,又找德国汉学家哈伦(G. Haloun)合作,请他把《摩尼光佛教法仪略》的前半截翻译成英文,恒宁自己加以注释,特别详细研究了有关的年代与摩尼亲自写的七部大经的问题。虽然他们两人都知道,巴黎藏的"伯希和文书"是斯坦因所获伦敦藏《摩尼光佛教法仪略》的后半截,但是没有把它包括在自己的译文与研究中。这份文书经常音译帕提亚文词汇,可见其根据当为某一或某些帕提亚文文献。但是,汉文明显优于其他两种汉文文献,这可能是在精通汉文的学者帮助下改编或撰写的。

1985 年翁拙瑞刊布了博士论文《摩尼教的汉语转换:汉语摩尼教术语研究》,利用多种语言资料,主要是伊朗语资料分析了汉文摩尼教文献中的神的名字。德国学者施寒微 1987 年出版了 3 种汉文摩尼教文献的德译本《汉语摩尼教写卷·附校勘记和词汇索引》,在米克尔森编撰的摩尼教汉文文献词典出版以前,施寒微编写的词汇索引给研究者带来不少方便。但是,他也是以错误不少的《大正新修大藏经》为底本翻译的,所以有些地方难免不符合原意。张广达(图 3 - 37[1])2004年在《东方学报》第 77 册上发表了《唐代汉译摩尼教残经——心王、

〔1〕〔2009 - 05 - 23〕. http://newsletter. sinica. edu. tw/file/file/18/1812. jpg.

相、四处、种子等语词试释》,介绍了 3 篇唐代汉译摩尼教残经的研究概况,分析了一些词语。

摩尼教汉文文献除了上述三部比较大的之外,还发现了一些残片。日本学者井ノ口泰与德国学者梯娄(Thomas Thilo)合作,由梯娄于 1987 年发表了《古代东方写本的研究整理中的问题》,刊布了两份汉文文书残片,基本上与《下部赞》中的某些诗篇对应,而文字或有不同:Ch258 正面 A 与第 147b—149b 颂(《普启赞文》部分文句)相应,Y 与第 161a—163b(《称赞忙你具智王》部分文句)类似(有七言与五言之别),反面 B 与第 167 颂(《一者明尊》的结尾)以及第 168—169c 颂(《收食单偈》的开头)相应。X 的三行诗可能是歌颂第三使的诗。Ch174 正反面共 12 行则是一首对"大圣"(摩尼或神)的赞美诗。吉田丰 1997 年刊布了两份柏林藏残片:Ch3218v(彩色图版 3 - 21)和 Ch3138v,相应于《摩尼教残经》的第 86—88、105—109 行。《摩尼教残经》的第 87—88 行写道:"明性相体还复清净",而 Ch3218v 则作"明性想体还复清净"。这说明在汉文摩尼教文献中,讲到"相、心、念、思、意"五体时,"相"是"想"的假借字。长期以来五体之首的"相",到底应该理解为"(光辉的)形象"(梵文 lakṣaṇa,帕提亚文 b'm,粟特文 frn、回鹘文 qut),还是应该理解为"思想"(梵文 saṃjñā,希腊文 voῦς,拉丁文 mens,科普特文 πνους,叙利亚文 ᰅ᠊ᠣᠣᡂ[hwn'],阿拉伯文 ᰅ᠊ᠣᠣᡂ[ḥilm])是一个悬而未决的问题。文书 Ch3218v 有力地证明了作为五体之首的"相"应该理解为"想"。米克尔森 2004 年发表《吐鲁番地区所出汉文摩尼教文书残片》一文,综述了以上四种文书。小田义久在日本龙谷大学藏西域文书中检出一件《下部赞》的写本断片(O.4982A)。王媛媛考证此断片 3 行基本对应于《下部赞》第 161—162b 行(《称赞忙你具智王》部分文句)。王丁 2005 年发表《柏林吐鲁番特藏中一件出自交河的汉文摩尼教文书》,刊布了文书 Ch1363。

除了三篇汉文摩尼教残经外,中国汉文古籍,包括佛教著述中,也有一些散见的关于摩尼教的资料,经过蒋斧、沙畹、伯希和、王国维、陈垣、牟润孙、吴晗诸位学者的发掘,已经为学术界所知。王见川在《从摩尼教到明教》一书中,为明教在中国的发展勾勒了一个比较完整的轮廓。王媛媛在博士论文《从波斯到中国:摩尼教在中亚和中国的传播(公元3—11世纪)》中,系统地综合前人对汉文与其他语种资料的研究,详细讨论了摩尼教在中亚、狭义西域(新疆地区)、中原和高昌的传播,时有新见。

中亚出土的摩尼教原卷中,还有相当数量的美术作品。除了至今还残留在当地的之外,主要刊布于勒柯克的《高昌》和《中亚古代晚期的佛教文物》中。后来,克里姆凯特1982年出版了一本专著《摩尼教的艺术与书法》,进行了研究。林悟殊将此书翻译成中文,以《古代摩尼教艺术》为书名,于1982年在中山大学出版社出版,1995年淑馨出版社出版了增订版。美国学者古乐慈(图3-38[1])2001年出版的《柏林

图3-38　古乐慈

收藏的摩尼教艺术品》,以严格的标准审核了柏林收藏的摩尼教艺术品的目录,配以彩色图版;2005年出版《中世纪摩尼教书籍艺术——8—11世纪中亚东部伊朗语与突厥语图解书残片的手稿学研究》。这两本书以及一些论文根据图像学,对若干重要的摩尼教美术作品作出了颇有新意的阐释。她目前正在研究摩尼绘制的《大门荷翼图》。

3.4　西方摩尼教与诺斯替教原卷的发现、刊布与研究

西方最早发现的一些摩尼教文书残片出自埃及的奥西润格斯(Oxyrhynchus)。这是一座埃及古城,19世纪在此发现大量古希腊罗马

〔1〕〔2009 - 05 - 23〕.http://www.cal.nau.edu/hum/faculty/images/faculty/Gulacsi.jpg.

纸草纸文书残片。少量摩尼教文书残片是用福音体文字书写的叙利亚文文书。英国剑桥神学家伯基特（F. C. Burkitt, 1864—1935, 图 3 – 39[1]）在 1925 年出版的《摩尼教徒的宗教》一书中，收入了这些文书残片作为附录。由于吐鲁番出土的摩尼教文书残片大多数是用某种伊朗语方言所写的，用了很多琐罗亚斯德教或者蔡宛派的术语，所以摩尼教不可避免地被大部分学者视为琐罗亚斯德教的一种改革派。但是，伯基特注意到，在吐鲁番摩尼教文书中有出乎意料的大量基督教、特别是叙利亚基督教影响

图 3 – 39　伯基特

的痕迹。耶稣是摩尼教赞美诗与布道书中最常被祈祷的神祇。摩尼教文献中有许多圣经中的人物、故事和引文，特别是福音书的引文；还经常出现叙利亚文词汇的音译。伯基特倾向于强调摩尼教的西方的、基督教的根源。

西方最早发现的一份单独的比较完整的摩尼教原始文献是《特贝萨抄本》(Tebessa Codex, 图 3 – 40[2])。1918 年 6 月一个法国殖民地官员在阿尔及利亚东北的特贝萨的一个洞窟里发现了一份残破的写本。这份写本是用拉丁文书写的，不久就入藏巴黎的法国国家图书馆，下半年这份写本就刊布了，当时以为是一个正统教会的教父所写的，是基督教徒在伊斯兰征服时期埋藏在阿尔及利亚的山洞中的。写本还保存下来的是残缺的 25 张纸，以及 4 个残片。每张纸正反两面，每面有两栏，一共有四栏文字。根据字体以及缩写等因素判断，学者们将其断代为 4 或 5 世纪之物。

阿尔法里克（Prosper Alfaric, 1876—1955）在 1920 年首先辨认出这是一份摩尼教文献，是唯一独立存在的摩尼教拉丁文著作。可能是古

[1][2009 – 05 – 31]. http://www. metamind. net/burkittsinai2. jpg.
[2]Decret, p. 78.

代后期迫害摩尼教的年代，某个摩尼教徒途经此地，将这份写本藏在山洞里的。阿尔法里克刊布了一个校勘本，附有注释。但是此后 70 年间没有人再深入研究它了。直到 1988 年梅克尔巴赫（Reinhold Merkelbach，1918—2006）刊布了一个大为改进的校勘本，次年，德克雷（Francois Decret）发表了一篇文章分析其内容。1997 年，美国学者贝杜恩（Jason David BeDuhn，图 3 - 41[1]）和哈里森（G. Harrison）对这个写本作了新的研究，包括写本状况和内容的描述、写本中的新约引文、文风、年代和作者的考证，拉丁文原文的校勘本和英文译文、评注、结论。从文风来看，这个写本并非从其他语言翻译过来的，原来作者就是用拉丁文写成这个写本的。这个写本不大可能是摩尼本人的作品，而更可能出自福斯图斯等懂拉丁文的摩尼教教徒之

图 3 - 40　特贝萨抄本

图 3 - 41　贝杜恩

手。这个写本主要阐明摩尼教教徒分成选民和听者的合理性，以及各自的生活方式和得救途径，对我们理解摩尼教的二部教团制度甚有帮助。

继吐鲁番和敦煌的两次重大发现之后，第三次重大发现是 1929 年在埃及法雍（Fayyum）南边沙漠中的麦地纳 - 马地发现的 7 个科普特文写本，共 2000 余页。麦地纳 - 马地最重要的古迹是埃及中王国时代

---

〔1〕〔2009 - 05 - 25〕. http://jan.ucc.nau.edu/~jdb8/jason3.JPG.

·欧·亚·历·史·文·化·文·库·

（约前 21 到前 18 世纪）的神庙以及托勒密王朝（前 323—30）时代加建的神庙。托勒密王朝时期的扩建还包括向南的甬道，两旁有狮子与狮身人面像。（彩色图版 3-22）一般认为，写成于 4 世纪的摩尼教科普特文文献就是在这一带出土的。但是，确切的出土情况不明。因为在学者有机会接触这些文献之前，写本先落入书商之手，有的写本被一分为二，当做两份写本出售，书商从中谋取更多的利益。这无疑增加了研究的困难。1930 年德国纸草学家卡尔·施密特（Carl Schmidt）访问开罗，他正在校阅其朋友编辑的伊皮凡尼乌所著《良药宝箱》的一个新版本，知道摩尼教有一本名字叫《克弗里亚》的著作。当书商向他兜售科普特文写本时，他辨认出"克弗里亚"的字样，意识到这可能是西方出土的重要摩尼教文献。书商手里一共有 7 个写本，分为 9 份。在卡尔·施密特得到足够的钱购买这些写本以前，以收藏古希腊、罗马写本和圣经写本闻名的爱尔兰裔美国收藏家彻斯特-贝蒂（A. Chester

Beatty，1875—1968，图 3-42[1]）购得 4 份，收藏在伦敦，二战以后收藏在都柏林（Dublin）彻斯特-贝蒂图书馆。其他 5 份为卡尔·施密特所购得，收藏在柏林。卡尔·施密特与波洛茨基（H. J. Polotsky，1905—1991）1933 年合作发表《在埃及发现摩尼——摩尼及其弟子的作品原卷》，报道了这次重大发现，引起了学术界的极大重视。

图 3-42　彻斯特-贝蒂

　　这 7 个写本、9 份是：（1）《赞美诗集》（*Psalm Book*）；（2）《生命福音》（*The Living Gospel*，汉译《彻尽万法根源智经》）的集注，都柏林、柏林各藏 1 份；（3）《我主摩尼智慧的克弗里亚》；（4）《克弗里亚》；（5）《布道书》，都柏林、柏林各藏 1 份；（6）《行

---

　　〔1〕〔2009-05-25〕. http：//www. cbl. ie/getfile/472d4312-12f2-4049-b37f-b08749f60311/ChesterBeatty. aspx.

传》(Acts);(7)摩尼的书信。我们概述这 7 个写本、9 份的情况如下：

(1)彻斯特－贝蒂图书馆写本 A,578 页,《赞美诗集》。这个写本被分为两个部分,第一部分是彻斯特－贝蒂 1931 年在开罗购得的,第二部分则是他 1930 年购得的。由于这些写本都黏结在一起,只有把它们揭开修复后才能由专家释读。所以一页一页揭开这些写本是关键的第一步,如果不能揭开,这些花费巨款购得的写本就无法被释读出来。胡戈·易卜舍尔(Hugo Ibscher,1874—1943,图 3 - 43[1])就是德国这方面的专家。彻斯特－贝蒂将第二部分送到柏林,由胡戈·易卜舍尔成功地揭开和修复。

第二部分由奥伯里(C. R. C. Allberry,1911—1943)释读并翻译成英文,做了索引,题为《摩尼教赞美诗集第二部分》,于 1938 年出版。奥伯里在英国

图 3 - 43　胡戈·易卜舍尔

剑桥上大学,1935 年成为特别研究生,研究埃及学与科普特文。他最著名的成就即释读和翻译了这部摩尼教重要文献。他还着手编撰一本科普特文词典,但是直到去世尚未完成。从 1939 年起他是《埃及考古杂志》的编辑。在二战中他参加了英国皇家空军,1943 年战死于荷兰,是摩尼教研究领域的一个重大损失。奥伯里认为,3 世纪末,在埃及已经有摩尼教徒,摩尼教传教士把叙利亚文写作的经典带到这里,在 4 世纪把它们翻译成希腊文,因为那里懂希腊文的人不多,于是又从希腊文翻译成科普特文(图 3 - 44[2])。这部赞美诗集显然是由一个人抄写的,由另一个抄写者更正了几处错误。一个世纪以后,第三个抄写者用大而潦草的字迹在第 113 页上写了一个言之无物的跋,抄写了第 228 至 234 页。这部诗集是几个作者的合集,赫拉克利德(Heracleides)和托马斯(Thomas)是见于记载的摩尼教的早期传播者,赛勒斯

〔1〕〔2009 - 05 - 25〕. http://www. ulb. ac. be/assoc/aip/ibscher_150dpi. jpeg.

〔2〕〔2009 - 07 - 15〕. http://www. ritmanlibrary. nl/c/r/ph/c/h_ph/mani/6a. jpg.

（Syrus）未见于记载，可能也是摩尼的早期弟子。诗集可能写成于340年前后，包括289首诗。奥伯里释读、英译了234页，是分量最大的摩尼教赞美诗集，而且由于保存情况比大部分吐鲁番文书良好，诗都比较完整可读，成为研究摩尼教赞美诗最重要的资料。萨弗－索德伯格（T. Säve -Söderbergh）1949年出版了专著，比较研究了摩尼教赞美诗和曼达派（Mandaeanism）的赞美诗。

图3-44　摩尼教《赞美诗集
第二部分》残片

这本《赞美诗集》的第一部分也由易卜舍尔所修复，由波洛茨基在柏林转写与翻译。转写与翻译送给了贝蒂，也送给克拉姆（W. E. Crum）供他编撰科普特文词典之用。这部分从未完全转写与翻译出来，也就没有出版，只有吉弗森（Soren Giversen，图3-45[1]）在1986年刊布了波洛茨基翻译过的第119首赞美诗的几行。吉弗森、卡泽尔（R. Kasser）和克劳斯（M. Krause）等负责继续研究，

图3-45　吉弗森

准备刊布。吉弗森1988年编辑出版了4卷本照相版《彻斯特－贝蒂图书馆所藏摩尼教科普特文纸草文书》（MCPCBL），其中就包括《赞美诗集》的第一与第二部分。

（2）彻斯特－贝蒂图书馆写本B，《生命福音》的集注的小部分。这个写本是贝蒂1930年购得的，交给易卜舍尔去修复。到1939年，只

---

〔1〕[2009-05-25]. http：//tbn0. google. com/images？ q = tbn：mYi0ZO7G -zU5HM：http://www. poulblak. dk/foto/avis14b. jpg.

有 13 张纸被修复,并送回伦敦。它们在 1953 年随图书馆迁往都柏林,1984 年出借到哥本哈根。1986 年吉弗森的 4 卷本照相版中包括了这 13 张纸。其余部分则留在西柏林,我们将在下面与柏林纸草纸收藏 P15995 一起叙述。

(3)彻斯特 – 贝蒂图书馆写本 C,《克弗里亚》卷 2,354 页,译称《我主摩尼智慧的克弗里亚》。这是贝蒂 1931 年以前购得的。在二战以后,由罗尔夫·易卜舍尔(Rolf Ibscher)修复,1986 年吉弗森的 4 卷本照相版中包括了这个写本。吉弗森、卡泽尔和克劳斯等负责继续研究,准备刊布。

(4)彻斯特 – 贝蒂图书馆写本 D,《布道书》的小部分。《布道书》写本被一分为二,贝蒂购得的显然仅为一小部分。这部分由波洛茨基(图 3 – 44)释读,于 1934 年出版了原文与德文译本对照的版本。波洛茨基出生在瑞士的苏黎世,父母是俄国犹太人。他在柏林长大,在柏林和哥廷根大学学习埃及学与闪米特学,1929 年获博士学位。1933—1934 年在柏林研究摩尼教科普特文文献,除了《布道书》,还与博赫里格(A. Böhlig,1912—1996)一起研究了《克弗里亚》。1935 年为一种大百科全书撰写了"摩尼教"这一条目,实为一长篇论文,概括了这一领域最新的研究成果。因为纳粹兴起,他于 1935 年离开德国,前往耶路撒冷的希伯来大学任教,1948 年成为教授,主要成就在对科普特文等语言的研究上。《布道书》是研究摩尼生平和摩尼死后摩尼教会受迫害情况的第一手资料。1996 年丹麦学者佩德森(N. A. Pedersen)出版了一部英文专著,研究《布道书》中的"大战训诫"。他认为书中所描写的世界末日的惨相曲折反映了 4 世纪摩尼教徒遭到迫害的史实。这个写本的图版见吉弗森的 4 卷本照相版的第 2 卷。目前由吉弗森负责协调,重新校释。《布道书》的大部分见下面关于柏林收藏的 P15999 的介绍。

(5)柏林纸草纸收藏 P15995,《生命福音》的集注的大部分。已经揭开修复 156 张,尚有大约 120 张纸黏结在一起。米雷基(P. A. Mirecki)1988 年发表一篇论文,报告了研究的初步情况,释读了一些章的题目。

(6)柏林纸草纸收藏 P15996,《克弗里亚》卷1,超过 472 页。这个写本是书商分几次出售给卡尔·施密特的。前半部分 244 页,由波洛茨基和博赫里格释读并翻译成德文,于 1940 年出版。但是,由于在纳粹统治下不准犹太人波洛茨基的名字出现在书名页上,博赫里格也拒绝让自己的名字单独出现在书名页上,结果在书名页上只用了修复者胡戈·易卜舍尔的名字。1966 年,博赫里格刊布了第 244—291 页。博赫里格在柏林学习新教神学和东方语言,1934 年获博士学位,后在大学任教,专长为科普特文、诺斯替教、拜占庭研究。

图 3 - 46　加德纳

1995 年,加德纳(Iain Gardner,图 3 - 46[1])出版了前半部分 295 页、共 122 章的英文译文和注释,附有 5 种索引。《克弗里亚》意为条目、要点、标题,即章节、纲目的意思。每一章都有题目,长短不一,刚开始各章之间似乎有所联系,后来就看不出各章之间有什么逻辑结构。每一章都由学生提问,由摩尼作答,从各个方面阐述了摩尼教教义。此书当出自摩尼死后第一代弟子之手,约成书于 3 世纪后期。整书篇幅甚大,保存状况比较好,基本可以辨认释读,这无疑是我们研究摩尼教最重要的资料之一。

这个写本的第 311—330 页,为他人所购得,入藏于维也纳的奥地利国家图书馆。此外,1946 年,把柏林博物馆的收藏运往列宁格勒时,丢失了这个写本的 5 张纸,后来保存在华沙。保存在柏林的部分也还有 120 多页未刊布。波洛茨基和博赫里格已经转写了 51 页,但是尚未刊布过。目前由芬克(W. -P. Funk)负责继续研究。

(7)柏林纸草纸收藏 P15997,《行传》。这个写本是卡尔·施密特 1931 年购得的。易卜舍尔进行了修复。其中有一张误送到伦敦去了

---

〔1〕[2009 - 05 - 25]. http://www. arts. usyd. edu. au/artsdigital/? h = 150&PICCIE = iaigardn.

而幸存下来,如今属于都柏林彻斯特－贝蒂图书馆,刊布于吉弗森(图 3－46)的 4 卷本照相版的第 2 卷中。塔迪厄(Michel. Tardieu)在 1990 年释读、法文翻译了其中的第 21—34 行。黏结在一起没法修复的纸坨 和木函可能于 1946 年被运往列宁格勒,后来遗失了。目前在柏林还保 存 7(或 8)张修复的纸,华沙大学保存了 1 张纸的残片。帕特森(St. Patterson)准备刊布这些残存的《行传》,为摩尼和早期教会的历史提供 一点资料。

(8)柏林纸草纸收藏 P15998,《书信》。这个写本也是卡尔·施密 特 1931 年购得的。黏结在一起没法修复的纸坨也可能于 1946 年被运 往列宁格勒,后来不知所终。已经修复的大约有 26—34 张纸留存在柏 林与华沙,内容是摩尼的书信选。

(9)柏林纸草纸收藏 P15999,《布道书》。这个写本由于无法揭开 修复,被柏林博物馆作为展品,以显示这样的写本已经不可修复,通常 被戏称为"假发(wig)"。它也可能于 1946 年运往列宁格勒,后来也不 知所终。

除了《特贝萨抄本》之外,单独发现的重要摩尼教文献为著名的 《科隆摩尼抄本》(*Cologne Mani-Codex*,简称 *CMC*)。1960 年代末德国 科隆大学图书馆注意到一个希腊文小抄本,这是最小的古抄本,只有 38 mm×45 mm 大。这个抄本原来可能出自上埃及的阿斯佑特(Asyut, 古代的里科普里斯[Lycopolis])。1969 年 6 月在科隆大学执教的亨利 茨(Albert Henrichs,图 3－47[1])在一位修 复古书的专家家里看到了这个抄本,这位专 家用一种特殊的化学品处理这个抄本,效果 好得出人意料。6 月 15 日,确定了这是一 个摩尼教文献的抄本。亨利茨和科农(L. Koenon)1970 年发表文章,初步概述了这个

图 3－47　亨利茨

〔1〕[2009－05－25]. http://tbn1. google. com/images? q = tbn: D0TBeQ6SboKvLM: http:// www. fas. harvard. edu.

抄本的内容,1975 和 1982 年分 4 次刊布了这个抄本的希腊文校本、德文翻译和注释。在亨利茨的建议下,卡梅伦(R. Cameron)和杜威(A. J. Dewey)1979 年出版了前面 99 页的希腊文原文和英文译本。科农等人1985 年刊布了整个抄本(191 页)的照片与录文。1988 年科农等人刊布了全卷的希腊文校本和德文译本。这个抄本的刊布引起了学术界广泛的兴趣,1984 年与 1988 年召开过两次国际会议,会议论文分别结集出版。这个抄本对关于摩尼早年在巴比伦南部一个净洗教派中的生活及其与这个教派的决裂、创建摩尼教和传教活动的研究提供了新的资料。这部著作显然是选取一些以前的资料编辑而成的。每个部分前面都写了一个人的名字,这个人应该就是下面这一部分的转述者。这些转述者当中,有的是摩尼的弟子。这些原始资料可能是 3 世纪写成的,后来在 4 世纪被编入这部著作。原本的语言可能是东亚兰语(叙利亚语),经常引用摩尼的原话。后来在 5 世纪被翻译成希腊文。这部著作以确切的事实说明,摩尼是在一个基督教取向的社团中,而不是在曼达派社团中成长起来的,这对于理解摩尼的思想有很大的重要性。摩尼早期的教师们不是深受波斯影响的、反基督教社团的成员,而是犹太化基督教徒。里夫斯(J. C. Reeves)1996 年出版了研究这个抄本与犹太教旧约圣典外传关系的专著,从而阐明摩尼所受的犹太教影响。

摩尼教遗物的第四次重要发现也发生在埃及。1977 年开始,来自澳大利亚、埃及、欧洲和北美的专家们组成一支多学科的队伍,执行达赫莱绿洲计划(Dakhleh Oasis Project,简称 DOP)。达赫莱绿洲(古称喀里斯)在开罗西南偏南 800 公里,东西长 70 公里,南北宽 35 公里。(图 3 - 48[1])达赫莱绿洲计划的目的是研究从远古以来人类在这个绿洲地区活动的历史。

在达赫莱绿洲已经发掘了数百个考古遗址。在喀里斯(Kellis,今

---

〔1〕[2009 - 05 - 25]. http://arts. monash. edu. au/archaeology/excavations/assets/images/e-gypt. jpg.

图 3 - 48　达赫莱绿洲在埃及的位置

天的地名是易司曼特·埃勒 - 哈拉布[Ismant el-Kharab],图 3 - 49[1])
的考古工作是 1980 年代中期开始的(彩色图版 3 - 23)。

　　喀里斯的考古发掘分为 A、B、C、D 四个区。(图 3 - 50[2])摩尼教
资料是在 A 区的民房中发现的,根据有年代可考的资料与钱币,可以
断代为公元 301—390 年。1992 年完成了对三幢房子的发掘,大部分
文献与文书是在最后一幢(第 3 号房子[House 3],彩色图版 3 - 24)里
发现的。大多数材料可以算做摩尼教社团的。1993 年开始对第 4 号
房子(House 4,彩色图版 3 - 25)进行发掘,这幢房子与较早的遗址有
相当一段距离。这里也发现了写在木牍上的摩尼教赞美诗,说明 4 世
纪中叶摩尼教在喀里斯的传播相当广泛。1996 年加德纳等人编辑出

　　〔1〕[2009 - 05 - 25]. http://tbn0. google. com/images? q = tbn:LZiAznrepS5zpM;http://arts.
monash. edu. au/archaeology.

　　〔2〕[2009 - 05 - 25]. http://arts. monash. edu. au/archaeology/excavations/dakhleh/ismant - el
- kharab/assets/images/kellis. gif.

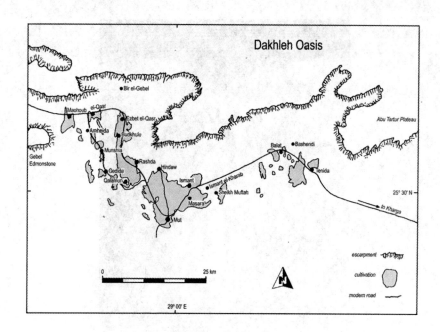

图 3 – 49　达赫莱绿洲地图

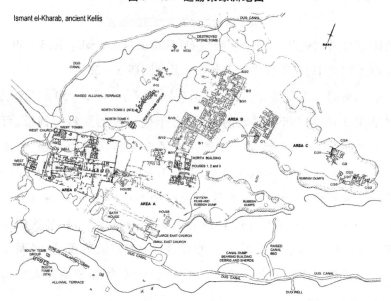

图 3 – 50　易司曼特·埃勒－哈拉布,古喀里斯

版了《喀里斯文献》第 1 卷,次年加德纳发表《喀里斯的摩尼教社区:
(工作)进展报告》。他又与同事们合作于 1999 年编辑出版了《出自喀

里斯的科普特文文献》第 1 卷,2007 年出版了《喀里斯文献》第 2 卷。这 3 本书中发表的文书大多数属于喀里斯的摩尼教社区。虽然在这个绿洲里肯定有摩尼教"选民",但是,所发现的文书主要反映了摩尼教"听者"的信仰与宗教实践。由于这些文书都是在正规考古发现中出土的,喀里斯考古发掘又属于更庞大的达赫莱绿洲计划的一部分,这些文书的背景相当清楚。在 4 世纪这个外省村庄里,当地和希腊—埃及教派、基督教和摩尼教徒在复杂的关系网络中共存,这为学者们提供了一个极佳机会研究这个村庄中摩尼教存在的真实脉络及其社会与经济框架,以及这个社区发展、衰落的生动过程。而麦地纳 – 马地的摩尼教文书则出土地点含糊,几经书商转手,随意拆散,对原来的摩尼教社区一无所知,这都严重影响了学者们加深对那批资料的研究。

至今刊布的喀里斯摩尼教文书数量仍不及麦地纳 – 马地的摩尼教文书,但其十分多样化。(图 3 – 51[1])学者们早就知道,摩尼亲自

图 3 – 51　三号房子四号房间发现的写在木牍上的摩尼教宗教文书

写成的七部大经之一为《泥万部》,译云《律藏经》,亦称《药藏经》,又

〔1〕〔2009 – 07 – 03〕. http://www.lib.monash.edu.au/exhibitions/egypt/xegyp30.jpg.

音译为《宁万经》。这应该就是西方文献中所称的《书信》（*Epistles*）。在喀里斯出土的一个科普特文写本（P. Kell. Copt. 53）有 80 多个残片，可以拼成 11 张纸（22 页，以及一些无法缀合的碎片），都属于摩尼所撰的《书信》。（彩色图版 3 – 26）另外有 15 个残片，可以缀合成一张纸（2 页）（P. Kell. Copt. 54），也是《书信》残卷。加德纳已经与芬克合作，将其释读，翻译成英文。这是对了解摩尼所撰经典的一大贡献。喀里斯科普特文赞美诗残篇 19 首中，至少有 6 首在麦地纳 – 马地所出《赞美诗集》中有对应文本。喀里斯本赞美诗的编译要早于麦地纳 – 马地本。另一个重要发现是出土了第一批希腊文摩尼教赞美诗。科普特文的圣保罗撰《罗马书》第 2 章残片一张（P. Kell. Copt. 6）、《希伯来书》第 12 章残片一张（P. Kell. Copt. 9）、内容类似《约翰行传》的希腊文残片（与摩尼教赞美诗抄写在同一个写本上，即 P. Kell. Gr. 97），应该是摩尼教社区所使用的，而不是那里也有基督教徒的证据。两份摩尼教术语的科普特文和叙利亚文双语对照词汇表（T. Kell. Syr. ／Copt. 1 和 2，彩色图版 3 – 27）的发现意义相当重大。以前由于发现的残片太少，以至于很难确定摩尼所用的叙利亚文字母到底是什么样子的，这两份词汇表解决了这个问题。以前学术界一般认为，摩尼教文献是先从叙利亚文翻译成希腊文，然后再从希腊文翻译成科普特文的。这两份词汇表有力地证明，喀里斯摩尼教传教活动的分支组织成员是直接把叙利亚文原本翻译成科普特文的。当然，这并不排斥希腊语作为口语在叙利亚文与科普特文之间发挥中介作用。第一个词汇表有 47 对词汇，翻译者先抄写叙利亚文词汇，然后将其翻译成科普特文。第 37 对的叙利亚文是：ܟ̈ܐܘܣܘܪ，意为"手艺（craft）"，对应的科普特文是：κατς，意为"诡计（cunning）"，然后再加了一个希腊文词汇：τεχνη，兼有这两重意思，就像现代英语中的 craft 和 cunning 都有双重含义。这个科普特文词汇看来是通过希腊文 τεχνη 而翻译出来的。这个词汇表有一些明显的错误，比如，第 45 行叙利亚文为：ܡܐܙܐ，意思是"而他们没有击中他"，但是，翻译者可能把这个叙利亚文词汇误读为：ܡܐܝܪܐ，意思是"他的水果"，翻译为科普特文：νεϥκαρπος。第二个词汇表有

161行,有时用好几句科普特文译释一句叙利亚文,显示了较高的翻译技巧,以及对准确性的追求。这两个词汇表的用处是什么,是一个有待讨论的问题,即它们是否显示了将叙利亚文原典翻译成科普特文的实际过程,或者它们只是一种翻译练习。喀里斯还出土了摩尼教徒写给喀里斯的亲朋好友的书信,使学术界第一次了解普通摩尼教徒们是怎样通讯联系的,他们日常生活中所关心的是些什么。

对于摩尼教研究甚有帮助的是埃及科普特文诺斯替文献与死海古卷的发现。埃及拿戈·玛第的科普特文诺斯替文献是1945年发现的。这些写本的出版也很缓慢,但是现在它们的照相版和英文翻译都已经出版了。就在埃及拿戈·玛第文献被发现两年之后,1947年在约旦发现了死海古卷。随着消息的传开,许多人前来挖掘和搜寻,十年间发现藏经洞十一处和昆兰社团遗址一处,共得古卷上千卷。(图3-52[1])这些古卷主要用希伯来文(Hebrew)和亚兰文(Aramaic)写成,

图3-52　死海古卷的发现地昆兰
左边是死海,右边是藏经洞

产生于公元前3世纪—公元2世纪,因为在死海附近发现,故称之为

〔1〕〔2009-05-23〕. http://farm4. static. flickr. com/3446/3250624124_d52e6084ca. jpg.

"死海古卷"。内容包括昆兰社团成员留下的各种文献,以及希伯来圣经(旧约)、次经和伪经的抄本。有些非圣经宗教文献是在发现死海古卷之前就已经知道的,比如《禧年书》(*book of Jubilees*)、《以诺一书》(*1 Enoch*)和《十二宗徒训海》(*The Testaments of the Twelve Patriarchs*)。有些则是以前所不知道的,比如《巨人书》,这本书显然对摩尼撰写的七部大经之一的《大力士经》有很大影响。死海古卷的刊布甚至更为缓慢,但是现在几乎全部古卷已经以照相版和译本的形式刊布了。此外,一些旧约次经和新约外传(Apocrypha)也为我们提供了摩尼的思想背景。比如《多马福音》就可能对摩尼有比较大的影响。

3.5 摩尼教总体研究

除了上文已经叙述过的各种语文资料的研究之外,还有一些重要的总体性研究。我们择要介绍一些二战以后出版的重要著作。法国学者亨利–夏尔·皮埃什(Henri-Charles Puech)1949 年出版了《摩尼教:其创立者及教义》(*Le manichéisme, son fondateur, sa doctrine* [Paris]),捷克斯洛伐克学者奥塔卡尔·克利马(Otakar Kíma)1963 年出版《摩尼的时代与生平》(*Manis Zeit und Leben*[Prague]),都是对摩尼教进行总体研究的著作。瑞典学者怀登伦(Geo Widengren,1907—1996)1961 年出版了德文的《摩尼与摩尼教》(*Mani und der Manīchäismus* [Stuttgart,1961]),此书于 1965 年翻译成英文。这是一本知识性读物,很少注释,全书分 9 章,叙述摩尼的背景、生平、教义,摩尼教字母与文献,组织与仪式、艺术,以及摩尼教的传播和摩尼的个性,书后附有参考书目与索引。怀登伦比较强调摩尼教中的伊朗因素。阿斯木森 1965 年出版的《忏悔书:摩尼教研究》(*X"āstvānīft: Studies in Manichaeism*)固然以研究回鹘文忏悔书为主,但是涉及面甚广,也可视为一本对摩尼教进行总体研究的著作。奥尔特(L. J. R. Ort)1967 年出版《摩尼:其人之宗教——历史描述》概述了对摩尼及其宗教等的重要研究,介绍了科普特文、中古波斯文、帕提亚文、粟特文、汉文与回鹘文摩尼教文献,以及

阿拉伯文、叙利亚文、希腊文、拉丁文的
关于摩尼及其宗教的史料,研究了摩尼
对其宗教之意义的观念,最后分析摩尼
的宗教人格。法国学者米歇尔·塔迪
厄(Michel Tardieu, 1938—,图3-
53[1])是法兰西公学院(Collège de
France)教授,发表过多篇关于摩尼教

图3-53　米歇尔·塔迪厄

的研究文章,1981年出版法文《摩尼教》(Le manichéisme),2008年翻译
成英文出版。这是一本简明扼要介绍摩尼生平、摩尼教主要文献、社团
与神谱的知识性读物,没有注释,附有年表、地图、参考书目和索引。

汉斯·约纳斯(Hans Jonas,
1903—1993,图3-54[2])是出生在
德国的犹太人,师从海德格尔(Mar-
tin Heidegger, 1889—1976)等学习
哲学,1933年离开德国,1955—1976
年在美国任哲学教授,余生在美国
度过。他从存在主义哲学的角度来

图3-54　汉斯·约纳斯

研究诺斯替宗教。1958年以英文出版《诺斯替宗教——超越的上帝的
启示和基督教的起始》(Gnostic Religion—the Message of the Alien God
and the Beginnings of Christianity [Boston]),分析了包括摩尼教在内的
诺斯替宗教的宗教符号,如异化、此世、彼世、永世、光明、黑暗、生、死、
沉沦、束缚、思乡、昏睡、沉醉、唤应等等。他把诺斯替教分为两大类型:
一大类型是叙利亚—埃及型,以瓦伦提奴派的体系(Valentinian sys-
tem)为最高成就;另一个类型是伊朗型,即以摩尼教的神学体系为代
表。此书在很长时期内是关于诺斯替教的一本标准著作。德国学者库
特·鲁道夫(Kurt Rudolph, 1929—)1977年出版德文版《诺斯——诺

〔1〕[2010-07-31]. http://www.archipel33.fr/site/images/APOCAL/images/Tardieu.png.
〔2〕[2009-07-09]. http://www.alcoberro.info/V1/jonas.jpg.

斯替教的性质与历史》,1983 年翻译成英文
(Gnosis—the Nature and History of Gnosticism
[San Francisco])。此书比较全面地概括了
诺斯替教的资料情况,其性质与结构,以及各
个派别,包括摩尼教的发展历史。

近年来西方对于摩尼教的总体研究以澳
大利亚华裔学者刘南强(图 3 - 55[1]) 1985
年出版的《后期罗马帝国与中世纪中国的摩

图 3 - 55　刘南强

尼教》(Manichaeism in the Later Roman Empire
and Medieval China [Manchester])为代表,此书 1992 年在杜宾根出版
了增订版。全书分为 9 章,叙述了摩尼的背景、教义,侧重基督教对摩
尼的影响,概述了他早期的传教活动;然后详细研究了摩尼教在后期
罗马帝国受到迫害、与基督教竞争的情况,以专章叙述圣奥古斯丁与
摩尼教的关系;最后作者转向东方,叙述了摩尼教在中亚和中原的传
播,而以南中国明教的历史作为全书的结束。书后附有详尽的参考书
目。刘南强早在 1979 年就在香港中文大学亚洲研究中心出版了有关
摩尼教的研究成果。1981 年在牛津大学完成了关于摩尼教的博士论
文。1994 年出版了论文集《摩尼教在美索不达米亚与罗马帝国东部》。
1998 年出版了论文集《摩尼教在中亚与中国》,其中包括《已刊摩尼教
文书工作目录》,列出叙利亚文、希腊文、拉丁文、科普特文、中古伊朗
语、汉文与回鹘文文书的刊布与翻译情况,是非常有用的研究工具。这
是他于 1990—1994 年主持建立电子版全文《摩尼教文献资料库》的目
录。2004 年他与加德纳合编的《出自罗马帝国的摩尼教文书》,是罗马
帝国境内出土的希腊文、拉丁文、科普特文摩尼教文书的英文选本,与
克里姆凯特 1997 年出版的东方摩尼教文书英译选本相配合,展示了至
今所发现的摩尼教的核心文献。

中国大陆学者中,比较专注于摩尼教的研究者自然首推林悟殊

---

[1][2009 - 05 - 23]. http://www.anchist.mq.edu.au/staff/samuellieu.html.

（图 3－56）。他从 1980 年代以来，发表论文数十篇，内容遍及摩尼教

图 3－56　林悟殊（右）

在中亚的传播、入华年代、与回鹘的关系、宋代明教等，对三篇汉文摩尼教文献的产生、汉译年代、原名等问题都有论述，1987 年汇编为《摩尼教及其东渐》，由中华书局出版，这是为第一本中文摩尼教专著，1997年又由台湾淑馨出版社出版增订版。书中介绍了摩尼教研究的概况以及对今后的展望，书后附有详尽的中外文参考书目，非常方便研究者参考。尤其是三篇汉文摩尼教经的图版，在英藏、法藏、中国国家图书馆藏敦煌文献照相版出版之前，一直是学术界研究摩尼教汉文文献的重要依据，其释文已经成为取代《大正新修大藏经》三篇汉文摩尼教经文的国际标准校本。近年来林悟殊继续研究英法藏敦煌汉文摩尼教写本和泉州摩尼教，又对莆田市涵江、福州浦西福寿宫、龙门天竺寺等所谓摩尼教遗址、遗物进行考察，态度严谨，还介绍国外摩尼教研究的最新成果。他把自己的研究范围扩大到景教、祆教，研究唐代三夷教的社会走向。这些论文汇编为《中古三夷教辨证》，2005 年由中华书局出版。

　　芮传明（图 3－57）是近年来对摩尼教进行总体研究的重要学者，发表论文数十篇。在这些论文的基础上，最近出版了专著《东方摩尼教研究》。全书分四个部分，第一部分导言，概述了摩尼教创教史与近现代学者研究摩尼教的历史；上编进行了神、魔名号的考释，分析了

"摩尼"、"相"、"五大"、"净风"、"惠明"、"平等王"、"贪魔"等术语;中编是基本教义研究,探讨了摩尼教性观念、象征符号"树"、佛性和灵魂、轮回、地狱与生死观等重要教义;下编主要探讨摩尼教为中心的文化交流,从"船"的寓意看佛教对摩尼教的影响,探讨了弥勒信仰与摩尼

图 3-57　芮传明

教的关系,分析了武则天、白居易与摩尼教的关系。附录是三篇摩尼教汉文残经的校释。如果说林悟殊的研究侧重东方摩尼教的历史,那么芮传明的研究则侧重东方摩尼教的教义,相得益彰,均为华人学者从事摩尼教研究不可或缺的基本著作。

　　20 世纪 80 年代初,丹麦宗教史学家阿斯木森提议成立国际摩尼教讨论会。经过几年的筹备,1987 年 8 月在瑞典的隆德(Lund)召开了第一届国际摩尼教讨论会,出席这次会议的有瑞典、东德、西德、英国、比利时、美国、丹麦、意大利、中国的学者。会议上宣读了 20 多篇论文,由翁拙瑞主编《第一次国际摩尼教学术讨论会论文集》,于次年在隆德出版。会议还决议成立国际摩尼教研究学会(International Association of Manichaean Studies,简称 IAMS),并正式建立常设机构,出版《摩尼教研究通讯》。关于这个学会的情况,读者可以通过如下网址了解:http://www.manichaeism.de/。1989 年 8 月,在德国波恩的圣奥古斯丁(St. Augustin)召开了第二届国际摩尼教讨论会,与会学者除了来自上述各国外,还有来自荷兰、奥地利、瑞士、西班牙、捷克斯洛伐克等国的。由威斯纳尔(G. Wiessner)和克里姆凯特主编《第二次国际摩尼教学术讨论会论文集》,于 1992 年在威斯巴登(Wiesbaden)出版。1993 年 8 月 31 日至 9 月 5 日,在意大利卡拉布里(Calabria)举行了第三次国际摩尼教学术讨论会,宣读了 35 篇论文。由西里罗(L. Cirillo)与通格鲁主编《第三次国际摩尼教学术讨论会论文集》,于 1997 年在比利时出

版。1997 年 7 月 14—18 日,在柏林举行了第四届国际摩尼教讨论会,由恩默瑞克(R. E. Emmerick)、宗德曼和茨默主编《第四次国际摩尼教学术讨论会论文集》,于 2000 年在柏林出版。2001 年 9 月 2—8 日在意大利那不勒斯(Naples)举行了第五届国际摩尼教讨论会,由通格鲁与西里罗主编《第五次国际摩尼教学术讨论会论文集》,于 2005 年在比利时出版,包括 29 篇英文、德文、法文和意大利文的论文。2005 年 8 月 1—5 日在美国亚利桑那州旗杆市(Flagstaff)举行第六届国际摩尼教讨论会,由贝杜恩主编《第六次国际摩尼教学术讨论会论文集》,2009 年在莱登出版。2009 年在都柏林举行第七届国际摩尼教讨论会。

从上世纪 80 年代以来,还举行过多次国际性摩尼教专题讨论会。1984 年和 1988 年在意大利举行过两次,专门讨论《科隆摩尼古卷》,由西里罗主编了两本论文集,分别在 1986 年和 1990 年出版。国际摩尼教研究学会组织了《摩尼教研究》丛书的出版。第一种是通格鲁和吉弗森主编的《纪念赖斯(J. Ries)教授七秩华诞摩尼教研究论文集》,于 1991 年在鲁汶(Lovanii)出版。第二种是 1991 年 7 月 31 日至 8 月 3 日在鲁汶召开的国际摩尼教专题讨论会,论文集名《摩尼教的神智(ΝΟΥΣ)》,于 1995 年在鲁汶出版。第三种就是上述《第三次国际摩尼教学术讨论会的论文集》。第四种是《阿基来行传》的新的英译本,于 2001 年出版。第五种就是上述《第五次国际摩尼教学术讨论会论文集》。

《拿戈·玛第研究》从第 36 卷起,包括摩尼教研究的著作,改名为《拿戈·玛第与摩尼教研究》(*Nag Hammadi and Manichaean Studies*),比较集中地反映了近年来国际上摩尼教研究的成绩。第 37 种是上述加德纳从科普特文英译的《导师的克弗里亚》,1995 年出版。第 41 种是里夫斯(John C. Reeves)著《至善王国的先驱:叙利亚—美索不达米亚神智派与犹太教传统》,1996 年出版。第 43 种是米雷基和贝杜恩主编的《出自黑暗:摩尼教资料发掘研究》论文集,1997 年出版。第 45 种即上述刘南强著《摩尼教在中亚与中国》论文集,1998 年出版。第 46 种是霍伊泽尔(Manfred Heuser)与克里姆凯特合著的论文集《摩尼教

·欧·亚·历·史·文·化·文·库·

文献与艺术研究》,1998 年出版。第 49 种是 1998 年举行的国际专题讨论会(International Symposium)的论文集《奥古斯丁与摩尼教在拉丁西方》,2001 年出版。第 50 种是米雷基和贝杜恩主编的《光明与黑暗:摩尼教及其世界研究》论文集,2001 年出版,与第 43 种一起主要反映了美国学者的成绩。第 56 种是彼得森(Nils Arne Pedersen)著《捍卫上帝的证据——保斯托拉的狄托斯的破摩尼教论研究:其资料、目的及其与当时神学的关系》,2004 年出版。第 57 种是古乐慈著《中世纪摩尼教书籍艺术:中亚东部 8—11 世纪伊朗语和回鹘语插图本书籍残篇的手稿学研究》,2005 年出版。第 61 种是贝杜恩和米雷基合编的《信仰的边疆:在〈阿基来行传〉中基督教遭遇摩尼教》论文集,2007 年出版。第 63 种是伊皮凡尼乌的《良药宝箱》英译本的增订版。第 64 种即上述《第六次国际摩尼教学术讨论会论文集》。第 66 种是佩蒂皮斯(Timothy Pettipiece)著《摩尼教〈克弗里亚〉中以五个为一组的观念》,2009 年出版。

在联合国的丝绸之路综合研究计划之下,由通格鲁、刘南强和范奥特(J. Van Oort)组织了"摩尼教文献集成"(Corpus Fontium Manichaeorum)计划,有其自己的网站(http://www. anchist. mq. edu. au/doccentre/CFM. htm)。文献集成分为 10 个部分:(1)考古系列。2001 年出版了古乐慈的《柏林收藏的摩尼教艺术品》。(2)叙利亚语系列。(3)阿拉伯语系列。(4)科普特语系列。1996 年和 1999 年出版了彻斯特－贝蒂图书馆所藏的《赞美诗》第二部分德文本(武斯特[Gegor Wurst]和里希特[Siegfried G. Richter]编撰),2006 年出版了佩德森编撰的《布道书》英文本。(5)伊朗语系列。(6)汉语系列。(7)突厥语系列。(8)拉丁语系列。2000 年出版了范奥特等编撰的教皇利奥一世反对摩尼教的布道与书信选,2004 年出版了范奥特等编撰的奥古斯丁的《反福斯图斯》,附有法文译本。(9)希腊语系列。(10)附录。1997 年出版了米克尔森编的摩尼教书目,是到 1996 年为止最全的书目;1999 年出版了刘南强等编撰的《摩尼教文献词典》第 1 卷,为出自罗马帝国的文献,包括叙利亚文、希腊文、科普特文和拉丁文词典;2006

年出版了第 2 卷,为出自伊拉克和伊朗的文献,包括叙利亚文、阿拉伯文、波斯文和琐罗亚斯德中古波斯文词典;2004 年出版了第 3 卷(出自中亚与中国)第 1 册,中古波斯文与帕提亚文词典;2006 年出版了第 3 卷第 4 册,汉文文献词典。

有一些网页对摩尼教研究相当有用。德国吐鲁番研究的网址是:http://www. bbaw. de/bbaw/Forschung/Forschungsprojekte/turfanforschung/en/blanko. 2005 – 03 – 01. 2776105380。其中包括数码化吐鲁番档案(Digital Turfan Archive),将大量吐鲁番文书的照片扫描后放在网上,以便于学者们使用。

4 文献与绘画

4.1 书籍与艺术

《阿基来行传》虽然包含了很多不经之谈,但是也有许多有价值的资料。它描述摩尼的形象时,提到摩尼左边腋下夹着一本巴比伦之书。这个细节可能有一定的真实性,说明摩尼教从本质上说,是一种有经典的宗教。巴比伦应指美索布达米亚南部,摩尼从小在那里长大,他自称是来自巴比伦的学子。如果摩尼说的是巴比伦语,被描绘成常带着一本巴比伦之书,那么,这意味着亚兰文字母与亚兰语(Aramaic),更具体地说是东亚兰语,很接近在埃德萨发展起来的文学语言——阿德萨叙利亚语。以前学者们认为,摩尼所发明和使用的字母即福音体,很近似阿德萨叙利亚文字母。最近埃及喀里斯出土文献中数量比以前大得多的叙利亚文文书残片使学术界比较清楚所谓"摩尼字母"到底是什么样的。

但是,摩尼为了使自己用叙利亚文写的著作让伊朗信徒阅读,就必须把它们翻译成伊朗文字。当时没有一种伊朗文字足以当此重任:无论是源自古波斯语的伊朗西南方言——钵罗婆语,还是源自米底语(Median)的伊朗东北方言——帕提亚语,都无法胜任这一任务。一方面,这两种语言的书面文字都远离口语,这两种文字只使用很少符号(13个),在解释手稿和抄写文书时都造成了很大混乱,含糊不清;另一方面,在伊朗文中还经常出现亚兰文词汇,以表示最常见的概念(所谓表意文字系统),把本来最简单的文书搞得复杂不堪。因此摩尼对过时的伊朗书写文字进行了激烈改革:首先,用东叙利亚字母(22个字母,包括半元音)取代钵罗婆文;其次,放弃表意文字,也就打破了官方书记员对书面文字的垄断。总而言之,他尽量使活的语文取代死的语文,这样伊朗语就能以最接近口语的发音被记录下来。这场改革产生的工具——即所谓"摩尼字母"(Manichaean alphabet)——是如此实用和清晰,因此它不仅成了摩尼教在伊朗进行传教活动不可或缺的工具,而且也被非摩尼教徒(粟特人和突厥人)用来转写和翻译印度佛经。(图4-1[1])因此,摩尼在伊朗文化中,更广泛地说,在文字发展史上,占有重要地位。

4-1 回鹘文字母、粟特文字母与摩尼文字母对照表

〔1〕[2009-07-05]. http://upload. wikimedia. org/wikipedia/zh/9/97/Uighur-sogdian-manicheasm-script_s. jpg.

摩尼自己还用中古波斯文撰写过一部《沙卜拉干》,献给萨珊波斯国王沙卜尔一世。摩尼教文献在传播的过程中,被翻译为多种语文,并且很可能产生了用这些语文撰述的作品,涉及的语文多达十余种:向东方发展时,除了中古波斯文之外,帕提亚文成为主要宗教语文。帕提亚文的文献又被翻译为粟特文、回鹘文、汉文,甚至发现了少量乙种吐火罗文的《摩尼大颂》残片,与回鹘文《摩尼大颂》的有关段落对应。在向西发展的过程中,叙利亚文经典被翻译成希腊文、科普特文、拉丁文。

在论述自己的宗教的十大优点时,摩尼写道:"其一,古代诸宗教限于一个国家和一种语言。而我的宗教是这样的:它将展现在每一个国家和所有的语言中,它将传遍天涯海角。其二,以往诸宗教只有当其神圣的领袖健在时才(秩序井然)……而一旦领袖们升天(去世)了,他们的宗教就陷于混乱,他们就会忽视戒律和践行,陷入贪心、(淫欲之)火焰和欲望之中。但是,我的宗教却由于有活生生(的经典……承法)教导者、侍法者、纯善人和净信听者,由于有智慧和实践,将永世长存。"这是摩尼的自我期许,他从 24 岁创立宗教到 60 余岁逝世,在 30多年时间里不仅口头宣扬其教义,而且勤于著述。他写了很多著作,最重要的是 7 部叙利亚文大经、1 部用中古波斯文写的献给波斯国王沙卜尔一世的《沙卜拉干》以及 1 部用绘图说明教义的图集。《摩尼光佛教法仪略》说他"六十年来,开示方便。感四圣以为威力,腾七部以作舟航",即摩尼将 7 部大经作为普度众生的航船。

摩尼教大量经典由于各种原因,残存下来的不多。从少量残存下来的部分来看,摩尼教徒非常注意书籍的书写材料、装帧、书法和插图。伊斯兰教文人格西特(Al-Gāhiṭ ,卒于公元 859 年)在谈到摩尼教徒时,引述易卜拉欣·信德西(Ibrāhīm al-Sindhī)曾告诉他的,"我希望精底格们(Zendik,包括摩尼教徒在内的异端)不要这样热衷于把大把的钱花在洁白的纸张、黑亮的墨水上,不要这样看重书法,或者竞相争当书法家。说实话,我从来没有看见过一种纸张可以与其书籍的纸张相比,也没有见过一种书法可以与他们所用的书法相比。"圣奥古斯丁在《反福斯特斯》中谈到摩尼教的珍贵的抄本时,将其过度装饰视为浪费。

摩尼教在中亚所使用的主要书写材料是中国人或者粟特人生产的纸张。往往是利用已经写过字（大多数为汉字）的纸张，在其反面书写。这是佛教徒的习惯。最著名的例子之一是汉文摩尼教《下部赞》，它并非作为一个独立的卷子保存下来。斯坦因卷子2659号共20页纸，正面连接《下部赞》的佛经计7页多纸。《下部赞》的抄写时间在前，背面后来又有佛教僧侣抄写了玄奘的《大唐西域记》等佛经。由于前面几张纸损烂比较严重，背面就没有再抄写佛经，从这部分所拍胶卷来看，就比较容易辨认其文字；（图4-2）其余部分两面抄写，纸张比较薄，墨色互映，《下部赞》字体比较细，背面的文字则比较粗大，从胶卷上来看，就比较难以辨认。（图4-3）

中亚摩尼教徒采用的其他书写材料还有桦树皮、棕榈叶、皮革和丝绸。在埃及书写材料为纸草纸、木简。高昌遗址α出土的、成书于8—9世纪的文书MIK Ⅲ 4981是一本用帛做书写材料的小册子，一共6张，只单面书写。书名页上题目的书法很讲究，每个字母都贴了金叶，用黄褐色描画。题目四周装饰了绸带、花朵，涂上洋红色、淡蓝色和黄褐色。但是现在当然都褪色得很厉害。正文部分的四周画了一圈红线，用摩尼字体书写，语言是粟特语。头两行用红墨水书写，其余则用黑墨水。每页至少有12行字，长起码13厘米，字体比较大。（图4-4[1]）同一本绢书的另一残页上的题目周围也装饰了花花草草，蜿蜒的树枝上挂着石榴果，颜色也是洋红色、淡蓝色和黄褐色。（图4-5[2]）这本小册子是赞美诗，或者祈祷文，赞美的对象可能是摩尼。

摩尼教书籍的装订方式多种多样。一种是上古世界的轴卷书的样式，其中轴两头镶嵌象牙、兽骨或金属制品作为装饰。高昌出土的文书MIK Ⅲ 4614就是这种轴卷书的书名页。这件文献就像高昌的其他卷子一样，卷在一根两端有装饰的棍棒上。这张书名页在卷子的内端之末，用晚期粟特字母书写，记录的语言可能是粟特语，也可能是回鹘

---

〔1〕Le Coq 1923, Taf. 4 b. Gulácsi 2001, Fig. 75.1

〔2〕Le Coq 1923, Taf. 4 c. Gulácsi 2001, Fig. 74.1

·欧·亚·历·史·文·化·文·库·

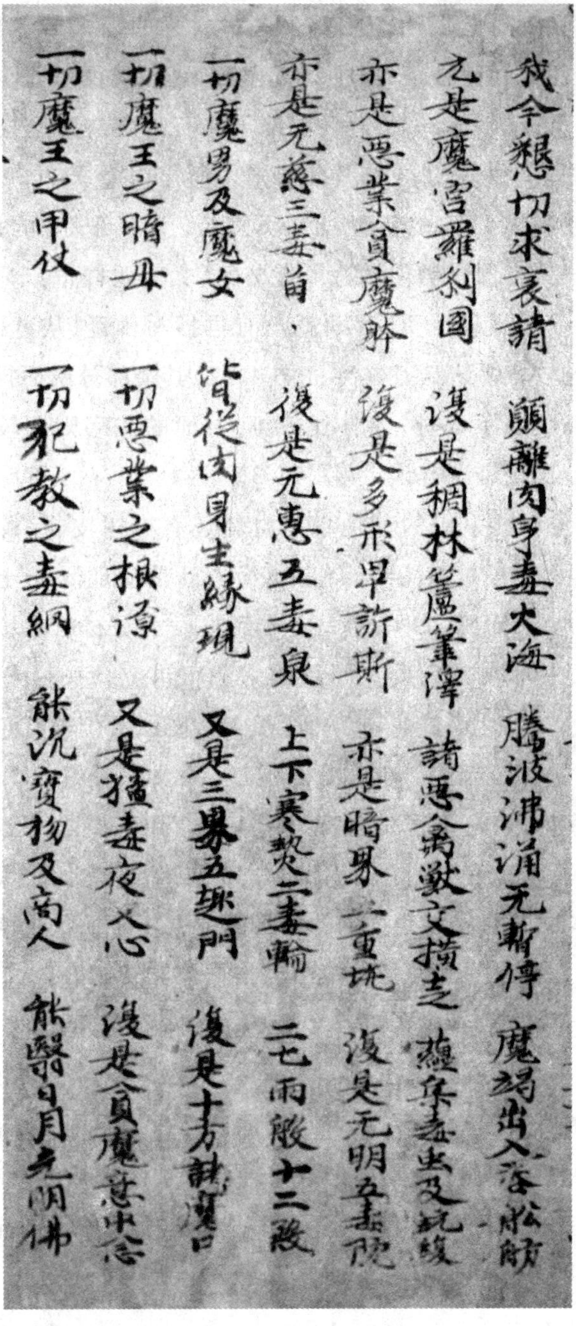

戒令懇切求衰請　顛離肉身毒大海　騰波沸涌无暫停　魔鳴出入羕松顙

亦是魔習羅剎國　護是稠林篁筆澤　諸惡禽獸文擽走　類果毒虫及虵蝮

亦是惡紫貪魔睞　復是多乖早訝斯　亦是暗昧一重坑　復是无明至毒院

亦是元慈三毒苗、後是元惠五毒泉　上下寒焚二毒輪　二毛雨骸十二殿

一切魔男及魔女　皆從肉身主緣現　又是三界五坭門　後是十方諸魔口

一切魔王之暗母　一切惡業之振源　又是猛毒夜义心　後是貪魔意中忿

一切魔王之甲仗　一切犯教之毒網　能沈寶物及商人　能翳日月元明佛

图 4-2 《下部赞》,单面写字

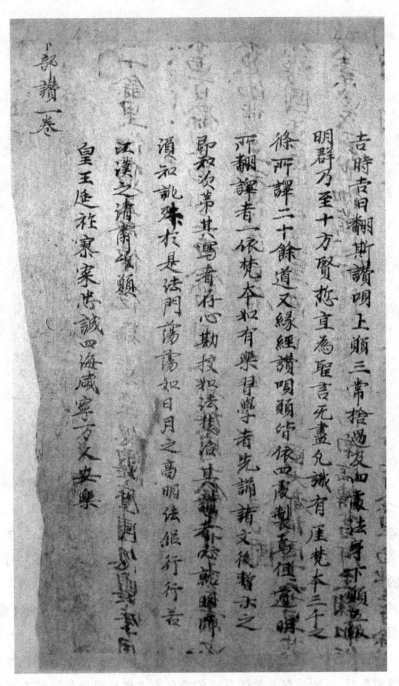

図4－3 《下部赞》末页，两面写字，墨色互映

图4-4　MIK Ⅲ 4981 a,高昌,帛书书名页,画有绸带和花饰

语。这页书名页的中间画了一面旗子,书名就写在旗子的中间,可能是
用粟特文,但是褪色得难以辨认。这一页的右边是这本书的第一行正
文的残迹,看得出是用直行式书写的。画面上的旗子两边,各站着一个
精灵或者神,其形象令人想起同时代柏孜克里克佛教绘画上的神像。
画面上在挂旗子的木横杆上方,可以看到一顶饰有羽毛的摩尼教僧
帽,这与近年在柏孜克里克出土的粟特文书信中的插图中画一顶摩尼
教僧帽类似,可能是东方教区首领的象征。木横杆可能是被没有画出
来的一根支柱支撑着,两端装饰着宝石,宝石上画着火焰。木横杆的末

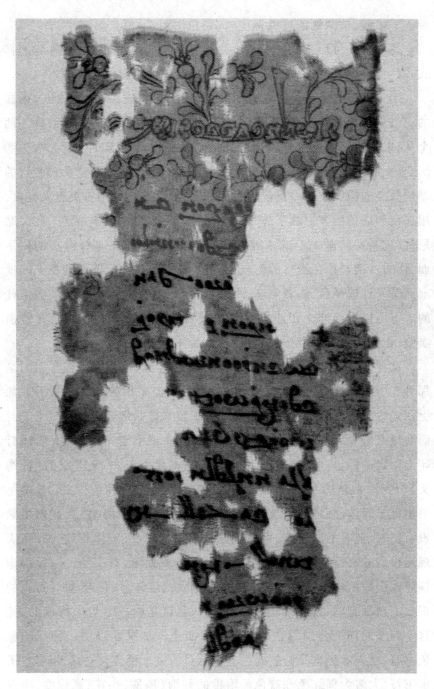

图 4 – 5　MIK Ⅲ 4981 f,高昌,帛书的一页,画有石榴果

端垂下帐幔,被两侧的神灵握住。(彩色图版 4-1)

另一种装订形式是折叠书,用长条形的纸张,按六角手风琴的样式,以一定的间隔折叠起来,用这种形式装订的书只单面书写。

第三种形式是梵夹。这是用一捆书页(桦树皮、棕榈叶或纸)做成的。书页切成一定尺寸,夹在两块木板中间。木板和书页都钻有一两个孔,以便让绳子可以穿过这些孔把木板与书页捆绑在一起。木头沟出土的、成书于 10—11 世纪的文书 MIK Ⅲ 8260 是一本梵夹式装订的摩尼教经的插图。这一页仅仅正面有图,背面是一篇中古突厥文经典,用黑色和红色的摩尼教字体写成,有很多外来语,内容包括对"我父摩尼佛"的祈祷。画面上的宗教人物穿着白礼袍,跪在一棵有花的树下面,他的白僧帽挂在身后的树枝上。他双手握在一起,跪在地毯上。他前面是一种读经台,或者宝座,座上有一个绿色的物体(鸟?)。在圣徒的底下可以看到两个很小的男选民或者女选民,他们都跪着,穿着白衣服,在其中间有一个香炉。(彩色图版 4-2)

这种梵夹的形式在摩尼教徒的书籍中不多见,他们比较常用的是那种在中国也流行的轴卷书形式;而最为广泛采用的是那种折叠并加上西式封面的形式。这些封面经常加工装饰得非常奢华。许多书的封面边缘镶嵌象牙饰板,其他部分则包上皮革或彩色羊皮纸,上面还打印上固定的标志。高昌遗址 K 出土了一本成书于 8—9 世纪的《忏悔文》(*Penitential Litany*)M801,包括各种戒律、赞美诗和祈祷文。这本小书由恒宁释读、翻译成德文,题为《摩尼教祈祷与忏悔书》。此书虽然没有图解,但是书法精美,可谓摩尼教典籍的样品,字体雅致、洁净,表现出很高的书写技巧。纸面书写部分高 6.6 厘米,有 18 行字,写得像铜版印刷般的规整精美。这本小书采用欧式装订,共有 48 页。每页的正文上端都有题目的一个或几个词汇,题目是由一个句子构成的,把这个句子的词汇分别写在相连的若干页上。如果题目用一种新的颜色书写,就表示经文开始新的一节。题目的字母稍微大一点,用彩色墨水书写,大多为猩红色和蓝色。附带的装饰(圈圈、小花、螺旋线、小点点)则用对比色画成。正文用摩尼教字体书写,主要为粟特文,有几段

很长的中古波斯文和帕提亚文引文,应该是引自更古老的作品。(图
4 - 6[1])

图4－6　高昌出土文书 M801a folio e/r/, d/v/:微型的粟特文赞美诗

勒柯克在评论这种书法时指出:书页上画着方框线,正文填满线
内的整个纸面,或者正文被分成两栏或更多的平行的直栏,通常用洋
红色或猩红色作为栏线。这些使书写整齐的栏线有时也用浅灰色的
淡印度墨水来画。……由长句子构成的标题几乎都用鲜艳的颜色写
在几张连续的纸上。……标题四周常见的花朵和花纹也使用同样的
颜色,不过这里、那里会加上一些对比色的圆点和线条。他们(抄写

_____

〔1〕〔2009 - 06 - 14〕. http://www.bbaw.de/forschung/turfanforschung/dta/m/images/m0801a_
folio_e_recto_d_verso.jpg.

163

·欧·亚·历·史·文·化·文·库·

者)也喜欢用另一种颜色(大多为猩红色)画双行线,从而使黑线显得不那么单调。

高昌出土的书籍皮革封面 MIK Ⅲ 6286,正面看来几乎是长方形的,只是由于潮湿而稍微扭曲,上面压印了一些金叶作为装饰,背面压印了一些长方形作为装饰,各长方形的对角线交叉。此书的样子和装饰风格属于埃及—科普特类型。(彩色图版 4-3)

摩尼教制书工艺的一个特征是微型化,比如,上述文书 M801 就是这样的微型书。1960 年代末发现的希腊文《科隆摩尼古卷》便是一个袖珍的羊皮纸抄本,可能出自埃及的奥西润格斯。它是出自古代世界的一本最微型的书,其书写部分仅仅高 3.5 厘米,宽 2.5 厘米,一般每页都有 23 行字。《科隆摩尼古卷》的编辑者亨利茨和科农写道:诸如这些微型抄本,要求抄写者有十分精巧的技艺。就科隆古卷而言,题材的优美与书写的技艺相得益彰,达到完善的地步。(彩色图版 4-13)

比较摩尼教和佛教作品,可以明显地看到,摩尼教寺院非常珍惜书法传统,这表现在字母书写清楚、栏目安排悦目以及字迹工整等方面。摩尼教里有专门的书写僧,摩尼在世时派出的传教使团,往往就配有书写僧。比如,摩尼派懂得帕提亚语文的末冒到东方去时,就让他带上一些精通书法、善于绘画的兄弟一起去。高昌遗址 K 北部地下室发现的、成书于 8—9 世纪的文书 MIK Ⅲ 6368 正面是一幅抄写僧图。这幅图是一本突厥语赞美诗集中的一页,图的正中有一窄条,上面有 3 行回鹘文。题记的右侧是上下两排摩尼教僧侣,他们都身穿白色法衣。6 位摩尼教僧侣都跪在或坐在低矮的写字台前,写字台上放一个彩色镀金的纸夹,夹着白色书写纸,纸上画着垂直的框线。他们多左手握笔,也有人双手握笔,其余人则没有拿笔,而是手握成拳放在纸边上。左侧上部也画了一排正在写字的教士。这幅画让我们栩栩如生地看到了摩尼教书写僧抄写经书的情景。正中的回鹘文题记写道:"……如果他相信荒唐的敌对之法,如果他是个妒忌的不信神的人,是个虚伪祈祷的人,那么为了理解和知道……就必须……"这个推理的结论无非是现在忏悔而回到光明王国,否则将受到地狱的惩罚。(彩色图版 4-4)

摩尼教徒很注重经文的装饰和图解。许多文书的边缘空白处饰以别具一格的花纹,这些花纹或许就是一句经文,即用美术字写的一个标题,或者一段咒语。有些经文有漂亮的插图。由配有装饰和图解的经文变为配有释文的画册,显然是很容易的过渡。高昌遗址 α 出土、成书于 8 世纪(?)的文书 MIK Ⅲ 4983 是用摩尼教字体书写的中古波斯文文书残片。题目用花体字写成,贴有金叶,用红玉色线条作为行线。这个标题如果不是全书的书名,便是一章的标题。题目外装饰着风格化的攀援茎须和花朵图案。不少字母写到装饰性的花朵卷须里去了。(图 4 - 7[1])

图 4 - 7　MIK Ⅲ 4983,高昌,书页上画着风格化的攀援茎花

高昌遗址 K 出土、成书于 8—9 世纪的文书 MIK Ⅲ 7251 是一页用后期摩尼教字体书写的文书背面。我们可以看到饰满花枝蔓叶的题目。其装饰物包括一大朵风格化的六叶花。在两侧都有卷须和环圈。

〔1〕Le Coq 1923, Taf. 6a (color). 〔2010 - 06 - 13〕. http://dsr. nii. ac. jp/toyobunko/LFB - 2/
V - 2/page/0081. html. en.

装饰物涂着蓝白色和洋红色,有的地方还可以辨认出金叶遗痕。用摩尼教字体写的 6 行文书是帕提亚文,讲到"朋友、选民和听者",提到耶稣的大涅槃。它还包括一个年代,"在第 322 年,当明使[复活]时",因此这首诗属于注明日期的摩尼教涅槃诗一类。既然摩尼死于公元 276 年,那么这首赞美诗必定作于 598 年,被一再忠实地传抄下来。(图 4 - 8[1])

图 4 - 8　MIK Ⅲ 7251 正面,高昌遗址 K,书页上的题目花饰

　　3 片高昌出土的摩尼教书籍残片虽然很小,但仍然清楚地反映出摩尼教书籍的图解是何等精美。左边的人物头戴白帽,留薄髭,头发鬈曲。右边的人物留颚须、口髭、颊须,戴白帽,穿红衣。下边的残片是一朵花的一部分。这些残片的反面是花卉和文字。(彩色图版 4 - 5)关于摩尼的主要经典《大二宗图》,将在下文介绍。摩尼教的美术作品

---

〔1〕Gulácsi 2001, Fig. 5. 2

散见于本书各章,在此不赘。

4.2 《沙卜拉干》(《二宗经》)

《佛祖统纪》卷 39 记载:"延载元年(694),波斯国人拂多诞(原注:西海大秦国人)持《二宗经》伪教来朝。"拂多诞并非人名,而是帕提亚文/中古波斯文 hpt'd'n 的音译,意为"七十",指 72 个萨波塞('spsg)。"萨波塞"意译"侍法者",是摩尼教僧侣中的第二等级。《沙卜拉干》有些残片上标有中古波斯文 dw bwn wzrg 'y š'bwhrg'n,意为"(献)给沙卜尔的二宗经",汉译时便简略为《二宗经》。(彩色图版 4 - 6)此书是摩尼用中古波斯文撰写、献给波斯国王沙卜尔一世的。在阿拉伯语史料中,认为《沙卜拉干》属于摩尼教七部大经之一。从摩尼教本身的记载来看,它不属于大经之列。

现存《沙卜拉干》主要讲述末世论。世界末日之际,智慧世界之神(xrdyšhr)降临,进行最后审判,将义人与恶人分开,场景十分类似基督教耶稣降临进行末日审判。(图 4 - 9[1])"然后他(智慧世界之神)指定天使们去处理那些作恶者,他们将抓住他们,把他们投入地狱(dwšwx)。"随着给予生命之神(zyndkr)的降临,世界变得十分美好。然后智慧世界之神飞升而去,死者复活,义人升天。"动物和树木和有翼之鸟和水生物和地上的爬虫将从世界上消失,堕入地狱(dwšwx)。"之后,支撑世界诸神卸任而去,天地随之崩塌。"……王座(?)和气候带、山岭和峡谷和人工运河……和地狱,以及贪魔("z)和淫欲、阿赫里曼('hrmyn,即魔王)和雄魔(dyw'n)及[雌魔(drwxš'n)]、[忿怒之魔]、巨魔(mzn'n)和大魔('sryšt'r'n)……[当他们都]聚集在一起、挤压进去时,他们将全部崩溃。那三道壕沟里的毒黑与围绕宇宙的大火(swcyšn)将喷涌在他们身上。现在四面围绕和保护宇宙的熊熊大火(swcyšn 'y xyšmyn)将烧遍北面和东面、南面和西面、[烧遍宇宙的]高

---

[1][2010 - 06 - 13]. http://www.cartage.org.lb/en/themes/arts/painting/paintings/bigphotos/M/02last.jpg.

低长宽。天地宇宙在大火(swcyšn)中被焚毁,就像蜡在火('dwr)中被烧掉一样。……[一千]四百六十八年他们将饱受险难、苦楚和危厄。"在大火中受苦的作恶者将对信教者哀求,而信教者告诉他们,如果一个人好自为之,"他就不会与阿赫里曼和众魔一起被囚禁在永恒的牢狱(bn'y j'yd'n)里了。……灵魂与贪魔和淫欲一起投胎在一个身躯里,负载着贪魔与淫欲,不摆脱它们,变得放纵与贪婪,蓄养阿赫里曼的创造物,每一个这样的灵魂都将与阿赫里曼[和]众魔一起被囚禁在永恒的牢狱(bn'y j'yd'n)中。"

图4-9 最后的审判

《下部赞》中有些诗句与《沙卜拉干》的内容吻合。《赞夷数文》说:"又是第八光明相,作导引者倚托者。一切诸佛本相貌,一切诸智心中王。"(第16颂)指出邪教徒的命运:"一切地狱之门户,一切轮回之道路,徒摇常住涅槃王,竟被焚烧囚永狱。"(第26颂)赞美夷数是"无上明尊力中力,无上甘露智中王,普施众生如意宝,接引离斯毒火海。恳切悲嗥诚心启:救苦平断无颜面! 乞以广敷慈悲翅,令离能蹭诸魔鸟。"(第47—48颂)"恳切悲嗥诚心启:慈父法王性命主! 能救我性离灾殃,能令净体常欢喜。"(第79颂)《叹无常文》指出异教徒的命运是："还被魔王所绾摄,不遇善缘渐加浊,或入地狱或焚烧,或共诸魔囚永狱。"(第100颂)《叹五明文》说："其有地狱轮回者,其有劫火及长禁,良由不识无明身,遂即离于安乐国。"(第247颂)

"一切诸智心中王"、"智中王"对应 xrdyšhr(智慧世界之神),"性命主"对应 zyndkr(给予生命之神),都是指夷数(耶稣),"救苦平断无颜面"即指其所进行的审判。"地狱"对应 dwšwx。"焚烧"、"劫火"对应 swcyšn,指世界末日长达 1468 年的大火。"永狱"、"长禁"对应 bn'y j'yd'n(永恒的牢狱)。

4.3　七部大经及图

敦煌出土汉文《摩尼光佛教法仪略》简明扼要地说明了摩尼教的主要文献:

经图仪第三　凡七部并图一

第一,大应轮部,译云《彻尽万法根源智经》;

第二,寻提贺部,译云《净命宝藏经》;

第三,泥万部,译云《律藏经》,亦称《药藏经》;

第四,阿罗瓒部,译云《秘密法藏经》;

第五,钵迦摩帝夜部,译云《证明过去教经》;

第六,俱缓部,译云《大力士经》;

第七,阿拂胤部,译云《赞愿经》;

大门荷翼图一,译云《大二宗图》。

右七部大经及图,摩尼光佛当欲降代,众圣赞助,出应有缘;置法之日,传受五级。其余六十年间,宣说正法,诸弟子等随事纪录,此不载列。

第一,大应轮部,"应轮"为中亚摩尼教文献中 'weglywn 的讹译,源自希腊文 evangelion,意谓"福音",此经一般称为《生命福音》,亦称为《伟大的生命福音》(*The Great Living Gospel*)或《神圣希望之福音》(*The Gospel of the Very Holy Hope*)。第二,寻提贺部,"寻提贺"为粟特文

smtyh'的音译,意为《生命之宝藏》(*The Treasure of Life*)。第三,泥万部,"泥万"为中古波斯语 dēwān 的音译,意为《书信集》。第四,阿罗瓒部,"阿罗瓒"是中古伊朗语 Razan 的音译,意为《秘密经》(*The Myster-ies*)。第五,钵迦摩帝夜部,"钵迦摩帝夜"是希腊文 pragmateia 的音译,意思是"专题论文"(treatise),一说意思是"传说"。第六,俱缓部,"俱缓"为中古伊朗语 Kawān 的音译,意思为"巨人、大力士",此经一般就称为《巨人书》《大力士经》。第七,阿拂胤部,"阿拂胤"是中古波斯文 āfrīn 或帕提亚文 āfriwan 的音译,意思是"祝福、祈祷、赞颂",此经一般称为《赞美诗与祈祷文》(*The Psalms and Prayers*)。《大二宗图》通常就称为《图》(The Picture-book)或《埃空》(科普特文 *Eikon*,意为"图片")。

其他资料也提及摩尼亲自撰写与绘画的七部大经及图。科普特文《布道书》第 25 页说摩尼写了:《福音》和《生命之宝藏》,《钵迦摩帝夜》和《秘密经》,《大力士经》和《书信集》,我主的《赞美诗与祈祷文》,他的《图(-书)》(Picture [-Book])。科普特文《克弗里亚》第 5 页,摩尼告诉其弟子:"我把它们(可能指'三际')写在我的光明之书中:在《伟大的福音》和《生命之宝藏》中;在《钵迦摩帝夜》中;在《秘密经》中;在我为帕提亚人写的《作品》(*Writing*)中;也在我所有的《书信集》中;在《赞美诗与祈祷文》中。"这里看来把《大力士经》称做"为帕提亚人写的《作品》",帕提亚人可能指摩尼派到东方传教的末冒 。在《克弗里亚》第 148 页,这样写道:"我们的觉者(摩尼)曾对其弟子如此说:我为你们写的这些伟大作品是礼物;因为它们是光明之父免费送给你们的。因此,《伟大的生命福音》是使者(第三使)的礼物。《生命之宝藏》是光耀柱的礼物。《钵迦摩帝夜》《秘密经》和《大力士经》:这三种圣书是三位一体的,是光明神我(Twin)的礼物。我时不时为你们写的所有书信:它们是我的礼物和我的赠与。这是我给你们的从宝树上来的宝果。"

根据奈迪木的阿拉伯文的《群书类述》,摩尼写了 7 部书,1 部法尔斯语(波斯语)的和 6 部叙利亚语的。它们包括《秘密经》《大力士经》、《沙卜拉干》(The Book of aš-Šāburaqān)、《复活经》(The Revival)、《钵迦摩帝夜经》(*The Book of Pragmateia*)。

根据塔迪厄的研究,摩尼教徒在摩尼去世之后定下来的经典是 7 部,《沙卜拉干》不在其列。首先,摩尼教科普特文资料一致确定摩尼留下的经典是 7 部。其次,3 种科普特文资料讲到这 7 部经典出自摩尼。第三,汉文《摩尼光佛教法仪略》也记载了同样的七部大经。这说明摩尼教巴比伦创始教会所作出的决定,直到唐代仍然受到中国摩尼教徒的尊重。《摩尼光佛教法仪略》排列这 7 部经典的顺序与科普特文《布道书》的最后部分(第 94 页)记载的完全一致。《克弗里亚》第 148 页把《钵迦摩帝夜》、《秘密经》和《大力士经》归为一组,因此摩尼教徒本身有时也把自己的经典视为摩尼五经。他列一表格如下(见表 4 - 1):

表 4 - 1　摩尼教七种经典表

七经	《克弗里亚》148;《布道书》25	《赞美诗》46—47;139—40	《克弗里亚》5	《布道书》94	《摩尼光佛教法仪略》	五经
1. 福音	Euagge-lion	Euagge-lion	Euagge-lion	Euagge-lion	应轮(希腊文:euagge-lion)	福音 1.
2. 宝藏	Thēsauros	Thēsauros	Thēsauros	Thēsauros	寻提(亚兰文:SMTh)	宝藏 2.
3. 钵迦摩帝夜	Prag-mateia	Prag-mateia	Prag-mateia	[Episto-laue]	泥万(中古波斯文:di-wan)	书信 3.

171

· 欧 · 亚 · 历 · 史 · 文 · 化 · 文 · 库 ·

续表 4 - 1

七经	《克弗里亚》148；《布道书》25	《赞美诗》46—47；139—40	《克弗里亚》5	《布道书》94	《摩尼光佛教法仪略》	五经
4. 秘密经	mMustērion	mMustērion	pTa tōn mustērion	mMustērion	阿罗瓒（中古波斯文：razan）	秘密经 4.
5. 大力士经	nGigas	nCalash-ire	graphē ntlaice nnParthos	Prag-mateia	钵迦摩帝夜（希腊文：Prag-mateia）	钵迦摩帝夜
6. 书信	Episto-laue	Episto-laue	Episto-laue	Graphe［ntlaice nnPar-thos］	俱缓（中古波斯文：kawan）	大力士经
7. 祈祷文与赞美诗	mPsalmos + nShlel	nShlel + 2Psalmos	mPsalmos + nShlel	nShlel	阿拂胤（中古波斯文：afrin）	祈祷文 5.

　　而基督教反异端教士所记载的摩尼四经之说，在摩尼教本身的资料中并无根据。这种错误起源于《阿基来行传》，它不正确地把摩尼的3种著作与后来摩尼教传承的教义评述著作《克弗里亚》结合在一起作为摩尼教经典。可列表如下（见表 4 - 2）：

拉丁文 赫格曼尼亚斯 《阿基来行传》(62.3)	希腊文 伊皮凡尼乌 《良药宝箱》(66.2.9)	叙利亚文 巴尔库尼 《斯可利亚》
1. Mysteria(秘密经)	Musteria	Raze
2. Capitula(克弗里亚)	Kephalaia	Rishe
3. Euangelium(福音)	Euangelion	Ewangeliyun
4. Thesaurus(宝藏)	Thesauros	Simatha

第一,大应轮部,译云《彻尽万法根源智经》。

此经统称《生命福音》,或《伟大的生命福音》,或简称《福音》。吐鲁番发现了一些译本的残片,《科隆摩尼古卷》和汉文《残经》有一些引文,但是还不足以对它的内容提供一个清晰的轮廓。叙利亚文有 22 个字母,此书每章以叙利亚文的一个字母起头,就按照叙利亚文字母表的次序排列,全书分为 22 章。此经的开头部分被《科隆摩尼古卷》所引用:

他(摩尼)在福音中撰述了他最神圣的希望:"我,摩尼,耶稣基督的使徒,贯彻神——真理之父的意志,我也是从他而降生的。他永生不死。他存在于万事万物产生之前,他将存在于万事万物消亡之后。已经发生与将会发生的万事万物都是他的大力所创造的。他使我诞生,根据他的意志,我得以存在。他将所有真实的东西揭示给我,我根据[他的]真理而存在。我看到了[他所揭示的永恒真理]。我向我的同侪宣示真理;我向和平之子宣讲和平;我给予未被玷污的一代以希望;我挑选选民,向那些将根据这个真理向上攀登的人们指示这条通向顶峰的道路;我指出了希望,给予了这个启示;写下了这本不朽的福音,在此我记下了这些优秀的秘密仪式,陈述了伟大的活动——实际上是大力的重要活动的最伟大和神圣之处。我把[他揭示]给我的这些事情告诉人们,让他们根据我所看到的至上真理观和揭示给我的光辉启示而生活。"

这段话着重强调至高神的超越性，以及摩尼本人直接从至高神获得真理的启示。摩尼自称耶稣基督的使徒，把自己的第一部大经命名为《福音》，有与耶稣的福音书比美之意。中古波斯文文书 M17 的标题说明，这份文书是《生命福音》的第一章。（彩色图版 4－7）与此内容相应的中古波斯文（简称"波"）、粟特文（简称"粟"）双语文书 M172 内容如下：

（波）……对智慧的理解。（粟）他被赞美、将被赞美，亲中之亲的圣子、给予生命的［救世主］耶稣、一切生命之首、智慧的纯粹与理解。（波）她被赞美、将被赞美，光明处女——智慧之首。（粟）她被赞美、将被赞美，创造奇迹的卡尼罗香（Kanīgrōšān，即光明处女）——她是一切智慧之首。（波）它被赞美和将被赞美，神圣的教会，它被圣父的大力、圣母的赞颂和圣子的智慧所赞美。（粟）它被赞美和将被赞美，神圣教会——正义，它被圣父——蔡宛神的大力、［生命之］圣母——兰拉图克斯（Rāmrātux）的赞颂和圣子耶稣所赞美。（波）吉祥和祝福将赐予善良之子，赐予真实言辞的演说者和聆听者。（粟）吉祥和祝福赐予善良之子，赐予真实神圣言辞的演说者和聆听者。

（波）赞美与荣誉归于圣父、圣子、圣灵和圣书。（粟）赞美与荣耀归于圣父和圣子和圣灵和生命的经典。（波）生命福音的言辞指导眼睛与耳朵，教导真理的果实。

对于圣父、圣子、圣灵三位一体的赞美也见于敦煌出土汉文《摩尼教残经一》所引用的《应轮经》。《应轮经》云："若电那勿等身具善法，光明父子及净法风，皆于身中游止。其明父者，即是明界无上明尊；其明子者，即是日月光明；净法风者，即是惠明。"《应轮经》当即大应轮部。明父即圣父，就是最高神——明界无上明尊。日月光明，指日月二明船，是初人（先意）、耶稣（夷数）等神的居处。净法风即圣灵，就是光明诺斯（惠明）。显然，摩尼教的三位一体是受基督教三位一体思想

174

影响而形成的。(图 4 – 10[1])

图 4 – 10　基督教三位一体,圣灵表现为鸽子,与圣父、圣子(耶稣)在一起

第二,寻提贺部,译云《净命宝藏经》。

此即《生命之宝藏》。此书至少有 7 章,阐述摩尼教关于人类学和心理学的观点,包括摩尼关于人及小宇宙的详细解释。圣奥古斯丁的《善的性质》(*De Natura Boni*)相当完整地引用了此经的一大段,讲述"诱惑贪魔"的故事:

> 福德之父(当指第三使,汉文称日光佛)拥有大小各异的光明之舟作为居住活动之处,充满与生俱来的仁慈,把自己的生命本质从邪恶的束缚、桎梏和囚禁之中解脱出来。他不动声色地在其光明之舟中转化其拥有的大力,将这些力量显示给处于天上不同

〔1〕〔2010 – 06 – 23〕. http://www. logoi. com/pastimages/img/trinity_1. jpg.

部分的敌对力量看。这些力量显示为两种性别——男性和女性。他使上述力量向敌对族群的女性显示为无须的男子,向敌对族群的男性显示为漂亮的处女。他知道,所有这些敌对的力量很容易中计,因为致命不洁的淫欲是他们与生俱来的,他们会向自己看到的漂亮形象屈服,从而分崩离析。要知道我们的福德之父是与他的这些力量同一的,他为了必要的目的把它们转化为男孩与处女的纯洁形象。他把这些形象作为自己适当的工具,通过它们完成自己的意志。光明之舟上充满了这些神圣的力量,这些力量与魔族成员配对,犹如缔结婚姻一般,又快又容易。一霎那间,它们就达到了它们的目的。当理性要求它们显示给雄魔看时,它们立即显示为漂亮的处女形象。当它们必须来到雌魔跟前时,它们卸掉处女的形象,变成无须男孩的形象。雌雄魔看到这样标致的形象,性欲大发,这样一来,那些罪恶思想的牢笼分崩离析,于是,被那些同族成员囚禁的活灵乘机解脱逃逸,与其本来同质的最纯洁的空气复归于一。完全净化的灵魂登上光明之舟,这些备好的光明之舟将把它们渡过狭窄的海洋,回归原乡。任何仍然显示出敌对族群污痕的灵魂将通过炽热高温一步步下降,与树木和其他切片(用于繁殖)和所有的幼苗化为一体,染上五颜六色。从那艘光明之舟上,男孩与处女的形象显示给敌对力量看,那些敌对力量的家乡是在天上,他们的性质是炽热高温。当雌雄魔看到男孩与处女的漂亮形象时,被其成员束缚的生命部分得到解脱,被炽热高温带到地上。以同样的方式,居住在活水之舟上的最高力量通过其使者以男孩和圣处女的形象出现在本性寒冷潮湿的力量面前,这些寒冷潮湿的力量也是在天上的。看到神圣和美丽的形象的多样性,寒冷潮湿族群的雌雄诸王变得毫无作为,他们当中的生命部分逃逸而去。剩下的部分通过寒冷潮湿下降大地,与地上的万物化为一体。

第三,泥万部,译云《律藏经》,亦称《药藏经》。

此部统称《书信集》。在阿拉伯书目学家奈迪木的《群书类述》中列举了 76 封书信的题目,写信人非摩尼一人,还包括他的继承者们,提及的地名包括印度、亚美尼亚、泰西封、波斯等。发信者和收信者当中,有一些人的名字见诸其他史料。

摩尼的书信中最著名的当然是"最后的信"(The Letter of the Seal),这是摩尼死前在狱中写给他的信徒的,摩尼教徒每年举行庇麻节(Bema festival,讲坛节)都要宣读这封信。在恒宁释读的《摩尼教祈祷与忏悔书》中,保存了此信的中古波斯文译本的结尾部分:

> [中古波斯文]……出自我最热爱的儿子末冒,出自与我在一起的亲爱的孩子们。致所有的牧师(shepherds)、承法教道者(teachers)和侍法者(bishops)和所有的选民(elect)和听者(auditors),致兄弟姐妹们,大的和小的、虔诚、完美和正义的人们,致所有从我这里得到这个至善通信者、对此训诫和我所教导的善行感到喜乐的人,以及信仰坚定、无所怀疑者。诸位如晤。
>
> [粟特文]"最后的信"到此结束。

科普特语、伊朗语、突厥语和汉语的文献都提及和引用摩尼书信。汉文《残经》引用了《宁万经》:"若电那勿具善法者,清净光明,大力智慧,皆备在身,即是新人,功德具足。"恒宁认为,《宁万经》即为泥万部,也即《书信集》。

在埃及曾发现一些摩尼书信的科普特文译本,但是,在二战兵荒马乱之后,这些书信下落不明。所幸,在喀里斯(图 4 - 11[1])发现的文书中,有一份上百页的抄本,包括一些(可能不是所有)摩尼的大经《书信集》(彩色图版 4 - 8)。加德纳曾刊布三个比较重要的残片,第一个书信残片是某一封信的开头:

> 摩尼,耶稣善人基督(Chrestos)的使徒,以及所有与我同在的弟兄们致某某,亲爱的,以及所有与你同在的弟兄们,各由其名。圣父和我主耶稣善人基督赐和平给你,我亲爱的;它会保护你和……你的身体和你的精神。圣父,真理之神……

---

〔1〕〔2009 - 07 - 03〕. http://www.lib.monash.edu.au/exhibitions/egypt/xegyp32.jpg.

图 4 - 11　埃及喀里斯 A 区第 3 幢房子的入口

我们看到摩尼的书信很像圣保罗的格式。《新约》27 篇中,除了四福音、使徒行传、启示录以外,多为书信,其中尤其以使徒圣保罗的书信为多。众所周知摩尼以新时代的圣保罗自居,无怪乎他以书信作为第三部大经。

第二个残片可能是一封信的结尾,在这封信中摩尼以第一人称向收信人说:"我觉得应该写一封长信,但是你送来的这些年轻人发现我是多么痛苦。我身患重病,不见好转,这是 30 年来我生过的最重的病。因此我无力写信,就向这些年轻人口授我所想写的内容,由他们转述给你。但是,你的心因为生病的弟兄们的言辞而哀伤,我自己也因此被巨大的悲痛所压倒。我的孩子,我曾给你写过这'十种说法'(ten sayings),我抚慰你了的心灵。我自己忍受痛苦,我会给我的孩子以慰藉:要知道我在病痛中听到的这些言词,你也应以欢乐和肯定的心态接受它们;你要理解这些言词。"这里提及的"十种说法",可能就是奈迪木《群书类述》中摩尼书信题名单里面的"十个言词"(ten words)。

第三个书信残片中,摩尼引用了耶稣的话(出自《约翰福音》13:38),预言他将被犹大所背叛,摩尼声称类似的情况也发生在他身边。

(图4-12[1])摩尼教文献的一个特点是根据"我主"耶稣的言行来重新塑造摩尼的形象。下面就是这个残片的译文：

> 出自我主耶稣之口的话："同我吃饭的人，用脚踢我。"这话要应验在我的身上。我(摩尼)自己也是这样，这会发生在我身上：在晚餐桌上与我一起吃饭、穿着我的衣服的人，用脚踢我；就像一个敌人对待其敌人一样。从我的孩子们和弟子们那里，我饱受其苦，而正是我把他们从尘世的束缚和肉体的束缚中解脱出来的，正是我把他们从尘世的死亡中拯救出来的。在他们的时代，我从大众那里遭遇和忍受了所有这一切。

图4-12 犹大与耶稣

摩尼所写的书信不一定都探讨教义，有的是处理日常事务的，但是，肯定有一些信是阐述教义的。在圣奥古斯丁的拉丁文著作中，保存了十来个摩尼《基要信件》(*Fundamental Epistle*)的片断，有一个片断写道：

---

〔1〕〔2009-06-11〕. http://williamlobdell.com/wp-content/uploads/2008/07/judaskiss1.jpg.

因此那就是这个《基要信件》，圣上所知甚详，我也加以引用，因为它包含了初际、中际和后际。

另一个片断叙述了初际的一些情况：

然后他（黑暗之王）对与他在一起的那些［暗魔］说："你们用［那里］升起的强光做什么？看，它怎样让天体运动，转化各种力量。因此你们最好把你们力量控制之下的所有光明交给我。我将用光明创造一个形象，就像出现在荣耀之中的伟大之神。通过这个形象，我们能够统治，我们至少能够从黑暗之旅中解脱出来。"

当他们（暗魔）听了这话，争论许久之后，他们认为最好把所要求的光明交出去。因为他们没有信心能够把这光明永远控制在手中。因此他们认为最好把光明交给其统治者，因为这次冒险成功，他们对其统治尚未绝望。我们现在必须考虑他们把自己拥有的光明转交的方式。这也包含在所有的圣书和天机中。当然，对智者来说，关于转移的方式的知识毫无困难；因为它变得明明白白，可以让真正诚心想知道的人清楚认识。

因为那些聚集在一起的［暗魔］性别不同，即有雄有雌，他命令他们性交，因此有的在交配行动中射精，有的怀孕了。由此生出来的后代就像其创造者，他们作为头生子，继承了父母力量的主要部分。他们的统治者攫取了他们（暗魔们的子女），享用他们犹如享用一种出乎常规的礼物。就像我们甚至于今天仍然能观察到的，罪恶之原本塑造身体，在创造新的身体之前，会从最后的身体中汲取力量，因此我们提及的统治者的同侪之子女拥有其父母的感官能力、他们的智力，以及他们诞生时放进其身体里去的光明。统治者收下了这些暗魔的子女，吃掉了他们。他从这类食物中汲取了巨大的力量，在这类食物中不仅有力量，而且有从其创造者的精神所带来的狡猾和腐败官能。他把与其同样起源的雌性同侪叫到自己跟前来。当他就像其他［暗魔］所为，与她性交，把自己吞噬的罪恶赢余射入其身，再加上其思想与力量的某些东西，因此，他自己的心思将塑造与规范所有他生出来的东西。其雌性同侪照单全收，就像耕熟的土地接受种子。因为在她体内，所有天地诸力的种种形象转为形体，互相交织，所以那里形成的东西类似整个宇宙。

第四，阿罗瓒部，译云《秘密法藏经》。

此部统称《秘密经》，由于没有残片保存下来，我们对这部经所知有限。奈迪木在《群书类述》中，列举了此经18章的题目。其中第1章的题目是《关于戴桑尼云（Daysānīyūn）的言说》，一般认为即诺斯替教中的巴戴桑派（Bardesanes）。其第13章的题目是《戴桑尼云关于精神与身体的教义》，第14章的题目是《驳戴桑尼云关于生命的精神的教义》。可见摩尼是熟悉巴戴桑的教义的。一般认为，巴戴桑是摩尼的思想渊源之一。第2章的题目是《黑斯塔斯普（Hystaspes）关于被热爱者的证言》，黑斯塔斯普（阿拉伯文 Ystasf，或 Vishtaspa）即被琐罗亚斯德感化而改宗其宗教的神秘国王。摩尼可能引用归之于黑斯塔斯普的启示文学来阐述自己的神学。第3章的题目是《雅格（Jacob）所传[?]关于其灵魂的言说》，摩尼可能在这章中引用伪经《约瑟夫的祈祷》（*Prayer of Joseph*）中有关天使雅格的言说来支持自己的某个神话。第4章的题目是《寡妇之子》。第5章的题目是《犹大所传耶稣关于其灵魂的言说》，摩尼可能引用《托马斯福音》（*Gospel of Thomas*）中的记载，借用犹大·托马斯（Judas Thomas）所传的耶稣之言加以评论。第6章的题目是《义[人]胜利之后的证言之始》，义人（al-Yamin）可能指以诺。这章可能与《以诺启示录》（*Apocalypse of Enoch*）有关。第7章的题目是《七灵》，"灵"（arwah）当被理解为与七星联系在一起的黑暗力量的化身。第8章的题目是《论四灵》，这里的"四灵"当为与四季联系在一起的黑暗力量的化身。第9章的题目是《嘲弄》（*al-duhka*），可能描述假宗教信徒对摩尼的嘲弄。第10章的题目是《亚当关于耶稣的证言》，可能引用了托名亚当的启示录来证明从亚当到耶稣的先知传承。第11章的题目是《[从]宗教[堕落]的抵御》。第14章的题目是《三道壕沟》，在摩尼教神话中，宇宙里的三道壕沟是用来囚禁贪魔的。第15章的题目是《宇宙的建构维护》，可能讲述净风造成十天八地的

欧·亚·历·史·文·化·文·库·

故事。比鲁尼讲到摩尼的《秘密经》记载日月是灵魂的"道路"或"门户",可能就是指这一章的内容而言的。第16章的题目是《三日》,汉文《残经一》中有两处涉及"三日及以二夜"的内容,有些矛盾;科普特文的《克弗里亚》中有更合乎逻辑的叙述。第17章的题目是《先知们》,雅库比(Al-Ya'qubi)引述过摩尼对假先知所行奇迹的嘲笑。比鲁尼所引用的摩尼反对占星学家的片断可能也出自这一章。第18章的题目是《最后的审判》。比鲁尼在《印度考》中引述了摩尼的《秘密经》。这个片断表明,摩尼认为不接受真理的人,灵魂将受到惩罚。这与巴戴桑的信念不同,巴戴桑派相信,灵魂可以通过肉体得到净化。

第五,钵迦摩帝夜部,译云《证明过去教经》。

这部经的题目是叙利亚文中的希腊文借词 πραγματεια,一般史料中这部经的名称也多为音译,有的学者认为这个词的意思为"专题论文"。但是,塔迪厄认为这个词在此并没有"专题论文"的含义。汉文《残经一》的开头部分残缺,没有保存原来的题目,由沙畹和伯希和1911—1913年翻译为法文发表,通常就称之为 Traité,如果把"钵迦摩帝夜"理解为"专题论文",容易互相混淆。从亚里士多德以降的希腊语汇中,这个词确实意为"专题论文";但是,对摩尼来说,这个词恢复了更早的荷马时代的含义,即在戏剧和罗曼斯中的含义。在前古典时代,troikè pragmateia 意思并不是关于特洛伊战争的"专题论文",而是特洛伊战争传奇。这些传奇(pragmateia)就是神话(muthoi)或神话故事(muthologika)。

在《摩尼光佛教法仪略》中,这部经意译为《证明过去教经》。《宋会要辑稿·刑法二》,宣和二年(1120)的一条记载讲到"明教之人所念经文,及绘佛像,号曰《讫思经》、《证明经》……"《证明经》或许就是《证明过去教经》的简称,但是这也没有使我们更多地了解这部经的内容。

安条克的塞佛留所写的《布道书》第123章有一段关于摩尼教的记载,有一些学者认为它可能是摩尼所撰大经《大力士经》引文。但是,宗德曼与刘南强认为,吐鲁番文书中的《大力士经》残片显示,此经深受《以诺书》的影响,死海古卷中的《巨人书》残片的内容与摩尼《大力士经》类似,亚兰文《巨人书》可能是摩尼《大力士经》的蓝本,也是从《以诺书》中的有关章节发展而来的。这些内容使人怀疑,塞佛留的这段记载并非以摩尼《大力士经》为根据,而可能是以《钵迦摩帝夜》为根据的。

第六,俱缓部,译云《大力士经》。

摩尼的第 6 部大经在中古波斯文和帕提亚文中称为 Kawan,汉文音译"俱缓"。科普特文文献称之为 Tgraphe nngigas、Pjome nngigas 或 Pjome nncalashire。这个书名在阿拉伯文中作 Sifr al-jababira,含义相同。在《克弗里亚》中,摩尼把《大力士经》包括在自己撰写的七部大经之中,并说"我应帕提亚人之请而写了这本书",或许是应末冒之请撰写了这部包括很多神话故事的著作。摩尼是用叙利亚文撰写此书的,不过他的门徒显然不仅把此书传播到帕提亚,而且把它传播到了更加遥远的中亚各地。恒宁收集与翻译的《大力士经》残片由各种中亚语文写成,包括中古波斯文(M101 等,彩色图版 4 - 9)、粟特文和回鹘文。

巨人的故事广泛流传于各种文化当中,摩尼应该对《圣经》里的巨人故事(《创世纪》6:1—2、4,图 4 - 13[1])并不陌生:

> 当人在世上多起来,又生女儿的时候,神的儿子们(sons of God)看见人的女儿美貌,就随意挑选,娶来为妻。……当时,地上住着一些巨人,他们后来也存在。后来,神的儿子们和人的女儿们交合生子,那就是上古英武有名的人。

《圣经》中这个三言两语的故事,在希伯来文的犹太教启示文学作品《以诺书》中发展成情节丰富的长篇故事。这部假托以诺所著的作品的埃塞俄比亚文译本(通称《以诺书一》[1 Enoch])完整地保存至今,还有希腊文译本的一个很长的片断也保存了下来,斯拉夫基督教徒的一个改写本(通称《以诺书二》[2 Enoch])也流传了下来。在死海古卷中也发现了此书的亚兰文残片。不仅如此,米利克(J. T. Milik)还

---

〔1〕[2010 - 06 - 11]. http://livingjourney. files. wordpress. com/2009/10/nephilim2. jpg.

·欧·亚·历·史·文·化·文·库·

图 4 – 13　神的儿子娶人类的女儿为妻

在死海古卷中识别出一些不同于《以诺书》的巨人（gibborim）故事残片,他将这些残片与恒宇辑录的《大力士经》残片作了比较研究后,肯定在犹太教中原来就有一部《巨人书》。摩尼从小在犹太化的基督教净洗派中长大和接受教育,应该很熟悉《以诺书》和《巨人书》,他就从这两部书中汲取素材,写成了自己的经典《大力士经》。

从现存摩尼教《大力士经》残片及各种改编本来看,故事梗概如下:守望者（Watchers）本来相当于《圣经》中神的儿子们,是"堕落的天使"。但是在摩尼教中,非黑即白,这些守望者不再具有神性,而是被囚禁在天上的魔头。他们发动叛乱,来到人间,犯下种种恶行,包括把奇技淫巧教给人类，把天上的秘密告诉人类。他们与人类的女儿交合所生的巨人更是无恶不作，危害人间。人间的哀痛为天使所闻，上达天听，于是神下令囚禁守望者、消灭巨人，派以诺去宣示神意。巨人们反而去求以诺为他们说情。当派去见以诺的巨人带着神意回来后，巨人们陷入绝望之中。在最后的战争中，巨人们被四大天使击败。塔迪厄认为，由于波斯国王瓦赫兰一世及此后的波斯国王成了摩尼教的主要敌人，摩尼教徒遂把摩尼原来献给波斯国王沙卜尔一世的《沙卜拉干》撤出经典之列，而以《大力士经》为7部大经之一。《大力士经》可以解释为以巨人的悲剧影射波斯国王的结局。在中古波斯文与帕提亚文中，"俱缓"是一词多义的，既有"巨人"之意，也有"王子、领主"之意。

在现存摩尼教绘画作品中，也有一件可能与《大力士经》有关，这就是绢画残片 MIK Ⅲ 6279（彩色图版 4-10）。画的上端部分为橘黄底色，用摩尼字体、中古波斯语写了一些文字，虽然已经释读出来，但是保存下来的词语并没有提供解释画的线索。画面的中部保存得很差，从右侧有一红色花梗延伸过来，到了大约画面当中，就转而向上生长，有一个白色椭圆形花蒂，花蒂上生长着一朵奇特的花。在花梗之下有两个武士，但是只能看到头部和胸部。两个武士面孔上引人注目之处是两只很大的平直的眼睛，鼻子和嘴用红线勾边。他们穿着蓝色金属条构成的胸甲，用黄色金属领子保护颈部，头戴蓝色帽盔。两个武士每人都挥舞一把直形宝剑，剑体为蓝色，剑柄为黄色。右边的武士以左手高举宝剑，砍向魔鬼。左边的武士以右手握剑，直刺魔鬼。这个魔鬼形象非常大，但只保存下来一些绿色的头发、黄白色耳朵以及蓝灰色脸庞的一小部分。因为这个魔鬼与武士相比，奇大无比，使我们有理由假设，这就是巨人。

第七，阿拂胤部，译云《赞愿经》。

摩尼的第7部大经在中古波斯文中作 āfrīn，在帕提亚文文中作 āfriwan，汉文音译阿拂胤（Psalms and Prayers）。科普特文《赞美诗集第二部分》第47、140页上都说，摩尼撰写了两首赞美诗（ψαλμός）。但是，现存科普特文赞美诗集中，没有包括摩尼亲撰的这两首赞美诗。帕提亚文书 M40 R 据说是《大赞愿经》(*Vuzurgān Afrīvān*)残片,赞美最高神光明之父,是摩尼的亚兰文原作的译本。帕提亚文书 M538(彩色图版 4 – 11)和 M75 据说是《小赞愿经》(*Qšūdagān Afrīvān*)残片,赞美了最高神伟大的父(汉文称为明界常明主、大真实主、大慈悲主)、十二个光明世界(汉文称为十二宝光王、十二光王)、众光明世界(汉文称为无数世界诸国土、众妙世界微尘国土、涅槃国土)、生命之气(汉文称奇特妙香空、常活妙空、妙生空)和备受赞誉的大地(汉文称为金刚宝地原堪誉、堪褒誉地、金刚宝地),这在汉文《下部赞》中合称为"五种大"。但是,塔迪厄认为,摩尼教徒声称某些诗篇的作者是摩尼,是不足为据的。我们实际上无法确定哪些诗是摩尼所撰。摩尼作为诗人,可能意识到自己用古叙利亚文撰写的诗歌很难翻译成其他语言,因此并不鼓励他的门徒翻译他的诗歌,而是鼓励他们用自己的母语创作赞美诗。至今保存下来的摩尼教文献中就包括其门徒用各种语文所撰写的大量赞美诗。

大门荷翼图一,译云《大二宗图》。

"门荷翼"可能是帕提亚文 *bungāhīg 的音译,这个帕提亚文词汇或许是源自 bungāh 的形容词,意为"基本原理",这与汉文意译"二宗"的意思相近。《摩尼光佛教法仪略》将其置于七部大经之后,显然认为其重要性仅次于这些摩尼撰写的经典。从名称上就可以看出来,这并非文字作品,而是一幅绘画,或者一套图画作品。在科普特文《布道书》25 和 18 中都在摩尼亲撰的七部大经之后列出Εἰκών,意为"图像",即以图画形象说明摩尼的教义。汉文名称《大二宗图》证实了这一点,即这是一种说明摩尼教明暗二宗教义的图片(集)。

在帕提亚文里,这一图画称为《阿达罕》(*Ārdhang*),后来这个名称以几种讹误的形式出现。在波斯文献中,摩尼的 Ertenk(图画)享有很高声誉。据记载,直到 11 世纪,在加兹纳(Ghazna)还可以看到图集的摹本。可靠的波斯作家巴雅纳·阿迪安(Bayānu'l-Adyān)写道:"他们说摩尼能用一种方法在一段素绢上画线,如果什么人抽出绢上的一根丝,整条线就消失了;他是一本绘有各种图画的册子的作者,他们称这本册子为摩尼的《阿尔章》(*Erzeng*);它存放在加兹尼(Ghaznīn)的宝库里。"在吐鲁番出土的帕提亚文文书中,有一残片(M35),被称之为《阿达罕注释》(*Ārdhang Wifrās*),其中包括对世界末日大火的许多比喻。这说明《阿达罕》可能描绘了世界末日的大火。

科普特文《克弗里亚》第92章反映出摩尼的《图集》可能是一本包括许多图画的画册。这一章中,一位慕道友(catechumen,即在家信徒,又称听者)询问摩尼,为什么他没有在自己的《图集》中为慕道友未来命运作图解。这一章写道:

> 使徒(摩尼)被问道:为什么当你在《图集》中描绘一切时,你却不把慕道友的净化也画出来?他们将在轮回中得到净化。
>
> ……
>
> 你在那本伟大的《画集》中阐明(一切):你已描绘了正义者(the righteous,即出家的僧侣,又称选民),他怎样得到解脱、带到审判之神(the Judge)面前,以及到达明界。你也描绘了罪人,他将怎样死去。[他]将被置于审判之神面前,被执法者所审判……他被扔进地狱(gehenna),他将永远在那里徘徊。这两者都被你在伟大的《画集》中画出来了;但是为什么你没有描绘慕道友?他将怎样从其躯体中得到解脱;他将怎样被带到审判之神面前……到达指定给他的所在……他能在安息之地永远安息。

提问者希望看到慕道友的道路,能够在《画集》中面对面地看到慕道友。觉者(摩尼)对提问者的解释是:慕道友不可能画进《画集》中去,因为慕道友不能直接进入生命之地,他必须转世为选民,然后才能到达明界。不可能描绘慕道友净化中途的情景,因为他并不是在一个地方得到净化的,也不是在一个地方被清洁与洗涤的。

在新波斯文文献中,保存着一些描写摩尼画技高超的故事。据历史学家米尔宏(Mīrxong)在波斯作家阿米尔·霍斯陆(Amir Khosrow,1253—1325)的《五诗集》(*Khamsa*)中有一幅插图,描绘了摩尼在水晶盖上画死狗,这条死狗画得几可乱真。（图 4 - 14[1]）尼采米（Nizami, 1141—1209）的《五诗集》中也有一幅题材相同的插图。（彩色图版 4 - 12）

图 4 - 14　阿米尔·霍斯陆《五诗集》插图:摩尼在水晶盖上画死狗。

4.4　大经之外的文献

　　《摩尼光佛教法仪略》在列举了 7 部大经及图之后写道:"其余六十年间,宣说正法,诸弟子等随事记录,此不载列。"科普特文《赞美诗集第二部分》(第 47 页)称这些大经之外的文献为摩尼的"言说";而《布道书》(第 25 页)称之为"他的启示、他的寓言、他的秘传"。除了摩尼亲自撰写、描绘的中古波斯文的《沙卜拉干》与古叙利亚文的七部大经并图之外,他的门徒还记录了大量摩尼的言论,加以评论和解释。他的门徒们也撰写了自己的著作。所有这些文献大致可以分为 5 类:宗教历史文献、教义阐释、诗篇、教规仪略和文学作品。

　　第一,宗教历史文献。

　　这些作品类似基督教的福音书、使徒行传,杂有一些奇迹的记载,

---

　　〔1〕〔2010 - 08 - 29〕. http://nrs. harvard. edu/urn - 3:FHCL:983958? height = 150&width = 150.

但是仍然有信史的成分。

(1)希腊文《科隆摩尼古卷》是 1969 年在埃及艾斯尤特(Asyūṭ,古代的里科普里斯[Lycopolis])发现的抄本,大约只有火柴盒大小,是至今所知最小的古卷,内容是摩尼的部分生平事迹及其教义。这个抄本经过修复,现存 96 张纸草纸,每页的面积大概只有 4.5 × 3.8 厘米,另有一些更小的残片。(彩色图版 4 - 13)现存部分记载了摩尼的青少年时代及其传教活动的开始。关于摩尼参加厄勒克塞净洗派(Elkesaite baptist sect,第 11 页)的记载提供了其生平第一个可考的年代。少年摩尼在这个时期由守护天使与"神力"伴随,他见过一些尚无法理解的异象。摩尼 12 岁时身体的"成熟"(tò akmaîon)标志着这个时期的结束。下一个确定的日期是摩尼 25 岁时,其神我(syzygos)向摩尼揭示真理(第 17—18 页)。此后对摩尼生平的描写比较详细,包括他最初的说教活动、与净洗派的冲突、他在辩论中的屈辱以及他最后与他们分道扬镳。这个部分占了现存古卷的主体(第 14—114 页),也包括为教义进行辩护和解释的文字。保存下来的最后部分(第 114—192 页)记载了摩尼教世界性传教事业的开始。具体提及的事件包括摩尼之父跋帝(Pattikios)的皈依(第 118—120 页);提及了波斯湾边的南美索不达米亚港口法拉特(第 140—144 页),也提及了"米底的"冈萨克(希腊文 Gounazák, Ganazák)(第 121 页)。古卷的编者把摩尼首次出现在萨珊王朝皇帝沙卜尔一世(彩色图版 4 - 14)宫廷中的年代置于其第 26 年。

《科隆摩尼古卷》许多地方的叙述显然模仿基督生平的模式,但是仍然包括对摩尼教研究最有价值的历史事实。古卷确定:摩尼是在厄勒克塞(Alchasai)为创始者的犹太—基督教社区里成长的。尽管以前所知道的厄勒克塞的史实并非总是与摩尼所知道的这个教派的实践完全吻合,但是大部分学者相信,《科隆摩尼古卷》关于这个教派的描述是可信的。因为厄勒克塞的追随者们在实际活动中可能修改了厄勒克塞的一些教义。摩尼是在这样一个基督教倾向的社团,而不是在曼达派社团中成长起来的史实,对于我们理解其教义的知识与宗教背

·欧·亚·历·史·文·化·文·库·

景极为重要。摩尼最早的教师们不是在波斯影响下反基督教社团的成员，而是信奉仪式与净洗的有效性的犹太化基督教徒。摩尼新教义中的神智派思想，是从摩尼与这些教师们的分歧中发展起来的。摩尼的教义原来确实是中世纪正统基督教徒所谓的一种基督教的异端。古卷对于波斯研究，特别是断代，也有相当的重要性。古卷写道："［当我］二十四岁的时候，那一年波斯国王阿尔达希（Ardašīr）征服了哈特拉（Hatra）城，他的儿子沙卜尔王加冕［为摄政］，在阴历的法尔马息（Pharmuti）月第八天（公元 240 年 4 月 17/18 日）……"如果征服哈特拉的是阿尔达希，而非其子沙卜尔，那么这是一个旁证，有利于证明沙卜尔继位之年为 241 年，而非 239 年。（图 4 - 15[1]）

图 4 - 15　波斯萨珊王朝皇帝沙卜尔一世的钱币

（2）科普特文《布道书》比较大的一部分（柏林 P. Berol. 15999）在二次世界大战以前被学者们认为不可能修复，仅仅用于展览（戏称"假发"）；目前可能已经丢失了。只有比较小的一部分（彻斯特 - 贝蒂图书馆写本 D，图 4 - 16[2]）被刊布与翻译成德文。这部分现存 48 张（96 页）纸草纸，当为摩尼亲传弟子所著，分为 4 篇。第 1 篇（1.1—7.7）是摩尼去世之际，萨尔麦奥斯（Salmaios）写的挽歌。第 2 篇（7.8—42.8）的作者是库斯泰（Kustai），题为《大战记》（*Sermon of the Great War*），内容与《沙卜拉干》的启示部分类似。第 3 篇（42.9—85.34）是关于"受难"的记叙，即摩尼的囚禁与殉难、在瓦赫兰一世统治下伊朗社会对摩尼教的第一波迫害。第 4 篇（86.1—96.27）是歌颂摩尼升天的颂文。

---

〔1〕〔2010 - 06 - 13〕. http://www. grifterrec. com/coins/sasania/sas_rs/shap_I/i_sas_shapI_29v_rs_o. jpg.

〔2〕Giversen 1986，v. 2.

图 4-16　彻斯特－贝蒂图书馆写本 D 页 30：科普特文《布道书》

这4篇文献为我们展示了摩尼晚年与死亡的情况,犹如《科隆摩尼古卷》为我们提供了摩尼早年的情况一样。

(3)科普特文《行传》,在柏林保存了几张纸草纸(P15997),在都柏林保存了1页。可以作为《科隆摩尼古卷》和《布道书》的补充,为摩尼教历史提供一些资料。

(4)伊朗语、回鹘语资料,包括回鹘语的《牟羽可汗入教记》,也增加了我们对摩尼教的传播情况的了解。

第二,教义阐释。

(1)科普特文《克弗里亚》。

这份摩尼教义的评注以科普特文译文的形式保存了下来,在埃及法雍(Faiyum)附近出土,共有800多页。第一部分在柏林得以修复(P15996),290多页已经释读、德译与英译,题目是《导师的克弗里亚》;第二部分保存在爱尔兰首都都柏林的彻斯特-贝蒂图书馆(写本C),题目是《我主摩尼智慧的克弗里亚》,已经刊布了照相版(图4-17[1])。这两个部分的题目稍有不同,但是,这两份抄本完全可能是同一部著作的两个部分。只有当全部抄本都释读出来以后,才能确定两者之间的关系。这部著作的书名出自希腊文 Kephalaia,意思是"纲目",可谓摩尼教教义的概述。这部著作很可能是摩尼死后的第一代弟子们所著(3世纪后期)。当时新创立的摩尼教面临着异教(琐罗亚斯德教和基督教)当局的压迫,必须把摩尼思想的最微小的细节都予以澄清,把散见在摩尼原著中的教义归纳在一起,并且加以阐发。

柏林抄本一开始对摩尼教的宇宙观作了概述,列举了摩尼撰述的经典,列举了以前的先知:耶稣、琐罗亚斯德(图4-18[2])和佛陀,而以摩尼作为最后的先知,叙述了神我的启示。最初的一些章节看来打算形成一个结构,但是很快就看不出什么结构了,在随后的200多章里,讨论了各种各样的教义。这部著作揭示了摩尼本人对所有的自然

---

〔1〕Giversen 1986, v.1.

〔2〕[2010-06-23]. http://www.energyenhancement.org/Zarathustra/zarathustra2.jpg.

图 4 – 17　彻斯特 – 贝蒂图书馆藏写本 C 页 300：
科普特文《我主摩尼智慧的克弗里亚》

现象、天文、众神与魔鬼的世界都有浓厚的兴趣加以研究与阐释。各章的长度大相径庭,可见此书是把各种来源的口头传承或书面文献辑录在一起而形成的。各章叙述的标准模式通常是一开始由一个弟子(有时候是持不同意见者)向使徒(或"觉者",有各种称呼,均指摩尼)提出问题。通常来说,没有提出这个问题的上下文,或者历史背景的细节。然后使徒回答这个问题,使所有的听众心悦诚服。结束也可能是祈祷或对摩尼的

图 4–18　琐罗亚斯德

赞颂,感谢他的启示。这种模式也见于早期基督教和佛教文献。

我们以《导师的克弗里亚》第 7 章《关于五个父亲》为例,管中窥豹。此书的英译者加德纳在这章的提要中说明:这一章因为完整有序地列举了摩尼教召唤出来的各种神祇,所以成了《克弗里亚》中最著名的篇章之一。但是,应该注意,它是从救赎的角度列举诸神,与其他神谱的排列不同。第一个父亲是伟大的父亲(汉文的无上光明王),召唤出 3 个化身:第一个化身是母亲神(善母佛),第二个化身是光明之友(乐明佛),第三个化身是第三使(日光佛)。第二个父亲就是第三使,他又化出三种力量:第一个是光耀柱(卢舍那),第二个是光明耶稣(夷数佛),第三个是光明处女(电光佛)。第三个父亲就是光明耶稣,他也召唤出三种力量:第一个力量是光明心灵(惠明佛)。"耶稣召唤出来的第二个力量是伟大的审判之神(Judge),他对人类的所有灵魂进行审判,[他的]居处建立在空中,在[……/……]轮子[……]星辰。"第三个力量是少年(Youth,意为"少年耶稣")。第四个父亲是光明心灵,他也召唤出三种力量:第一个力量是光明使者(Apostle of Light),第二个力量是一直伴随使者的伙伴(counterpart,即神我),第三个力量是光明形貌(Light Form)。"第五个父亲也就是光明形貌,将出现在每个将脱离肉体束缚的人面前,相应于使者的形象;三大荣耀天使(angels)与其

同来。一位(天使)手捧奖品(prize)。第二位带着光明之衣(light gar-ment)。第三位拿着王冕(diadem)、花冠(wreath)和光明之冠(crown of light)。这是三位光明的天使,他们将与这光明形貌一起前来;他们与其一起出现在选民与慕道友面前。"

  3世纪后期在西方撰述的《克弗里亚》的教义,自然不可能原封不动地照搬到东方来,一直延续到10世纪。但是,由于《克弗里亚》篇幅甚大,细节甚多,对于我们理解汉文摩尼教文献时时带来启发。如果我们将《关于五个父亲》与汉文《下部赞》中的《收食单偈》作一比较,异同立见。《收食单偈》载"一者无上光明王,二者智惠善母佛,三者常胜先意佛,四者欢喜五明佛,五者勤修乐明佛,六者真实造像佛,七者信心净风佛,八者忍辱日光佛,九者直意卢舍那,十者知恩夷数佛,十一者齐心电光佛,十二者惠明庄严佛。"(第169—171颂)两份文献相同的有8个神,《关于五个父亲》没有包括先意、五明、造像、净风等4个神。而《收食单偈》没有包括审判之神、少年耶稣、光明使者及其伙伴、光明形貌、三个天使等8个神。《下部赞·普启赞文》则不仅讲到了《收食单偈》中的12个大神,而且还讲到了五种大、净风五子、唤应警觉声等神,几乎是摩尼教神祇大全。有几个神可以在《关于五个父亲》中找到一些线索:"又启阁默善思惟,即是夷数慈悲想,真实断事平等王,并及五明清净众。复启特胜花冠者,吉祥清净通传信,最初生化诸佛相,及与三世慈父等。"(第131—132颂)"又启普遍忙你尊,阁默惠明警觉日,从彼大明至此界,敷杨正法救善子。诠柬十二大慕阇,七十有二拂多诞,法堂住处承教人,清净善众并听者。"(第135—136颂)"一切诸佛常胜衣,即是救苦新夷数,其四清净解脱风,真实大法证明者。"(第138颂)"又启真实平等王,能战勇健新夷数,雄猛自在忙你尊,并诸清净光明众。"(第152颂)这里的"真实断事平等王"即"真实平等王",就是"审判之神"。"特胜花冠者"可能是指拿着花冠等"三大胜"的天使。"忙你"就是摩尼,即光明使者(明使),慕阇等就是他的伙伴。"新夷数"可能是"少年耶稣"的汉文翻译。

  (2)科普特文《生命福音》的集注(The Synaxeis)。

这是另一本关于摩尼教教义的科普特文著作,小部分(13 张纸)保存在都柏林(彻斯特－贝蒂图书馆写本 B),大部分保存在柏林(柏林纸草纸收藏 P15995)。这是摩尼语录及摩尼著作中的引文的评注集成,用于礼拜之际。

(3)帕提亚文、粟特文、回鹘文《[明使演说]惠明经》与汉文《摩尼教残经一》。

《[明使演说]惠明经》的帕提亚文原本已经佚失,现存的帕提亚文残片可能是其异本(彩色图版 4－15)。现存粟特文、回鹘文残片以及汉文《摩尼教残经一》可能都是从帕提亚文原本翻译过来的。张广达先生将宗德曼辑校《[明使演说]惠明经》帕提亚文、粟特文残片的工作比作考古学家拼接破碎陶片以修复器皿,缺失部分需要依靠石膏胎底构筑成型复原,而汉文《摩尼教残经一》就起着复原的石膏胎模的作用。同时,帕提亚文、粟特文、回鹘文残片虽然数量不大,但是有助于我们破译汉文《摩尼教残经一》中若干难以理解的词语和细节。

《摩尼教残经一》的题目与最前面的部分已缺佚,保存下来的部分一开始写道:

□□□□□若不遇缘,无由自脱,求解□□□□:"肉身、本性,是一为是二耶?一切诸圣,出现于世,施作方便,能救明性,得离众苦,究竟安乐?"作是问已,曲躬恭敬,却住一面。

尔时明使告阿𭶠言:"善哉善哉!汝为利益无量众生,能问如此甚深秘义,汝今即是一切世间盲迷众生大善知识。我当为汝分别解说,令汝疑网永断无余。"(彩色图版 4－16)

虽然前面残缺,还是可以判断,提问者就是摩尼的主要门徒之一阿𭶠。这种开篇的方式,弟子提问,觉者回答,初看很像佛经。但是,科普特文《克弗里亚》主要也是用这种开篇方式,很可能《摩尼教残经一》与《克弗里亚》的开篇方式同出一源,不过在东方传播的过程中染上了佛教色彩。《摩尼教残经一》不仅开篇方式可能与《克弗里亚》同出一源,而且在内容上多有与《克弗里亚》相应之处。

《摩尼教残经一》从净风、善母造成世界和贪魔造立人身讲起,叙述贪魔以五明性禁于肉身,而惠明使与之斗争,使五明性得以解脱,也即使故人转化为新人。这部分内容与《克弗里亚》第38章相近。(参见第2章第5—7节)《摩尼教残经一》的另一个主题是惠明使通显三大光明日,降伏两种无明暗夜,与《克弗里亚》第4章相近。

《摩尼教残经一》有两处讲到三大光明日与两种暗夜。

第一处是第66—82行:

066 ……如此肉身,亦名故人。即是骨、筋、脉、肉、

067 皮、怨、嗔、淫、怒、痴及贪、馋、淫,如是十三,共成一身,以像无始无

068 明境界[第一暗夜]。第二暗夜即是贪魔毒恶思惟诸不善性,所谓

069 愚痴、淫欲、自誉、乱他、嗔恚、不净、破坏、销散、死亡、诳惑、返逆、

070 暗相,如是等可畏无明暗夜十二暗时,即是本出诸魔记

071 验。以是义故,惠明大智以善方便,于此肉身,铨救明性,令

072 得解脱;于己五体化出五施,资益明性:先从明相化出怜

073 悯,加被净气;次从明心[化出诚性,加被净风;次从明念]化出具足,加被明力;又于明思化出忍

074 辱,加被净水;又于明意化出智惠,加被净火。呼嚧瑟德、

075 嗽嘍[嚷]德,于语藏中加被智惠。其气、风、明、水、火、怜悯、诚信、具

076 足、忍辱、智惠,及呼嚧瑟德、嗽嘍嚷德,与彼惠明,如是十

077 三,以像清净光明世界明尊记验。持具戒者,犹如日也。

078 第二日者,即是智惠十二大王,从惠明化,像日圆满,具足记验。

079 第三日者,自是七种摩诃罗萨本,每入清净师僧身中,

080 从惠明处受得五施及十二时,成具足日,即像窣路沙罗

081 夷大力记验。如是三日及以二夜,于其师僧乃至行者,并

082 皆具有二界记验。……

第二处是第201—217行：

201 又惠明使,于暗魔身,通显三大光明惠日,降伏二种无明暗

202 夜,像彼无上光明记验。第一日者,即是惠明;十二时者,即是胜相

203 十二大王,以像清净光明世界无上记验。第二日者,即是新

204 人清净种子;十二时者,即是十二次化明王,又是夷数圣相妙衣,施

205 与明性,以此妙衣庄严内性,令其具足,拔擢升进,永离秽土。

206 其新人日者,即像广大窄路沙罗夷;十二时者,即像先意及

207 以净风各五明子,并呼嘘瑟德、呦嘍嚷德,合为十三光明净

208 体,以成一日。

209 第三日者,即是说听及唤应声;十二时者,即是微妙相、心、念、思、

210 意等,及与怜悯、诚信、具足、忍辱、智惠等。是其此唤应。第四

211 日者,以像大界日光明使、怜悯、相等。十二时者,即像日官十二化

212 女,光明圆满,合成一日。

213 其次复有两种暗夜。第一夜者,即是贪魔;其十二时者,即是

214 骨、筋、脉、肉、皮等,及以怨憎、嗔恚、淫欲、忿怒、愚痴、贪欲、饥

215 火,如是等辈,不净诸毒,以像暗界无始无明第一暗夜。

第二

216 夜者,即是猛毒欲炽焰;十二时者,即是十二暗毒思惟。如是

217 暗夜,以像诸魔初兴记验。……

这两处描述不尽相同,可能出自不同的资料来源。如果与《克弗里亚》第四章作一比较,有助于我们分析摩尼本来的教义。《克弗里亚》第25页第7—36行写道({ }里是对应的汉文神名及编号):

07 　　　　　四

08 　关于四个伟大的白天,

09 　它们相继化出,

10 　以及四个暗夜

11 再一次觉者说:四个伟大的白天相继

12 化出;它们相继被呼唤出来! 第一个

13 [伟大的白天]是父亲{1 光明王}——真理之神,第[一]……

14 ……在他伟大的永世{众妙世界}中间,在他的生[命王

15 国中]。这个伟大的白天的十二时

16 [是]十二个伟大的大宝神{A 宝光王}。

17 [这些]是他第一次呼唤出来[以反映]

18 他的伟大的,他把他们分布在四方,三个

19 随着三个地在他面前。

20 第二日是第三使{11.1 日光佛},他

21 住在光明之舟上。他的十二时是

22 他以自己的伟大呼唤出来的十二童女{12 十二化女}。

23 [第三日是光耀柱{13.1 窣路沙罗夷},那伟大的支撑

24 者,他比]所有的[支撑者都伟大];他支撑[……]

25 在上的和在下的一切。它的十二时是

26 五个儿子出自原人{3 先意};五个儿子出自救活之

·欧·亚·历·史·文·化·文·库·

27 灵{8 净风},他们负重支撑

28 宇宙;以及唤神{5 说听}和应神{10 唤应},他们被算在这十

29 兄弟一起。这些是十二光明时,出自第

30 三日。第四日是耶稣

31 明使{14.1 夷数},他[居于]其教会中。他的十二

32 时是十二智慧,这些是他的

33 [光明时]。这些就是四个伟大的白天,它们

34 [相继]而来;它们相继被呼唤出来。它们

35 [……受祝福的是]每一个知道它们的人,而

36 [……]光明!

就像存在四个白天一样,也存在四个暗夜。第一个暗夜是黑暗之地。它的十二时包括黑暗之地的五种元素(烟、火、风、水、暗)、五种精灵([烟部]、火部、偶像部、水部、占卜部),一共十暗时,还缺二暗时,由于文书残缺无法确定。比照下文,或许是淫欲与饥火。第二个暗夜是物质,其十二时是雌雄各五种感官,加上淫欲与饥火。什么是五种感官,尚无确证,比照汉文,可能即骨、筋、脉、肉、皮。第三暗夜是雌雄各五个肉体世界(人类、四足动物、鸟、鱼、爬虫),加上淫欲与饥火,也即其十二时。第四个暗夜是罪恶的律法,其十二时是黄道十二宫。

科普特文的四个白天与四个暗夜,比较规整,内部矛盾较少,侧重于宇宙论。这些宇宙论的细节,对东方信徒来说,甚为生疏,于是就被简化了。东方文献在简化的过程中,删除了黄道十二宫等细节,同时加强了伦理学的成分:将光明日与怜悯、诚信、具足、忍辱、智慧等美德联系起来,将暗夜与愚痴、淫欲、自誉、乱他、嗔恚、不净、破坏、销散、死亡、诳惑、返逆、暗相等罪恶联系起来。但是,在删改增补的过程中可能出现了不同版本,也造成了一些重复与混乱。

《摩尼教残经一》在第二次讲述了三大光明日与两种暗夜之后,详细讲述了大王、智慧、常胜、欢喜、勤修、平等、信心、忍辱、直意、功德、齐心一等、内外俱明等十二光明大时,每一种都有五种记验,也即详细阐

述了摩尼教师僧应该弘扬的种种美德。最后写道：

> 尔时会中诸慕阇等，闻说是经，欢喜踊跃，叹未曾有。诸天善
> 神、有碍无碍及诸国王、群臣、士女、四部之众，无量无数，闻是经
> 已，皆大欢喜，悉能发起无上道心。犹如卉木值遇阳春，无不滋茂；
> 敷花结果得成熟，唯除败根，不能滋长。

这样的结尾与开头一样，既与《克弗里亚》的一般格式相仿，也显示出明显的佛教色彩。

第三，诗篇。

摩尼教诗篇的各种形式大相径庭。要对这些不同形式获得一个清楚的概念，必须仔细审视现存资料。首先，有一些赞美诗显然是从叙利亚文翻译过来的。其他一些赞美诗看来是用某一种东方语言——伊朗语、突厥语或汉语——撰写的。第三类，看来是用某种西方语言——希腊语、拉丁语或科普特语撰写的。

（1）科普特文和希腊文《赞美诗集》。

埃及摩尼教教会的科普特文圣歌诗集抄本是一大卷中等尺寸（27 cm × 17.5 cm）的纸草纸文书，出自法雍，今天保存在爱尔兰都柏林彻斯特 – 贝蒂图书馆（写本 A，图 4 – 19[1]）。其第一部分只出版了照相版（*Manichaean Coptic Papyri*, v.3），第二部分则已经由奥伯里释读、英译、刊布。第二部分的末尾，抄写者把此诗集中所有编号的诗歌都根据其在礼拜仪式中的用途、或者其作者做了索引：僧侣集会（synaxis）的赞美诗、星期天礼拜的赞美诗、复活节赞美诗、赫拉克利德写的赞美诗、祈祷守夜的赞美诗、庇麻节赞美诗、歌颂耶稣的赞美诗（写本中并无此题，为近代编者所加），然后又是赫拉克利德写的赞美诗。在《杂类》的题目下还有许多没有特别标明用途的诗歌。在有编号的诗歌之后，是没有编号的诗歌，显然并非用于仪式之中，有：杂类、托钵僧之歌、赫拉克利德之歌，以及托马斯之歌（可能是编入这个写本的曼达派诗歌）。整个诗集对于了解 4 世纪中叶摩尼教社团实际进行的礼拜祈祷内容具

---

〔1〕Allberry, Plate I.

有极大的重要性。

图 4 - 19 彻斯特 - 贝蒂图书馆藏写本 A：

科普特文《赞美诗集第二部分》页 206

在此仅举一例：编号为 CCXLI 的诗歌是庇麻节赞美诗之一，把摩尼的主要经典比做医生治病的良药与医疗器械。

啊，[伟大的医生来了：他知道怎样医疗所有的人。

他]打开自己的医药箱，他大声呼唤："希望得到治疗的人，就会得到治疗。"

看看他的治疗那么多种多样；他没有保留任何治疗方法。

他在生病的人面前从不退缩，他不忽视那些受伤的人。

他在自己的工作上技艺精湛;他嘴里说出来的话很温暖。

他知道怎么切除伤口,并敷上清凉的药。

他切除和清理[伤口];他在一天里炙了[伤口]又减轻痛苦,

看,他的仁慈使我们每个人都不讳疾忌医。

让我们不要向他隐瞒自己的疾病,从而让毒瘤潜藏在我们的成员当中,

新人的清净大力的形象,它将摧毁[毒瘤]。

他有能对付每一种感染的解毒剂。

在他的解毒剂中有二十二种复合物:

他的《伟大的福音》[是]所有光明事物的佳音。

他的水罐是《宝藏》——《生命》之宝藏。

在它里面有热水,也有冷水和它混合在一起。

他擦干净疮痍的柔软海绵是《钵迦摩帝夜》。

他的手术刀是《神秘经》。

他的出色的药签是《大力士经》。

放每一种药剂的大阿魏干药箱是他的《书信集》。

……热(?),两篇《赞美诗》,哭泣的(?)……

……也有冷的(?),他的《祈祷书》和他所有的《语录》。

[啊,]我们医生的考验:我的兄弟们,让我们恳求他。

他会给我们医疗,治愈我们……

在达赫莱绿洲的喀里斯(易司曼特·埃勒-哈拉布)考古发掘中发现的木简上也有一些科普特文赞美诗,其中有些与麦地纳-马地所出《赞美诗集》中的诗对应。喀里斯还出土了罕见的3、4世纪之交的希腊文赞美诗。(图4-20[1])

(2)伊朗语赞美诗。

就像埃及的摩尼教社团一样,讲伊朗语的摩尼教徒也有他们自己的圣歌。帕提亚文赞美诗以两首长篇组诗为代表作:《胡亚达曼》和

[1]Kellis literary texts, v.2, Supplementary images, Plate 32.

图4-20　喀里斯出土希腊文文书

P. Kell. Gr. 97 B. Ⅰ—Ⅲ verso:赞美诗

《安格·罗斯南》。这两首长诗的作者可能是末冒,写作的年代为3世纪。恒宁在1943年为《下部赞》的英译本作注释时指出,《胡亚达曼》的第一篇被翻译成汉文,即《下部赞》中的《叹明界文》,我们将芮传明先生汉译的《胡亚达曼》第一篇中比较完整的语句与相应的《叹明界文》语句作一对照,以了解帕提亚文与汉文赞美诗的异同(见表4-3)。

表 4-3 《叹明界文》与《胡亚达曼》对照表

《叹明界文》	《胡亚达曼》第一篇
261 叹明界文,凡七十八颂,分四句,末冒慕阇撰。	胡亚达曼之始 胡亚达曼第一诗章
262 我等上相悟明尊,遂能信受分别说。 大圣既是善业体,愿降慈悲令普悦。	1 我们幸运的是,通过你,我们知道并接受了你的教导。仁慈的主啊,向我们展示恩惠吧。
263 蒙父愍念降明使,能疗病性离倒错。 及除结缚诸烦恼,普令心意得快乐。	2 父尊的使者治愈了灵魂,给予大家欢乐,并且解除了忧伤。
265 一则高广无限量,并是光明无暗所。 诸佛明使于中住,即是明尊安置处。	4 高耸巍峨,无边无限,那里从未有黑暗。……
267 圣众法堂皆严净,乃至诸佛伽蓝所。 常受快乐光明中,若言有病无是处。	6 一切修道院全都华丽宏伟,以及……居处。因为他们在光明中十分快乐,不知痛苦为何物。
268 如有得往彼国者,究竟普会无忧愁。 圣众自在各逍遥,拷捶囚缚永无由。	7 来到那里的一切人,都不朽长存。既无殴打也无折磨施加于他们。
279 所着名衣皆可悦,不因手作而成就; 圣众衣服唯鲜洁,纵久不朽无虫蝼。	18 他们所穿的衣服全非手工制成。他们永远清洁和明亮,其中全无虫蚁。
283 花冠青翠妙庄严,相映唯鲜不萎落; 肉舌欲叹叵能思,妙色无尽不淡薄。	22 他们的青翠花冠从不褪色;它们鲜艳缤纷,五颜六色。
284 圣众体轻恒清净,手足肢节无拥塞; 不造有为生死业,岂得说言有疲极?	23 他们的身体从不疲劳无力。瘫痪症从不会麻痹他们的四肢。

续表 4 - 3

《叹明界文》	《胡亚达曼》第一篇
285　彼圣清虚身常乐,金刚之体无眠睡; 　　既无梦想及颠倒,岂得说言有恐畏?	24 他们的灵魂从不昏睡。他们从来不知乱梦与幻觉是何物。
286　圣众常明具妙惠,健忘无记彼元无, 　　无边世界诸事相,如对明镜皆见睹。	25 在他们的思想中从无遗忘之事……
287　诸圣心意皆真实,诈伪虚矫彼元无, 　　身口意业恒清静,岂得说言有妄语?	26 ……欺骗……
289　饥火热恼诸辛苦,明界常乐都无此, 　　永离饥渴相恼害,彼亦无诸咸苦水。	28 在此界域内,不知饥饿与苦恼为何物。那里没有干渴……
290　百川河海及泉源,命水湛然皆香妙, 　　若人不漂及不溺,亦无暴水来损耗。	29 那里一切湖泊的水都奇妙地芳香。他们从来不知道什么是洪水和淹没。
293　神足运转疾如电,应现十方无障碍。 　　奇特妙形实难陈,诸灾病患无能害。	32 他们走路逾闪电。他们的体内绝无疾病。
294　迫迮诸灾及隘难,恐惧一切诸魔事, 　　战伐相害及相杀,明界之中都无此。	33 ……一切黑暗势力的活动……从未见于他们之中,也无攻击与战斗。
295　世界常安无恐怖,国土严净无能组, 　　金刚宝地无边际,若言破坏无是处。	34 害怕和恐惧不存在于这些地方……在这些界内,没有破坏。
296　彼处宝树皆行列,宝果常生不凋朽, 　　大小相似无虫食,青翠茂盛自然有。	35 ……这些树不会摇落……所有的果实。

《叹明界文》	《胡亚达曼》第一篇
299 彼国园苑广严净,奇特香气周园圃; 瓦砾荆棘诸秽草,若言有者无是处。	38 所有的花园都发出香气,以至 ……它们之中从未见到碎砖和 荆棘。
300 彼金刚地常晖耀,内外鉴照无不见; 宝地重重国无量,彻视闲闲皆显现。	39 整个界内光明闪烁……见于其 间……
309 所从宝地涌出者,皆有见闻及觉知, 得睹无上涅槃王,称赞歌扬大圣威。	48 凡是上升到明界内者,凡是获得 灵智者,都将赞颂这受人歌颂和仁 慈的尊神。
310 彼处暗影本元无,所有内外明无比, 一切身相甚稀奇,于宝地者恒青翠。	49 在……无人会有阴暗影子。在 此界内的一切身体和相貌全都发 射光芒。
311 圣众形躯甚奇特,高广严容实难思, 下彻宝地无边际,欲知限量无是处。	50 它们的领土……此界的深度没 有止境。
312 彼圣妙形堪珍重,元无病患及灾殃, 有力常安无衰老,说彼无损体恒强。	51 他们十分珍贵,其形体不会遭受 伤害。其肢体不会软弱和衰老。
313 若非大圣知身量,何有凡夫能算说? 金刚之体叵思议,大小形容唯圣别。	52 没有任何人能够说出他们的大 小,或者得知多少……
314 圣众色相甚微妙,放大光明无边所, 无始现今后究竟,若言身坏无是处。	53 他们的形象展现了……
315 人天圣凡诸形类,叵有肉舌能赞彼。 诸佛性相实难思,金刚宝地亦如是。	54 甚至一切……此界……

续表 4 - 3

《叹明界文》	《胡亚达曼》第一篇
316 圣众常乐无疲极,珍重荣华究竟说,身相微妙恒端正,内外庄严实难说。	55 一切……
319 光明界中诸圣等,其身轻利无疲重,妙形随念游诸刹,思想显现悉皆同。	58 ……他们之中没有任何疲重之躯……思想……
320 圣众齐心恒欢喜,演微妙音无停止,赞礼称杨无疲厌,普叹明尊善业威。	59 他们欢乐无比,唱颂美妙赞歌。他们持续地敬畏崇高的和……尊主。
321 赞呗妙音皆可悦,其声清美皆安静,上下齐同震妙响,周遍伽蓝元不宁。	60 到处充满了欢乐,以及甜蜜的、令人愉悦的歌声……所有的寺院。
322 其音演畅甚殊特,遍互歌杨述妙德。诸圣快乐皆究竟,常住恒安无疲极。	61 ……他们相互赞颂。他们全都永远健康地生活。
323 光明宝地无边际,欲寻厓岸无是处。元无迫迮及遮护,各自逍遥任处所。	62 ……此界无边际……一切处所。
324 圣众齐心皆和合,元无分折争名利,平等普会皆具足,安居广博伽蓝寺。	63 ……他们没有……伟大……
325 伽蓝清净妙庄严,元无恐怖及留难;街衢巷陌广严饬,随意游处普宁宽。	64 寺院全都辉煌华丽,其中不知恐惧为何物……
329 光明遍满充一切,寿命究竟永恒安。珍重欢乐元无间,慈心真实亦常宽。	68 到处充满光明……欢乐与荣耀……

《叹明界文》	《胡亚达曼》第一篇
330 常乐欢喜无停息,畅悦身意宝香中, 不计年月及时日,岂虑命尽有三终。	69 ……欢乐和愉快…… 计算时日 (?)……

　　《胡亚达曼》的帕提亚语原文每颂两行,汉语《下部赞》中的《叹明界文》则扩展成每颂四句、每句七言的韵文,将原文的意思加以修饰、形容和展开,平添了不少新的内容。汉语文书还采用了不少佛教术语来表达帕提亚文书里的摩尼教教义。

　　吉田丰刊布了日本私人收藏的两幅天界图。这两幅天界图是一幅大图上的两个残片。将此二残片与宇宙图(彩色图版 2 - 1)比较,可以推测:天界图 A(彩色图版 4 - 18)右侧坐在玉座上的神当即最高神——明尊(又称大圣、父),他两旁的 12 个神当即十二常住宝光王。离最高神最近的两个神,或许是生命之母(善母)和原人(先意)。两幅天界图残片(彩色图版 4 - 18,4 - 19)上有 5 幢建筑物,门前皆有台阶,建筑物里有一尊神,这可能就代表最高神的五种国土:相、心、念、思、意。残图上还可以看到香烟涌出的宝山。地面上铺着绿色方砖,可能就代表"金刚宝地"。两幅残片都有一树状物,上面有四个神,笔者猜测或许就代表最高神的"四静法身"、"四寂法身":清静、光明、大力、智慧。

　　(3)回鹘文赞美诗

　　东方摩尼教徒也以回鹘文撰写了不少赞美诗,包括长篇的《摩尼大颂》。在此我们以 Pelliot Chinois 3049 为例,与汉文《下部赞》中的《收食单偈》作一比较(见表 4 - 4):

表 4 - 4 《收食单偈》与回鹘文书 Pelliot Chinois 3409 对照表

《下部赞·收食单偈》	回鹘文 Pelliot Chinois 3049
168 收食单偈　大明使释	
169 一者无上光明王， 　　二者智惠善母佛， 　　三者常胜先意佛， 　　四者欢喜五明佛，	第一:至尊——天王阿兹鲁阿神。 第二:智慧——母亲神。 第三:骁勇——阿胡拉·马兹达神。 第四:欢乐——五神。
170 五者勤修乐明佛， 　　六者真实造相佛， 　　七者信心净风佛， 　　八者忍辱日光佛，	第五:勤奋——弗丽罗香神。 第六:真实——般神,他和日神一起把新的众神安置处建立起来。 第七:信仰——维希帕卡尔。 第八:忍受——光明的日神。
171 九者直意卢舍那， 　　十者知恩夷数佛， 　　十一者齐心电光佛， 　　十二者庄严惠明佛。	第九:正直——大力神,他用自己的力量将轻扬的众神提携上升和扶助支持。 第十:善行——光明的月神。 第十一:平和——电光神即卡尼罗香神。 第十二:光明——觉悟的佛陀。
172 身是三世法中王,开杨一切秘密事; 　　二宗三际性相义,悉能显现无疑滞。	具足圆满,光明日由十二微妙时〔合成〕。

　　两者基本相应,只是回鹘文对第六般神、第九大力神加了一些具体描写。最后的句子并不对应,但是回鹘文最后一句的内容与《下部赞·收食单偈》的前面一首类似的诗《一者明尊》的最后一颂对应:"具足如日,名十二时,圆满功德。"

　　(4)汉文《下部赞》

　　根据林悟殊先生的研究,《下部赞》当汉译于唐代后期,即8世纪后半期、9世纪上半期。译者是道明。现存《下部赞》计有七言诗 1254

句,还有少量四言诗和五言诗,以及音译文字三段和一些说明,习惯上被分为 423 颂。残卷的开头稍有缺损,末题"下部赞一卷",基本完整。《下部赞》应该是汉人摩尼教徒礼拜时所用的赞美诗,基本上是从帕提亚文赞美诗翻译过来的。在东方摩尼教赞美诗中,它比较完整,内容比较丰富,为学术界释读比较残碎的中古波斯文、帕提亚文、粟特文和回鹘文赞美诗残片提供了线索与框架。当然,其他语言赞美诗的释读也为我们更深地理解《下部赞》提供了语言学与宗教学方面的论据。《叹明界文》与帕提亚文组诗《胡亚达曼》第一诗章的对应关系,《一者明尊》、《收食单偈》与回鹘文 Pelliot Chinois 3049 的对应关系已见上文,这里以第二段音译文字为例,说明《下部赞》与亚兰语、伊朗语赞美诗的渊源。

　　第二段音译文字为第 154—158 颂。第 154 颂说明"此偈宜从依梵",说明这是一首音译诗,"梵"并非指梵文,而是亚兰语与伊朗语。(图 4 – 21)全诗标明十六个短语,下面第 1 行为汉文原文,第 2、3 行是吉田丰拟构的读音,第 4 行是吉田丰拟构的亚兰语(Aram.)或伊朗语(Iran.)(帕提亚语[Parth.]或中古波斯语[MP.])转写,第 5 行是吉田丰刊布的文书 M260 残片,第 6 行是笔者的意译。

Text

伽　路　師　羅　吒 [＝亡]　　　　　　　　　　　　　一 [8] (1)

*g'ịa luo ṣị lâ　*mịwang

g'ia lo ɕi la　ŋbvoγ̇

Aram.　q'dwš　　　l'b'

[　　　　　　　　　　　　　　]

敬礼称赞,对慈父;

伽　路　師　立　無 [9] 　羅　　　　　　　　　　　　二 (2)

lịəp mịu　lâ

li°b ŋbvy la

q'dwš　　　lbr'

(k)['d]wš　　[lb]r'ḥ

敬礼称赞,对明子;

211

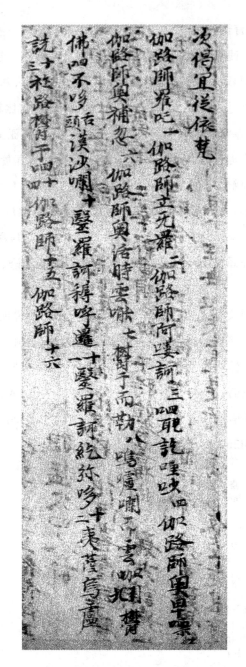

图 4-21　《下部赞》第二段音译文字（第 154—158 颂）

伽 路 師 阿 嗹 訶　　　　　　　　　三 (3)
　　　　　·â *ləŋ xâ ·
　　　　　ɒx uɐɪ ɒ·
q'dwš　　rwh'

[　　　　　　　　　　　]

敬礼称赞,

　呵 耶 訖 哩 吵 [沙]　　　　　　　四 (4)
*xji i̯a ki̯ɐt *lji　　ṣa
xi jia kiɪ li　　　ɕa
　　hy'　qdyš'

(…) qdyš'h

净法风。

　　　伽 路 師 奧 卑 喋[10]　　　　　五 (5)
　　　　　·âu pji̯ɐ *li̯ɐt
　　　　　ɔau pi　liɪ
Parth. kādūš　　ō pidar

[　　　　　　　　] (dr)

敬礼称赞, 对慈父;

　伽 路 師 奧 補 忽　　　　　　　六 (6)
　　　　　puo xuɐt
　　　　　po xoɪ
　kādūš　　ō puhr

q'dwš　'w pwhr

敬礼称赞,对明子;

　伽 路 師 奧 活 時 雲 唾　　　　七 (7)
　　　　　ɣuât ʑi ji̯uən *nəŋ
　　　　　xwaɪ ɕi wyn ndəŋ
　kādūš　　ō wād žïwandag

[　　　　　　　　　] d　jywndg

敬礼称赞,

　鬱 于 而 勒　　　　　　　　　八 (8)
　　·i̯uət ji̯u ńźi teui̯
　　ʔyɪ wy ʑi ləg
　ud　wižïdag

'wt　wjydg

对净法风。

213

嗚¹¹ 嚧 嚩 而 雲 咖¹² [＝加]　　　　　　九 (9)

·uo *luo *lân ńźi jｊuən *ka

ʔo lo lɑn ʑi wyn ka

　rōdān　　　žïwandag

[　　　　　　　]

性命河

鬱 佛 呬 不 哆¹³ 漠 沙 [婆] 嚩　　　十 (10)

·ｊuət b'ｊuət *xji pｊｇu *tâ xân　sâ *lân

ʔyɪ bvyɪ xi pfəu tɑ xɑn　sa lɑn

　ud　　　frihïft　　　　　xānsārān

[　　]d　(…) yft　x'ns'r'n

与怜悯泉。

醫¹⁴ 羅 訶 耨 呼 運　　　　　十一 (11)

·i lâ xâ nｇu xuo *lâ

ʔi la xɑ ndəu xo　la

Aram.　'yl'h'　nwhr'

[　　　　　] (…)

清净、光明、

醫¹⁴ 羅 訶 紇 彌¹⁵ 哆　　　十二 (12)

*ɣuət mjiｇ *tâ

xoɪ mbi ta

'yl'h'　hmt'

' yl ' h ' [　　　　　]

大力、智慧。

夷 薩 烏¹⁶ 盧 詵　　　　　十三 (13)

i *sât ·uo luo sｉｅn

ji sɑɪ ʔo lo ɕiən

MP　yazd　rōšn

[　　　　　　]

清净、光明、

祚 路 鬱 于 呬　　　　　十四 (14)

dz'uo luo ·ｊuət jｊｉu *xji

dzo lo ʔyɪ wy xi

　zōr　ud　wihī

[　　　　　] (r)　'wd　wyhyh

大力、智慧。

伽 路 师   十 五 (15)
Aram. q'dwš

圣哉！

伽 路 师   十 六 (16)
Iran. kādūš

圣哉！

　　这首诗从汉文字面来说,完全无法理解。只有从语音的角度入手,找到相应的亚兰语或伊朗语词汇,才能理解其意义。其实内容相当简单,但是非常重要,是摩尼教最基本的教义:类似基督教圣父、圣子、圣灵三位一体的"光明父子及净法风",以及八字真言的"清净、光明、大力、智慧"。来华的胡人摩尼教僧侣面对的是讲汉语的大众,如何在汉人中传播其宗教,显然是一种前所未有的挑战。一方面,胡汉教徒合作,把相当数量的摩尼教文献从胡语翻译成了汉语,自然是用意译。另一方面,有一些祈祷诗篇可能需要在礼拜时集体诵读,如果胡人信徒以胡语诵读,汉人信徒以意译的汉语诵读,显然念出来的语音全然不同,听来定然乱七八糟。但是,汉人信徒不认识胡语文献,无法看着胡语文献诵读,于是就把若干需要集体诵读的胡语诗篇音译成汉字,让汉人信徒可以看着汉字诵读,语音上便与胡人信徒的读音整齐划一了。

　　第四,仪轨。

　　仪轨文书中比较值得注意的有两种。

　　一是回鹘文《忏悔词》。

　　10、11 世纪西域的摩尼教会有一些文书供选民和听者忏悔之用。供选民所用的忏悔词现存的只有粟特文残片(M801 等)和后期钵罗婆文残片(M201)。不过听者所用的《忏悔词》则完整地保存了下来,可能原本是吐鲁番地区用粟特文写成的,后来翻译成回鹘文(Br. L. Or. 8212)。《忏悔词》规定听者犯下 15 种错误中的任何错误都得忏悔:(1)没有认识到最高神艾祖阿(Äzrua,即光明之父)是纯粹的光明与善,把他当成既是光明和善、又是黑暗和恶的本源,把奥尔穆兹德(Xormuzta,即初人,汉译先意佛)和恶神当做兄弟(这是琐罗亚斯德教异端派别佐尔文派的教义);(2)"说日月会毁灭"、"日月不是靠自己的力量升起和下降的"、"我们不同于日月",从而冒犯了日月之神(光明耶稣);(3)伤害了食物、饮料、土地、动物、植物里的光明分子,即伤害了空气、风、光明、水和火等五位一体的神(汉译五明佛);(4)当选民宣讲神的律法时,加以反对;(5)伤害五种动物;(6)造下十种罪孽;(7)相信并杀生祭祀异教之神;(8)背离艾祖阿神、日月之神、五位一体神和光明使者(选民);(9)违反十戒三印;(10)没有每天全心全意向艾祖阿神、日月之神、五位一体神和光明使者祈祷;(11)没有每天给神圣教会七重施舍;(12)没有每年进行 50 天的邬珊提(Vusanti)斋戒;(13)没有每个星期去教会要求得到宽恕;(14)每年没有适当地庆祝七次裡(Yimki)祭和庇麻节;(15)每天有坏的想法、言辞和行为。

二是《摩尼光佛教法仪略》。

这份文书有明确的年代、作者与地点记载:"开元十九年六月八日(731 年 7 月 16 日)大德拂多诞奉诏集贤院译"。(彩色图版 4 - 20)"大德拂多诞"是译者的尊称与教阶。开元十三年(725)改丽正修书院为集贤殿书院,通称集贤院,为中央掌管刊辑、校理经籍、搜罗遗逸图书的机构。虽然称为"译",但是尚未发现其据以翻译的原本,从其文句来看,要比《摩尼教残经一》、《下部赞》更接近纯粹的汉文。有可能是精通教义与擅长汉文的高僧合作所撰写的;或者至少是一种编译,而不像是从帕提亚文或其他语文的原本逐字逐句翻译过来的。

现存的《摩尼光佛教法仪略》分为 6 章,每章各有题目。《讬化国主名号宗教第一》介绍教主摩尼的出身与生平,及其创教的简史。其中包括了相当可靠的资料。"按彼波斯婆毗长历,自开辟初有十二辰,掌分年代。……至第十二辰,名魔谢,管代五百廿七年,摩尼光佛诞苏邻国跋帝王宫,金萨健种夫人满艳之所生。"这段记载可以从其他语种史料中获得证实,而且有助于推断摩尼诞生于公元 216 年。"六十年内,开示方便。感四圣以为威力,腾七部以作舟航。应三宫而建三尊,法五明而列五级。""六十年"指的是摩尼活了大约 60 岁,"七部"是指他的七部大经,"五级"是指他创立的教会的 5 个等级,均符合史实。

林悟殊先生指出《仪略》在这一章中比较突出地宣扬了佛教、道教、摩尼教的三圣同一论。"佛夷瑟德乌卢诜者（本国梵音也[中古波斯文 frēstag-rōšan 或帕提亚文 frēštag-rōšan]），译云光明使者，又号具智法王，亦谓摩尼光佛，即我光明大慧无上医王应化法身之异号也。当欲出世，二耀降灵，分光三体；大慈悯故，应敌魔军。亲受明尊清净教命，然后化诞，故云光明使者；精真洞慧，坚疑克辨，故曰具智法王；虚应灵圣，觉观究竟，故号摩尼光佛。光明所以徹内外，大慧所以极人天，无上所以位高尊，医王所以布法药。则老君托孕，太阳流其晶；释迦受胎，日轮叶其象。资灵本本，三圣亦何殊？成性存存，一贯皆悟道。"《仪略》神化摩尼的出世为"二耀降灵，分光三体"，"二耀"当指日月，与老子、释迦牟尼的出世进行了类比："老君托孕，太阳流其晶；释迦受胎，日轮叶其象"，把摩尼、老子、释迦牟尼合称为"三圣"。《仪略》此章又接连引用佛教、道教的文献，证明摩尼与佛陀、老子的一致性："按《摩诃摩耶经》云：'佛灭度后一千三百年，袈裟变白，不受染色。'《观佛三昧海经》云：'摩尼光佛出现世时，常施光明，以作佛事。'《老子化胡经》云：'我乘自然光明道气，飞入西那王界苏邻国中，示为太子，舍家入道，号曰摩尼；转大法轮，说经戒律定慧等法，乃至三际及二宗门。上从明界，下及幽涂，所有众生皆由此度。摩尼之后，年垂五九，我法当盛者。'"摩尼教僧侣"并素冠服"，帽子与衣服都是白色的，这里以佛的"袈裟变白"来证明佛陀与摩尼是相同的。东晋天竺三藏佛跋陀罗译《观佛三昧海经》确实讲到摩尼光佛，但是与波斯人摩尼无关。《仪略》则把教主称为摩尼光佛，借此依托佛教。《老子化胡经》中的这段话原来是道教在与佛教抗衡的过程中，为了玄化自己的教义，就像借鉴其他宗教材料一样，借鉴的摩尼教材料。《仪略》则引用这段经文，承认摩尼为老子的化身，借助道教的崇高地位来抬高摩尼教的身价。

　　《仪略》中的《形相仪第二》描述了摩尼的形象，多溢美之词。《经图仪第三》列举了摩尼教七部大经并图；《五级仪第四》叙述了摩尼教教团从高级僧侣慕阇到在家信徒听者等五个级别，以及他们相应的服饰、犯戒的惩罚。这些都能够在其他语种资料中得到印证。《寺宇仪第五》介绍了寺院的建筑布局和管理机构,当是根据当时实际情况概括的。《出家仪第六》则介绍了基本教义。《仪略》篇幅不大,但是相当简明扼要,精辟地概述了摩尼教的要点。

第五,其他。

(1)故事。

摩尼教广泛利用各个文明中固有的故事,加以改造,用来宣传自己的教义。由于摩尼教传播遍及欧亚大陆,这些经过摩尼教改写的故事,在东西方文学的交流中发挥了不小的作用。粟特文故事中就有一些这样的例子:《宗教和世界之海的故事》明显出自佛教的《海八德经》等经文,以大海的十种优越之处比喻和赞美摩尼教。《珍珠穿孔工人的故事》起源于波斯,故事集《凯利莱和迪木奈》(Kalīla wa Dimna)的阿拉伯文译本中有类似的故事。《商人和精灵的故事》改编自《圣经》中的《士师记》第 11 章(耶弗他[Jephtah]的女儿)和维吉尔(Vigil,前70—19)的史诗《埃涅阿斯纪》中关于克里特王伊多梅纽斯(Idomeneus)的故事。《猴子和狐狸的故事》源自伊索(Aesop)寓言。《约伯的故事》则出自《圣经》中的《约伯记》。《三条鱼的故事》全文如下:

> 从前有三条鱼生活在一个大池塘里。第一条鱼只有一个想法,第二条鱼有上百个想法,第三条鱼有上千个想法。一次一个渔民来到这里撒下了他的渔网,他捕去了那两条有很多想法的鱼,却放掉了只有一个想法的鱼。

在印度《五卷书》(Panchatantra)中有两个这样的故事:在一个故事中,那条愚蠢的鱼被杀了;在另一个故事中,两条聪明的鱼被抓住了,而那条愚蠢的鱼则得救了。钵罗婆文的《凯利莱和迪木奈》里包括了蠢鱼被杀的故事,而这里的粟特文本中则是蠢鱼得救了。

回鹘文故事中也有不少类似的例子。也有一些故事出自伊索寓言。佛陀身为太子,出城遇到老人、病人和死人从而悟道的故事,可能译自粟特文,而粟特文译本可能是中世纪欧洲广泛流传的《白尔立木和约萨法特》的故事的蓝本。《醉汉和尸体的故事》令人联想到基督教伪经《约翰行传》中的类似情节。《通天文婆罗门》可能源自印度。

《三个王子的故事》源自波斯。根据耿世民先生的释读与研究,残卷先讲大王子的故事。大王子和三个恶魔对话,恶魔有三件具有魔力的宝物:一是帽子,二是棍子,三是靴鞋。这时,那些恶魔对大王子这样说道:"您把这三件东西公正地分给我们。"之后大王子对他们这样说:"它们都有什么魔力?"他们这样说道:"帽子的魔力是这样的:谁把他戴在头上,就无人能看到他。靴鞋的魔力是这样:谁把它穿在脚上,谁就能去想去的地方。棍子的魔力是这样……"于是,大王子把箭射向 3个方向:射向前方,射向右方,射向左方。大王子又对恶魔这样说道:"你们快跑去把箭找来。谁先找来,我就把帽子给他。我把棍子给第二个找来的人。我把靴鞋给第三个找来的人。"当恶魔去找箭时,大王子就把帽子戴在头上,手中拿着棍子,脚上穿着靴鞋,到自己想去的地方去了。二王子这样说道:"还有一天,我坐在山上吃面包时,有三条蛇爬来。我给它们三块面包。其中一条很快就把面包吃完了。于是我用小棍子敲打它,并说:'你真贪吃'。之后,出现了许多蛇咬我追赶我,使我陷入十分糟糕的境地。那些凶恶的蛇来到了前面。当我转身要逃时,它们给了我一个金碗作为奖赏。当我又偷偷拿起一面奇异的新镜子后,它们又把我……送回来,并要杀死我。我对它们这样说道:'放开我! 我要回到人间。'当看到这些物品时让它们相信我已来到……并让它们知道你们都是贵人和有权势的人。那时它们就把我平安放回。我把那件器物也带来了。在所有我的宝物中,我最喜欢它。我谁也不给。但我只把宝物给那个来为我妹妹报喜的人。"三王子这样说道:"一天夜里我坐在这山上这样想道:当我狩猎野物像猎取受难的人一样时,什么将会出现? 那夜……他死了。于是我去那里把[其]带回。现在在所有宝物中我最喜欢它。我谁也不给。如有人来为我妹妹报喜时,我就把它作为奖赏送给他。"之后他们在先知(摩尼)的面前说了这些话,并且所有坐在其前面的贵人也都说了……话。然后先知让国王站起,这时所有人都匍匐在地。他通过其智慧而知道国王自己叫巴格达的原因。这时王子们都站起来到父王面前。……那时候大家皆大欢喜……对国王、王子和全国……之后他们和巴格达国王一起去了。他们娶了皇帝的女儿。就在那天举行了盛大的庆贺仪式。那些无价之宝给他们带来了尊贵和好处，又和其他许多宝物一起带到巴格达国王面前。就这样，该拿的拿了；就这样，该给的给了。于是，两位有福的国王和所有王子、公主以及贵人们都长远地、十分欢喜地一起过着无忧无虑、幸福的生活。残卷的末尾是对故事的解释，可惜没有保存下来。大意应该是讲摩尼通过三个王子的故事使巴格达及其朝臣皈依了摩尼教。

（2）书信。

今天还能看到的伊朗语、回鹘语和科普特语的摩尼教徒书信残卷，为了解教团实际情况提供了第一手资料。2000年吉田丰、森安孝夫等刊布了1980年在吐鲁番发现的3件粟特文书信和5件回鹘文书信残卷。3封粟特文书信都是东方教区各教团的首领向东方教区总首领发出的问候、致敬信。全信自始至终充满了问候与颂扬，从教团来说是具有公文性质的书信。其中一封信长268厘米，中间是一幅工笔重彩的彩绘插图。在埃及喀里斯也发掘出一些科普特文的书信，反映了当地摩尼教信徒的日常生活。

（3）叙利亚文—科普特文双语词典。

学术界以前通常认为，埃及出土的科普特文摩尼教文献是从希腊文翻译过去的，这是很自然的，科普特字母本身就是在希腊字母的基础上增加6个特殊字母而成的，这种文献里有大量希腊文借词，处处都证明两者之间的密切关系。但是，近年来埃及喀里斯出土的叙利亚文—科普特文双语词汇表使学者们重新考虑这个问题。翻译的过程可能比原先想象的复杂。有些科普特文摩尼教文献是否有可能是从叙利亚文翻译过来的？当然，很难想象一个精通叙利亚文和科普特文的翻译者会完全不懂希腊语。希腊语仍然是一种中介，帮助翻译者把叙利亚文翻译成科普特文。但是，这些双语词汇表显示翻译者是从叙利亚文直接翻译过来的，并不是从希腊文文本翻译过来的。我们可以从下面两个例子中看到翻译的复杂性。第一个词汇表（T. Kell. Syr. ∕

Copt. 1，图 4 – 22[1]）有 47 对词汇，翻译者先抄写叙利亚文词汇，然后将其翻译成科普特文。第 37 对的叙利亚文是：ⲣⲑⲁⲩⲍⲟⲣⲕ，意为"手艺（craft）"；对应的科普特文是：ⲕⲁⲧⲥ，意为"诡计（cunning）"；然后再加了一个希腊语词汇：ⲧⲉⲭⲛⲏ，兼有这两重意思，就像现代英语中的 craft 和 cunning 都有双重含义。这个科普特文词汇看来是通过希腊语 ⲧⲉⲭⲛⲏ 而翻译出来的。翻译者可能对叙利亚文词汇不太吃得准，要借助希腊语词汇去把握其意义。这个词汇表有一些明显的错误，比如，第 45 对的叙利亚文为：ⲙⲟⲍⲟⲙ，意思是"而他们没有击中他"，但是，翻译者可能把这个叙利亚文词汇误读为：ⲙⲟⲓⲣⲁ，意思是"他的水果"，翻译为科普特文：ⲛⲉϥⲕⲁⲣⲡⲟⲥ。

图 4 – 22　喀里斯出土 T. Kell. Syr./Copt. 1：叙利亚文/科普特文双语词汇表

〔1〕Kellis literary texts, v. 1, Plate 17.

5　社团

　　摩尼为了使其门徒们保持统一,决定自己撰写福音,亲自组织教会。摩尼向同时代人宣称自己作为最后的先知,给人类带来了希望与正义。他就像撰写著作与绘制图像一样认真细致地把自己的信徒组织起来。每个信徒在教会中都有一席之地,各司其职。摩尼既是先知和立法者,也是精力充沛的使徒和组织者。

　　摩尼教的僧侣称为选民。吐鲁番高昌故城遗址 K 发现的绢画残片 MIK Ⅲ 6270,底色是红的,上面画了一个选民站在一块有菱形图案的地毯上,手藏在长袍袖子里,头上戴一顶帽子,留着黑色长发,头部四周的线条可能表示光轮。(图 5 - 1[1])

5.1　五级与四部之众

　　关于摩尼教社团的结构,当以《摩尼光佛教法仪略·五级仪第四》表述得比较简明扼要:

　　五级仪第四

　　第一,十二慕阇,译云承法教道者;

　　第二,七十二萨波塞,译云侍法者,亦号拂多诞;

　　第三,三百六十默奚悉德,译云法堂主;

　　第四,阿罗缓,译云一切纯善人;

　　第五,耨沙喭,译云一切净信听者。

　　右阿罗缓已上,并素冠服;唯耨沙喭一位,听仍旧服。如是五

---

〔1〕Le Coq 1923, Taf. 4c (color). Gulácsi 2001, Fig. 78.1

位,禀受相依。咸遵教命,坚持禁戒,名解脱路。若慕阇犯戒,即不
得承其教命;假使精通七部,才辩卓然,为有愆违,五位不摄。如树
滋茂,皆因其根;根若惫者,树必干枯。阿罗缓犯戒,视之如死,表
白众知,逐令出法。海虽至广,不宿死尸。若有覆藏,还同破戒。

图 5-1 吐鲁番高昌故城遗址 K 发现的织物残片 MIK Ⅲ 6270:选民

这段文字清楚列举了摩尼教社团的五级体系,说明出家的僧侣都
穿白衣服,戴白帽子,在家的信徒则仍然穿家常衣服。慕阇如果违犯了
戒律,就不能再领导教会,失去了其他等级信徒的信任。在家的信徒如
果违犯戒律,则将其错误宣告于众,驱逐出教会。

吐鲁番高昌故城遗址 K 发现的壁画 MIK Ⅲ 6918 的最左面画了一个摩尼教高僧,一般被猜测为摩尼本人。他的后面是四排男性僧侣,都穿着宽袖白袈裟,头戴白色高帽,最前面的一排人物留着比较长的胡子,表示这些人年龄比较大;第二排只蓄小胡子,表示年纪轻一些;第三排基本无须,表示更年轻一些;最后面一排应该是最年轻的。这四排男性僧侣的后面是四五排女性僧侣,每排三人,身穿白袈裟,没有明显的年龄区别。女性僧侣后面是一般信徒,即净信听者,全为男性形象,身着平民服装。(彩色图版 5 - 1)这幅壁画展示了摩尼教整个社区的结构,因此男性僧侣年龄上的区别是否别有深意?是否暗示第一排是承法教导者,第二排是侍法者,第三排是法堂主,第四排是纯善人?女性僧侣则限于第四级纯善人,更高的三个等级僧侣均由男性担任。

其他汉文摩尼教经中也有数处或详或略地列举了这五级,有时还分别男女。《下部赞·普启赞文》写道:"诠柬十二大慕阇,七十有二拂多诞,法堂住处承教人,清净善众并听者。"《第一 旬斋默结愿用之》写道:"过去一切慈父等,过去一切慕阇辈,过去一切拂多诞,过去一切法堂主,具戒男女解脱者,并至安乐普称叹;亡没沉轮诸听者,众圣救将达彼岸。……一切信施士女等,于此正法结缘者,依托明尊解脱门,普愿离诸生死苦!"《第二 凡常日结愿用之》写道:"慕阇常愿无碍游,多诞所至平安住,法堂主上加欢喜,具戒师僧增福力,清净童女策令勤,诸听子等唯多悟,众圣遮护法堂所,我等常宽无忧虑!……一切师僧及听子,于此功德同荣念;正法流通得无碍,究竟究竟愿如是。"《此偈凡莫日用为结愿》写道:"我等净法男,诸坚童女辈,及以诸听者,究竟如所愿!"

汉文《摩尼教残经》结尾部分写道:"尔时会中诸慕阇等,闻说是经,欢喜踊跃。诸天善神,有碍无碍,及诸国王,群臣士女,四部之众,无量无数,闻是经已,皆大欢喜。""四部之众"有明显的佛教色彩,佛经中有"四部众",包括比丘、比丘尼、优婆塞、优婆夷,即出家和在家的佛教男女弟子。"四部之众"又称"四部僧"、"四部"、"四众"、"四部弟子"、"四辈"。但是其实际上是指摩尼教的男女僧侣与听者。这种分别在明教中也保存了下来。《宋会要辑稿·刑法二》之七八记载,宣和二年(1120)十一月四日,臣僚言:"一,温州等处狂悖之人,自称明教,号为行者。今来,明教行者各于所居乡村,建立屋宇,号为斋堂。如温州,共有四十余处,并是私建无名额佛堂。每年正月内,取历中密日,聚集侍者、听者、姑婆、斋姊等人,建设道场,鼓扇愚民男女,夜聚晓散。""密日"即星期日,是摩尼教举行宗教集会的日子,"侍者、听者、姑婆、斋姊"分别指男选民、男听者、女选民、女听者。综合上述汉文资料,我们可以看到摩尼教的四部之众就是:(1)出家的男性僧侣,称为净法男、具戒师僧、侍者;(2)出家的女性,称为童女、坚童女、清净童女、姑婆;(3)在家的男性信徒,称为士、信施士、听者;(4)在家的女性信徒,称为女、信施女、斋姊。出家的男女僧侣合称具戒男女解脱者、阿罗缓、纯善人、清净善众、师僧、电那勿;在家的男女信徒合称信施士女、士女、耨沙喭、净信听者、听者、听子;诸国王、群臣也属于在家信徒范围。

吐鲁番高昌 K 遗址"藏书室"旁边的狭窄甬道里曾发现的一幅摩尼教旗幡(编号 MIK Ⅲ 6283)用艺术形象说明了摩尼教"四部之众"的观念。旗幡一面的红色底面上画着一个站立的男子,穿着摩尼教徒典型的白袍子,头上戴着摩尼教的翼形帽,学者们肯定他是一位选民。画幡左侧的榜题上有粟特字母写的回鹘语,但是无法释读出其内容。这教士的右侧跪着一个青年,只保存了头部和肩部,头戴黑色锥形帽。勒柯克指出,其外衣看来是一件绿色长衫,穿着黑色高筒靴。衣服极像目前当地居民所穿的样式,可能来源于波斯。根据摩尼教的规矩,师僧是一律穿白袍、戴白帽的,而仍然让听者穿俗人的衣服。我们可以肯定这个戴黑色锥形帽的青年代表男听者。教士左侧跪着一个妇女,穿着红袍,戴着当时颇为常见的头饰,挂着钟形大耳环,双手合十做祈祷状。可以肯定这穿红袍的妇女代表女听者。旗幡的上部,一个白衣人物坐在宝座上,正举着右手在虔诚地说法。左右两侧是两个穿白衣的人物,右边的人是黑色长发的妇女;左边与其对称的人,看来是个男人。右边的白衣人物代表女选民,左边的白衣人物代表男选民。这幅旗幡就这样用四个角上的四个人物形象表现了僧尼士女。男女选民在上面,体

·欧·亚·历·史·文·化·文·库·

现"上部"的观念;男女听者在下面,体现"下部"的观念。旗幡的另一面也画着同一个男选民,形态相似,但是旁边只有一个女祈祷者。(彩色图版 5 - 2、5 - 3)

除了上述汉文资料之外,还有三种资料对我们了解摩尼教教会结构相当重要。一种是圣奥古斯丁的记载,第二种是吐鲁番出土的中古波斯文和帕提亚文的《摩尼教祈祷忏悔书》,第三种是 2000 年刊布的吐鲁番柏孜克里克新出粟特文书信。

圣奥古斯丁原来曾有 9 年时间是摩尼教的听者,后来改宗天主教,成为希坡主教,去世前不久,在 428—429 年写成的《异端》(*De haeresibus ad Quodvultdeum*)第 46 章中写道:

> 摩尼教徒的教会是由两种生活状态(professiones)的人所组成的,那就是,选民(electi)的生活状态和听者(auditores)的生活状态。……他们从其选民中产生出十二个所谓承法教导者(magistri),加上作为他们首领(princeps)的第十三个人。他们也有七十二个听命于大师的主教(episcopi)。主教也有执事(diaconi)。其他就只称为选民。

《摩尼教祈祷与忏悔书》中的中古波斯文《使徒赞歌》(M801)写道:

> 东方教区之首、慕阇(hmwc'g)末那扎格亚兹德(mry n'zwg'zd)……所有的萨波塞('spsg"n)、法堂主(m'ns'r'r'n)、赞愿首(' prynsr' n)、睿智的教导首(xrwhxw' n' n)、高尚的抄写员(dbyr' n)、嗓音甜美的领唱者(mhrsr' y"n)以及所有纯洁神圣的兄弟们[br' dr' n]……贞洁神圣的姐妹们[wx' ryn]及其社团与寺院……以及从东方和从西方来的、从北方和从南方来的所有的听者、兄弟姐妹,他们承认清净、光明、大力、智慧:愿他们作为虔诚者永被怀念。

吐鲁番柏孜克里克 65 号洞窟出土粟特文文书 81TB65:1:书信 A 第 18—23 行写道:

> 摩尔·鲁亚曼·普尔夫——东方的慕阇(mwẓ-'kw),依照夷

数王的命令执行权威的阁下。致值得尊敬的拂多诞（'βt'δ'nw），优秀的默奚悉德（mxyst'kw），必须尊敬的长老僧侣，给予正确的拯救（之路）的（人们），彬彬有礼的书记们（δp'yrtw），出色的……们，令人喜爱的赞美歌手们（p'š'ntytw），光明照耀下的（男）弟子们（δrwxskt'），遵法的尼僧们（δrmykw xw'ryštw），拥有两种秩序的教团全体，在既是主又是主人的面前表示最大的敬意并［殷勤侍奉的］（人们），有资格在近处亲见光辉风采的（人们）。

我们可以把摩尼教社团的结构列为下表（见表5－1、5－2）：

表5－1　摩尼教僧侣、信徒等级职务表一

	希腊文	科普特文	拉丁文	阿拉伯文	叙利亚文
法主	arkhēgos	p-arkhēgos	princeps	imam	qphalpala
I. 承法教导者 使者	didaskaloi apostoloi	n-sah n-apostolos	magistri	mu'allimun	malpane
II. 侍法者 主教	episcopoi	n-shnshete n- episcopos	diaconi episcopi	mushammisun	mshamshane
III. 法堂主 长老	oikodespotēs presbuteroi	n-presbuteros	presbyteri	qissisun	qashishe
IV. 师僧 选民 纯善人 完人 圣人 职务： 领唱者	eklektoi dikaioi psaltai	n-sôtp n-diaioś n-psaltēs	religiosi electi perfecti sancti	siddiqun	zddiqe
V. 听者 慕道友	katēkhou- menoi	n-katēkhoum- enos	auditores	samma'un	shamu'e

227

表 5-2　摩尼教僧侣、信徒等级职务表二

	中古波斯文	帕提亚文	粟特文	汉文
法主	s'r'r			法主
Ⅰ.承法教导者 使者	hmwc'g	'mwc'g	mwẓ-'kw	慕阇
Ⅱ.侍法者 主教	'spsg hpt'd'n（复数）	'spsg hft'd	'βt'δ'n	萨波塞 拂多诞
Ⅲ.法堂主 长老	m'ns'r'r mhystg（= m'ns'r'r）	m'ns'd'r	mxyst'k	默奚悉德
Ⅳ.师僧 纯善人 职务： 赞愿首 教道首 月直 抄写员 领唱者	dynd'r 'rd'w'n（复数） xrwhxw'n dbyr mhrsr'y	dyn'br 'rd'w'n（复数） 'frywnsr 'rw'ng'n 'spsg Dbyr	δyn'βr δp'yr	电那勿 阿罗缓 阿拂胤萨 呼嘘唤 遏换健塞波塞
Ⅴ.听者	nywš'g	ngwš'g	nγwš'kt	耨沙喭

教会是由两大信徒群体组成的,一个大群体是僧侣,另一个大群体是在家信徒,一共分成五级。一方面,第五级是在家信徒大众,他们组成教会社团的经济基础。另一方面,有一个僧侣团体,被分为四级,第四级被称为选民、纯善人、完人或者圣人,是广义的出家人。从出家人中产生人数有限的教士——第三级法堂主,希腊文 οἰκήτωρ 意为"［法］堂主"(也称为 πρεβύτερος,意为"长老"),协助侍法者执行牧师的任务,管理社区事务,相当于基督教的牧师。"堂主"这个教会职称也见于死海古卷,摩尼可能是通过他自小熟悉的巴比伦的净洗派得知

这个职称,并予以采用的。这个职称在中古波斯文中,称为 m'ns'r'r,在帕提亚文中称为 m'ns'd'r,意译"法堂主";在中古波斯文中又作 mhystg,有长老之意,音译为"默奚悉德"。《九姓回鹘可汗碑》记载,牟羽可汗将摩尼教睿息等四僧带回漠北,他们立下大功绩,号"默奚悉德"。第二级侍法者,相当于基督教的主教,组织礼拜,管理教区(中古波斯文 p'ygws)。因为侍法者只有七十二个,亦号拂多诞(七十之意),武则天延载元年(694)带着《二宗经》到唐朝来传教的摩尼教僧侣就是一位拂多诞。第一级承法教导者,中古波斯文作 hmwc'g,音译慕阇,继承使徒的传统,传播与捍卫教义,是大教区的负责人。《九姓回鹘可汗碑》写道:"自后□慕阇徒众,东西循环,往来教化。"驻在高昌的东方教区之首就是一位慕阇。在这个金字塔的顶端则是信徒的领袖、驻在巴比伦的摩尼的继承者。

高昌出土的文书 MIK Ⅲ 4614 是轴卷书的书名页,这页书名页的中间画了一面旗子,画面上的旗子两边,各站着一个精灵或者神,在挂旗子的木横杆上方,可以看到一顶饰有羽毛的摩尼教僧帽。(彩色图版 4-1)如果没有其他线索,很难解释这顶僧帽的意义。但是,近年在柏孜克里克出土的一封粟特文书信中的插图上也画了一顶白色高帽,两边分别有乐师奏乐,左边的乐师吹长笛,右边的乐师吹笙。两个乐师中间是一行金色的粟特文,意为:"致慕阇的辉煌伟大的荣光"。(彩色图版 5-4)在这两幅画中出现的僧帽,可能是东方教区首领慕阇的象征。

不论根据仪轨,还是实际情况,第五级净信听者的数量不限。但是,第四级纯善人的数量实际上得有所限制。第三级法堂主则明确限定为 360 人,这个数字可能是阴历每月的天数乘上阳历月份的数量(30×12 = 360)。第二级侍法者的数量限定 72 人,可能与耶稣差遣 70 个门徒到各城各地去传教(《路加福音》10:1)有关。第一级承法教导者的数量限定 12 个,这可能跟耶稣挑选了 12 个使徒(《马太福音》

10:1—2,图 5 - 2[1])有关。

图 5 - 2 耶稣的十二使徒

　　僧侣们一般生活在寺院里,与听者分开。在寺院里,主持者会挑选 3 人负责具体事务,即:赞愿首负责各种法事;教道首负责奖劝;月直负责供施。《下部赞》在"译后话"中讲道:"如有乐习学者,先诵经文,后暂示之,即知次第;其写者,存心勘校,如法装治;其赞者,必就明师,须知讹舛。"从这段话中可以看到,信徒有三项活动:诵经、写经和赞颂。抄写员(dbyr)除了负责抄写经文之外,当也负责教导其他信徒抄写、校勘和如法装订书籍。摩尼教徒对于书法和书籍装订的重视是众所周知的,德国吐鲁番考古发现中就有描绘抄写僧的图画。(彩色图版 4 - 4)

　　中古波斯文 mhrsr'y 意为"唱赞美诗者"、"领唱者",词根 mhr 意为"赞美诗"。音乐在敬神仪式中是必不可少的,乐师除了领唱赞美诗之外,应该也是信徒们学习赞颂的明师。上引吐鲁番新出的一封粟特

　　〔1〕〔2010 - 07 - 02〕. http://farm1. static. flickr. com/62/187257853_7956c8400f. jpg.

文书信中的插图上画了两个乐师奏乐,左边的乐师吹长笛,右边的乐师吹笙。(彩色图版 5 – 4)德国吐鲁番考古发现的细密画中有一个领唱者的形象。高昌故城遗址 K 发现的对折纸(Folio)残片 MIK Ⅲ 6368 反面是一本经书的扉页或末页,上面的文字是用粟特文字母书写的回鹘语。左边的花朵枝蔓中,有金色书写、但是已经褪色的"四天王"(tört ellig tängrilär)几个字。上部的经文用红色书写,写到摩尼的"经文是[充满]道德与光明的,他的神圣的智慧处处充满了甜蜜,他的世界是……性命体……",下面的文字以黑色书写,是一位回鹘王的尊号的一部分: Ay Tängritä Kut Bulmıš Kut Ornanmıš, Alp[ın El T]utmıš ,意为"受命自月神、天命所在、英武骁勇治国"。这个回鹘王统治的年代为 1007 到 1019 年(或 1024)。这一页的上部绘有 4 个人物,3 个穿着色彩鲜艳,当为演奏乐器的听者,跪坐在一块绿地毯上。从左面数起的第一、第二个人保存完整,戴着回鹘王族的帽子。第二个人在演奏四弦乌得琴(oud),后来的穆斯林作者把这种琴的发明者说成是摩尼本人,尽管这只是传说而已,但是也说明人们没有忽视摩尼教对音乐的贡献。最右边的第三个人只剩下肘部还可以看到。这些奏乐者面向着一位盘腿坐在红地毯上的人物,他穿着金色的衣服,应该就是一位唱赞美诗的歌手。(彩色图版 5 – 5、5 – 6)古乐慈鉴定出吐鲁番高昌故城发现的粟特文书残片 So 18700 和 M501e 缀合在一起,可以看到一个吹笛者的形象。(彩色图版 5 – 7)

每一群听者都有自己的首领,他负责组织礼拜,让自己管理下的信徒明白教义。他的正式名称是"听者首领(中古波斯文 nywš'-gbyd)",出自第三级。男女听者必须服从与尊敬其师僧。听者遇到师僧时要下跪以示尊敬。听者如果冒犯师僧,将被立即逐出教会。师僧如果公开违犯戒律,也会被逐出教会,不过需要经过师僧会议的审判。

摩尼教结构上最根本的特点是它分成两个教团,即两种信徒。各个地区赞成或反对摩尼教的资料都证明摩尼教教会的这种划分。僧侣和俗信徒之间的关系构成了一切宗教实践的基础。希腊文《科隆摩尼古卷》引述摩尼的《福音》(汉译《彻尽万法根源智经》)说:"我选择了选民,我对那些根据这个真理向上奋斗的人指出了一条登高的道路。"现存伊朗语文献教团分成两"支":即选民(wcydgy)——也称为"纯善人"(中古波斯文和帕提亚文'rd'w'n)和"宗教的承当者"(帕提亚文 dynd'r'n,粟特文 dynd'rt,汉文"电那勿"),以及听者(中古波斯文 nywš'g'n,帕提亚文 ngwš'g'n,粟特文 nγwš'kt)。在突厥语文书中,和在伊朗语资料中一样,选民本身又分成两"部"(eki anšuman),即男子和女子。在突厥语文书中,也使用粟特文术语,根据性别把听者分成两部(nigošak/nigošakan č)。汉文摩尼教经有时使用伊朗语词汇 dynd'r/dyn'w'r 的音译(电那勿)和 nywš'g'n(耨沙嗲)来称呼宗教教团的选民部和听者部。但是,大部分情况下使用汉文意译"纯善人"和"听者"。《下部赞》题目中的"下部"可能就是指听者部。在汉文中用来翻译佛教梵文 šravaka 的术语"听者"也用来称呼摩尼教的慕道友。

拉丁文《特贝萨残卷》专论摩尼教教团中的选民和听者,摘录如下:

> 因此他(摩尼)命富人——他们也自称为第二部的信徒,就像我们前面说过的——他们应该让自己与他们(选民)交朋友……这两个层次,是建立在同一个教会的一个信念上的,互相支援,互相分享自己富有的东西:选民与听者分享他们自己天上的财富……把它(教会)的各个层次的模式看做由两姐妹清楚揭示的模式,她们当中的一个确实选择了最好的部分,就是较高的选民层次,不过另一个也肯定会履行责任和料理家务。……我说这些[话]是指慕道友的层次,[我]亲爱的人们,他很清楚地指明那些人,当他说:"为了某人是先知而接待他的,那人必得着先知一样的赏赐;为了某人是纯善人而接待他的,那人必得着纯善人一样的赏赐。"……拥有财富[者]无论如何被称为听者,或者像我们说过的,慕道友,因为他们被置于尘世,低于完人的层次,因为他们拥有财富,在福音书中被称为"玛门"(拉丁文 mammone,图5-

3[1]）。这就是为什么救世主基督对他们说同样的话:"要藉着[玛门（不义之财）]为自己结交朋友。"（《路加福音》16:9）慕道友不够坚强,不能上升到选民的层次,他们当然得住在他们自己家里;但是他们帮助选民,在他们自己家里和住处招待他们,供应他们能供应的任何必需品。……不要毁灭选民的尊严,但是使听者也承认他们听者部的规矩和教法,那就是说教会和使徒的规矩和教法,教会的两个层次……他们都被分成二部……

图5-3　伊夫林·德·摩根(Evelyn De Morgan)1909 所绘
《崇拜玛门（财富之神）》(*The Worship of Mammon*)

〔1〕[2010-07-04]. http://en. wikipedia. org/wiki/File:The_worship_of_Mammon. jpg.

　　"两姐妹"是指马大和马利亚,见《路加福音》10:38—42:"耶稣和门徒正前往耶路撒冷,途中进了一个村庄,遇到了一位名叫马大的妇人招呼他们到家里做客。马大的妹妹马利亚在耶稣跟前端坐,静心听道;马大却为了预备晚餐,独自忙个不停。'主啊,我在工作,妹妹却不动手,这可不公平啊!请你叫她来帮帮我吧。'马大对耶稣说。'马大,马大,你给太多琐事烦住了。要紧的事不多,只有一件,而马利亚已选上了;这上好的福分是不会被夺走的。'"(图5-4[1])特贝萨残卷把追求精神上觉悟的选民比做马利亚,而把听者比做马大,形象地说明了选民与听者之间的关系。

图5-4　丁托列托(Tintoretto,1518—1594)

1580年所绘《基督在马利亚与马大家里》

(*Christ in the House of Mary and Martha*)

　　摩尼教本身的文献与教外的记载都说明,摩尼教很强调选民与听者两部的区别。中古波斯文文书M8251R写道:"在戒律和行为方面,

---

〔1〕[2010-07-04].http://www.bible-art.info/images/TINTORETTO_1580_Martha_and_Mary.jpg.

他们(听者)仍然比较低下;因为他们出于尘世活动、贪婪、男女之欲壑怀孕生殖的缧绁之中……听者比纯善人低下……这是因为他们没有像纯善人一样完全摒弃尘世及其邪恶。纯善人摒弃了尘世及其贪婪,通过对神性的追求变得完美。"

奈迪木写的阿拉伯文《群书类述》写道:"入教者必须检查自己的灵魂。如果他发现自己能够克服贪婪和欲念,戒除吃肉和喝酒,不结婚,如果他也能够避免伤害水、火、树木和活物,那么就让他入教。但是如果他不能做到这一切,那么他不应该入教。但是,如果他热爱教会,却不能够克服欲念和热望,那么让他有机会保护教会和选民(al- Ṣiddīqūn),那样的话可能会抵消他没有价值的行为,他会时时献身于工作和正义,晚上的祈祷、代祷,以及虔诚的谦卑[祈祷]。这在他转世投胎时会保佑他,他在来生的地位将是第二等的地位。"

这些资料都说明,在摩尼教里,僧侣与听者之间区别明显。要从一个听者成为僧侣,必须经过僧侣集会的审批。有的绘画可能反映了听者成为选民的情况。吐鲁番高昌故城遗址 K 发现的旗幡 MIK Ⅲ 6286 一面画着一个女选民(彩色图版 5 - 8),另一面画着一个女听者(彩色图版 5 - 9)。何者为正面,何者为反面不易确定。假设女选民为正面,而女听者为反面。旗幡正面的主体部分上,一个女选民站在一块有图案的黄色地毯上,穿着白袍,戴着白色的头巾,面向她自己的左边,即向着题记。题记上用回鹘文写着"波须斯(Busuš)公主像"。这位女选民的手藏在袍子的长袖子里,捧着一本金边红色的书。女选民的面前跪着一个尺寸小得多的女听者,手也藏在袖子里。旗幡的上部三角形的部分,坐着的一位很可能是神,穿着红袍,头的四周有红色光轮,手里可能也拿着一本书。神的面前一左一右各坐着一个穿白袍的选民,画得尺寸很小。旗幡反面主体部分画了一个女听者,穿着带花的大红袍,手没有放在袖子里,发式是这个地区常见的妇女发式。她面向自己的右边,即向着题记,但是题记上并没有文字。她的面前有一个站立的儿童,尺寸也画得比较小。旗幡上部也有一个神,留着髭须,黑色长发,头上有光轮。他的前面也坐着两个穿白袍的选民。旗幡两面画的女选民

·欧·亚·历·史·文·化·文·库·

与女听者是否同一个人？是否当这个公主出家成为选民时，其亲属制作了这样的旗幡以示庆贺？

上述资料中的"两部"是指僧侣和听者的上下两部，但是，也有一些资料中的两部指僧侣中的男女两部。例如，现存北京的中国历史博物馆的回鹘文摩尼教寺院文书（编号8782T.82）中有四处提到两部教团："每月要给两个僧团僧众各八十石麦子……不要使二僧团僧众们的食物分配不均。……男性僧侣、女性僧尼在摩尼寺中吃饭吃厌了……慕阇和拂多诞不得饮用二僧团僧尼们的饮料。……给二个僧团的僧尼们一担葱。"

正因为"两部"可以指僧侣和听者的上下两部，也可以指僧侣内部的男女两部，有时就会造成一些理解的困难。例如，吐鲁番新出粟特文书信A（81TB65：1）第37—50行写道：

> 如果我们如神［一般的、佛陀们的］代理、法王、我们的主人在那边，即高昌的拥有两种被祝福的秩序的教团一同得到幸运，［即］内部，两个教团的［僧侣们］受到尊敬和尊重，外部，与两［种类的了不起的事情］相称的多福的主、支配者、经常被称颂的［可汗及］崇高的王妃们，崇高的王子们、［其他国家的］王们、热爱［自己的］灵魂的听者们、女听者们、［其他的人们］，在两种类的（精神和肉体的）人格上没有倦怠感，对于宗教［事务］内部受到好评，向好的方向［……］如能同主人［伟大的］荣光和高贵一样，我们这些最不足道的仆人，［主］为了我们这些［浊世的人间］，从神那里请求恩惠和希望［得以达成的事］，为此从心底感到非常高兴。

我们如果把内部的两个教团理解为师僧内部男女两部，而把外部的两部理解为男听者和女听者，应该比较接近事实。可汗、王妃、王子等也属于听者的范畴。

汉文《摩尼教残经》的"四部之众"是佛教术语，实际上指摩尼教的男女师僧和男女听者。佛经中有"四部众"，包括比丘、比丘尼、优婆

塞、优婆夷，即出家和在家的佛教男女弟子。(图5-5[1])摩尼教的这

图5-5 宋代《报父母恩重经变》局部：
上图，比丘与优婆塞；下图，比丘尼与优婆夷

---

〔1〕俄军.甘肃省博物馆文物精品图集.北京：三秦出版社,2006:245,247.

种"四部之众"的体制与佛教是否有内在联系呢？佛教的一个特点是把信徒分为和尚和居士,有的学者把佛教定义为"二部宗教（twofold religion）"。这个定义也适用于摩尼教。很可能摩尼有意识地模仿了佛教的组织特点。更准确地说,应该称为"二部组织（twofold organization）"而不是"二部宗教"。就像佛陀把他的信徒分为和尚和居士,摩尼也把他的追随者分为完人和听者,在叙利亚语中是 zaddīqīn 和 šāmō'īn;在中古波斯语中是 ardāvān 和 niyōšagān;在基督教的西方称为 electi 和 auditores,或使用基督教术语,称为 fideles 和 catechumani。

摩尼教寺院可能是模仿佛教寺院而兴起的,在西方实际上没有严格意义上的摩尼教寺院。如果摩尼教寺院只存在于中亚地区,而在中亚,佛教寺院已经有几个世纪的历史,那么说摩尼教仿效佛教寺院而创立了自己的寺院,就是顺理成章的。在 3 世纪,基督教的寺院雏形还没有超过一些修道士离群索居的水平,不可能是摩尼教寺院仿效的对象。摩尼从小在其中长大的厄勒克塞派或许过着一种类似寺院的生活,但是资料不足。从我们在《科隆摩尼古卷》中所了解的厄勒克塞派的情况来看,汉文《摩尼光佛教法仪略》中所描绘的摩尼教寺院显然更接近佛教寺院,而与厄勒克塞派没有多少共同之处。

摩尼教接受佛教的影响可以分为两个阶段。第一个阶段是摩尼本人曾到印度传教,可能对佛教有所了解,并接受了一些影响。第二个阶段是摩尼教东传,进入佛教盛行的地区,与之共存了上千年。在这第二个阶段中,佛教的僧俗二部组织以及寺院对摩尼教的影响,可谓不争的事实。关于摩尼最后旅程的圣徒传中,已经提及寺院（mānistān）。寺院组织更可能是摩尼本人所创建的,他在自己的印度之行时,已经熟悉佛教寺院组织。摩尼教把信徒分为完人和听者,并与俗人区别开来的划分,源自佛教中僧侣和居士的区别。

我们可以假设,摩尼教徒分为出家男女弟子二部和在家男女信徒二部,是摩尼印度之行后,仿效佛教形成的体制。后来摩尼教东传,进一步接受佛教影响,这种出家男女二部和在家男女二部的结构变得与佛教更为相似。当摩尼教教徒用汉文翻译伊朗语摩尼教文献为《摩尼教残经》时,很自然就用佛教术语"四部之众"来表述这种结构。

5.2　仪轨

吐鲁番高昌遗址 α 发现的壁画残片 MIK Ⅲ 4624 保存了两个男选民的形象。这可能是一幅大壁画的残剩部分,底色是蓝色的,两个男选民中左面的那个保存比较完整,两个人都穿着僧服,里面是领口很紧的衬衣,外面罩一件 V 形领的白袍。头发、胡须、髭和眉毛都画得很细致,头发编成几大缕。两个选民头像之间有一块题记,可惜上面的文字已经不可辨认。(彩色图版 5 – 10)摩尼教对僧侣有相当严格的道德标准要求。

汉文《下部赞·普启赞文》写道:"又诠新人十二体,十二光王及惠明,具足善法五净戒,五种智惠五重院。"所有的僧侣都得遵守"五净戒"。根据中古波斯文《使徒赞歌》(M801),僧侣都得遵守五净戒(andarzan)和三印(muhran)。文书 M801 的第二部分包括了粟特文的选民忏悔书,详细描述了五净戒的内容;可惜,现存残片只保存了完整的第二戒、部分第三戒和几行第四戒。不过,粟特文文书(M14 V)保留了完整的五净戒:(1)真实;(2)不害;(3)贞节;(4)净口;(5)安贫。

三印(拉丁文 tria signacula;阿拉伯文 thalath khawatin)是听者也要遵守的三个戒律。三印中的口印(拉丁文 signaculum oris),即五净戒中的第四戒净口;手印(拉丁文 signaculum manuum),即手之和平(科普特文 pmtan nncij),也即第二戒不杀生;胸印(心印,拉丁文 signaculum sinus),即贞洁(科普特文 ptoubo ntparthenia),也即第三戒贞节。

五净戒中的第一戒真实(粟特文 reshtyaq),禁止任何说谎。根据摩尼教教义,圣灵化身为真理的使徒摩尼,摩尼创建了教会,摩尼与教会就代表了真理,每一个选民必须服从真理。选民必须终生努力传播摩尼教,接受教会的权威。汉文《摩尼教残经》讲到的十二种美德中,第六种即为真实,详细描述了选民应该做到的事项。

第二戒不害(粟特文 puazarmya),也即手印,禁止从事任何可能伤

欧·亚·历·史·文·化·文·库·

害光明分子的工作,即不能伤害光明、火、水、风和气,不能从事耕田、采集、收获和杀害动植物的事情。《阿基来行传》里摩尼教徒图尔博(Turbo)说:"收割庄稼的工人就像吞吃初人(先意佛)甲胄的暗魔。因此他们必转世为草或豆或大麦或小麦或蔬菜,那样他们也会被收割和砍倒。""如果某人杀了一只鸟,他来世将会变成一只鸟;如果某人杀了一只老鼠,他也会轮到变成一只老鼠……如果一个人收割,他也将被人收割;同样的,如果任何人把谷物投入磨盘,他也会轮到被投入磨盘;任何人揉面团,他就会被揉;任何人烤面包,他也会被烤。"按照这种教义,选民不可能从事任何生产劳动,甚至不能自己烘烤面包、烹制食物,只能完全依靠听者维持生活。听者虽然不可能遵守不害戒,但是,听者也要为自己伤害五种光明元素忏悔。听者所用的回鹘文《忏悔词》的第三项是:伤害了食物、饮料、土地、动物、植物里的光明分子,即伤害了空气、风、光明、水和火等五位一体神(五明佛),就需要忏悔。第五项是:伤害了五种动物,就要忏悔。

第三戒贞节,粟特文作 dentchihreft,字面的意思是"根据宗教信条行事",也即胸印(心印),不仅完全禁欲,不得有男女之事,而且禁止通过触摸雪、雨水、露水或丝绸等物而引起快感。摩尼教将性交视为模仿恶魔的行为,会导致人类生生不息,继续不断囚禁光明分子,因此僧侣必须禁绝性交。任何直接或间接有利于生物繁殖的事情也都在被禁之列,比如,种植一棵树就违反了第三戒,因为这会拖延被囚禁在树木中的光明分子获得解救的过程。

第四戒净口(粟特文 qutchizpartya),即口印,主要是关于饮食的戒律。肉类、发酵的饮料(啤酒、葡萄酒或米酒)、任何乳制品均在禁止之列,因为准备这些饮食会涉及一系列伤害其中光明灵魂的暴力行为。因此摩尼教僧尼是严格素食的。即使这样,对于听者为他们准备的素菜与水果,僧尼还要加以极其小心的挑选,通常以瓜类食物为上选。在他们的日历上还规定多次绝食的日期。净口不仅规定吃进去的东西,而且规定讲出来的话。因此僧尼必须以温和尊敬的语气讲话,不得诽谤或中伤他人,不得亵渎、发誓或作伪证。

第五戒安贫（粟特文 dushtautch），要求僧尼过清贫的生活。僧尼不得积蓄私产。根据比鲁尼的记载，摩尼教僧侣除了够一天吃的食物和够一年穿的衣服外，不得购置任何物品。选民的赤贫使他成为一个自由的人，可以全心全意地献身于传教与祈祷。

西方所有摩尼教的攻击者都一致将摩尼教的这些道德要求视为极其愚蠢，几近疯狂。比鲁尼是绝少数承认摩尼教僧尼建立了高度道德标准的古代作者。但是，摩尼教的这种道德标准可能影响了蒙古高原上的回鹘人，按照《九姓回鹘可汗碑》汉文部分的说法，"薰血异俗，化为茹饭之乡；宰杀邦家，变为劝善之国"。

尽管摩尼教禁止选民性交，把这看成模仿魔鬼的行为，但是并不歧视妇女，在艺术作品中也精细地表现了女选民。吐鲁番高昌遗址 α 发现的绢画残片 MIK Ⅲ 4815 上还残存两排女选民，每排 4 人。她们全都戴着帽子，帽子结构看来类似圆筒形无边毡帽，上面罩着大幅白头巾，垂下来遮住了头发与耳朵。她们全身穿着白袍。勒柯克觉得，这些女选民肉色红润，并没有中国妇女那种黄白或黄的肤色，她们可能是波斯或突厥妇女。（彩色图版 5 - 11）吐鲁番高昌发现的绢画残片 MIK Ⅲ 141a 是一个女选民头像，可能是一幅画有多个女选民的绢画的一部分。（图 5 - 6[1]）

图 5 - 6　吐鲁番高昌发现的
绢画残片 MIK Ⅲ 141a：
女选民头像

除了上述五净戒之外，对选民还有很多正面的道德要求。汉文《摩尼教残经》对电那勿（选民）提出了 12 个方面的要求，每一种要求又有 5 种表现，一共有 60 条道德规范：

　　若电那勿内怀第一大王树者，当知是师有五记验：一者不乐

---

〔1〕Gulácsi 2001, Fig. 84.

·欧·亚·历·史·文·化·文·库·

241

久住一处,如王自在,亦不常住一处,时有出游;将诸兵众,严持器仗,种种具备,能令一切恶兽怨敌,悉皆潜伏。二者不悭,所至之处,若得衬施,不私隐用,皆纳大众。三者贞节,防诸过患,自能清净;亦复转劝余修学者,令使清净。四者于己尊师有智惠者,而常亲近;若有无智、乐欲戏论及斗诤者,即皆远离。五者常乐清净徒众,与共住止;所至之处,亦不别众独寝一室。若有此者,名为病人。如世病人,为病所恼,常乐独处,不愿亲近眷属知识。不乐众者,亦复如是。

二智惠者,若有持戒电那勿等内怀智性者,当知是师有五记验:一者常乐赞叹清净有智惠人,及乐清净智惠徒众,同会一处,心生欢喜,常无厌离。二者若已智根见解狭劣,闻他智者智惠言语,心无妒嫉。三者诸有业行,常当勤学,心不懈怠。四者常自勤学智惠方便、诸善威仪;亦劝余人同共修习。五者于其禁戒,慎惧不犯;若误犯者,速即对众发露陈悔。

三常胜者。若有清净电那勿等内怀胜性,当知是师有五记验:一者不乐馋谄狠悷,如有是人,亦不亲近。二者不乐斗诤喧乱,若有斗诤,速即远离;强来斗者,而能伏忍。三者若论难有退屈者,不得承危,唛(笑)以称快。四者辄不漫陈,不问而说;若有来问,思忖而答,不令究竟因言被耻。五者于他语言,随顺不逆,亦不强证,以成彼过;若于法众,其心和合,无有分拆。

四欢喜者。若有清净电那勿等内怀欢喜性者,当知是师有五记验:一者于圣教中所有禁戒威仪进止,一一欢喜,尽力依持,乃至命终,心无放舍。二者但圣所制,年一易衣,日一受食,欢喜敬奉,不以为难;亦不妄证,云是诸圣权设此教,虚引经论,言通再受,求解脱者,不依此戒。三者但学已宗清净正法,亦不求诸耼败教。四者心常卑下,于诸同学而无憎上。五者若谓处下流,不越居上;身为尊首,视众如己,爱无偏党。

五勤修者。若有清净电那勿等内怀勤性,当知是师有五记验:一者不乐睡眠,妨修道业。二者常乐读诵,励心不息;同学教诲,加意喜谢;亦不因教,心生怨恨;己常勤修,转劝余者。三者常乐演说清净正法。四者赞呗礼诵,转诵抄写,继念思惟,如是等时,无有虚度。五者所持禁戒,坚固不缺。

六真实者。若有清净电那勿等内怀真实性者,当知是师有五记验:一者所说经法,皆悉真实,一依圣教,不妄宣示,于有说有,于无说无。二者心意常以真实和同,不待外缘,因而取则。三者所持戒行,每常真实,若独若众,心无有二。四者常于己师,心怀决定,尽力承事,不生疑惑,乃至命终,更无别意。五者于诸同学,劝令修习,以真实行,教导一切。

七信心者。若有清净电那勿等内怀信心性者,当知是师有五记验:一者信二宗义,心净无疑,弃暗从明,如圣所说。二者于诸戒律,其心决定。三者于圣经典,不敢增减一句一字。四者于正法中所有利益,心助欢喜;若见为魔之所损恼,当起慈悲,同心忧虑。五者不妄宣说他人过恶,亦不嫌谤传言两舌,性常柔濡,质直无二。

八忍辱者。若有清净电那勿等内怀忍辱性者,当知是师有五记验:一者心恒慈善,不生忿怒。二者常怀欢喜,不起恚心。三者于一切处,心无怨恨。四者心不刚强,口无粗恶;常以濡语,悦可众心。五者若内若外,设有诸恶烦恼,对值来侵辱者,皆能忍受,欢喜无怨。

九直意者。若有清净电那勿等内怀直意性者,当知是师有五记验:一者不为烦恼之所系缚,常自欢喜清净直意。二者但于法中若大若小,所有谘问,恭敬领受,随喜善应答。三者于诸同学言无反难,不护己短而怀嗔恚。四者言行相副,心恒质直,不求他过以成斗竞。五者法内兄弟,若于圣教心有异者,当即远离,不共住止,亦不亲近,共成势力,故恼善众。

十功德者。若有清净电那勿等内怀功德性者,当知是师有五记验:一者所出言语不损一切,恒以慈心善巧方便,能令众人皆得欢喜。二者心恒清净,不恨他人,亦不造怨,令他嗔恚;口常柔耎,离四种过。三者于尊于卑,不怀妒嫉。四者不夺徒众经论弟子,随

·欧·亚·历·史·文·化·文·库·

所至方,清净住处,欢喜住止,不择华好。五者常乐教诲,一切人民,善巧智惠,令修正道。

十一齐心一等者。若有清净电那勿等内怀齐心性者,当知是师有五记验:一者法主、慕阇、拂多诞等所教智惠、善巧方便、威仪进止,一一依行,不敢改换,不专己见。二者常乐和合,与众同住,不愿别居,各兴异计。三者齐心和合,以和合故,所得衬施,共成功德。四者常得听者恭敬供养,爱乐称赞。五者常乐远离调悔戏笑,及以诤论,善护内外和合二性。

十二内外俱明者。若有清净电那勿等内怀俱明性者,当知是师有五记验:一者善拔秽心,不令贪欲,使己明性,常得自在;能于女人作虚假想,不为诸色之所留难,如鸟高飞,不殉罗网。二者不与听者偏交厚重,亦不固恋诸听者家,将如己舍;若见法外俗家损失及愁恼事,心不为忧;设获利益及欣喜事,心亦如故。三者若行若住,若坐若卧,不宠肉身,求诸细滑衣服卧具,饮食汤药,象马车乘,以荣其身。四者常念命终,险难苦楚,危厄之日,常观无常及平等王,如对目前,无时暂舍。五者自身柔顺,不恼兄弟及诸知识,不令嗔怒,亦不望证,令他恶名,常能定心,安住净法。

摩尼教僧侣(图5－7[1])遵守的道德规定是多方面的:首先是具有领导才能,不长期住在一个地方,经常外出传教,得到施舍不私自隐藏,而是与大众分享,每到一个地方,都与信徒同吃同住。其次是具有智慧,喜欢与明智的信徒待在一起,永不厌倦,不嫉妒别人的聪明才智,勤奋学习,也劝别人共同修习。第三是常胜,但这并非好勇斗狠,而是以柔克刚,远离争斗,对论难中失败的一方不乘人之危、幸灾乐祸,遇到问难,经过思考后再回答,在辩论中不遣词夺理。第四是永远保持欢喜的心态,心甘情愿地过俭朴的生活,每年只置备一身新衣服,每天只吃一顿饭。如果身为尊首(寺院的主持),对待僧众就像对待自己一样,没有什么偏心。第五是勤修,废寝忘食地修行,并转而劝导其他人修

---

〔1〕Gulácsi 2001, Fig. 85.1

行,不懈地诵读和抄写经文,进行演说,勤于思考,不虚度光阴。第六是真实,所说的教义,都有根有据,有一说一,有二说二,表里一致,不管是与众人在一起,还是一个人独处,都一样遵守戒律,对自己的导师终生不生疑惑。第七是具有信心,毫不怀疑地信仰三际二宗的教义,对经典不敢增减一句一字。第八是忍辱,慈悲为怀,从不发怒,不恶言伤人,语言温和,遇到侵犯和侮辱,都能忍受。第九是直意,言行一致,心地正直,不因为给自己护短而对教友产生怨恨,不拉帮结派。第十是功德,乐于教诲各种人,使他们修习正道。第十一是齐心一等,与法主(摩尼教的教主)、慕阇、拂多诞等保持一致,与僧众同住,不另外居住,能赢得听者的恭敬供养。第十二是内外俱明,经常使自己内在的明性发扬光大,不受女色吸引,不留恋住在听者家里,不追求舒服的衣着、精美的饮食、考究的车辆等物质享受。难怪陈垣先生会说:"读今京师图书馆所藏摩尼教经残卷,可知摩尼治己极严,待人极恕,自奉极约,用财极公,不失为一道德宗教。"但是,在回鹘高昌王国里,有摩尼教寺院文书留存至今,从中可以看出,摩尼教作为国教,其僧侣已经生活得相当讲究,对听者也颐指气使,与上述道德规范已经相去甚远。

图 5 - 7　吐鲁番高昌故城遗址 K 发现的绢画残片 MIK Ⅲ 6388:两个选民

听者要从事生产劳动,从而得以供养选民,自然不可能像选民一样遵守五净戒。不过听者也有很多清规戒律。星期一在摩尼教汉文资料中称"莫日","莫"是粟特文 m'x 的音译,意为"月"。每个星期一,听者都必须到选民那里去进行忏悔。每年还会在斋月举行集体的年度忏悔。《下部赞·此偈凡至莫日与诸听者忏悔愿文》说:"有缺七施、十戒、三印法门,又损五分法身,恒加费用;或斩伐五种草木,或劳役五类众生,余有无数愆违,今并洗除忏悔。"《此偈你逾沙忏悔文》说:"我今忏悔所,是身口意业,及贪嗔痴行。乃至纵贼毒心,诸根放逸;或疑常住三宝并二大光明;或损卢舍那身兼五明子。于师僧、父母、诸善知识起轻慢心,更相毁谤;于七施、十戒、三印法门,若不具修,愿罪销灭。""三印"已见上文,与选民的三印是一致的。七施、十戒则并无详细说明。好在回鹘文听者《忏悔词》几乎完整地保存了下来,一共有 15 项,其中第 6 项详细列出了"十戒"的内容,第 9 项再次强调"十戒"的重要,第 11 项则是"七施"。根据芮传明先生的译文,录全文如下:

[第一,]奥尔穆兹德神(Xormuztah)偕五明神一起降临,以率领一切诸神与魔斗战。他和具有恶业的兴奴(Šïmnu,即黑暗之王)以及五类魔作战。当时,神与魔、明与暗混合起来。奥尔穆兹德神之子五明神,即我们的灵魂,与魔争斗了一段时间,受了伤;并与诸魔之首,贪得无厌的无耻贪魔的邪知以及一百四十万魔混合起来,他变得不明事理和意志薄弱。他全然忘却了自己所诞生和被创造的不朽神灵之境,从而脱离了光明诸神。

我的明尊啊,从此之后,如果由于具有恶业的兴奴用邪恶行为诱惑我们的智力和思想使得我们最终无知、无智,如果我们无意中得罪了圣洁和光明的蔡宛神(回鹘文 Äzrua,中古波斯语 zrw'n),一切明性的本原,称他兼为明与暗、神与魔之宗,如果我们曾说"若有人赋予生命,即是明尊赋予生命;若有人杀害生灵,即是明尊杀害生灵",如果我们曾说"明尊创造了一切善良与邪恶",如果我们曾说"他(蔡宛)是创造了不朽诸神的人",或者我们曾说"奥尔穆兹德神和兴奴是弟兄",我的明尊啊,如果我们无意中欺骗了明尊,曾经使用了极度亵渎神灵的言辞,从而犯下了导致毁灭的罪过,那么,明尊啊,我,赖玛斯特·弗莱曾德(Rāimast Frazend),就忏悔,祈求解脱罪孽。宽恕我的罪过吧！福祐之始！

第二,是对于日月神,是对居于二光明宫中的神灵所犯的罪过。

如若前赴诸神之境,本原之处,一切诸佛、清净法、拥有善业和地界光明之灵魂的聚集处,那么日月之神便是其前门。为了解救五明神,将光明和黑暗分离开来,他们作圆状旋转,照耀[天界的]四方。

我的明尊啊,如果我们曾经无意中以某种方式得罪了日月神,居于二光明宫中的神灵,如果我们曾经不相信"[日月]神是真诚、强大、有力的",如果我们曾经使用了极度邪恶的亵渎神灵的言辞,如果我们说过"日月将会毁灭",如果我们说过"他们未靠自力升落;如果存在自力,就会不再升起",如果我们说过"我们自身异于日月",那么,当我们无意中犯下了这样或那样罪过时,我们祈求宽恕。宽恕我的罪过吧！

第三,同样,还有对五明神,即奥尔穆兹德之子所犯的罪过。

一为气神,二为风神,三为明神,四为水神,五为火神。他(五明神)往时与魔斗战,因受伤而与黑暗相混,未能回归诸神之界,从而留在俗世。上方十重天、下方八重地都因五明神而存在。世上一切事物的福祉与幸运、色彩与景象、本性与灵魂、大力与光明、起源与根本,全部都是五明神。

我的明尊啊,如果我们曾在无意中因邪知而毁坏了五明神,如果我们曾使之遭受十四重伤害的折磨,如果我们曾用蛇头十指和三十二牙折磨生灵即神圣的食物和饮料,如果我们曾经对干湿之地、五类生物、五类草木犯下罪过,那么,我的明尊啊,我们祈求解脱罪孽。宽恕我的罪过吧！

第四,是对于始终存在的明尊使者,即诸佛所犯的罪过。

如果我们曾经无意中得罪了积有功德、导致获救的神圣选

·欧·亚·历·史·文·化·文·库·

民,如果我们尽管口称他们为"明尊之真正使者"和"佛",却又不信"神圣选民以善业为特征",如果我们曾在他们宣讲明尊之法时,出于无知而反对之,如果我们非但未曾传播这些教法,却反而阻挠它们,那么,我的明尊啊,我们忏悔,祈求解脱罪孽。宽恕我的罪过吧!

第五,是对于五类生物所犯的罪过。

一是对于两腿人类所犯的罪过;二是对于四腿生物所犯的罪过;三是对于飞行生物所犯的罪过;四是对于水中生物所犯的罪过;五是对于腹部着地爬行之生物所犯的罪过。

我的明尊啊,如果我们曾以某种方式引发了这五类生物——无论最大还是最小——的恐惧,或者惊吓了它们,如果我们曾经殴打或砍割它们,使之痛苦和折磨它们,乃至杀死了它们,也就是在某种程度上欠了这些生物的命,那么,我的明尊啊,我们正在祈求,希望解脱罪孽。宽恕我的罪过吧!

第六,我的明尊啊,我们还可能以自己的思想、言辞和行为犯下十种罪过:

(1)如果我们曾经虚伪欺诈,以某种方式犯下了伪证罪,如果我们曾为某个奸诈者作证,(2)如果我们曾经告发过某个无辜者,(3)如果我们曾经散布谣言,以我们的言辞伤了一个人的心,(4)如果我们曾经施行了黑色巫术,(5)如果我们曾经杀死了许多生物,(6)如果我们曾经欺诈行骗,(7)如果我们曾经使用了陌生人[托付我们保管]的物品,(8)如果我们曾经做了日月神所不容许的事情,(9)如果我们在自己变成"穿长衣(者)"之后,曾经得罪了第一本性,(10)如果我们曾经导致许多生物的毁灭,那么,我的明尊啊,我们正在祈求解脱这十种罪过。宽恕我的罪过吧!

第七,如果有人问:谁会走上通往二毒路之端和地狱之门的道路?那么,信奉违法的人会去第一个地方,崇拜魔王并奉之为神的人会去第二个地方。

我的明尊啊,如果我们因为未曾认识和理解真正的明尊及清净之法,从而当诸佛和清净选民布教时,受假称"我是明尊之使和布道师"的人之骗,相信其语,错误斋戒,错误崇拜,错误施舍,如果我们曾经错误地从事邪恶活动,并说"是为积功德,故而能获救",如果我们曾经祀奉邪魔为"明尊",并宰杀生灵来供养,如果我们曾说"他是个佛",珍爱违法而崇奉之,因此事魔而得罪了明尊,那么,我的明尊啊,我们正在忏悔,祈求解脱罪孽。宽恕我的罪过吧!

第八,自从我们认清真正明尊和清净之法以后,我们懂得了"二宗"和"三际"的教法;我们懂得了明宗即明尊之境,以及暗宗即地狱之境。我们知道了,此前无地无天之时到底有些什么存在;我们知道了,神、魔为何相斗,明、暗如何混合,以及何人创造了大地、苍天;最后,我们还知道了,大地和苍天为什么将不再存在,光明与黑暗将怎样分离,届时将会发生什么。

我们信奉蔡宛神、日月神、大力神,以及一切诸佛,我们信赖他们,从而成为听者。我们已将四光明印印在心中:一是爱,为蔡宛神之印;二是信,为日月神之印;三是[对神之]惧,为五明神之印;四是智,为诸佛之印。

我的明尊啊,如果我们曾让自己的心、智脱离了这四类神灵,如果我们曾经偏离了他们的正确方位,因此导致明尊之印被淹灭,那么,我的明尊啊,我们正在祈求解脱罪孽。宽恕我的罪过吧!

第九,自从我们遵奉了十戒,就必须严格遵守口的三戒、心的三戒、手的三戒,以及全身的一戒。

我的明尊啊,如果我们曾经有意无意地自私地生活,听信坏朋友之言,以其心思观察,或者为了牲畜和财产而烦恼,或者被忧伤悲痛所打击,从而违背了这十戒,如果我们在履行十戒时有什么缺点、错误,那么,我的明尊啊,我们正在祈求解脱罪孽。宽恕我的罪过吧!

第十,有一条规定:每日必须四次真诚、净心地向蔡宛神、日月神、大力神、诸佛赞美、祈祷。

如果我们曾因粗心大意而不惧明尊,没有正确和完全地祈祷,祈祷时没有集中全部心思于神,从而这些赞美和祈祷不能纯净地抵达明尊,或者,如果祈祷的某些地方曾被阻断,那么,我的明尊啊,我们正在祈求解脱罪孽。宽恕我的罪过吧!

第十一,还有一条规定:必须给予清净法以七重布施。如果天使们收集了五明神的光明,呼嘘瑟德与呦喽嚎德神就会把上升天界和被解放的五明神之光给予我们,那么,规定要求我们极好地有序整理这些光明,把它引导给教会。

如果我们或因忧伤,或因吝于布施,而未能最充分地将七重布施给予教会,如果我们曾经将本应上升天界和被解放的五明神之光束缚在房屋和家产中,或者将其给予恶行人或邪恶物,或者,我们曾将其散发和丢弃,或者,我们曾将明尊之光送往邪恶之所,那么,我的明尊啊,我们正在祈求解脱罪孽。宽恕我的罪过吧!

第十二,还有一条规定:犹如神圣的选民每年应持邬珊提斋(wusantï)五十天一样,[听者]必须持圣斋,以赞美明尊。

如果我们为了维护房屋和家产,为牲畜和器物操心,或者因为自己的需求和相继的危难,或者还因为贪得无厌的无耻贪魔以及我们内心缺乏对明尊的敬畏,或者由于我们的懒惰与疏忽,从而自觉和不自觉地违背了斋戒,或者,我们的斋戒并未正确遵循教法,那么,我的明尊啊,我们正在祈求解脱罪孽。宽恕我的罪过吧!

第十三,每星期一必须向明尊、宗教以及圣洁选民忏悔,以求宽恕我们的错误与罪过。

如果我们由于懒惰与疏忽,或者因为商谈事务或作为藉口的其他事务,而自愿或不自愿地未曾请求宽恕罪过,那么,我的明尊啊,我们正在祈求解脱罪孽。宽恕我的罪过吧!

第十四,有个规定是,每年要举行七次禋祭,我们必须持斋一个月。我们还得在礼祭、斋戒之后,在庇麻节上真诚和全心全意地祈求圣佛宽恕我们整个一年里的罪过。

我的明尊啊，如果我们完全未曾举行七禋祭，或者未曾正确和完美地遵循一月斋期的戒条，如果我们在庇麻节上未能按照教法持奉礼祭斋戒，或者未能真诚和全心全意地祈求[圣佛]宽恕我们整年的罪过，如果我们有了这样或那样的错误与过失，那么，我的明尊啊，我们正在祈求解脱罪孽。宽恕我的罪过吧！

第十五，我们每天都会在不知不觉中产生邪恶之念，在不知不觉中说了本不该说的罪过之言，以及在不知不觉中干了本不该做的事情。

我们由于邪恶的行为而招致了自己的苦恼，我们在日常生活中吃下的五明神的光明分子到了邪恶之处，因为我们的灵魂陷在了贪得无厌的无耻贪魔的贪爱中。正是鉴于此，我的明尊啊，我们祈求解脱罪孽。宽恕我的罪过吧！为了宗教的神圣预兆！

我的明尊啊，我们被过失与罪孽所牵累，我们是大大的负债者。因为我们是按贪得无厌的无耻贪魔的思想、言辞和行为而做的，我们用它的眼睛看，用它的耳朵听，用它的舌头说，用它的双手拿，用它的双脚走，从而为干湿之地、五类生物及五类草木中的五明神的光明分子招致了持久的痛苦。我们就这样被过失与罪孽所牵累。我们因十戒、七施、三印而获"听者"之名，但是我们却未能做应做之事。

如果我们曾经在无意间得罪了光明诸神、清净教法，以及明尊之人和布道师——清净选民，如果我们不曾按照明尊传播的法、智行事，如果我们曾经令诸神心碎，以及未能礼祭、持斋、祈祷和按教法遵循戒律，如果我们无意间犯了过失与错误……每天，每月，我们犯有罪过……那么，我们祈求光明诸神、尊贵之法，以及清净选民，以解脱罪孽。宽恕我的罪过吧！

听者仪轨的一个方面是十戒。上引《忏悔词》第十二项列举了听者如果犯下的十种罪过，就得忏悔，这应该就是听者的十戒。阿拉伯文《群书类述》列举的摩尼教十戒有所不同：一，戒偶像崇拜；二，戒撒谎；三，戒贪财；四，戒杀生；五，戒通奸；六，戒偷盗；七，戒邪见；八，戒巫术；

·欧·亚·历·史·文·化·文·库·

九,戒信仰不一致;十,戒惰怠。各种文献对十戒的记载虽然并不完全一致,综合概括大致上是:

(1)戒偶像崇拜。回鹘文 Šïmnu(şmnu:),音译"兴奴",借自粟特词 šmnw,可追溯到阿维斯陀语 aŋro mainyū(意为"邪恶精灵"),亦即帕提亚语和中古波斯语中的 'hrmyn(英文通常作 Ahri-man,音译"阿赫里曼")。它原为琐罗亚斯德教中的黑暗之神,摩尼教文献借用了此名,也用以指称与光明对立的邪恶之魔。听者当然不可崇拜暗魔,也不可相信关于神的不实之词。这是所谓"全身的一戒"。其他九戒分属三印:口印三戒、心印三戒、手印三戒。

(2)口印第一戒是:口不出恶言,不能使用极度邪恶的亵渎神灵的言辞、说谎、起假誓言、伪证、诽谤,不能说不该说的罪过之言,应该为无辜者辩护。

(3)口印第二戒是:口不食不洁之物,不能吃肉、喝发酵的饮料。

(4)口印第三戒是:口不说对先知不敬的话。神圣选民是明尊的真正使者和佛,以善业为特征。

(5)心印第一戒是:听者之心应忠实于自己的配偶,在斋戒之日禁止任何性行为。多配偶与通奸均受谴责。

(6)心印第二戒是:听者应帮助受贪魔折磨者脱离苦难,远离贪欲。

(7)心印第三戒是:不要服从假先知和骗子。

(8)手印第一戒是:禁止用手威胁、伤害、殴打、折磨或杀害任何生物,不仅包括两腿人类,也包括四腿生物、鸟类、鱼类、爬虫类。也禁止用十指折磨生灵(living soul)。

(9)手印第二戒是:禁止偷盗。

(10)手印第三戒是:禁止任何巫术,不得使用咒语、符水、符咒。

听者仪轨的另一个方面是祈祷。上引回鹘文《祈祷词》第十项规定,听者每天晨昏之间必须祈祷四次(日出、日中、日落、入夜)。祈祷时,白天面向太阳,晚上面向月亮;如果看不到太阳或月亮,就向北方和北斗星祈祷。从摩尼教创立之初开始,这种仪轨就引起了各方面的攻击。摩尼教为何将对日月的崇拜置于如此重要的地位呢?汉文《摩尼教残经》简要地说明了日月在摩尼教教义中的特殊地位:"又复净风造二明船,于生死海运渡善子,达于本界,令光明性究竟安乐。"二明船就是日月,这是光明分子上升明界的中间站。汉文《下部赞·此偈凡至莫日与诸听者忏悔愿文》说:"对日月宫,二光明殿,各三慈父,元堪赞誉",但是没有详细说明日月宫上的各三慈父是哪些神。其他摩尼教资料则明确说明,日宫上的三个神是第三使(日光佛)、生命母(善母)和活灵(净风);月宫上的三个神是:光明耶稣(光明夷数)、初人(先意)和光明处女(电光佛)。摩尼教这种向日月祈祷的仪轨,也传入了中国,延续到后代。吐鲁番高昌故城遗址 K 发现的绢画残片 MIK Ⅲ 6278 可能就是描绘了月亮明船运渡善子的神话。画面的中间,我们看到涂金的月轮,被画成一艘正在航行的船。船上有三个人,端坐中央的那个戴着王冠,有一圈光轮,表示他是拯救之神;另外两个人可能代表得救的灵魂。(图 5 – 8[1])《佛祖统纪》卷 48 说摩尼教"复假称白乐天诗云:静览苏邻传,摩尼道可惊。二宗陈寂默,五佛继光明。日月为资敬,乾坤认所生。若论斋絜志,释子好齐名。"不管白居易是否真的写过这么一首诗,至少说明中国摩尼教徒"日月为资敬"是不争的事实。何乔远《闽书》卷 7《方域志》云:"其教曰明,衣尚白,朝拜日,夕拜月。"这说明中国化的摩尼教——明教仍然延续着这一仪轨。

听者仪轨的第三个方面是施舍。听者应该把自己十分之一(或七分之一)的财产贡献给选民,这样听者就可以净化自己因从事世俗工作而带来的过错,让他们的选民可以从事祈祷与布道。因此施舍是对教会的服务,如果一个听者因为贫困匮乏或其他原因,没有服从这条

---

〔1〕Le Coq 1913, Taf. 4b (color). [2010 – 07 – 08]. http://dsr.nii.ac.jp/toyobunko/LFc – 42/V – 1/page/0040.html.en.

图 5 - 8　吐鲁番高昌故城遗址 K 发现的绢画残片 MIK Ⅲ 6278:月亮之舟

规矩,他就必须请求宽恕。施舍一般是以礼物的形式捐献:面包、水果、蔬菜、衣服或草鞋。根据施舍者的社会地位,施舍也可以以其他形式出现:俘虏、奴隶或者囚犯;帮助把远处的兄弟从困难中解救出来;仆人、亲戚或儿子的临时借款以帮助社团;置于教会管理当局掌握之下的各种钱财的利息;或者维修寺院,或者增建寺院。施舍作为教会的金融命脉,是一种分享与交换:听者拿出其一部分财产,从而获得拯救;僧侣则通过接受布施,安贫乐道。

　　根据古乐慈的研究,吐鲁番高昌故城发现的文书残片 M559 是一幅施舍图。尽管这幅画相当残破,她仍然辨认出:跪坐着的两个女听者和一个女选民,中间隔着一张桌子。女听者穿着有颜色的日常衣服,右面的那个穿着绿色的外衣,另一位穿着红色的衣服,两个女听者都捧着装满食物的大碗,面对着选民。选民穿着白衣服,戴着头巾,胸前用手捧着一件长方形的物体,很可能是一本书。(彩色图版 5 - 12)古乐慈还辨认出吐鲁番高昌发现的文书残片 M6290b 也是一幅施舍图。残图上隐约可以看出有十个人物,分两排,每排五个。这些人物只勾勒了一个轮廓,他们的衣服被勾勒出了褶子,但是他们的脸则没有勾勒细节,这说明这幅画可能是一幅尚未完成的作品。在下面这一排,最左面的两个人戴着摩尼教徒戴的圆帽子,第三个人戴着日常的帽子,第四个人戴着一顶最常见的摩尼教选民的长方形高帽。上面一排人当中

左面第四个人捧着一个堆放着面包的大盘子。（图 5 − 9[1]）

图 5 − 9　吐鲁番高昌故城发现的文书残片 M6290b：施舍图

　　听者仪轨的第四个方面是斋戒。听者每个星期需要斋戒一天，不仅要绝食与禁绝一切性关系，而且也要放弃任何世俗的劳作。每星期一天的斋戒使整个教会一体化，这一天听者的生活与僧侣并无二致，他成为其社区资格充分的成员。当然不是每一听者都能一次不缺地参加星期日斋戒。如果有意无意因为懒惰或者忽视而不参加星期日斋戒是一种罪过。上引回鹘文听者《忏悔词》第 14 项是每年要举行七次裸祭，就是七次斋戒，它可能与五次"二日斋"是一回事，是为了纪念摩尼教会中的各位殉教者而设立的。奈迪木的《群书类述》中保留了摩尼教三次"二日斋"和斋月（30 天大斋，每天可以吃一顿晚餐）的记载，没有提及在斋月期间的两次"二日斋"。在此基础上，恒宁根据几个粟特语历日残片补充了另外两次"二日斋"的时间。根据现有的东西方摩尼教资料，可以确定"二日斋"的对象与日期为：一为奥尔穆兹德神（初人）双日斋。满月且太阳在人马宫（Sagittarius，黄道第九宫）之时，有为期两天完整的连续绝食。初人曾为了打退暗魔的进攻，身陷地狱。二为末思信（Mâr Sîsin）双日斋。为了纪念摩尼的继任者，瓦赫兰二世（Vahrām Ⅱ，276—293 在位）时期殉道的末思信，当新月初现时，要进行两天的斋戒。三为耶稣双日斋，是纪念耶稣的斋戒，在满月且太

〔1〕Gulácsi 2001，Fig. 38. 1.

·欧·亚·历·史·文·化·文·库·

阳位于摩羯宫(Capricornus,黄道第十宫)的时候举行。四为三法堂主双日斋,在耶稣双日斋之后 8 天,当新月初现、太阳在宝瓶宫(Aquarius,黄道第十一宫)时,要举行纪念三位默奚悉德的斋戒,他们是继末思信之后殉道的。五为摩尼双日斋,是在三法堂主双日斋之后的第 26 天(象征摩尼在狱中度过的 26 天)举行的。其中,第四次纪念三位法堂主的斋戒可能被算做三次,这样,一总加起来就是七次斋戒。从上述第四次至第五次"二日斋"的整段时间就是斋月,第五次之后三天则是庇麻节。

听者仪轨的第五个方面是忏悔。上引回鹘文听者《忏悔词》就相当完整地显示了听者需要忏悔的范围。听者忏悔的日子是星期一,即月曜日。听者要跪在僧侣面前,请求宽恕自己在思想、言辞和行为方面犯下的罪过。年度的忏悔是集体地在斋月之末进行的,此时社团聚会,纪念教主的受难,即纪念摩尼殉难的悲剧。一个司祭者代表听者念诵忏悔愿文,所有一年来犯下的过错将会得到宽恕,教会的在家信徒将像新生儿一样怀着纯洁的心,参加一年中最大的节日。

师僧与听者互动最经常的形式之一为讲经。吐鲁番高昌故城遗址 α 发现的双折纸残片 MIK Ⅲ 8259 第一张(?)的文字包括一个寓言的结尾部分、一首祝福社团的按字母顺序排列句子的赞美诗,以及赞美最高神蔡宛的赞美诗。第二张(?)是宇宙论的一部分。第一张正面有一幅图画,画面背景是佛青色,画面可以分为两部分,下面是听者,上面是师僧。(彩色图版 5-13)听者一共有 6 个,右边是 3 个男子,左边是 3 个女子。所有的人都把双手插在衣袖里,双臂交叉在胸前,都屈膝跪坐在玫瑰色的地毯上。最左面的女子形象保存不佳,仅能看出她穿着绿色衣服,上面还罩了一件淡玫瑰色的上装,右耳戴着金耳环。她的头发被扎成一个发髻,然后用一条镏金的宽头带捆住(?)。当中的那个女听者的形象保存情况更差。最右边的妇女穿着红色长袍,领子和袖子是金色的,她戴着宽大的头饰,这类头饰是用大量金箔片装饰的,从头饰上来看,她可能是回鹘公主。最右边的男子穿着红色长袖长袍,腰系金色腰带。他的胡须带有两个尖儿,头发一绺一绺地往下垂着,头戴一顶圆形黑色便帽。中间的男听者穿一件有白色花朵装饰的绿袍。这个男子与最左面的男子都戴着有 3 条长长的突出物的黑色帽子,表明他们可能是回鹘王子。在这 6 个听者上面,图画的中央部分残破,可能像柏孜克里克出土的粟特文长卷中的插图下部画的一样(彩色图版 5-4),那里原来画着一圈草,中央是一个水池,从水池里长出莲花。莲花分成三根主枝,每一根主枝都结了一朵大红花和许多小花朵。左右两朵大红花上分别坐着一个选民。右面的选民盘腿而坐,比划着手势,似乎正在演讲。左面的选民跪坐在莲花上,胸前手持一个长方形的物体,很可能是一本精装的书,他似乎正在朗读这本书。在两个选民中间,是那朵中央的大红花,花上有一张折叠式的桌子,桌子上放着一个小盒子,上面罩着大桌布。(彩色图版 5-14)勒柯克与古乐慈都倾向于将此画解释成讲经图;克里姆凯特则认为,这幅图画的是红血从绿色植物的伤口中喷出,选民与听者都在忏悔伤害植物之罪。古乐慈鉴别出另一幅讲经图是吐鲁番高昌故城发现的文书残片 MIK Ⅲ 6265 和 MIK Ⅲ 4966 正面的插图。这幅图残破严重,只有在与上述讲经图(MIK Ⅲ 8269 第一张正面)的比较下才能确定其含义。这幅图只残存了右面选民的上身、莲花和右面选民的膝盖及其所坐的地毯的一小角。一株莲花从一个绿草环绕的水池中生长出来,分为三个主枝。中间的主枝结出一朵硕大的花朵,花上有一个物体罩着橘黄色的织物。(图 5-10[1])

师僧与听者互动的另一个经常的形式为"收食单"。选民在"餐桌"上领受听者每日的献礼。献礼主要由水果组成,特别是黄瓜和甜瓜,摩尼教徒认为它们含有大量光明分子,也有面包。这种饭食可能是摩尼教仅有的真正的圣礼成分。选民准备吃进食时,首先祈祷,对面包说:"我既没有收割你,也没有碾磨你,也没有把你放入炉灶,是另一个人做了这些事情,把你给我,我吃你毫无怨违。"他这样说了之后,对听者说:"我为你作了祈祷"。在"神桌"上领受每日的献礼时,要提出食

───────────

〔1〕Gulácsi 2001, Fig. 29. 2.

257

图 5 - 10　吐鲁番高昌故城发现的文书残片 MIK Ⅲ 6265 和 Ⅲ 4966 正面:讲经图

物是"谁的肉和血"的问题。汉文《下部赞·叹五明文》第二叠就写道:"法称所受诸妙供,庄严清静还本主。夷数血肉此即是,堪有受者随意取。"这看来令人信服地揭示了其受基督教圣餐的影响。

圣保罗的《哥林多前书》第 11 章第 23—26 节记述了"最后的晚餐"(图 5 - 11[1]):

> 我当日曾把主教导的,告诉了你们。主耶稣被人出卖的那天晚上,他拿起一个面包来,向上帝祝谢了,就把它掰开,说:"这是我的身体,将要为你们牺牲的。你们[每逢吃的时候]要这样来纪念我。"晚餐以后,他又同样拿起杯来,说:"这是我用血立的新约,你们每逢喝的时候,要这样来纪念我。"所以每当你们吃面包、用

〔1〕〔2010 - 07 - 10〕. http://en. wikipedia. org/wiki/File:Leonardo_da_Vinci_(1452 -1519)_-_ The_Last_Supper_(1495 -1498). jpg.

杯子喝的时候,就是向人宣布了主牺牲了。你们继续这样做,一直到主再来。

图5－11　达·芬奇作《最后的晚餐》

　　但是,摩尼教的"妙供"完全不可能是机械地模仿基督教的圣餐。因为摩尼教的饭食是日常的,它的目的基本上不同于基督教的圣餐。例如,改宗基督教的圣奥古斯丁就曾挖苦摩尼教的"妙供"说:相信一个人能够用鼻子和口腔发现神是愚蠢不堪的。从摩尼教的观点来看,这种餐饮是解放光明分子的神圣行为,保证领受这些妙供的人——选民——是神的宝贵工具极为重要,否则餐饮的人就会伤害最高神明尊父本身。

　　吐鲁番高昌故城发现的文书残片MIK Ⅲ 4974上的文字与图像可以互证。画面上,两个穿着褐色衣服的男听者跪坐在红边绿地毯上。这两个男性听者面对着两个选民,穿着白袍,戴白高帽,也坐在一块红边绿地毯上,画得比听者几乎大一倍。听者们旁边有一个三足大碗,里面盛的可能是水果。这可能说明听者在向选民布施。但是,这幅画的意义可能还要更大。右面的选民举着左臂,拇指和食指相接处,做出一个特别的手势,可能象征食物中的光明分子通过选民的消化得到了解脱。这个选民的右上方是月牙和太阳,当时是贴上金箔的,象征着得到解脱的光明分子升上日月。如今金箔剥落,只有原稿的线描依稀可辨。日月上方是神的巨大的右手,象征着上升到日月的光明分子最终得到

·欧·亚·历·史·文·化·文·库·

神的接纳,如今也只依稀可辨。(彩色图版 5-15、5-16)画的两边有摩尼字体写的中古波斯语经文,为黑色和红色,上下两栏各 11 行;反面上下两栏文字各 25 行,讲到"圣餐(xw'n)",歌颂十二神,只残存了第一大王,与最高神无上光明王相对应,第二智慧,与善母佛相对应,第三常胜。但是,汉文《下部赞》保存了完整的《收食单偈》:

> 收食单偈
>
> 大明使释
>
> 一者无上光明王,二者智惠善母佛,
>
> 三者常胜先意佛,四者欢喜五明佛,
>
> 五者勤修乐明佛,六者真实造相佛,
>
> 七者信心净风佛,八者忍辱日光佛,
>
> 九者直意卢舍那,十者知恩夷数佛,
>
> 十一齐心电光佛,十二者庄严惠明佛。
>
> 身是三世法中王,开杨一切秘密事;
>
> 二宗三际性相义,悉能显现无疑滞。
>
> 收食单偈　第二叠
>
> 无上光明王智惠,常胜五明元欢喜,
>
> 勤心造相恒真实,信心忍辱镇光明,
>
> 直意知恩成功德,和合齐心益惠明;
>
> 究竟究竟常宽泰,称赞称杨四处佛!

　　汉文《收食单偈》应该是听者向师僧献上"妙供",师僧"收食单"时所诵读的偈,内容是歌颂十二个最重要的神。中古波斯文文书 MIK Ⅲ 4974 的内容与此相符,不过对每一个神的赞颂篇幅要大一些。这份文书上的插图与内容吻合,因此可以将此图命名为"收食单图"。

　　摩尼教教会的节日是以其教主生平主要事迹发生的日子为基础的:摩尼的生日、天使的召唤、他的受难与去世,以及其首批使徒的殉难。每个节日都是为了纪念过去的一个事件,通过忏悔赎罪与吟诵诗篇,体会信徒们之间的同舟共济,以及宣扬正教在最后审判之日的必胜。

在所有的节日中,又以庇麻节最为重要。庇麻出自希腊文,意为"座位"或"宝座"(叙利亚文 bima,中古波斯文 gah)。中古波斯文、帕提亚文、粟特文三语文书 M5770 保存了庇麻节的部分仪式程序。凡是实际内容,包括赞美诗的题目,都用中古波斯文或帕提亚文,而对司礼的说明文字用粟特文:

[帕提亚文]:我主摩尼自天而降。当您降临时,哦,主啊,请让我们摆脱轮回。——您降临了,哦,摩尼,拯救我,弥勒佛。

[中古波斯文/粟特文]:[念诵]两遍。

[粟特文]:稍后。

[帕提亚文]:我们呼唤您,美名之主,大德摩尼!您,(哦)光明使者,我们高声赞美您!

[粟特文]:当提到众灵的名字时,赞美诗结束,稍停。然后从《福音》中取……向使者和纯善人们致敬。然后开始忏悔。忏悔结束时,唱这三首赞美诗。

[帕提亚文]:"末摩尼,庄严的君主(farrah),胜妙形相(dīdan)","慈父,我向您祈求,饶恕我的罪过","尊贵的末摩尼,哦,上帝,请回答我们!"

[中古波斯文]:哦,摩尼,美名的救世主,拯救我,哦,拯救并饶恕我的罪过。

[粟特文]:在念完"最后的信(Letter of the Seal)"之后,在使者面前诵读这首赞美诗。

[帕提亚文]:"我的明父,大德摩尼,升入天堂。"

[粟特文]:圣餐之后诵读这三首赞美诗。

[帕提亚文]:"美名的王者,大德摩尼!""哦,主,您逝去了,带我上升天堂吧!"……

《摩尼教祈祷与忏悔书》(中古波斯文与帕提亚文文书 M801)的第一部分为庇麻节仪轨,开头只残存"最后的信"的结尾部分,然后是有头缺尾的庇麻节赞美诗和对第三使(日光佛)的赞美诗、缺头有尾的对窣路沙罗夷(光耀柱)的赞美诗、有头无尾的对救世主耶稣(夷数)的赞

·欧·亚·历·史·文·化·文·库·

美诗。然后是对使者的赞美诗,歌颂了慕阇、萨波塞、法堂主、赞愿首、教导首、抄写员、领唱者以及所有的纯善人和所有的听者。此后是歌颂庇麻的赞美诗,歌颂了众神、各级教士和听者。最后是欢乐颂。

关于庇麻节这个摩尼教最重大的节日,不仅有相当数量的文书资料,而且还有一幅精美的美术作品。普鲁士皇家吐鲁番探险队第一次到达吐鲁番时,胡特从当地人手中买到一张彩色书页,后来编号为 MIK Ⅲ 4979a、b,这是摩尼教细密画收藏品中规格最大的一件,应该是在高昌故城遗址 α 中找到的。这张书页的背面通常被解释为庇麻节图。(彩色图版 5 – 17)画的中心上端有一个宝座,盖着彩色的毛毯或布料。画的上部不存,无法确定宝座上原来是否有教主摩尼的肖像。宝座的两边各坐一位教团的高僧。左边那位高僧是画面上的主要人物,头部已经残缺,但还能看到披肩的白发和很长的白胡子。他穿着白袍,举着左手,手掌向外,似在说法。他还戴着金色的圣带,右手在胸前握住圣带。这个高僧上身有头光环绕,头光的外圈是金色的。他可能是教团的最高领袖——慕阇。这位高僧的右边,跪着四排选民与听者。最上面的一行有四个穿白袍的选民。他们中的第一个正好位于主要人物肩膀的右侧。他跪坐在一块带有黑色镶边和白色图案的蓝绿色地毯上,头上带有红色头光。这表明他的地位也相当高,可能是拂多诞。比他低的一行也有四位穿白袍的选民,头戴高帽,但是没有头光,每个人身上写着各自的名字,有的名字很明显是波斯人的名字。这一列僧侣可能是默奚悉德(法堂主)。再下面一行毁坏得很厉害,可以看到一位僧侣戴着高帽,他旁边的一位僧侣则戴着白色小圆帽。这一排可能是阿罗缓,即普通选民。最下面(最前面)一排只残存两个小的人物形象的头部,戴着黑色的帽子,可能就是听者。宝座的另一边也有几排选民与听者。最上面,最靠近宝座,有一个高僧身穿白袍,坐在地毯上,但是毁坏得很厉害。他可能也是拂多诞。比他低一排的高僧们身穿白袍,头戴高帽,袍子上也写着名字,显然也是波斯人的名字。他们可能也是默奚悉德。他们的下面还保存了一个人的头部,戴一顶白色小圆帽,大概是阿罗缓,即普通选民。稍微低一些,有一排人物,有的戴着有三条长长的突出物的黑色帽子,有的戴着其他回鹘男女王族戴的帽子。他们是听者。在画面的中间,宝座下面有一个三脚金钵,金钵里有三个甜瓜和葡萄。根据摩尼教徒们的观点,水果中含有大量的光明分子。再往前面是一张红色的桌子,桌子上摆放着面包。桌子脚的左边有一个镀金水罐,右边是一个装食物的带足镀金盘。在桌子的左面,有一个穿白袍的僧侣,头发是棕色的,头上戴着高帽子,手上持着一本装帧华丽的书籍。这个僧侣所穿的长袍上有红色书写的摩尼文,他的头衔是x(yš)t(r),可能即诵经师,地位低于默奚悉德,但是高于一般选民。这个僧侣的左边还有另外两个跪着的僧侣,膝盖上放着一本书。

这幅图形象地描绘了庇麻节:高昌回鹘摩尼教信徒都会参加,主持的可能是担任东方教区之首的慕阇。东方如果只有一个教区的话,那么应该有六位拂多诞、三十位默奚悉德。从北京历史博物馆藏《回鹘文摩尼教寺院文书》的内容看,摩尼教交河、唆里迷(焉耆)的寺院与高昌的寺院有密切关系,他们的尊首也可能来参加,与高昌的拂多诞并肩而坐。至于更遥远的寺院的拂多诞是否出席,或者只是发信致贺,尚需进一步研究。高昌的默奚悉德自然会出席,坐在拂多诞之下,他们人数比较多,画上在他们的衣服上写上了各自的名字,从名字上看,他们多为伊朗人。画面上自然不可能画上全部出席的普通选民,只能在默奚悉德下面画一排作为代表。在普通选民之下,就是高昌的听者,他们虽然画在最下面,但是他们当中有的人社会地位可能很高,可能包括回鹘王族。仪式上可能由慕阇亲自讲经。仪式上还有一位诵经师,为教徒们朗诵摩尼最后的书信、赞美诗、收食单偈和其他文献。在朗诵的过程中,其他信徒会齐声合诵指定的诗句。忏悔仪式可能比较难于用绘画的形式表现,但是视觉艺术很擅长表现圣餐,因此图上把"妙供"画得琳琅满目,金色的三脚钵上既有金黄的甜瓜、紫色的葡萄,顶上还画了一片绿色的水果,或许是香瓜。红色桌子上摆放着很多圆面包,制作精美,边缘有一圈辫子状的花纹,顶上那个面包边缘没有花纹,但是有三颗石榴籽。在听者参加的仪式完成之后,选民们就会吃这些食物,按照摩尼教教义,也就是把这些食物中的光明分子释放出来,让它们上升天堂。

5.3　寺院

汉文《摩尼光佛教法仪略》也对东方摩尼教寺院作了简明扼要的
概括：

> 寺宇仪第五
>
> 经图堂一,斋讲堂一,礼忏堂一,教授堂一,病僧堂一。
>
> 右置五堂,法众共居,精修善业;不得别立私室厨库。每日斋
> 食,俨然待施;若无施者,乞丐以充。唯使听人,勿蓄奴婢及六畜等
> 非法之具。
>
> 每寺尊首诠蕳三人:
>
> 第一阿拂胤萨,译云赞愿首,专知法事;
>
> 第二呼嚧唤,译云教道首,专知奖劝;
>
> 第三遏换健塞波塞,译云月直,专知供施。
>
> 皆须依命。不得擅意。

经图堂当为存放经典与图籍的藏经阁;斋讲堂当为持斋讲经的场
所;礼忏堂用于礼拜忏悔;教授堂当为向信徒教授教义的场所;病僧堂
是让生病的僧侣修养的病房。任何僧侣不得例外单独建立自己个人
的私室、厨房、库房。僧侣每日吃斋时,等候施舍;如果没有听者来施
舍,就走出寺院,像乞丐一样去乞讨。寺院里只允许听者来提供自愿的
服务,不准蓄养奴婢以及各种牲畜。每所寺院的主持称为尊首,选拔三
个人作为助手:第一,阿拂胤萨。摩尼七部大经之七为《阿拂胤部》,译
云《赞愿经》。"阿拂胤"是中古波斯文'fryn 的音译,意为赞美诗。"阿
拂胤萨"是中古波斯文'frynsr 的音译,意为唱诗班指挥,即指挥唱赞美
诗,负责各种法事活动。第二,呼嚧唤。"呼嚧唤"是中古波斯文 xrwh-
(x)w'n 的音译,负责奖励劝导,我们在北京历史博物馆藏《回鹘文摩
尼教寺院文书》中可以看到呼嚧唤的一些具体活动内容。第三,遏换
健塞波塞。"遏换健塞波塞"是帕提亚文'rw'ng'n'spsg 的音译,负责

施舍品的供应。他们都必须依照尊首的命令行事,不得自作主张。这套寺院制度,可能是摩尼在印度观察了佛教寺院以后,加以模仿而逐步形成的。后来摩尼教传播到东方,进入佛教盛行的地区,与佛教有了更深入广泛的接触,自然进一步受到佛教寺院的影响,因此在体制上与佛寺颇为类似。

根据帕提亚文摩尼教传教史残片,摩尼的弟子阿驮曾在罗马帝国建立很多摩尼教寺院。有的学者认为,摩尼教寺院的建立刺激了基督教修道制度的发展。

摩尼教传入中原时,是否即建有寺院,尚难肯定。《册府元龟》卷971载:开元七年(719)吐火罗国支那汗王帝赊上表献解天文大慕阇。表文说:"其人智慧幽深,问无不知。伏乞天恩唤取慕阇,亲问臣等事意及诸教法,知其人之艺能,望请令其供奉,并置一法堂,依本教供养。"唐玄宗是否为摩尼教建立一个法堂,史无明文。摩尼教传入回鹘以后,借其势力,在中原建立了一些寺院。《僧史略》卷下:"大历三年(768)六月敕:回纥置寺,宜赐额'大云光明寺'。"《佛祖统纪》卷41:"大历三年,敕回纥奉末尼者,建大云光明寺。"此时允许建寺,似仅限于长安、洛阳二京。《佛祖统纪》卷41又说:"大历六年(771),回纥请于荆、扬、洪、越等州,置大云光明寺,其徒白衣白冠。"这三年间,摩尼教寺院已经发展到今湖北荆州、江苏扬州、江西南昌、浙江绍兴一带。《册府元龟》卷999载:"元和二年(807)正月庚子,回鹘使者请于河南府、太原府置摩尼寺三所,许之。"这些摩尼教寺院可能一直存在到武宗禁绝摩尼教。《旧唐书》卷18《武宗纪》,会昌三年(843)制有曰:"回纥既以破灭……应在京外宅及东都修功德回纥,并勒冠带,各配诸道收管。其回纥及摩尼寺庄宅钱物等,并委功德使与御史台及京兆府各差官点检收抽,不得容诸色人影占。如犯者并处极法,钱物纳官。摩尼寺僧,委中书门下条疏闻奏。"这说明这些摩尼教寺院拥有相当财产,可能曾被粟特或回纥商人用做货栈和钱庄。

对于唐代中原摩尼教寺院的内部情况,学术界所知尚不多。随着回鹘的一支西迁高昌(吐鲁番),那里的摩尼教得到了更大的发展。吐鲁番摩尼教寺遗址能让人们隐约看到当年摩尼教极盛时期的一些流风余韵。吐鲁番柏孜克里克的第 17 号和第 25 号窟是佛教、摩尼教二重窟。它们本来属于摩尼教,后来被改为佛教窟。在第 25 窟中还可以看到一幅壁画,中央画了一颗三干树。(彩色图版 5 - 18、2 - 5,图 5 - 12[1])第 17 窟是至今尚存的佛教寺窟,在公元 9—11 世纪时是摩尼教寺院,今天只有洞窟底部墙上的白色部分是当年摩尼教寺院留下的遗迹。

图 5 - 12　吐鲁番柏孜克里克第 25 号窟:佛教—摩尼教二重窟

《回鹘文摩尼教寺院文书》则为我们保存了摩尼教寺院内部情况的宝贵资料。这件文书是黄文弼在新疆考古时所得,刊布于 1954 年,原件现存中国历史博物馆,编号总 8728T. 82。(图 5 - 13[2])耿世民 1978 年刊布了全文的释读与译释,此后又经过森安孝夫、王菲等多位学者的研究。虽然还有一些个别字句的释读尚有异议,但总体来说是清楚明白的:

> 可让巡视的人进去。即使巡视的人要进库(qanik),也只能按照摩尼寺的命令才能进去。要按照……规定和教法(?)规定……慕阇和财务都督(ilïmγa totoq)派用[寺院]收入,由塔斯·色特·

〔1〕森安孝夫,Pl. Ⅲb

〔2〕森安孝夫,Pl. ⅩⅩⅦ

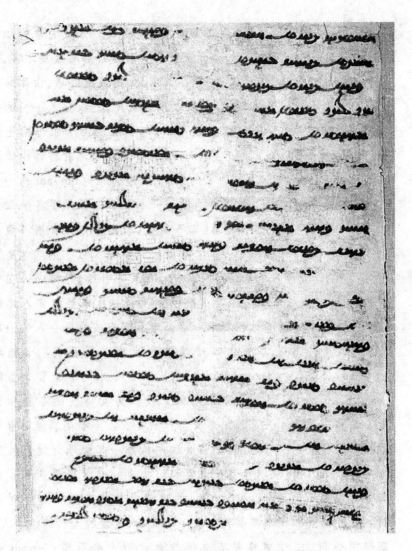

图 5 - 13 《回鹘文摩尼教寺院文书》现存首页

巴尔斯·达干帖木儿（Taš Svit Bars Tarqan Tämir）好好保管,由
……加有封盖则由二人……由二人一起[开]库。直到……[东城
的]事情由塔海·巴尔斯财务[都督]（Taγay Bars ilïmγa）好好负
责,西(/后)（kidin）城的事情由库马尔·巴尔斯·达干（Qumar
Bars Trqan）负责。不要认为那里的果园[、葡萄园]的土地是旱
地,要让人好好耕种,东(/前)（öngtün）城的果园[、葡萄园]如无

267

收成（?），塔海·巴尔斯［财务都督］要受责罚。西城的事情如做得不好，库马尔·巴尔斯·达干要受责罚。东边如有敛集之事，由财务都督敛集［并］好好保管。［库马尔］如有敛集之事，由库马尔［的助手敛集并好好保管］。把该入库的入库，把该存入……的全部存入。［并］由二人［一起］派用，一起保管。由于东边的土地多，柴草、地子（ï trïγ）、官布（quanpu）的收取和土地的耕作由库马尔·巴尔斯……用东面与西面的家户、土地、冰的（buz-nung）……六十二……换成棉布，给［僧尼］做……衣服布。每月要各给二僧团僧尼八十石小麦、七石芝麻、二石豆子、三石粟作为食用。两个执事（iš ayγučï）还要用……库入放账（?），并给工匠吃的。如高僧食用不够，二呼嚧唤（xruxan）要从自己粮食中补给，并要……在唆里迷（solmi）摩尼寺中。执事并要受到责罚。执事要把应入库的［葡萄园的（borluq）］地租四千一百二十五官布按教规存入……库中。摩尼寺中所有事情由二呼嚧唤和执事共同负责。卡德玛（Kädmä）磨坊（?）（tägirmän -ning）的五百官布中的五十官布留给卡德玛，剩下的四百五十官布用做工役和男女侍役的冬衣和靴子。棉布中的六十……用做男女侍役的夏衣。不要使二僧团僧尼的食用不够。一个月由一呼嚧唤和一执事一起管理好他们的伙食。再一个月由［另外］一呼嚧唤和一执事一起管理好伙食。如哪个月伙食不好，那个月［当值］的呼嚧唤和执事要一起受到责罚。二呼嚧唤和执事要共同督促……的人，做饭的人和烤饼的人。高僧用饭时，二呼嚧唤要直立把饮食端到大摩尼僧（ivrxanï z-maštik）面前，然后他们自己才能用饭。摩尼寺中如有什么事要向高僧慕阇禀告时，按照教法规定，呼嚧唤不和执事一起，不能入内禀告。执事如不和呼嚧唤一起，也不能入内［禀告］。呼嚧唤要和执事一起站着禀告。所有男侍役要侍候没有侍童的高僧。然后余下的所有侍童都要在大摩尼僧身边好好侍候他们用饭。按此文书，男女僧人如在摩尼寺用饭，一定要各供应二杯泉水（taš suv），还要融冰为水（buz suvï），并要一律端到僧尼及大摩尼僧的前面。

当个别僧尼外出化缘(?)时,要把其留下的汤单另收起。当上甘露(?)(qanlu)时,要用此端上。高僧慕闍和高僧拂多诞(äftadan)不要用此留下的汤。当上甘露时,要按照高僧慕闍的命令,由呼嚧唤和执事一起端上。慕闍和拂多诞不要用二僧团僧尼用的二碗(?)(tawatsi-tayatsi)饮料。谁要来见高僧慕闍和拂多诞,谁就把自己的饮料献上。[僧尼]一年食用小麦的麸子有二百石。这二百石麸子中一百石麸子用来喂[耕?]牛。一百石麸子用来喂高僧慕闍和拂多诞的乘马。这一百石麸子由总管(yïγmïš)保管,添作马的饲料,要把三宫的土地交给三户人耕种。每天(bir kün)要给摩尼寺运交二十个(ygrmirär)甜瓜。三十个甜瓜给大摩尼寺,三十个甜瓜给小摩尼寺。这些甜瓜由总管收集送来。如有延迟,总管要受责罚。要供给高僧慕闍一斗(küri)上等(?)(bišing)葱。要供给二僧团一担(tang)葱。东西几个摩尼寺的果园、葡萄园和土地由二执事使人好好耕种。再有所有旱地多少都要出租,使其把地整好,不要亏本。要使人好好耕种收租的土地,并要使租子增加。二执事不要互相推诿。如互相推诿做坏了事情,要受到责罚。关于这些土地、果园、葡萄园的事,高僧慕闍和拂多诞和呼嚧唤不必过问,由执事负责。执事塔海·巴尔斯财务都督的助手为胡塔德迷失·依干(Qutadmïš Ygän),执事库马尔·巴尔思·达干的助手为依勒·阔尔迷失(Il Körmiš)。如执事把这些事做好了,要受到赞扬。如做坏了,则要挨三百[大板],用一绒锦(žunkim)……来付罚金。摩尼寺中的工役由依盖·啜尔(Ymkičor)和……带领工作。执事要督查每日的工作。一年要给摩尼寺运交二十车芦苇,再有剩下的芦苇要按葡萄园分配。大摩尼僧和……尊者(srxan ügälär)生病时,要派人照看,要让人治疗,要请医生诊治并从执事那里及时取来药好好治疗。如哪个僧尼生病总管未照看好,要挨三百[大板],并要被问罪。芒立克·散棍·奥格朗尼(Mänlig Sangün Oglanï),阿而斯兰·同阿(Arslan Tonga)之弟和昆·乞牙·陶格朗尼(Kün Ki-äoγlanï),木匠鲍迷失(ïγacci Bolmïš),这四个王家的人(ilig kiši)要各送来一石棉花,要向交河(yar)摩尼寺交二斗棉花,要向高昌(qočo)摩尼寺交六斗棉花。……摩尼寺中的柴工是拉拉克·凯德土格迷失(Lalak Kädtuɣmïš),里萨·萨比·阔尔特拉(Lisa Sabi Körtlä),别格·土尔(Bg Tur)。这三人每天要各交一担柴。胡特鲁克·同阿(Qutluɣ Tonga)[和]阔勒迷失(Qolmïš)二人每两天要运交一担柴。负责让这些柴工运交柴火的人为雅克西·胡特鲁克·阿尔斯兰(Yaqsïz Qutluɣ Arslan)。如僧尼们的饭做生了,要挨三百[大板]。摩尼寺专用医生为药师阿阇梨(yaqšï Ačari)及其弟和其子。放牧工(?)(sürgünči)为拖因·雅帕普·奥格里·塔孜(Toyïn Yapap Oɣ'lï Taz)。养鹅工为雅特生·拖因(Yaqtsin Toyïn)。制毡工为奥兀勒·巴尔思(Oɣul Bars)。所有这些人都要在摩尼寺做工。医生们要常住[摩尼寺中]。保安官(yrɣan)、地方官(čupan)不要干预城与城之间及僧人中的事。村镇中若有事便去做,不要管别的事。

这份文书上盖有同样汉字篆文红色方印十一处。印文为:"大福大回鹘国中书门下颉於迦思诸宰相之宝印"。这说明,这个文件并非某一所寺院的教规,而是由回鹘王国政权中枢发布的。回鹘官府发布这件文书的目的在于保护摩尼教寺院已有的各种特权。文书所用的文字为一种早期回鹘文,从字体和语言特点来判断,文书的年代应属9世纪末到11世纪。文书提到三处寺院的所在地:高昌、交河、唆里迷(焉耆),还提到大摩尼寺与小摩尼寺,可能高昌有两所寺院,通常就根据其大小分别称呼,不必特别指明"高昌大摩尼寺"和"高昌小摩尼寺"。这个教团拥有耕地、果园和葡萄园,拥有交纳地租的寺户,征收地租。地租的一种形式是官布,这是布匹单位,最大宗的地租是4125官布(疋),这些官布存入库中,应该是作为一种实物货币储存起来的,并不一定给僧尼和侍役做衣服鞋子用。只有从磨坊交的500官布实际用来制作僧尼和侍役的衣服鞋子。寺院显然也收取实物地租,例如,把三宫的土地交给三户人耕种,每天要送数十个甜瓜给各摩尼寺;四个属于王室的人要各送来一石棉花,要向交河摩尼寺交二斗棉花,要向高昌摩尼寺交六斗棉花。有些实物可能带有劳役性质,比如,工役一年要交给摩尼寺二十车芦苇;樵夫三人每天要各交一担柴,另外二人每两天要运交一担柴。至于做饭的、烤饼的、木匠、放牧工、养鹅工、制毡工、医生等,则显然是为摩尼寺服劳役的。

财务管理以高昌寺院作为主要中心,因为高昌是东方教区的中心。作为东方教区之首的慕阁,以及拂多诞、呼嚧唤都不必过问这些土地、果园、葡萄园的事,由执事负责。摩尼寺中所有事情由二呼嚧唤和二执事共同负责,两个执事与两个呼嚧唤一起每个月轮流当值。执事的回鹘文原文为 išayγučï,音译"爱吾赤",可能与《摩尼光佛教法仪略》第五节中所提到的专知供施的"月值"有关。更高的权力掌握在拂多诞和慕阁手中。

高级僧侣的生活状况已经与《摩尼教残经》和《摩尼光佛教法仪略》中所规定的不同了。本来规定师僧"年一易衣,日一受食",现在高僧们丰衣足食,处于特权地位。原来师僧"常乐清净徒众,与共住止;所至之处,亦不别众独寝一室"。这时他们显然已经不再和众僧共居,下属已经不能随便晋见,谁要见慕阁和拂多诞,就要把自己的饮料献上;甚至呼嚧唤和执事也不能单独晋见高僧,必须一起才能入内站着禀告。高僧用饭时,二呼嚧唤要直立把饭端到大摩尼僧面前,然后他们才能自己用饭。不仅厨工把僧尼们的饭做生了要挨三百大板;如果总管未照料好生病的僧尼,也要挨三百大板;甚至执事做坏了,也要挨三百大板体罚。摩尼教长期以来从未成为居于统治地位的宗教,其僧侣自以安贫乐道的崇高道德形象来吸引信徒;唯一的例外是在回鹘统治下,它取得了近于国教的地位,有了经济特权,因此难免发生深刻的变化。

耿世民先生又释读和翻译了德国藏回鹘文摩尼教文书 M112v(图5-14[1]),森安孝夫也作了研究,全文的汉译如下:

---

〔1〕〔2010 - 07 - 15〕. http://www. bbaw. de/forschung/turfanforschung/dta/m/images/m0112plus_verso_detail1. jpg.

图5-14 德国藏摩尼教文书 M112v(回鹘文)

……东(/前)(γöng)……画堂(?)……以及尊重的……高昌
(qočo)所无的……二百五十……西(/后)(kidin)……以最坚决之
[心]……塔希(Taš)尊长(qoštr)和卡德·奥古尔(Kad Oghul)尊
长为首……为了国家的利益……当第四颉利毗伽天王(Il Bilgä
Tngri Ilig)[在位]时,于甲寅年(954?)来到[这里]成为摩尼教僧
人[并]转世(?)[后],作为最小的[僧人]我波丹·温兹·卡德·
奥古尔·萨干·齐亚(Bodan Winz Kad Oghul Saghan Sy-a)曾尽最
大的力量修复了这座神圣的外摩尼教寺院。当土星(kywan)星座
的癸未年(983?),依照第四阿尔斯兰毗伽天王孙古律格可汗(Ars-
lan Bilgä Tngri Ilig Süngülüg Qaghan)之令,塔坎王子(Trkän Tigin)
殿下迁移了旧的、位于内城东部建有三塔(?)的佛寺,并毁坏阿斯
图德·弗拉增德(Astud Wrzint)慕阇时代[建立的]摩尼教寺院,
[改]建为佛寺,并拆掉位于……的内……摩尼教寺院的装饰,运
到佛寺中去,并取走这座神圣的大摩尼教寺院的大堂(?)中顶上
的……塑像装饰来装饰佛寺。我……卡德·奥古尔为此深感痛

苦,[所以]我写下这座摩尼教寺院的样式,并为了让后人了解[这方面的]情况,特简短写下此呈文。[愿]天神[保佑!]

这件回鹘文文书是一位摩尼教僧人所写的,记载了他在甲寅年(954)致力于一座摩尼教寺院修复的往事。但是在土星星座的癸未年(983),在阿斯兰毗伽可汗的命令下,塔坎王子毁坏了一所摩尼教寺院,改建为佛寺;又把另一所摩尼教寺院的装饰拆走,运到佛寺中去,来装饰佛寺。对于摩尼教寺院的衰败他深感痛苦,因此写下这座摩尼教寺院的样式,让后人了解这方面的情况。这件文书让我们看到,佛教之取代摩尼教在高昌再度得势,应当是从10世纪末叶开始的。

唐代后期摩尼教在中原受到迫害后,逐渐转化为秘密宗教,向华南发展,也建立了一些寺院。道教早期发展过程中,为了与佛教抗衡,借鉴摩尼教的思想资源,以增加自己经典的分量,玄化自己的教义,杜撰了《老子化胡经》。《老子化胡经》说,老子过了450年,飞入苏邻国,降生在王室之中,成为太子,出家入道,号为末摩尼,创立三际及二宗门。这种神话,后来成为华化摩尼教依托道教的根据。宋末思想家黄震(1213—1280,图5－15[1])在其著作《黄氏日钞分类》卷86《崇寿宫记》中记载的这座道院就是一座道教化的摩尼教寺院。黄震是庆元慈

溪(今浙江慈溪东南)人,南宋宝祐四年(1256)进士,授迪功郎、吴县尉。景定五年(1264)写成《崇寿宫记》。咸淳三年(1267)擢国史馆检阅,参与修纂宁宗、理宗两朝《国史》、《实录》等。继因上疏建议停办僧道度牒,收回庙宇土地,以纾民力,触怒度宗,贬官三

图5－15　黄震

级。次年出为广德军通判,禁淫祀恶俗甚严。六年因指责郡守不法,被斥以挠政罪免职。未几改为绍兴府通判,有政绩。后历官提举江西常

〔1〕[2010－07－15]. http://www.cxtsg.com/img/200632392253.jpg.

平仓司、提举浙东常平茶盐等。宋亡后隐居定海灵绪乡泽山（今属慈溪田央乡），后寓居鄞县，讲学著述，自称"非圣人之书不观，无益之诗文不作"。卒于故里。学宗朱熹，兼综叶适"功利之学"，主张经世致用，反对空谈义理；批判"心即天"和道器为二物的观点，认为天是客观存在的自然界，人心之灵可以认识客观世界，但不能以心为天，批判理学家"人心道心"、"即心即道"，认为心只是灵明，不能传，也不需传；提出"道不离器"、物各有理的观点；主张知先行后，创东发学派（浙东学派的先声之一）。著有《春秋集解》、《礼记集解》、《黄氏日钞》（后收入《四库全书》，彩色图版 5 – 19）、《古今纪要》等。

人们恐怕不会想到，这样一位曾建议停办僧道度牒、禁淫祀恶俗甚严，自称"非圣人之书不观"的大儒，早年对故乡的一座华化摩尼教寺院具有相当深入的了解。《崇寿宫记》记载的这座道院位于四明（宁波）地区慈溪五磊山（图 5 – 16[1]）：

图 5 – 16　慈溪五磊山

　　四明固山水奇绝处也。慈溪之西逾二十里，有峰特起，为五磊山。其中沃野曼衍，人生其间，往往多秀特。而崇寿宫又适居其水

---

〔1〕〔2010 – 07 – 15〕. http://img. lotour. com/vms/articlePhoto/200806/20080625170938 6562500. jpg.

脉之会,亦多闻人。如往岁吾叔祖黄仲清以诗闻,今主持之祖张安国以草圣闻,皆尝名动一时。然其云屋□□,垂三百年莫之整,以僻故也。

安国之法嗣曰张希声,慨然以兴起为己任。余与别二十年,一日书来,述其居已大备,属余记之。且曰:吾非求以记吾勤也,记吾居之所自始也。吾之居日广,而吾之所自始日泯,非所以笃既往昭方来也。吾师老子之入西域也,尝化为摩尼佛。其法于戒行尤严,日惟一食,斋居不出户,不但如今世清净之云。吾所居初名道院,正以奉摩尼香火,以其本老子也。绍兴元年(1131)十一月,冲素太师陈立正始请今敕赐额。嘉定四年(1211)九月,主持道士张悟真始建今三清殿。独念新之增者旧之忘,身之舒者心之肆,摩尼之法之严,虽久已莫能行,而其法尚存,庶几记之以自警,且以警后之人也。

余读之曰:嘻!吾儒与佛老固冰炭,佛与老又自冰炭,今谓老为佛,而又属记之于学儒者,将何辞以合之,且何据耶?因书诘之。

则报曰:《老子化胡经》明言“我乘自然光明道气,飞入西那王界,降为太子,舍家入道,号末摩尼,说戒定惠等法。”则道经之据如此。

释氏古《法华经》卷八九,正与《化胡经》所载合,而限于町畦者始或秘之不出。白乐天晚年酷嗜内典,至其题摩尼经,亦有“五佛继光明”之句,是必有得于贯通之素者矣。则释氏之据如此。

唐宪宗元和元年(806)十一月,回鹘入贡,始以摩尼偕来,置寺处之。其事载于温公之《通鉴》,述于晦翁之《纲目》。则儒书之据又如此。

余既审之果然。希声复缄示所谓《衡鉴集》,载我宋大中祥符九年(1016),天禧三年(1019),两尝敕福州,政和七年(1117)及宣和二年(1120)两尝自礼部牒温州;皆宣取摩尼经颁入道藏。其文尤悉。余始复书谓之曰:信矣,是可记也。因录其往复之详如此。景定五年(1264)五月记。

　　黄震之学出于其叔祖黄仲清,而黄仲清以诗闻名乡里,与主持张希声之祖张安国以草书闻名相辉映。黄震可能闻之于其叔祖,又与张希声书函来往,核对过道、佛、儒方面的记载,对摩尼教的来龙去脉相当清楚,也熟悉宋朝曾宣取摩尼教经颁入道藏的情况。他知道摩尼教戒行尤其严格,僧人每天只吃一顿饭,斋居其间足不出户。这种情况与其他资料的记载相一致。摩尼教的教法如此严格,这所寺院也已经很久不能实行了,不过法度尚存,因此黄震记载下来,警示自己,也警示后人。崇寿宫大约建立于宋初或五代,到黄震作记的时候,已经有300多年历史了。

　　元代陈高(1315—1366)是温州平阳人,从小博闻强记,才名震动温州路。至正十四年(1354)中进士,授庆元路录事,不到三年,弃官而去。平阳被朱元璋攻陷,陈高弃妻子往来闽浙之间,自号“不系舟渔者”。至正二十六年(1366),赴河南,病逝于客舍。他的文集《不系舟渔集》卷12中的《竹西楼记》记载了温州的一座华化摩尼教寺院(彩色图版5-20):

　　　温之平阳有地曰炎亭,在大海之滨,东临海,西南北三面负山,山环之若箕状。其地可三四里,居者数百家,多以渔为业。循山麓而入,峰峦回抱,不复见海,其中得平地,有田数百亩,二十余家居之,耕焉以给食。有潜光院在焉。潜光院者,明教浮图之宇也。明教之始,相传以为自苏邻国流入中土,瓯越人多奉之。其徒斋戒持律颇严谨,日每一食,昼夜七时,咸暝拜焉。潜光院东偏,石心上人之所居也。有楼焉,曰竹西楼。当山谷之间,下临溪涧,林树环茂。楼之东植竹,其木多松楮桧,有泉石烟霞之胜;而独以竹名焉者,盖竹之高标清节,学道者类之,故取以自况云。乡之能文之士,若章君庆、何君岳、林君齐、郑君弼,咸赋诗以歌咏之。斯楼之美,与竹之幽,固不待言而知矣。石心修为之暇,游息于是。山雨初霁,冷风微来,如抱琅玕之色,听环佩之音焉。而又仰观天宇之空旷,俯瞰林壑之幽深,翛翛然若游于造物之表,而不知人世之为人世也。石心素儒家子,幼诵六艺百氏之书,趣淡泊而习高尚,故能不汩于尘俗而逃夫虚空。其学明教之学者,盖亦托其迹而隐焉者钦;若其孤介之质,清修之操,真可无愧于竹哉! 楼建于某年。石心之师曰德山,实经营之。石心名道坚。至正十一年(1351)七月望记。

炎亭位于温州市苍南县东部。(图 5 – 17[1])潜光院是"明教浮图之宇",也即一所华化摩尼教寺院。这所寺院可能建于南宋。宋元时代,闽越人多信奉明教。当时人们仍然知道此教是古代苏邻国传入的。当时温州的明教徒仍保持着严格的戒律,坚持素食,每日一餐。"昼夜七时,咸瞑拜焉"是指每天要做七次礼拜。《佛祖统纪》引洪迈《夷坚志》讲摩尼教:"其修持者,正午一食,裸尸以葬,以七时作礼,盖黄巾遗习也。"白玉蟾的《宋白真人玉蟾全集》卷 4《万法归一歌》讽刺道:"明教专门事灭魔,七时功德便如何,不知清净光明意,面色萎黄空自劳。"石心是儒家,但是在明教寺院中盖了楼,住在那里学道,乡间士人相与唱酬,他们对"学明教之学者"高度赞赏,认为这些人的高尚德操可以无愧于高标清节的竹子。

图 5 – 17   温州市苍南县炎亭海边

〔1〕〔2010 – 07 – 15〕. http://www.u3u4u5u6.com/upload/Productimg/200652595456. jpg.

　　以上两处明教寺院只留下了文字记载,没有遗迹。泉州草庵虽无详细的文字记载,但是遗迹犹存,是世界上现存最完好的摩尼教遗址之一。明代何乔远(1558—1631)著《闽书》卷7《方域志》记载:"泉州府晋江县华表山,与灵源相连,两峰角立如华表。山背之麓有草庵,元时物也,祀摩尼佛。"接着何乔远记载了他对摩尼教的了解,资料相当丰富。他是晋江本地人,杰出的地方史学家,草庵祀摩尼佛当为其所亲见,应无可疑。陈垣于1923年最早注意这条史料。同年,法国汉学家伯希和注意到何乔远的另一部著作《名山藏》中也有关于摩尼教简要记载,进一步说明何乔远对摩尼教相当了解。学者们曾试图根据何乔远的记载,寻找摩尼教遗迹草庵,可惜一直没有找到。直到20世纪50年代吴文良才在晋江县罗山公社谢店大队苏内村的华表山麓找到了草庵。80年代以来,关于草庵的论著颇丰,也留下了图像资料。(图5-18[1])粘良图集其大成,撰《晋江草庵研究》,对于这座佛教化摩尼教寺院的来龙去脉基本清楚。

图 5-18　1980 年左右的晋江华表山草庵

何乔远看到的草庵可能是元代重建的,但是,其创建年代或许早

〔1〕〔2010-07-16〕. http://www.anchist.mq.edu.au/doccentre/Zayton.htm.

在北宋。1979年,在晋江草庵寺附近出土一件"明教会"褐釉碗和一些残片。这件完整的碗内壁凹刻"明教会"三字。(彩色图版5-21)残片上13块刻有"明"、"教"、"会"字样。后来还在附近的宋代古窑址发现过刻有"明"字的残片,学者们认为草庵"明教会"碗烧制年代当在北宋政和年间(1111—1118)。从这一考古证据来看,华化摩尼教寺院草庵可能早在北宋已经存在了。

南宋时期草庵仍然有明教徒活动。清末晋江人蔡永兼所著《西山杂志》的"草庵"条说:"宋绍兴十八年(1148)赵紫阳在石刀山之麓,筑龙泉书院。夜中常见院后有五彩光华,于是僧人吉祥募资琢佛容而建之,寺曰摩尼庵。"

草庵及其摩尼光佛像当为元代所建。元至元五年(1339),明教徒在此修建了一座三开间、进深二间的石室,里面供奉刻在崖壁上的摩尼光佛像。(彩色图版1-13)石室右边依山崖筑为居室。壁龛上方镌刻了两方记事崖刻,左上角一方写道:"兴化路罗山境姚兴祖奉舍石室一完(院),祈荐先君正卿姚汝坚三十三宴,妣郭氏五九太孺、继母黄十三娘、先兄姚月涧四□□生界者。"远在130里以外的兴化路(今莆田市)的信徒姚兴祖为了祈愿自己的父亲、母亲、继母、兄长四人早出生界,建筑了这座石室。摩尼光佛像则是另外的施主陈真泽等为了祈愿考妣早生佛地而施舍的。左上角的一方记事崖刻写道:"谢店市信士陈真泽立寺,喜舍本师圣像,祈荐考妣早生佛地者。至元五年戌月四日记。"

明朝初年对明教予以打击,但是,明教并未销声匿迹。明正统十年(1445)草庵主持明书在寺前大石上镌刻偈语石刻(图5-19[1]):

> 劝念:清净、光明、大力、智慧,无上至真,摩尼光佛。正统乙丑九月十三日,住山弟子明书立。

"清净、光明、大力、智慧"就是摩尼教"父的四面尊严":神、光明、威力、智慧。这说明当时的明教徒仍然牢记摩尼教的基本要义。

---

〔1〕[2010-07-16]. http://www.anchist.mq.edu.au/doccentre/Zayton.htm.

图5-19　晋江华表山草庵明教石刻十六字偈(今已不存)

　　明成化至万历年间(1465—1619)草庵比较衰败。嘉靖八年至十年(1529—1531)任晋江知县的钱梗在草庵建立了龙泉书院,当使草庵的明教活动趋于沉寂。清光绪二十八年(1902)草庵曾一度重修。20世纪20年代,在瑞意、广空二僧的努力下,草庵渐有起色。1932年在摩尼光佛崖刻东面新建了一幢三楹小楼,作为僧舍。1933年11月到1934年2月初、1935年、1937年,一代高僧弘一法师(俗名李叔同,1880—1942)曾数次来草庵度岁、养病,就居住在新建的僧舍中,不仅讲经、题字,而且撰写了《重兴草庵碑》。草庵修复保持原来的结构,利用了大部分原有的石构件。其主体建筑为石砌歇山式屋顶。寺宇坐西北朝东南,面阔三间,进深四椽,后部架于山崖上。朝南正中开大门,东西侧各开一边门。石室东边建一间带小阁楼的僧舍,与石室左门相通。右前方盖面阔三间的一座凉亭。(参见图5-18)

　　1987年首届国际摩尼教学术讨论会在瑞典的隆德大学举行,会议即以草庵的摩尼光佛像作为吉祥图案。世界摩尼教研究会也以此像作为会徽。1996年,草庵被国务院公布为第四批全国重点文物保护单位,1997年由福建省政府立全国重点文物保护单位石碑一方,其背面描绘了草庵的基本情况（彩色图版5-22）：

> 草庵石刻，依崖壁凿就圆形佛龛，利用岩石天然迥异色彩浮雕摩尼光佛，高1.5米，宽0.8米，相貌庄严，结跏趺坐莲花座上，四周镌佛光四射纹饰，为我国仅存完整的摩尼佛石雕像。草庵覆盖其上，原为草筑故名，元至元五年（1339）改石仿木构，面阔三间，单檐歇山顶。联合国教科文组织"海上丝绸之路"考察团认为是世界上现存最完好的摩尼教遗址之一。

与草庵的保存完好形成对照的是福建省霞浦县柏洋乡上万村的乐山堂遗址。（彩色图版5-23）根据当地的族谱、地方志，以及宗教文书的初步研究，宋太祖乾德四年（966）当地明教徒在此建立了龙首寺，是一所道教化的摩尼教寺院，元时改名乐山堂，元、明、清历代重修，最后毁于2006年的台风。部分木料堆放在遗址北侧。遗存的构件还有宋代莲花复盆式柱础、元明莲花柱础、神龛底座、宋代瓦片和宋元明清陶瓷残片、条石台阶。在原天井内有一棵千年桧树。（图5-20[1]）

图5-20　福建霞浦柏洋乡上万村乐山堂遗址

〔1〕〔2010-07-16〕. http://www.ixiapu.com/read.php? tid-12171-fpage-3-page-7.html.

6 在欧洲、北非及西亚、中亚的传播

6.1 在罗马帝国的传播及影响

摩尼在世时,摩尼教已经传入约旦。伊皮凡尼乌(彩色图版 6–1)所著的《良药宝箱》记载了不少摩尼教的活动。742 年一个名叫阿夸斯(Acuas)的人把摩尼教从美索不达米亚传播到了伊吕太罗波里斯(Eleutheropolis,位于耶路撒冷南面 53 公里)。伊皮凡尼乌说,摩尼曾派弟子到耶路撒冷购买基督教的书籍,将其内容经过一些改编,放进他自己的著作中去。摩尼的弟子托马斯曾在朱迪亚(Judaea,古巴勒斯坦的南部)传播福音。摩尼的弟子托马斯和赫米亚斯(Hermeias)也分别被派往叙利亚和埃及传教,后来比较晚的年代,托马斯也去了埃及传教。3 世纪末,埃及亚历山大里亚的基督教主教曾发出过一封信,警告基督教的忠实信徒要提高警惕,不要被"摩尼教徒的疯狂"所蛊惑。埃及的新柏拉图主义者、里科普里斯的亚历山大说:第一个来到埃及的摩尼教徒名叫帕珀斯(Papos),托马斯是在帕珀斯后面,后来才来的。他于 300 年左右用希腊文写了《批判摩尼教教义》(*Contra Manichaei opiniones disputatio*),看来那时候埃及已经有相当多的摩尼教徒了,否则他的著作岂非无的放矢?

早在 1929 年,在埃及法雍西南 30 公里的沙漠中,在麦地纳–马地的一处废墟,发现了 4—5 世纪时的 7 个科普特文摩尼教写本,共 2000 余页。1986 年,在埃及开罗西南 800 公里处的达赫莱绿洲进行了考古发掘,1991 年又发现了 4 世纪的摩尼教遗物。至今刊布的喀里斯文书数量不及麦地纳–马地文书的数量大,但是内容相当多样化,包括赞美诗、礼拜经文、教徒个人书信、科普特文与叙利亚文双语词汇表等等。其中尤其引人注目的是摩尼书信集的科普特文本。学者们早已研究清楚,摩尼亲自撰写了七部大经,汉文记载"第三,泥万部,译云《律藏经》,亦称《药藏经》",但是,七部大经都散失了,包括摩尼书信集都无法看到比较完整的全貌。这一次已经刊布的摩尼书信集的科普特文本有 11 张(22 页)之多,有的书页相当完整,这显然是摩尼教研究的一项重大突破。(彩色图版 6 - 2)这两次重大考古发现说明,在 4—5 世纪时期埃及是摩尼教的一个重要中心。

摩尼教以埃及为基地,迅速沿着地中海海岸传到罗马帝国的北非领土和西班牙,从叙利亚传到小亚细亚,再从那里传到希腊、亚德里亚海东岸、意大利和高卢。罗马帝国的西部省份高卢和西班牙可能受到摩尼教南北两面的渗透。这些地区都在罗马帝国统治之下,摩尼教传播自己的教义,不仅要受到基督教的打压,因为基督教将其视为竞争对手;而且也受到罗马帝国行政当局的打击。

罗马帝国在 3 世纪中叶统治并不稳定,皇帝的权柄受到一些共和制遗风的制约。

235 年至 284 年间,接连出现了 26 位皇帝,平均只在位两至三年。狄奥克莱斯(Diocles)285 年成为罗马帝国唯一的皇帝,改名为戴克里先(Diocletian,243?—316?,284—305 在位,彩色图版 6 - 3)。戴克里先在其统治的头九年里,帝国不断出现战乱,他认为一位皇帝难以独立统治,292 年创立了四帝共治制(图 6 - 1[1]),就是帝国东西两部分别由两位主皇帝(奥古斯都)统治,再各以一位副皇帝(恺撒)辅政。292 年,戴克里先自立为东部帝国奥古斯都,以加莱里乌斯(Galerius)为恺撒;马克西米安(Maximian)为西部帝国奥古斯都,以君士坦提乌斯一世·克洛卢斯(Constantius Chlorus)为恺撒。

302 年戴克里先巡视埃及,从非洲总督茹利亚诺斯(Julianus)那里

---

〔1〕[2010 - 07 - 12]. http://upload. wikimedia. org/wikipedia/commons/6/67/Venice_% E2% 80% 93_The_Tetrarchs_03. jpg.

图6-1　现在保存在意大利威尼斯的罗马帝国晚期四帝共治的雕塑

收到了一份摩尼教在这一地区活动的报告。一般宗教异端在罗马帝国是司空见惯的,但是,引起戴克里先首先警觉的是摩尼教的波斯背景。众所周知,摩尼曾是波斯国王沙卜尔一世的座上宾,随其征战,而罗马帝国的军队曾在沙卜尔一世手上吃过大亏。波斯国王纳尔西(Narses,292—301)295年向罗马宣战,攻入罗马控制下的美索不达米亚地区,重创罗马恺撒加莱里乌斯。298年加莱里乌斯取道亚美尼亚,目标直指美索不达米亚。纳尔西被迫回军迎战加莱里乌斯,被打败,被迫缔结和约。(图6-2[1])在这种政治形势下,戴克里先首先担忧摩尼教徒可能充当波斯的"第五纵队",从内部瓦解罗马帝国人民的士气。于是戴克里先颁布诏书,命令非洲总督茹利亚诺斯镇压摩尼教。摩尼教的书籍被焚烧,其作者与头目也要被烧死;对出身低微的信徒,处以极刑,充公其财产;对于有一定社会地位的信徒,则充公其财产,发往矿井做苦工。

---

〔1〕[2010-07-12]. http://upload. wikimedia. org/wikipedia/commons/8/88/Arch-of-Galerius-1. jpg.

图 6-2 希腊塞萨洛尼基的加莱里乌斯拱门上的浮雕：
加莱里乌斯（左）进攻波斯国王纳尔西（右）

　　戴克里先在镇压摩尼教之后不久，就开始镇压基督教，一直持续到 313 年。305 年戴克里先与马克西米安同时逊位，加莱里乌斯与君士坦提乌斯分别继位。次年，君士坦提乌斯去世，其子君士坦丁（Constanine Ⅰ, the Great, 288？—337, 罗马皇帝[306—337]，彩色图版 6-4）被其父之军团拥立为帝。君士坦丁于 313 年颁布米兰敕令，承认基督教为合法且自由的宗教，同时也放松了对各种基督教异端的迫害，而罗马帝国的官员通常并不能很清楚地把摩尼教与基督教异端区别开来。因此，这个时期摩尼教也可以比较自由地活动了，比如，巴萨（Bassa）是一位来自吕底亚的摩尼教女选民，卒于萨朗纳（Salona，今克罗地亚的索林[Solin]），她的朋友们在其墓碑上并不隐瞒其宗教及其品级。摩尼教的教义把耶稣置于突出的地位，戒律甚严，在这种宗教宽容的环境下，摩尼教像基督教一样得到了发展。君士坦丁曾派一位懂得多种语言（可能会说叙利亚语）的官员去调查摩尼教和其他教派的情况。325 年君士坦丁召开基督教尼西亚会议，不同教派对圣子基督与圣父上帝是否同质发生争论，阿里乌派（Arianism）否认基督有完全

·欧·亚·历·史·文·化·文·库·

神性,君士坦丁以皇帝的名义进行裁决,确定二者同质,颁布《尼西亚信经》(Nicene Creed),阿里乌(Arius,约250—336)被逐出境。没有任何君士坦丁反对摩尼教的文书流传下来,这说明他可能觉得摩尼教与《尼西亚信经》并无矛盾。

君士坦丁大帝的继承者们政权并不稳固,害怕政敌使用巫术,摩尼教往往被视为善用巫术而遭到迫害。瓦伦提尼安(Valentinian,321—375,西罗马帝国皇帝[364—375],彩色图版6-5)于372年发布了反摩尼教的诏书,主要原因并非不能容忍其异端信条,而是害怕其巫术蛊惑人心。

379年狄奥多西一世(Theodosius,346?—395,东罗马帝国皇帝[379—395]和西罗马帝国皇帝[392—395],彩色图版6-6)被任命为罗马帝国西部的奥古斯都。次年,他身患重病,濒临死亡,当地一位信奉《尼西亚信经》的主教为他举行了洗礼,病愈之后,他献身于在罗马帝国内根除异端的斗争,主要是针对阿里乌派。但是,城门失火,殃及池鱼,摩尼教也在其镇压之列。381年5月8日,狄奥多西颁布诏书,专门针对摩尼教,将他们列为化外之民,剥夺他们受罗马法律保护的权利。382年3月31日,狄奥多西发布了一份更加严厉的诏书,下令建立特别法庭审判摩尼教徒。383年5月21日,他发布第三次涉及摩尼教的法律,剥夺他们立遗嘱的权利。同年7月25日,他发布第四次涉及摩尼教的法律,这一次阿里乌派首当其冲,摩尼教与其他苦修团体也包括在内。阿里乌派无疑是这次立法的最大受害者,因为阿里乌派是罗马帝国东部占优势的基督教教派,狄奥多西一直采取谨慎的态度,从未在立法时点他们的名。而摩尼教只是一个外国起源的、没有社会地位的"邪教",已经多次受到攻击,作为最后镇压阿里乌派的先声。狄奥多西在米兰主教安布罗斯(Abrose,约339—397,即 Aurelius Ambrosius,彩色图版6-7)影响下,连续颁布法令支持基督教,392年定基督教为国教。

6.2 与基督教的对抗

安布罗斯不仅对于狄奥多西一世坚决支持基督教有影响,而且是使圣奥古斯丁从摩尼教改宗基督教的关键人物。奥古斯丁出生于北非塔加斯特（Tagaste，今阿尔及利亚的苏克赫腊斯［Soukahara］），17 岁前往迦太基就学（图 6 - 3[1]），19 岁那年开始爱好哲学，探索恶的来源

图 6 - 3　贝诺佐·戈佐利绘奥古斯丁在迦太基求学
（跪着的是新学生奥古斯丁）

问题，接受了摩尼教信仰。毕业后，回到故乡执教，后至迦太基任雄辩术教授 8 年。他后来改宗基督教，写了《忏悔录》，回忆到当时信奉摩尼教的情况："我不知不觉地堕落到如此愚蠢的境界，以致相信人们摘无花果时，果子和树在流着乳一般的泪水；当然，摘无花果的人犯罪，圣人没有罪；一位'圣人'吃了这只无花果是把许多天使，甚至神的分子吞入腹中，圣人在祷告中呻吟叹息时，吐出天使甚至神的分子，这些无上真神的分子本被囚禁在果子之中，这时被圣人的齿腹解放出来。我认为更应该同情地上的果子过于所以产生果子的原因、人，因为一个

〔1〕［2010 - 07 - 18］．http://www46. homepage. villanova. edu/john. immerwahr/images/Augustine％20Pictures/02university. jpg.

摩尼教徒向你要一点食物解饥,如果你给他吃,便应受死刑。"奥古斯丁说的"圣人"就是摩尼教僧侣,他自己只是一个听者。

奥古斯丁的母亲莫尼卡(Monica)是一个虔诚的基督教徒(图6-4[1]),她请一位主教来与奥古斯丁作一次谈话,使他放弃摩尼教,改宗

图6-4 奥古斯丁与其母亲莫摩尼卡

基督教。但是这位主教拒绝了,他回答说,奥古斯丁还不肯受教,因为,一如莫尼卡告诉他的,奥古斯丁由于新近接受了摩尼教,还是意气洋洋的,曾用一些问题难倒了好些知识比较浅薄的人。他还告诉莫尼卡,他的母亲信奉摩尼教,他幼时被送给摩尼教徒,该教的所有书籍他几乎都读过,甚至抄写过,他没有和任何人争论,也未受任何人劝说,是他

〔1〕〔2010-07-12〕. http://upload. wikimedia. org/wikipedia/commons/9/95/Sainte_Monique. jpg.

自己放弃了这教门。莫尼卡听了这些话,依旧不放心,更加苦苦哀求,痛哭流涕,请他去说服奥古斯丁。他仍然拒绝了,显然是希望奥古斯丁能自行改宗。奥古斯丁回忆的这一细节生动地说明了当时摩尼教流行的情况。

奥古斯丁回忆,九年之中,自己一面过着污浊的世俗生活,一面希望摩尼教选民能为自己净化这些罪过:"我从十九岁到二十八岁,九年之久……我一面追求群众的渺茫名誉,甚至剧场中的喝彩,诗歌竞赛中柴草般的花冠、无聊的戏剧和猖狂的情欲,而另一方面却企图澡雪这些污秽:我供应那些所谓'优秀分子'和'圣人们'饮食,想从他们的肚子里炮制出天使和神道来解救我们。"

摩尼教对奥古斯丁更有吸引力的方面,则是其社团的强大凝聚力以及信徒之间亲密无间的友谊:"这时最能恢复我生气的,是其他朋友们给我的安慰。我和他们一起爱着我当时奉为真神的一连串神话和荒渺之言。我们这颗痒痒的心,用这些邪僻的东西来搔爬着,让它们腐蚀我们的心灵。一个朋友能死去,神话却不会死。此外,在那些朋友身上还有更能吸引我的东西:大家谈论,嬉笑,彼此善意地亲昵,共同阅读有趣的书籍,彼此玩笑,彼此体贴,有时意见不合,却不会生出仇恨,正似人们对待自身一样;而且偶然的意见不同,反能增加经常意见一致的韵味;我们个个是老师,也个个是学生;有人缺席,便一心挂念着,而欢迎他回来。所有以上种种,以及其他类似的情形都处于心心相印,而流露于谈吐顾盼之间,流露于千万种亲厚炙热的情款,这一切正似熔炉的燃料,把许多人的心灵融而为一。"可见即使在奥古斯丁改宗基督教以后,撰写《忏悔录》时,对摩尼教社团这种心心相印的甜蜜仍然难以忘怀。

奥古斯丁在迦太基的时候,已经渐渐对摩尼教教义有所质疑,主要是因为摩尼教里面大量关于宇宙论的神话,不符合当时的科学知识,深入研究过这些科学知识的奥古斯丁自然对摩尼教的神话反感。他希望有机会与摩尼教主教福斯图斯(Faustus)深入探讨教义,解决自己的疑问。奥古斯丁笔下的摩尼教主教在东方被称为慕阇,为法主之下最高级别的僧侣,汉文翻译为"承法教导者",应该是精通典籍、深明教义的高僧,一共只有 12 人,通常为一个教区之首。奥古斯丁回忆当时对福斯图斯抱有厚望和最后失望的情况:

我将在我的天主之前,谈谈我 29 岁那一年了。

这时有一个摩尼教的主教来到了迦太基。这人名叫福斯图斯,是魔鬼的一张巨大罗网,许多人被他优美的辞令所吸引而堕入网中。我虽则赞赏他的辞令,但我能把辞令和我所渴求的事物真理区分开来;我对于人们交口称赞的福斯图斯,不着眼于盛辞令的器皿,而着眼于他对我的知识能提供什么菜肴,因为我先已听到他学识渊博并擅长自由艺术的声誉。

我已经读了许多哲学家的著作,并已记在心头。我还把有些论点和摩尼教的冗长神话作了比较,我认为"那些多才多艺,能探索宇宙奥秘,却不识宇宙主宰"的人们所论列的比摩尼教可信。……
……

我记取了他们观察受造物所得出的正确论点,我也领会他们推算时辰季节并用观察星辰相互印证的理论,拿来和摩尼教关于这一方面的大批痴人说梦般的论著比较后,看出教外哲学著作有关夏至冬至、春分秋分、日蚀月蚀以及类似现象所给我的知识,在摩尼教的著作中都无从找到。摩尼教只令我们相信,可是这种信仰和有学术根据的推算,以及我所目睹的事实非但不符,而且截然相反。
……

在近乎 9 年之中,我的思想彷徨不定;我听信他们的话,怀着非常热烈的愿望等待那位福斯图斯的莅临。因为我偶然接触到一些教徒,他们不能答复我所提出的问题,便捧出福斯图斯,据说只要他来,我和他一谈,这些问题便迎刃而解,即使有更重大的问题,他也能清楚解答。
………

我对这人企望已久,这时听到他热烈生动的议论并善于运用适当的辞令来表达他的思想,的确感到佩服。……机会终于来到,我和朋友数人能和他叙谈,而且时间也适宜互相酬答,我便向他提出一些使我不安的问题,我发现这人对自由学术除了文法外,是一无所知,而文法也不过是寻常的造诣。但由于他读过几篇西塞罗的演说,一两部塞内卡的著作,一些诗集和摩尼教用良好的拉丁文写成的几本书,加上日常口头训练,因此获得了相应的口才,而且由于他善于利用自己的优点和某种天赋的风度,因此更有风趣,更吸引人。

　　……

　　我明白看出他对于我以为他擅长的学问是一无所知,我本来希望他能解决我疑难的问题,至此我开始绝望了。如果他不是摩尼教徒的话,那么即使他不懂这些学问,也可能具有真正的虔诚信仰。但摩尼教的书籍,满纸是有关天象日月星辰的冗长神话:我希望的是福斯图斯能参照其他书籍所载根据推算而作出的论证,为我作明确的解答。使我知道摩尼教书中的论点更可取,至少对事实能提出同样使人满意的解答,这时我已不相信他有此能耐。

　　但我依旧把问题提出,请他研究和讨论。他很谦虚地退却了,他不敢接受这个任务。他知道自己不懂这些问题,而且能坦白承认。他并不像我所遇到的许多大言不惭者,竭力想说服我,却不知所云。他确有心计,虽则他的心并"不坦坦荡荡地对着你",但真有自知之明。他知道自己学识不够,不愿贸然辩论他毫无把握并将使他陷入绝境的问题。他的诚实更使我同情他。因为虚心承认的美德比我所追求的学问更属可嘉。对于一切疑难的、微妙的问题,我觉得他始终抱定此态度。

　　从此我研究摩尼教著作的兴趣被打碎了。我对教中其他博士们日益觉得失望,因为他们中间首屈一指的人物对于我疑惑不解的问题尚且不能解决。我开始和福斯图斯结交,专为研究他酷爱的文学,因为我那时已担任迦太基的雄辩术教授,教导青年文

·欧·亚·历·史·文·化·文·库·

学。……但我并不和他们完全决裂;由于我找不到更好的学说,我决定暂时满足于我过去盲目投入的境地,除非得到新的光照,使我作更好的选择。

383年奥古斯丁前往罗马教书。他回忆自己在罗马仍然和那些摩尼教的"圣人"保持联系,他不仅和一般信徒听者,还和他们的所谓选民交游,他的居停主人就是一个听者。奥古斯丁一到罗马就在其居停主人家中患病而痊愈。文艺复兴时期名画家贝诺佐·戈佐利(Benozzo Gozzoli,1420—1497?)绘有一套奥古斯丁生平连环画,其中一幅描绘他抵达罗马,来接他的那位身穿红袍者或许就是他的居停主人。(彩色图版6-8)奥古斯丁毫不掩饰地批评自己的居停主人,觉得他过于相信摩尼教书中充斥的荒唐不经之说。但奥古斯丁和他们的交谊仍然超过其他不参加摩尼教的人。他已不像过去那样热心为该教辩护,可能由于他只和他们熟稔——有许多教徒匿居罗马——奥古斯丁便懒于探求其他宗教。奥古斯丁由于仍然无法解决恶的起源问题,认为上帝不可能创造恶,同时又觉得摩尼教徒对圣经提出的批评是无法反驳的,因此对于接受天主教信仰仍然觉得障碍重重。

次年,米兰派人到罗马,请罗马市长委任一位雄辩术教授,并授予他公费旅行的权利。奥古斯丁通过摩尼教徒朋友谋到了这职务,他写了一篇演说稿上呈当时的市长,市长表示满意,便派他到米兰去。贝诺佐·戈佐利也画了奥古斯丁离开罗马、前往米兰的场面,奥古斯丁骑在骏马上,背景是罗马,后面当为送行的朋友,其中或有摩尼教徒。(图6-5[1])

奥古斯丁在罗马聆听了当地主教安布罗斯(彩色图版6-7)的多次布道以后,觉得天主教信仰并非蛮不讲理而坚持的。不过他觉得,即使天主教有博学雄辩之士能详尽地、合理地解答难题,并不因此而应该排斥摩尼教信徒,双方是旗鼓相当的。次年春,奥古斯丁的母亲从罗

---

　　[1][2010-07-18]. http://www46. homepage. villanova. edu/john. immerwahr/images/Augustine%20Pictures/milan1. jpg.

图6-5 贝诺佐·戈佐利绘奥古斯丁前往米兰

马来到米兰,他告诉母亲,自己已不是摩尼教徒,但也还不是基督教徒。后来受新柏拉图主义鼻祖普罗提诺(Plotinus)之影响而放弃摩尼教,于386年改宗基督教,次年领受洗礼。391年,他在希波(Hippo,今阿尔及利亚的彭城[Bone])任神甫,395年升任希波主教,从此他与教内各宗派及异教展开剧烈的论战,成为基督教学术界的中心人物。

由于奥古斯丁曾有9年信奉摩尼教,对此教比较熟悉,改宗以后,自然将此教视为基督教之大敌,尽力予以抨击。他早在出任神甫以前,已经撰写了《意志自由的选择》、《论天主教会的道德》、《论摩尼教的道德》、《真的宗教》等5篇反对摩尼教的论著。他任神甫后,391年出版了短篇论文《信仰之利》,接着写了小书《两个灵魂》;次年出版了《与摩尼教徒福图那图斯论战》(*A debate with Fortunatus, a Manichean*),稍后出版了《驳题为基要的摩尼书信》、《答摩尼教徒福斯图斯》(*Answer to Faustus, a Manichean*)、《善的性质》等反摩尼教著作。此外,在《外道》

（Heresies），《忏悔录》（图6-6[1]），
《书信》第79和236封，《布道文》1、
2、12、50、153、182、237，《节欲》等论
著中，也多处涉及摩尼教。

奥古斯丁391年出任希波神甫
时，摩尼教长老福图那图斯（Fortu-
natus）在此城市中已经拥有相当的
追随者，他的声誉引起了当地天主
教徒们的警觉，促请奥古斯丁挑战
福图那图斯，进行公开辩论。福图
那图斯在奥古斯丁还是一个摩尼教
徒时就已经认识他，犹豫不决地接
受了挑战。392年8月28—29日，
两人在大庭广众下进行了辩论。

图6-6　奥古斯丁的《忏悔录》

这种辩论在当时并不少见。执事马克（Mark the Deacon）写的波菲
里（Porphyry, the Bishop of Gaza, 347—420, 加沙主教［395—420］, 彩色
图版6-9）传中，记载了397年加沙主教波菲里与摩尼教女尼朱莉亚
的一场辩论。朱莉亚来自安条克（Antioch），她来到巴勒斯坦的加沙传
教，通过巧妙的说教，特别是慷慨的馈赠，赢得了许多信徒。加沙是异
教徒的堡垒，许多新入教的基督教徒信仰并不坚定，很容易就成了朱
莉亚的追随者。波菲里召见朱莉亚，询问她是何人，信仰何教。朱莉亚
告以其来路，说明自己是一个摩尼教徒。波菲里的追随者大为动怒，但
是波菲里劝他们平静下来，对朱莉亚说："放弃这种罪恶的信仰，姐妹，
因为它出自撒旦。"朱莉亚并未轻易屈服，提出辩论。波菲里说："你为
明天［的辩论］做好准备，再到这里来吧！"朱莉亚扬长而去。波菲里斋
戒，向基督祈祷，召唤了一些虔诚的教士与信众来聆听他与朱莉亚之

---

［1］［2010-07-12］. http://image. absoluteastronomy. com/images/encyclopediaimages/a/au/
augustine_confessiones. jpg.

间的辩论。次日早晨,朱莉亚带着两个男信徒和两个女信徒按时赴会。马克注意到他们脸色苍白,这可能说明经常斋戒对他们身体所造成的影响。波菲里手持圣书,把十字架在嘴上贴了一下以后,让他们宣讲自己的教义,于是就开始了长达四小时的辩论。有一个速记员把所有的辩论记录在案,后来马克将其作为一个独立于《波菲里传》的著作发表,可惜已佚。波菲里听了朱莉亚的发言,极为恼怒,祈祷上帝,要上帝将其割舌封口,不能再宣讲罪恶之事。朱莉亚闻之开始颤抖,容颜大变,神思恍惚,哑口无言,定定地看着波菲里。跟随她的人努力唤醒她,但是无济于事,她失去了知觉,过了一阵子就死了。波菲里怀着恻隐之心,下令以礼安葬这位老妇。朱莉亚的追随者纷纷忏悔认罪,波菲里要求他们谴责摩尼,在训诫他们多日后,让他们加入了基督教会。

从奥古斯丁的回忆中可以看到,罗马的摩尼教徒颇为活跃,而历代天主教教皇时时以打击摩尼教为己任。由于汪达尔人(Vandals)夺取北非,许多摩尼教徒逃往罗马。天主教教皇利奥一世(Leo Ⅰ,440—461年,彩色图版6-10,图6-7[1])继位不久就得到报告,摩尼教徒在罗马举行了一些仪式。他认为这些仪式淫秽不堪,完全需要组织一次全面调查。443年下半年,由天主教教会领袖们与罗马元老院的大老组成了一个委员会,传唤一些摩尼教男女选民,在审讯之后,他们供认一个摩尼教主教曾安排一个男青年与一个10岁的女孩进行性交仪式。利奥一世法庭的发现促使罗马皇帝445年发布了一道诏书,褒奖这次调查。这道诏书命令逮捕摩尼教徒,对亵渎神圣者予以惩处,追随摩尼教被宣布为一种社会罪行,天下共诛之。利奥一世在其一次布道中敦促信徒把摩尼教徒隐藏的地方告诉其牧师,因为告发这样的上帝之敌不仅是一种虔诚的行为,而且是最后审判时的功德。他也写信给意大利各地的主教,告诫他们对摩尼教的渗透要百倍警惕,并把445年诏书的抄本作为教会信件发给他们。利奥一世在另一次布道中建议

[1][2010-07-19]. http://saints.sqpn.com/wp-content/gallery/pope-saint-leo-the-great/pope-saint-leo-the-great-01.jpg.

295

·欧·亚·历·史·文·化·文·库·

图6-7　利奥一世(左面)会见匈人领袖王阿提拉

信徒在领圣餐时要注意那些不吃面包、不喝酒的人,因为摩尼教徒是不喝葡萄酒的。利奥一世反对摩尼教的努力并不限于执行罗马帝国对此教的诏书,他把许多摩尼教徒从隐藏之所揪出来,迫使他们公开认错。他也充公了很多他们的书籍,付之一炬。利奥一世迫使摩尼教徒在罗马忏悔,使基督教得知哪些人是他们的神学家、主教和长老,他们住在哪些省份和城市里。罗马帝国东部的许多基督教教士就可以据此迫害摩尼教徒,与利奥一世互相呼应。

在拜占庭帝国,至5世纪末,基督教正统与其异端阿里乌派的斗争已经消逝,继起的是亚历山大的奚利耳(Cyri of Alexandria,约376—

444)与聂斯脱利(Nestorius,约380—451)的追随者之间的斗争。奚利耳的追随者们被称为基督一性论者(Monophysites),主张耶稣基督的人性完全融入其神性,故只有一个本性。极端的基督一性论者比较容易被反对者贴上摩尼教的标签,因为摩尼教主张耶稣只有神性,从来没有作为一个肉体的人存在过。安条克的塞佛留是不太极端的基督一性论者,就给极端的基督一性论者贴上摩尼教徒的标签。塞佛留在其一篇布道文中显示,他具有对摩尼教的第一手知识,应该清楚摩尼教徒与基督一性论者的区别。他把对手称为"摩尼教徒"只是一种论战手法。在536年的宗教会议上,塞佛留自己也被安条克的僧侣们指责为摩尼教徒,因为他不相信玛利亚是上帝之母。

527年,查士丁尼(Flavius Jestinianus,483—565,拜占庭皇帝[527—565],彩色图版6-11)在君士坦丁堡加冕。他的继位标志着严厉反对异端与异教的开始。同年,他与老皇帝查士丁尼一世(Justinus,518—527在位)联名发布一道诏书,禁绝摩尼教徒在任何地方出现,因为他们接触的任何东西都被玷污了。如果他们与其他人在一起时被抓住,就会被判处死刑。摩尼教徒不甘就此被禁绝,有的摩尼教徒就写了小册子,放置在书店里,书店老板邀请著名基督教教士撰写反驳文章。527年禁绝摩尼教的诏书发布后不久,还在朝廷的命令下,由官员主持举行过一位摩尼教领袖与朝廷指定的基督教神学家的公开辩论。辩论举行了三次,延续数日,是在一个相当高的哲学层次上进行的。但是,摩尼教领袖带着镣铐参加辩论一事本身已经说明了这不可能是一场平等的辩论,与当年奥古斯丁和摩尼教徒的辩论不可同日而语。527年的诏书并非一纸空文,许多摩尼教徒被查士丁尼一世处以死刑。

摩尼教虽然在拜占庭遭到严厉镇压,"摩尼教"这个名称则一直沿用下来,拜占庭基督教教士一再用它作为标签,贴在新的异端头上,特别是有二元论与神智派倾向的保罗派(Paulicians)与鲍格米勒派(Bogomils)。对摩尼教二元论的批驳也一直是基督教神学家修辞学训练的标准形式。西西里的彼得(Peter of Sicily)是把"摩尼教徒"的标签贴在亚美尼亚的保罗派头上的首批神学家之一,但是他并无对于摩尼

·欧·亚·历·史·文·化·文·库·

教的第一手知识,对于摩尼教真正的教义也没有什么兴趣,他对摩尼教的知识几乎完全局限于《阿基来行传》节本的历史部分。

亚美尼亚保罗派自称是尊崇使徒保罗的。5 世纪开始流行于亚美尼亚和小亚细亚,其教义有类似摩尼教之处,承认二元论,认为世界应分为两部分:上帝的天国和魔鬼的王国,精神世界和物质世界;上帝的天国就是善,魔鬼的王国就是恶。尘世和人的肉体都来自恶神,只有通过清洁而神秘的礼仪才能得到解救。这派在 7 世纪盛行于西亚,9 世纪遭东罗马帝国女皇狄奥多拉(Theodora,? —867)的镇压,10 世纪又向西传入东欧,在保加利亚发展最盛。(彩色图版 6 - 12)这个异端教派对后来的鲍格米勒派和阿尔比派(Albigensians)的形成,都有影响。

经常地、大多数情况下不精确地使用"摩尼教"这个术语是拜占庭用旧框架对付新问题的惯用手法。反对异端的法律也成了化石。查士丁尼反对摩尼教的法律被历代拜占庭皇帝沿用下来,既对付一般的异端,更用来对付像保罗派和鲍格米勒派这样更容易被混同于摩尼教的教派。因为摩尼教是 5、6 世纪唯一经常遭到死刑威胁的异端,基督教神学家们把新的异端贴上摩尼教的标签就成了一种最极端的政治武器,足以置对手于死地。

鲍格米勒派(古保加利亚语 Bogomili 的音译,原意是"爱上帝者",彩色图版 6 - 13),10 到 15 世纪间流行于保加利亚,受亚美尼亚保罗派二元论学说影响,主张世界上存在着善恶两种本原的二元论。他们认为,上帝生有二子,幼子耶稣基督和长子撒旦:基督是善的代表,并非真人,只是有人的幻影;撒旦即"魔王",他是宇宙的创造者。这样,上帝就只担负创造无形世界,而撒旦是物质世界的创造者,因此世界是由恶的力量所造的,其中压迫和暴行都是恶的产物。他们还认为善与恶经常斗争,他们曾提出"消灭一切压迫"的口号,反对教会的"特权和剥削",要求没收教会的财产并分给群众 。这一派在保加利亚遭到迫害。

（图 6 - 8[1]）许多教徒被迫流亡国外,思想也随之传播到欧洲各国,尤其是在法国图卢兹(Toulouse)的阿尔比城最活跃,形成阿尔比派。

图 6 - 8　1290 年的壁画:基督教反对鲍格米勒派的会议

　　阿尔比派 12—13 世纪盛行于法国南部和意大利北部,参加者主要是市民、骑士和贵族。图卢兹伯爵雷蒙六世反对罗马教皇,也害怕法国国王,因而支持异端运动。阿尔比派信仰宇宙间有善恶两神,善神创造灵魂,恶神创造肉身,灵魂受肉身束缚,人生的目的在于把灵魂从肉身中解脱出来。他们认为,基督不是上帝,而只是最优越的受造者,其不具有实体;圣灵同样是受造者,是众灵之首。这就否认了天主教的三位一体说。他们认为,善神和恶神不断进行斗争,地上的一切都是魔鬼的产物,把教皇斥为魔鬼,宣称要打倒罗马教会,因此被教会定为异端。

　　教皇英诺森三世起先用和平劝化的手段,最后在 1209 年组织十字军镇压阿尔比派。法国北部的骑士为掠夺南部财富,也积极响应教皇的号召。在孟福尔(Simon de Montfort)男爵率领下,十字军侵入图卢兹,烧杀劫掠。这次讨伐持续 4 年,阿尔比派被镇压,法国南部遭到很

---

〔1〕〔2010 - 07 - 21〕. http://upload. wikimedia. org/wikipedia/commons/thumb/3/35/Nemanjin _sabor. jpg/220px - Nemanjin_sabor. jpg.

大破坏。雷蒙六世最后倒向教皇。1218 年,图卢兹人民不满十字军的残暴,爆发起义,孟福尔被杀。(彩色图版 6 - 14)法国北部贵族派遣新远征军镇压起义,1226 年法国国王路易八世(1223—1226 在位)也参加了战争,南部重遭洗劫。1229 年,图卢兹伯国大部分被并入路易八世的领地。其中最后也是最血腥的战斗是 1245 年在蒙茨格尔(Montségur)城堡发生的。蒙茨格尔城堡坚守了九个月,最终陷落,城堡中的全部阿尔比派信徒殉教。(图 6 - 9[1])在十字军的镇压下,阿尔比派转入地下,14 世纪逐渐消亡。

图 6 - 9   法国蒙茨格尔城堡:阿尔比派最后的堡垒

1244 年以后被荡平,现在的城堡是法国 17 世纪的军事建筑

保罗派、鲍格米勒派与阿尔比派等教派的教义有类似摩尼教之处,常被天主教当局攻击为"摩尼教",有的学者把它们称为"新摩尼教"或"中世纪摩尼教"。

6.3   在西亚、中亚的传播

在西亚,摩尼去世以后,萨珊王朝继续对摩尼教徒进行迫害。摩尼

---

〔1〕http://upload.wikimedia.org/wikipedia/en/3/3b/Montsegur-w02.jpg.

教的主要力量逐渐汇聚到中亚乌浒水（Oxus，今阿姆河）流域。粟特城市萨秣建（今撒马尔罕）和赭时（今塔什干）成为摩尼教向东传播的重要基地。20世纪80—90年代在赭时寺院遗址出土过刻有"（摩尼）主教"的印章，这可能是当时那里有摩尼教存在的证据。摩尼的去世使他的信徒有五年之久没有领袖，然后末思信继承摩尼成为驻美索不达米亚的法主（法王）。帕提亚文文书M5815 Ⅱ是一封书信，从信的内容看是从木鹿发出的，发信者派一个兄弟到乌浒水上游左岸的一个城市去，把他派到末冒那里去，带去摩尼所著的《大力士经》和《大二宗图》。在木鹿会再抄写一本《大力士经》和描摹一本《大二宗图》。写信者答应，将任命各级僧侣，从而摩尼教将会在各处都有领袖。末冒是摩尼派往东方的大弟子，这封信的作者可能就是继承摩尼担任法主的末思信。

末思信担任了10年法主（276—286），在瓦赫兰二世（图6-10[1]）进行的新一轮迫害下殉道。琐罗亚斯德教教主科德（彩色图版6-15）在新君统治时期甚至更加飞扬跋扈，他在伊朗纳克希-鲁斯塔姆摩崖石刻的铭文中宣示了他镇压异教的决心：

> 从一个省到另一个省，从一个地方到另一个地方，在整个帝国里，奥尔穆兹德（Ohrmezd）与众神的礼仪变得更为重要，玛兹达教（Mazdayasnian religion）和穆护们（magians）在帝国内声誉卓著，众神和水和火和善良的万物都称心如意，巨大的打击和痛苦落在阿赫里曼（Ahreman）和众魔的头上，[信奉]阿赫里曼和众魔的异端被从帝国中逐走，落荒而逃。在帝国中，犹太人和佛教徒和印度教徒和拿撒勒派（Nazarenes，即讲亚兰语的基督教徒）和基督教徒（即讲希腊语的基督教徒）和浸礼教徒和摩尼教徒被彻底粉碎，偶像被捣毁，众魔的居处清理一空，改成众神的宝座和座位。

根据基督教资料，瓦赫兰二世起先比较同情基督教，但是，当他看到摩尼教徒也自称基督教徒，与他们穿着一样，嘲笑婚嫁和生儿育女，他就禁绝了这两种宗教。这轮新的迫害使摩尼教徒再次从美索不达

---

〔1〕[2010-07-13]. http://www.livius.org/a/iran/naqshirustam/relief_bahram_ii_a1.JPG.

图 6 – 10 伊朗纳克希 – 鲁斯塔姆摩崖石刻：
白赫兰二世赐见(臣民)雕像

米亚大批出逃,他们当中许多人逃往罗马帝国的东部定居下来。科普特文《布道书》中关于世界末日的许多描写就反映了摩尼教徒对这次迫害的痛苦记忆。

尽管罗马帝国皇帝戴克里先因为怀疑摩尼教徒会在罗马与波斯的战争中暗地里帮助波斯而迫害摩尼教徒,其实波斯国王纳尔西在与罗马作战的同时,也迫害国内的摩尼教徒。幼发拉底河下游贝杜因人的希拉(Hira)王国国王阿马洛(Amarā)比较同情摩尼教徒,他写了几封信给其宗主纳尔西请求他停止对摩尼教的迫害。信中提到一个伊利诺斯(Innaios),他可能是他们之间的信使,可能也就是摩尼当年派往印度的使徒,此时继承末思信担任了法主。阿马洛与纳尔西之间的书信来往终于使纳尔西召见了伊利诺斯,听取了他的意见,随后就停止了迫害。但是,好景不长,纳尔西的继承者奥尔米兹德二世(Hormizd

Ⅱ,302—309,图 6 – 11[1])统治时期,琐罗亚斯德教祭司们再次声称要根除摩尼教,于是新的迫害又开始了。

图 6 – 11　伊朗纳克希 – 鲁斯塔姆摩崖石刻:
奥尔米兹德二世的胜利

波斯国王沙卜尔二世(Shapur Ⅱ,309—379,彩色图版 6 – 16)统治期间对基督教徒进行迫害,很少看到摩尼教徒得以幸免。基督教徒埃塔拉(Aitāllāh)殉道于这个时期。在其行传中记载了一个细节,萨珊当局企图拷打一个摩尼教徒,迫使他放弃自己的信仰,从而感化埃塔拉改宗。这个摩尼教徒杀了几只蚂蚁,使当局相信他已经改宗是真心诚意的,因为当局相信:坚持信仰的摩尼教徒决不会伤害他们称为“活灵”的生物。但是,这个摩尼教徒放弃信仰的做法反而使埃塔拉更相信自己的真理,决心通过自己的受难促使其事业的胜利。

　　摩尼教法主在整个萨珊王朝时期一直驻泰西封,得到所有摩尼教徒的承认。但是摩尼教的主要力量则在乌浒水以北的中亚地区。6 世纪,乌浒水以北地区的摩尼教徒奉撒特 – 奥尔米兹(Sād Ōhrmizd)为首领,与巴比伦的领袖分裂,以电那勿派(Dēnāwars)的名称独立,这次分裂一直要到法主米尔(Mihr,7 世纪末)时代才结束。玄奘《大唐西域记》卷 11“波剌斯国”条记载:“天祠甚多,提那跋外道之徒为所宗也。”

---

〔1〕〔2010 – 07 – 17〕. http://upload. wikimedia. org/wikipedia/commons/thumb/c/c1/Relief_Hormizd_Ⅱ. jpg/800px – Relief_Hormizd_Ⅱ. jpg.

玄奘听说的"提那跋"是否即"电那勿"之异译,尚待进一步研究。7世纪中叶,阿拉伯人征服波斯以后,摩尼教徒的处境有所改善,伍麦叶王朝(Umayids,661—750)让他们和平地活动,有些摩尼教徒甚至从呼罗珊回到了美索不达米亚。根据奈迪木《群书类述》的记载,在韦立德(al-Walīd ibn ʿAbd al-Malik,668— 715,哈里发[705—715])时代,有个名叫扎德-胡尔穆兹(Zād Hurmuz)的富人,皈依了摩尼教,成为选民,但是,他发现自己对有些事情有不同意见,想去加入巴尔赫河(River of Balkh)另一边的电那勿派。但是,他来到麦达因(Madāʾin,包括塞琉西亚和泰西封),告诉了伊拉克总督哈查只(al-Ḥajjāj ibn Yūsuf,661—714)的幕僚,自己想到呼罗珊去加入电那勿派。哈查只的幕僚告诉扎德-胡尔穆兹:"我就是你的呼罗珊!我会为你建立一个礼拜堂,供应你所需的一切。"随着礼拜堂的建立,摩尼教再次在泰西封获得了重要地位。扎德-胡尔穆兹然后写信给电那勿派,请他们推举一位首领,他将使这位首领继位法主。但是,电那勿派写信回答他,除了巴比伦之外,它处不允许建立教廷。因此,扎德-胡尔穆兹询问他们,在这种情况下,谁可以继位,由于没有人比他更合适了,他可以考虑此事。当扎德-胡尔穆兹临终之际,他们请他指定一个领袖。他说:"看,米科拉斯(Miqlāṣ)的情况你们是知道的。我很属意于他,相信他能够领导你们。"因此,当扎德-胡尔穆兹去世后,他们统一接受米科拉斯作为法主。在米尔领导时期,摩尼教显然放松了一些戒律,而到了米科拉斯时代,又重新要求教徒们更严格地遵守戒律。这就造成了又一次分裂:对戒律要求比较宽松的米尔派(Mihrijja)和对戒律要求比较严格的米科拉斯派(Miqlāsijja)。米科拉斯派对米尔派的指责包括:715—724年担任伊拉克总督的哈立德(Khālid al-Qasrī)曾向米尔提供一头雌骡供其作交通之用,送给他一枚银印和一些绣花衣,这些都属于摩尼教禁止选民享用的奢侈物品。这一分裂一直影响到9世纪的中亚摩尼教徒。

阿拔斯王朝(750—1258)时期,伊朗文化复兴。8世纪一些翻译家和波斯文人已经开始把一些波斯文学杰作翻译成阿拉伯文。伊本·

穆盖法尔(ibn-al-Muqaffa')是著名翻译家,原来是琐罗亚斯德教徒,后来改宗伊斯兰教,由于他的信仰受到怀疑,以至于 757 年被处以焚刑。他把一些中古波斯语作品翻译成阿拉伯语,包括从《列王纪》(*Khudhāy-nāmah*)翻译过来的《波斯列王纪》(*Siyar Mulūk al-' Ajam*),最著名的则是源自印度《五卷书》(*Panchatantra*)的寓言《凯利莱和迪木奈》(*Kalīlah wa-Pimnah*)(图 6-12[1])。麦斯欧迪(Mas' ūdī, 约896—956)说,伊本·穆盖法尔翻译了基本摩尼的著作。在整个阿拔斯王朝时期,关于摩尼教有丰富的阿拉伯文文献可供利用,有些阿拉伯学者即根据这些摩尼教文献的阿拉伯文译本出色地概述了摩尼及其教义和教会。

图 6-12 伊本·穆盖法尔译《凯利莱和迪木奈》

摩尼及其学说对于穆罕默德的信徒似乎有一种特殊的魅力,这引起了阿拔斯王朝统治者的警觉,采取严厉措施禁止穆斯林的摩尼教倾向。许多波斯血统的作家和翻译者被谴责为同情摩尼教者,被称为

〔1〕〔2010-07-22〕. http://upload. wikimedia. org/wikipedia/commons/4/4e/Kelileh_va_Demneh. jpg.

"精低格"(zindīq)。阿拉伯语 zindīq 从古波斯语 zandīk 而来,原来指宗教概念里有波斯人信仰成分,特别是摩尼教信条的穆斯林,后来泛指任何带有自由思想的人。甚至伍麦叶王朝最后的哈里发也有信仰摩尼教的嫌疑,他的老师是以二神教(zindīq)的罪名被处死的。哈里发麦海迪(Al-Mahdī,775—785,图 6 – 13[1])于 780 年在阿勒颇(Allepo)把几个隐匿身份的摩尼教徒钉死在十字架上。他在位的最后两

图 6 – 13　哈里发麦海迪的钱币

年,曾在巴格达成立了一个宗教裁判所,专门裁判二神教徒。宗教裁判所的法官拥有很大的权柄,采取残酷无情的手段消灭摩尼教徒。麦达因(Madā'in,包括塞琉西亚和泰西封)是摩尼教法主驻地,有摩尼教的重要社区。在这个城市中,有大量的精低格嫌疑犯被逮捕,在众目睽睽之下游街。这些嫌疑犯戴着锁链,被押往首都巴格达,受到审判官或君主本人的盘问,信仰受到详细审查。如果他们被判为精低格,就要求他们悔罪。如果他们愿意放弃自己的信仰,就需要通过一些考验,以证明

[1][2010 – 07 – 17]. http://upload.wikimedia.org/wikipedia/commons/a/a0/Dirhem_Al_Mahdi_775_785_Bagdad_silver_2970mg.jpg.

自己确实已经脱胎换骨,才能获得释放。最常见的考验是要求精低格向摩尼像吐唾沫和吃一只鸟。那些拒绝悔罪的精低格则被斩首,首级示众。

麦斯欧迪记载了一个哈里发麦蒙(Al-Ma'mūn,813—833 在位,图6-14[1])审判摩尼教徒的故事:麦蒙接到报告,在巴士拉(Basrah)有

图 6-14　哈里发麦蒙与理发师

十个百姓是信奉摩尼的教义、谈论"光明"与"黑暗"的异教徒。当他听到他们每一个人的名字时,下令把他们带到他面前来。当他们被集合在一起时,一个奉承逗乐的食客看到他们气宇轩昂、衣衫光鲜,以为他们是去赴宴,于是就混在他们当中,一直来到码头上,结果与他们一起被卫兵用手铐铐起来,用链条拴在一起。此时食客大惊,忙问其他囚徒是怎么回事。他们告诉他:"我们是摩尼教徒,被告发到麦蒙那里去了,现在被带到他面前去,他会问我们采取什么态度,告诫我们放弃自

---

〔1〕[2010-07-22]. http://www.es.flinders.edu.au/~mattom/science + society/lectures/illustrations/lecture16/almamun.jpg.

己的信仰,要我们背弃它,通过种种考验而改宗。这些考验包括:他会给我们看一张摩尼画像,命令我们向它吐唾沫,背弃摩尼。他将命令我们杀一只鹧鸪。任何默认者皆能得救;任何拒绝者将被杀死。"当他们抵达巴格达,被带到麦蒙面前时,麦蒙一个一个传唤他们,盘问每一个人对信条的理解。他向每一个人讲述伊斯兰教义,对他们进行考验,号召他们发誓否认摩尼,让他们看一幅摩尼画像,要他们向这幅画像吐唾沫,谴责摩尼,以及诸如此类的事情。但是他们拒绝这样做,于是均被麦蒙处死了。食客实话实说,则幸免一死。

哈里发穆格台迪尔(Al-Muqtadir,908—932,图 6-15[1])统治时期,专门处置异教徒的机构继续迫害摩尼教徒。据奈迪木《群书类述》的记载,摩尼教徒们担心自己的生命安全,避往呼罗珊。任何摩尼教徒

图 6-15 哈里发穆格台迪尔的钱币

在这个地区(指伊拉克)迁徙时,都隐匿自己的身份。大约有 500 个摩尼教徒聚集到撒马尔罕去,当他们的迁徙被发现时,呼罗珊的统治者(萨曼王朝的纳速尔二世[Abu'l Husan Nasr,913—942])想杀掉他们。然而这时中国国王——奈迪木认为是托古兹古思(Tughuzghuz)的统治者派遣了一名使者,告诉他:"在我的国家中,穆斯林要比我的宗教教徒在你的国家里多。"托古兹古思统治者还向他发誓说,如果呼罗珊统

---

〔1〕[2010-07-17]. http://cybernumis. homestead. com/is-914_Abbasid_Muqtadir_dirham_296_Wasit. jpg.

治者把他们(摩尼教徒)当中的一个杀掉,那么他将杀掉身边所有的穆斯林,也拆毁所有的清真寺,并侦缉四出,搜捕和杀光全国的穆斯林。这样一来,呼罗珊的统治者就放过了这些摩尼教徒,不过要求他们交人头税。

奈迪木所谓的"托古兹古思"当即高昌回鹘王国,由于他们的干预,撒马尔罕的摩尼教徒才免遭屠杀的厄运。奈迪木说,在布韦希王朝(Buwayhid)的穆仪兹·道莱(Mu'izz-al-Dawlah,945—967)时代,他认识300个精低格,到他撰写《群书类述》时(约987—988),只有5个了。尽管迫害如此严厉,伊拉克的摩尼教社区仍然保持很大影响,9世纪产生了一位重要的神学家瓦拉克(Abū 'Isa al-Warrāq,卒于约861年),他关于摩尼教的著作就是奈迪木《群书类述》中摩尼教概述的资料来源。

在阿拔斯王朝迫害下,叙利亚摩尼教徒逃往中亚。他们在艰难的环境中,可能已经被迫放弃一些清规戒律,基本上属于对戒律要求比较宽松的米尔派。而高昌的摩尼教处于国家宗教的地位,选民受到听者的供养,自然可以严格遵守戒律,属于持戒严格的米科拉斯派。在柏林吐鲁番收藏中保存的两封粟特文书信(M112 和 M119)可能就反映了叙利亚摩尼教移民与中亚摩尼教徒的分歧与冲突。书信可能写于880年以前,是写给驻高昌的东方教区之首的。第一封信抱怨说:"我们的女尼看到他们的女尼裁剪和缝制衣服、用鹤嘴锄掘地、采摘药草、砍柴、生火等等,他们声称这么做不是犯罪。他们为了治病,使用放血的方法。"第二封信抱怨说:"叙利亚人会引起很大麻烦,他们惯于拉帮结派和争吵。"

在中亚,直到11世纪,知识渊博的科学家、历史学家比鲁尼(彩色图版6-17)仍然对摩尼教相当了解。他在《古代诸民族编年史》一书中分析了摩尼的思想渊源,介绍了摩尼教的戒律和观念、摩尼的出生年代和地点、主要著作和去世的情况。他在《印度考》中也有一些地方谈到摩尼,指出摩尼关于转世的思想来自印度宗教。

7 唐代与西域摩尼教

7.1 摩尼教入华

有的学者提出,早在唐代以前,已经有一些摩尼教在中国活动的痕迹。唐高宗朝(650—683),摩尼教可能已经传入中国。何乔远(1558—1631)《闽书》卷7载:

> 慕阇当高宗朝行教中国。至武则天时,慕阇高弟密乌没斯拂多诞复入见,群僧妒谮,互相击难。则天悦其说,留使课经。

唐高宗、武则天时代,是唐朝对外交通发达的时代。二人合葬于乾陵,那里的六十一番臣像就是当时国势强盛、四方来朝的形象表现。(图7-1[1])因此摩尼教于高宗时传入中国不无可能,只是尚不见于

图7-1 唐高宗、武则天合葬乾陵的六十一番臣像

---

〔1〕〔2010-07-22〕. http://img25. artxun. com/sdc/oldimg/556b/556b122894d831639cae78ff7eeb9d97. jpg.

正史记载,或许只是在民间流传。

据南宋志磐的《佛祖统纪》卷39:

延载元年(694),波斯国人拂多诞(原注:西海大秦国人)持《二宗经》伪教来朝。述曰:太宗时,波斯穆护进火祆教,敕建大秦寺。武后时,波斯拂多诞进《二宗经》。厥后大历间荆、扬、洪、越等州各建摩尼寺。此魔教邪法,愚民易于渐染。由屡朝君臣、当世名德不能简邪正以别同异,故其法行于世而弗禁。嘻,是盖西土九十五外道之类欤?

这条记载与《闽书》关于摩尼教武则天(624—715,690—705 在位,图 7 - 2[1])时传入中国的记载可以互相印证,应该比较可信。志磐所述之《二宗经》录自宗鉴《释门正统》一书。吐鲁番出土的中古波斯文文书残片《沙卜拉干》有些标有 dw bwn wzrg 'y š' bwhrg'n,意为"[献]给沙卜尔的二宗经",汉译《二宗经》应即指此书。拂多诞并非人名,而是帕提亚文/中古波斯文 hpt'd'n 的音译,意为"七十",指 72 个萨波塞。"萨波塞"意译"侍法者",是摩尼教僧侣中的第二

图 7 - 2　武则天

等级。武则天篡唐建周自立为皇帝的年代,摩尼教高僧得以出入宫廷,与佛教僧侣互相辩难,而且讨得武则天的欢心,得以传播教义,是与这个时代的政治背景有密切关系的。武则天是中国历史上唯一一个正统的女皇帝,要证明其特殊地位的合法性,当然不可能求之于儒家经典。摩尼教中的女神善母、电光佛至为重要,女尼也地位甚高。武则天在大力利用佛教符谶的同时,也有可能有意放纵让摩尼教与佛教争宠,为自己称帝制造舆论。《佛祖统纪》对摩尼教流露出很明显的敌

〔1〕[2010 - 07 - 20]. http://upload. wikimedia. org/wikipedia/commons/a/aa/A_Tang_Dynasty_Empress_Wu_Zetian. JPG.

·欧·亚·历·史·文·化·文·库·

意,中国佛教对摩尼教的排斥可能就起源于武则天时代。

摩尼教在武则天时代传入中国,史料明确记载,拂多诞是带了一部《二宗经》来的,武则天允许其"课经",他从西域带来加以宣扬的经典或许不止《二宗经》一部,而是还有其他经典。现存北京国家图书馆的《摩尼教残经一》留存有武后时期特有的文字。残卷中出现"正"字九处,其中两处写成"𠀑"。这个字是武后时代所造的18个字之一,作于永昌年(689),神龙元年(705)中宗登基以后就废止不用了。林悟殊先生认为有两种可能的解释,一种就是此经敦煌残卷的抄写者曾生活于武后时代,由于习惯故不知不觉地使用了这个武后造字;另一种就是抄写者所依据的版本就是武后时期的,采用了武后造字,而他重抄时虽注意改正,但仍有两处漏网之鱼。不管属于哪种可能,都显示武后时已流行《摩尼教残经一》。

唐玄宗(685—762,712—756 在位,图 7 – 3[1])时代摩尼教又见诸官方记载,《册府元龟》卷971《外臣部·朝贡四》记载:

图 7 – 3 唐玄宗画像

[开元七年(719)]六月,大食国、吐火罗国、康国、南天竺国遣使朝贡,其吐火罗国支那汗王帝赊上表献解天文大慕阇。其人智慧幽深,问无不知。伏乞天恩唤取慕阇,亲问臣等事意及诸教法,知其人有如此之艺能,望请令其供奉,并置一法堂,依本教供养。

《太平寰宇记》卷186 也有类似的记载,文字略有不同:"开元七年其叶护支那汗帝赊上表献天文人大慕阇,请加试验。"吐火罗地区大约

---

〔1〕〔2010 – 02 – 22〕. http://upload. wikimedia. org/wikipedia/commons/1/1e/Tang_XianZong. jpg.

在帕米尔以西、阿姆河中上游两岸一带。《新唐书》卷221下《西域下》记载："吐火罗，或曰土豁罗，曰睹货逻，元魏谓突呼罗者。……其王号叶护。武德（618—626）、贞观（627—649）时再入献。……显庆（656—661）中，以其阿缓城为月氏都督府，析小城为二十四州，授王阿史那都督。"吐火罗一直与唐朝保持着交往。玄奘曾亲至其地，在《大唐西域记》中记载："出铁门至睹货逻国故地，南北千余里，东西三千余里，东厄葱岭，西接波剌斯，南达雪山，北据铁门，缚刍大河中境西流。自数百年王族绝嗣，酋豪力竞，各擅君长，依川据险，分为二十七国。虽画野区分，总役属突厥。"吐火罗地区27国中，有一个国家名叫赤鄂衍那国，《大唐西域记》记载该国："东西四百余里，南北五百余里。国大都城周十余里。伽蓝五所，僧徒鲜少。"赤鄂衍那相当于波斯—阿拉伯语之 Ĉayāniyān / Ṣayāniyan，"支那汗"为其异译。其地当苏尔汉（Surkhan）河上游，今名迭脑（Denau，意为新村）。吐火罗地区长期以来役属突厥，宗主为突厥叶护，但7、8世纪之交形势发生了变化。作为大食（阿拉伯人）入侵的结果，吐火罗突厥叶护的权力大为削弱。705年，大食将领屈底波到达吐火罗地区时，吐火罗叶护转移到了偏僻的勃达山避其锋芒，他的首府巴里黑及其王国的中心部分已被大食占据。而一个名叫 Tīsh 的赤鄂衍那国王向屈底波进呈了丰富的贡品。Tīsh 还招引屈底波去对付与他为敌的邻国愉漫（Shūman）与忽露摩（Akharūn）的君主。"帝赊"就是 Tīsh 的译音，他也拥有叶护的尊号，他正是在这样的政治形势下，把突厥叶护抛在一边，自作主张向唐朝派遣大慕阇的。帝赊希望唐玄宗向大慕阇"亲问臣等事意"，恐怕政治含义比较多，即希望自己取代突厥叶护的地位既得到大食支持，也能得到唐朝的承认。摩尼教僧侣文化程度比较高，可能懂得多种语言，并有四处游历传教的经验，相当适合充当使者。帝赊派遣大慕阇作为使者的做法，可谓以后回鹘派遣摩尼出使中原的先声。唐玄宗是否为这位大慕阇建立过法堂，依本教供养，史无明文，不能妄测。何乔远《闽书》说："开元中作大云光明寺"。此时建立的大云光明寺是否就是供养这位大慕阇的法堂，尚需进一步研究，不过，这位大慕阇传入中原的天文知识则尚有踪

·欧·亚·历·史·文·化·文·库·

迹可寻。

在摩尼教大慕阇将天文知识传入中原的同时,摩尼教高僧当然也在努力传播其宗教教义。《摩尼光佛教法仪略》卷首题目之下署有:"开元十九年六月八日(公元 731 年 7 月 16 日)大德拂多诞奉诏集贤院译"。(彩色图版 4 - 20)在大部分摩尼教文献没有明确纪年的情况下,这则题署尤其显得珍贵。林悟殊先生认为,很可能朝野对原来武后优容摩尼教的政策持有异议,玄宗为了弄清摩尼教的真面目,以便对它采取必要措施,故下诏辨清摩尼教,令在京的拂多诞到集贤院去书面奏闻其教的真实情况;拂多诞为了应付皇帝的要求,便撰写了《摩尼光佛教法仪略》,而非根据某现成伊朗语原本翻译过来的。这个推测基本符合当时的历史背景。

撰写《仪略》的拂多诞当然未必洞悉玄宗的整个意图。唐开元五年(717),于乾元殿写经、史、子、集四部书,置乾元院使。次年,改名丽正修书院。十三年(725),改名集贤殿书院,通称集贤院。置集贤学士、直学士、侍读学士、修撰官等官,以宰相一人为学士知院等,规格相当高。集贤院的功能是:"掌刊辑经籍。凡图书遗逸、贤才隐滞,则承旨以求之。谋虑可施于时,著述可行于世者,考其学术以闻。"摩尼教作为三夷教之一,其高僧能够进入集贤院,有所著述,上呈皇帝,一定被拂多诞视为殊荣。三夷教中的其他二教,祆教似无汉文译著,自然没有这种可能性;景教也未闻获此等机会。拂多诞应该把这次机会看成像当年摩尼本人向波斯国王沙卜尔一世进呈《沙卜拉干》一样珍贵,一旦成功,就有希望获得在唐朝顺利传教的权利。残存的《仪略》虽然篇幅不长,但是条理分明,文句通顺,教义叙述准确,书法讲究,达到唐朝官方文献的水平。景教唯有建中二年(781)景净撰写的《大秦景教流行中国碑》达到官方文献的水平,其他敦煌出土景教文献都比较粗糙,显然是民间文献。摩尼教本身的《残经》抄写时有错漏,《下部赞》题名已经说明是给听者使用的赞美诗集成,也均属民间文献。《仪略》从现存文字来看,摩尼的生平,摩尼的七部大经及图,选民、听者的五个等级,寺院,二宗三际等细节均可在其他文字的资料中得到印证,译名均符合中古波斯文、帕提亚文词汇发音，非拂多诞这样的高僧不可能撰写出这样地道的摩尼教文献。同时，《仪略》汉文通顺，恐怕不是来华不久的"外来和尚"单独能办到的，当有汉族士人与之合作，方可成功。因此从短短的《仪略》残文可以看出，摩尼教正式入华不过一二代人的时间，在撰述方面已经取得了相当大的进展。

但是，拂多诞精心撰述的《仪略》看来没有打动玄宗。《仪略》给摩尼按上"摩尼光佛"的称号，且用之于标题，又引用《摩诃摩耶经》和《观佛三昧海经》，证明摩尼与佛陀的一致性，结果落得一个"妄称佛教，诳黎元"的罪名，于次年就遭到禁断。《通典》卷40曰：

> 开元二十年(732)七月敕：末摩尼法，本是邪见，妄称佛教，诳惑黎元，宜严加禁断。以其西胡等既是乡法，当身自行，不须科罪者。

《佛祖统纪》卷40所记大致相同，有一些抨击之辞：

> 述曰：佛言九十六种外道，佛道为正。是知余皆邪法无足议者。末尼既是邪见，朝廷便须禁止。今乃纵其自行，不加科罚，曾不思此立有染其习者，邪以传邪，适足为佛法之混滥。嘻，不知当时君臣，何其不能区别耶？

开元二十八年(740)玄宗下诏驱逐胡僧，也可能进一步打击了在华的摩尼教胡僧。摩尼教争取在中原民众中合法传教是失败了。但是，大慕阇带来的天文学知识却产生了一些影响，尤其是七曜历得以在中国扎下了根。支那汗上表所着重的，不是大慕阇的宗教背景，而是其天文知识。他来到中国的8世纪上半叶，正是历数之争最激烈的时候，历书时有错误，预算的日食未验。麟德元年(664)李淳风作《甲子元历》以献，次年颁用，称《麟德历》。当时外国历数家也争言中国历数推测之误。开元六年(718)印度历数家瞿昙悉达译印度《九执历》，然未行用。开元九年(721)，因《麟德历》计算不准，朝廷诏僧一行作《大衍历》。九曜之说，就由《九执历》和《大衍历》而输入中国。七曜历则以七日为一周，以伊朗语(更具体地说是粟特语[Sogidan])名七日，都见于那些与摩尼教有关系的经文。764年杨景风所注《吉凶时日善恶

宿曜经》说:

> 夫七曜者,所为日月五星下直人间,一日一易,七日周而复始,其所用各各于事有宜者,不宜者,请详细用之。忽不记得,但当问胡及波斯并五天竺人总知。尼乾子(梵文 Nirgranthaputra,在中国以名一切外道)末摩尼以蜜日持斋,亦事此日为大日,此等事持不忘,故今列诸国人呼七曜如后。

沙畹、伯希和将七曜之名,用粟特语求其原音,表解如下(见表7-1):

表7-1 七曜表

七曜	译名	粟特语	备考
日曜日	密或蜜	Mīr	
月曜日	莫	Māq	
火曜日	云汉	Wnqān	按波斯语作 Bahram
水曜日	哇	Tīr	亦作滴
木曜日	温没司	Wrmzt	亦作嗢没司,又作鹘勿斯
金曜日	那颉	Nāqit	亦作那歇,亦作般颉
土曜日	鸡缓	Kēwān	亦作枳浣

《下部赞》里有两首偈,一首题为《此偈凡莫日用为结愿》,另一首题为《此偈凡至莫日与听者忏悔愿文》。"莫日"就是指星期一,密日为星期天。《宋会要辑稿·刑法二》宣和二年(1120)十一月四日"臣僚言":温州的明教徒"每年正月内,取历中密日,聚集侍者、听者、姑婆、斋姊等人,建设道场,鼓扇愚民男女,夜聚晓散"。粟特语的七曜,似为摩尼教徒所习用。虽然日曜日对景教徒及摩尼教徒都有特别的宗教含义,但是,景教徒在中国的命运不长,而摩尼教则传播久远,自11至13世纪在福建还很繁盛。因此,日曜日下注"蜜"字的敦煌历书以及现代中国东南地区所用历书,都是昔日摩尼教徒重视日曜日的证据。

7.2 摩尼教与回鹘

安史之乱以前,摩尼教在中原一直没有得到比较广泛的传播,直到回纥助唐平定安史之乱,在洛阳将摩尼教四僧接到漠北,举国奉摩尼教之后,摩尼教徒利用回纥对唐朝的势力,重新进入中原,摩尼教才得到了大发展的机会。

　　755 年安史之乱爆发,次年玄宗狼狈奔蜀,太子李亨即位,是为肃宗。757 年,肃宗收复长安、洛阳后,在咸阳望贤驿迎接玄宗返回长安。南宋的《望贤迎驾图》描绘了这个故事,图中宝盖下的李隆基白发黄袍,老态龙钟,李亨黑须朱袍陪同接见民众百姓。(彩色图版 7 - 1,局部:图 7 - 4[1])宝应元年(762)4 月,唐玄宗与肃宗相继去世,代宗李俶

图 7 - 4 《望贤迎驾图》:唐肃宗在陕西咸阳望贤驿迎接唐玄宗

继位,派遣使者请回纥牟羽可汗帮助平定安史余党史朝义。叛将史朝

〔1〕〔2010 - 07 - 20〕.http://www.zghhh.com/UploadPhotos/200552713531274.jpg.

义则劝诱牟羽可汗乘唐朝国丧,国家无主、兵荒马乱之际,进攻唐朝都城长安,收其府库。8月,牟羽可汗引兵南下,唐朝朝廷震惊,派遣药子昂劳军,又答应了牟羽可汗与朔方节度使仆固怀恩见面的要求。因为牟羽可汗以前娶了仆固怀恩的女儿为妻,并已将其立为可敦。怀恩与回纥可汗相见于太原,可汗大为高兴,答应协助唐军进攻史朝义。史朝义在回纥军与唐军的联合进攻下,放弃洛阳,逃往河北,兵败被杀,安史之乱基本结束。

伴随着这件唐代政治、军事上的大事,还发生了一个插曲,后来给回鹘和唐朝的文化宗教生活带来了重大影响,这就是牟羽可汗将四个摩尼教僧侣从洛阳带回漠北,此事见于九姓回鹘可汗碑。此碑位于蒙古鄂尔浑河畔喀喇巴喇哈逊(Qara-Balgasun,黑虎城)附近、乌兰巴托市以西 400 公里处,用汉文、粟特文、突厥文三种文字刻写。19 世纪海开勒(H. Heikel)、拉德洛夫(W. W. Radloff)等欧洲学者们调查此碑时,突厥文已经残损过甚,剩字不多,粟特文保存尚好,汉文保存最好。此碑距离回鹘宫城鄂尔都八里(Ordu Balik)约 500 米,附近有摩尼教寺院,如今尚可看到一些残石(彩色图版 7 - 2),包括碑头。(彩色图版 7 - 3)

此碑汉文全称为"九姓回鹘爱登里罗汩没蜜施合毗伽可汗圣文神武碑并序"(图 7 - 5[1]),这位立碑的可汗即保义可汗(808—821 在位)。碑文前面 3 行,只能辨认出"内宰相颉纡伽思"、"伊难主"等官衔、人名,第 3—4 行说:"[先,○骨力悲罗之父○护输]□□□□□(4)袭国于北方之隅,建都于嗢昆之野,以明智治国,积有岁年。"护输当为开元年间的回纥首领。

碑文 4—5 行写道:"子○骨[力可汗]嗣位,天性英断,万姓宾[伏],□□□□□□□□□□□□□□□□[可]汗在位,抚育百姓,若荸[鸡卵]。□□□□□□□□□□□□□[阿](5)史那革命,数岁之间,复得我旧国。于时,九姓回鹘、卅姓拔悉密、三姓[葛禄]、诸异姓金曰:

〔1〕[2010 - 07 - 26]. http://irq. kaznpu. kz/copies/412. gif.

图7-5　海凯勒所作九姓回鹘可汗碑复原图

前代中兴可汗，并见□□□□□□□□□□□□□□□□"骨力可汗
即骨力悲罗，正史作骨力裴罗（744—747 在位），灭后突厥汗国，自称骨
咄禄毗伽阙可汗，建立回纥汗国，天宝三载（744）册为怀仁可汗。他也
就是碑文上的"阙毗伽可汗"。

碑文 5—6 行写道："至高祖〇阙毗伽可汗□□□□□□□□□
□。[崩后，子〇登里]（6）啰没密施颉翳德密施毗伽可汗嗣位，英智雄
勇，表正万邦。"这位可汗本名磨延啜，747—759 年在位，曾助唐大败叛
将安庆绪，收复长安、洛阳。磨延啜之子移地健即位，称牟羽可汗
（759—779 在位），碑文 6—10 行相当详细地记载了他的事迹，而且保
存比较完好，根据林梅村等的释文抄录于下：

> 子〇爱登里啰没密施颉咄登密施合俱录毗伽可汗继承，英伟
> 奇特异常，宇内诸邦钦伏。自[乱起后〇皇]帝蒙尘，史思明[之子
> 朝义]□□□□□（7）便币重言甘，乞师并力，欲灭唐社。〇可汗
> 忿彼孤恩，窃弄神器。亲总骁雄，与王师犄角，合势齐驱，克复京
> 洛。〇皇帝[与回鹘约，长]为兄弟之邦，永为[甥舅之国。〇可

·欧·亚·历·史·文·化·文·库·

汗]乃顿军东都,因观风俗。□□□□□[摩尼佛](8)师,将睿息等四僧入国,阐扬二祀,洞彻三际。况法师妙达明门,精通七部,才高海岳,辩若悬河,故能开正教于回鹘。[以茹荤屏湩酪]为法,立大功绩,乃[号"默"]偲悉德"。于时,都督、刺史、内外宰相、□□□□□□□□ □(9)曰:"今悔前非,崇事正教。"奉○旨宣示:"此法微妙,难可受持。"再三恳[恻]:"往者无识,谓鬼为佛。今已悟 真,不可复事。特望□□。"□□□曰:"既有志诚,往即持受。应有刻画魔形,悉令焚蒸。祈神拜鬼,并[皆摈斥],□□□□(10)[持]受明教。"薰血异俗,化为[茹]饭之乡;宰杀邦家,变为劝善之国。故□□之在人,上行下效。○○法王闻受正教。深赞虔[诚],[□□□大][德]领诸僧尼入国阐扬。自后,○慕阇徒众,东西循环,往来教化。

从沙畹、伯希和以来,直到林梅村等,汉文部分的释读逐步改进;又有吉田丰释读粟特文部分,互相参照,这段历史大致清楚:叛将史思明之子史朝义甘言重币,引诱牟羽可汗一起攻灭唐朝,但是牟羽可汗亲自率领骁骑,与唐军成掎角之势,合力并进,克复长安、洛阳。唐代宗与牟羽可汗约定,结为兄弟之邦,永为甥舅之国。牟羽可汗驻留在东都洛阳,接受了摩尼教,把睿息等四位摩尼教僧侣带回回纥,传播二宗三际的学说。法师精通摩尼的七部大经,才华洋溢,口若悬河,在回纥大力弘扬摩尼教,提倡不吃荤腥,不喝奶酪,建立了巨大的功绩,号为"默奚悉德"。这第一批前往回纥传教的僧侣为第三级高僧,即法堂主。都督等众官员都表示愿意痛改前非,改宗摩尼教。牟羽可汗觉得摩尼教很微妙,官员们恐怕难以接受。他们再三恳求,忏悔以前把鬼当做佛,现在已经醒悟,不能继续事鬼。于是他们得到指示,要把所有偶像都用火烧掉,不准再祈神拜鬼。粟特文铭文也讲到:放弃了焚火之教,"接受了像神一般的摩尼的宗教"(粟特文 βγγ mrm'ny δynh ptcxšδ'),在火里焚烧了偶像。结果回纥人的生活发生了巨大变化,从前以血为食物的习俗改变了,养成了吃素的风气;从前随便宰杀的地方,现在却成为宣传善行的国度,上行下效,推广开来。摩尼教法王听说回纥接受了摩尼教,深表赞许,派出更多的僧尼到回纥传教。从此以后慕阇(粟特文 Možak)徒众东来西往,进行教化。摩尼教可能在 763 年以前已经传入回纥,但是当时回纥还处于部落社会阶段,流行的是萨满教,回纥统治者并未推行摩尼教。只有在回纥人建立鄂尔浑汗国,步入阶级社会以后,才有引进所谓高级宗教的需要与可能。牟羽可汗带回睿息等四位摩尼教僧侣正是在这种社会背景下发生的,在此之后,摩尼教才在回纥流行起来。

此碑突厥文部分残破过甚,只有个别词汇,比如"摩尼教听者(nuγošak)"、"摩尼教尼僧(dinavaranc)"、"拂多诞(aftadan)",能与汉文碑文相对应,基本上不可卒读。粟特文部分则保存下来还比较多一些,有些内容可以与汉文相印证。

我们不仅有九姓回鹘可汗碑记载了正史失载的牟羽可汗皈依摩尼教之事,而且吐鲁番高昌故城遗址 α 发现的双折页残片 MIK Ⅲ 4979 a、b 背面也可能与此历史事件有关。(彩色图版 7 - 5,双折页的正面是庇麻节图,见彩色图版 5 - 17)这张书页是现存摩尼教袖珍画收藏品中规格最大的一件。背面图像的左右是用摩尼字母书写的中古波斯语和突厥语的经文,其中提及食物,可能与正面的庇麻节图有关,看不出与背面国王图像有何关系。换面分上下两个部分。

在上面这个部分,一个高僧伸出其右手,握住一个武士的双手。文献证明,在摩尼教神话与仪式中伸右手是拯救的象征。因此古乐慈建议,可以将此图命名为"右手图"。传统上此图被命名为"国王图",有的学者认为图上全副武装、与高僧握手的人可能就是牟羽可汗。中心角色是一位摩尼教高僧,身穿白色长袍,带有两条白色和蓝色的刺绣与红色的正方形装饰的宽带,以及一条红色的打蝴蝶结的宽带。人物的头部不存,不过可以看到他黑色的胡须的两个尾端,以及左肩上的一缕黑色的卷发。画面上保存下来的还有人物身体部位所带的红色新月形光环的残迹。高僧坐在自己的脚踵上,坐垫是一种有红花图案的白色地毯。高僧的左手正在做着教导他人的姿势,右手抓住身穿甲胄的回鹘国王的手。

国王身着蓝色、部分镀金的甲胄,有镀金的肩甲,披着一件红色披风;一条暗红色环绕头部的光环在画面上清晰可见。他在画面上处于中心地位,加上他穿的红袍与光环,都说明他可能是回鹘可汗。国王的后面有 3 个武士的头,都带有胡须,看来都戴着头盔。

高僧的后面有 3 个跪在红黄色地毯上的人物。靠近高僧的两个身穿摩尼教僧侣所穿的白袍,双手按照摩尼教习俗掩藏在袖子中。他们的头部已经毁坏了,但还看得见他们的胡须和卷发的残迹。最靠边的人物是一个长着黑胡须、戴金耳环和白头巾的男子,带有一个红色的光环,穿一件绿色上衣和一件暗红色的下衣,一件金色的织锦衬衫的长袖把双手和双臂遮掩了起来。他可能是摩尼教听者,是一个地位较高的官员。

画面下面那个部分则是见证国王皈依摩尼教的神祇,又分成左右两组。左面那组是有金色翅膀的神祇,其中两个基本完整,最左面的那个只残存一点金色翅膀的痕迹。那两个完整的神祇坐在一块地毯上,右面的那个有红色的光环,戴一顶金色冠冕,长发,穿一件有宽大金色领子的棕红色长袍,双臂、双手藏在袖子里。左面的那个神有深红色光环,头发梳理成高髻,穿一件有宽大金色领子(或宽大金项链?)的大红色短外衣,腰系蓝色腰带,里面穿浅绿色长袍,这从神的膝盖和手臂部位能识别出来。神的面颊用白色和浅红色着色,十分浓重,看来有女性特征,这两个神可能是女神。

右面那组是 4 个印度神,最左面的那个神特征明显,当即象头神格尼沙(Ganesha),手持金碗。象头神是印度教所信奉的智慧神。左面第二个以猪头的面貌出现,胸部左侧的画面上有一束绿色的植物,可能是毗湿奴(Vishnu)。毗湿奴是仅次于梵天的婆罗门教第二位大神,曾化做野猪。左面第三个神看上去像一个身穿蓝色斗篷和绿色围裙的婆罗门教徒,须发蓝色,右手向上,左手托着一只金钵。有的学者猜测他是伐楼那(Varuna)或梵天(Brahma)。最右面的神下垂的长发几乎和眼眉连接在一起,略带一些女子气,然而,细长的唇髭和卷须又是男性特征。左手持一根金色的手杖。有的学者猜测他是湿婆(Shiva)

（貌似阴阳人）。克里姆凯特猜测，这4个神或许代表摩尼教最高神大慈父的四面尊：清净、光明、大力、智慧。古乐慈则认为，这4个神可能是保护王国四方的四大守护神，类似佛经中的四大天王。对这4个神还需要进一步研究。（图7-6[1]）

图7-6　吐鲁番高昌故城遗址 α 发现的双折页残片
MIK Ⅲ 4979 a、b，背面：国王图像局部

上述四个印度神中右面的两个也见于吐鲁番高昌故城遗址 α 发现的双折页残片 MIK Ⅲ 4959 背面，不过方向相反。（彩色图版7-6）此图的文字部分是用中古波斯文写的，内容是为施主祈福。图画上本来应该至少有4个神，但是下面的两个已经不存。还保存下来的是跪在莲花座上的两个神。两个神都举着左手作说法印 。右手则拿着不同的物件，一个拿着一把蓝色的斧头，它带有一根金色长柄；另一个托着一只金盘，盘子里似为一条鱼。

手持斧头的神有环绕着头部的圆形红色光环，头戴金色高冠，披着白色透明的头巾，罩住其黑色长发。他长着鹰钩鼻子，唇髭以及两条

〔1〕Le Coq 1923, Taf. 8aa（color）. Gulácsi 2001, Fig. 32.2（局部）.

少见的长在脸侧的卷胡须是黑色的。他身穿绿色大衣,衣服的领子是由金片构成的,一条红色的打结腰带围绕在腰部。克里姆凯特猜测,这是表现为阴阳人的光明相神(Light-Form),而这阴阳人又使我们想到上面所讲的湿婆。

手持盛鱼金盘的神有绿色的光环,粗眉大眼,络腮胡子,赤膊,只披着一条红巾,腰际缠着一条金绿两色的印度式腰巾。他的头发向上扎成一绺,用带子系住,头部后面垂着一条白色头巾,头冠是由金色圆环装饰物组成的。克里姆凯特猜测,这是我们业已熟悉的蔡宛神(? zrua)即梵天。但剩下的问题是:怎么会用一个金盘盛一条鱼来祭祀明尊蔡宛神即梵天呢?迄今仍没有什么文字材料可资解释。古乐慈则不作过多的推测,只是指出,这两个神与"右手图"(上述"国王图")中的两个神非常类似。

摩尼教传入回纥的实际情况,不仅见于九姓回鹘可汗碑,作为重大历史事件可能描绘于"国王图"内,而且在回鹘文文书中也有比较详细的叙述。回鹘文文书 U72 和 U73(旧编号 TM276a 和 TM276b,彩色图版 7-4)为《牟羽可汗入教记》残片,保存了一些牟羽可汗引进摩尼教的细节。根据克里姆凯特的英译,牛汝极、杨富学的汉译,著录如下:

> [牟羽可汗说:"……]我是神,我将与你们一起去天境。"

> 师僧这样回答:"我们是圣洁的,我们是师僧。我们完全按神示行事。当我们脱此肉身时,我们将走向天境,要问这是为什么,因为我们不与神令相悖……因为我们承受巨大的压力和巨大的[痛苦?]。因此我们将入天境。陛下,如果你触犯永恒之神的律法,你的整个汗国就会混乱;所有的突厥人都会冒犯神灵,不管他们在哪里[发现]选民,他们就会压制他们和杀死他们。这四位来自桃花石的圣僧得抱着四个希望回去……对此律法,也就是对宗教,将会兴起巨大的危险和压力。不管在哪里他们一发现听者和商人,他们就会把他们全杀了,一个活的也不留。

> 在这个你的汗国里,在你的命令下,伟大的善行得以实施,[已经]在这个你的汗国里实施了,直到……达干到来。陛下,如

果你自己罢免(?)[这个达干],善法和善行就会持续下去。但是如果……达干把如此巨大的苦难[带给这片土地?],恶行就会泛滥,你的汗国就要沉沦。……从现在起你将走的路就将会是另一条路。而神圣的慕闍……将会听说这些事情,而他是完全不会赞同它们的。"

圣王和师僧一起将这些事情讨论了两天两夜。第三天,他们继续争论到很晚。此后圣王就有所动心了。圣王忧心忡忡,因为他得知,由于这些行为,他的灵魂就不会得救。因此他很害怕,浑身颤抖,他的心[忐忑不安?]。然后,圣王牟羽可汗亲自来到师僧聚集处,跪在师僧们面前,乞求恕罪,恭敬地说:"我让你受难了……又饥又渴……我想。通过这样的思索,我[得出了结论?]。请你怜悯我,支持我坚守信仰,让我成为一个纯善人。直到现在我的心还不坚定。我完全不喜欢生活在尘世或家中。我的统治(?)、肉身的喜悦、我的……和我的……在我的眼里都变得毫无价值。我的勇气正在丧失,我恐惧……因为你告诉我:'如此行事,你的灵魂将永远不得解脱,但是如果你通过师僧而恢复信仰,如果你持续行善……'如果你师僧要求,我就照着你的话语和忠告往前走。[因为]你[对我]说:'鼓起勇气,陛下,放弃罪恶。'"

那时,当圣王牟羽可汗[这样]说了之后,我们师僧和所有汗国之民都满怀高兴。我们词不达意,无法完全表达这种欢乐。后来他们一再辗转相告,满心喜欢。成千上万的人聚集在一起……投入各种各样的运动。直到早晨他们欢天喜地,千喜欢,万喜欢……破晓时分是小斋戒[的时候]。圣王牟羽可汗和所有随从的师僧都骑上了马,所有的大[王子]和公主和太师和头人及大小全体黎民都在狂欢和喜庆中抵达城门口。那时圣王进了城,把王冠戴在头上,给自己穿上红色[长袍],坐在黄金宝座上,向贵族和百姓发出命令:"现在你们都[看到了前面的]光明……欢喜吧……特别是[你们]师僧……;我的心平静了下来,我把自己再次交给了你们。我脱胎换骨,重新坐到我的宝座上。我命令你们:当师僧

[忠告]你们时,当他们敦促你们[奉献]妙供时,当他们敦促你们……和劝告你们时,[那么你们]就照他们的话语和忠告行事吧。而且怀抱爱心显示……你们的敬意。"

　　当圣王牟羽可汗下了这道命令之后,各个群体[和]百姓敬拜了圣王,君民同乐。然后他们又向我们师僧敬拜了,表达了他们的欢喜。每个人……都欢天喜地。他们第二次重新热爱神……信仰它。然后他们就不断地"供施"和行善。奉天承运的国王经常劝告全体百姓行善,他敦促他们[不断]这样做。圣王还公布了[这样一个]法规:在每十个男子中,委任一个头领作为行善和"供施"的鼓励者(tavratγučï)。假如任何人变得懈怠[于宗教]和犯了罪,他就教他学好……

摩尼教在回纥取得官方宗教的地位以后,使回纥社会发生了深刻变化。同时,由于回纥帮助唐朝平定安史之乱,立下汗马功劳,摩尼教依靠回纥的势力,声势日盛。这自然引起佛教徒的警惕。禅宗典籍《历代法宝记》中出现了对外道末曼尼(摩尼)和弥师诃(弥赛亚)的攻击:

　　师子比丘付嘱舍那婆斯已,故从中天竺国来向罽宾,国王名弥多罗掘,其王不信佛法,毁塔寺,杀害众生,奉事外道末曼尼及弥师诃等。时师子比丘故来化此国王,其王无道,自手持利剑,口云:若是圣人,诸师等总须诚形。时师子比丘示形,身流白乳。末曼尼、弥师诃等被刑,死如凡人,流血洒地。其王发心归佛,即命师子比丘弟子。师子比丘先付嘱舍那婆斯已,入南天竺国,广行教化,度脱众生。王即追寻外道末曼[尼]弟子及弥师诃弟子等,得已,于朝堂立架悬首,举国人射之。罽宾国王告令诸国,若有此法,驱令出国。因师子比丘,佛法再兴。

这个故事讲的是罽宾国(今喀布尔河流域)国王弥多罗掘不信佛法,信奉外道末曼尼及弥师诃等。师子比丘就来感化这个国王。国王要求师子比丘与末曼尼及弥师诃一起受死亡考验。国王用剑砍师子比丘,所砍之处,只流出白乳。他再砍末曼尼及弥师诃,他们像凡人一样死去,血流遍地。结果罽宾国王弥多罗掘就皈依了佛教。追寻外道末曼尼的弟子及弥师诃的弟子等,抓到他们以后,在朝堂上竖起架子,把他们吊起来,让全国人都来用箭射他们。国王告诉各国,如果有信奉这些教法的人,就把他们驱逐出国。《历代法宝记》约765年传入吐蕃,不久赤松德赞赞普所撰《真正言量略集》中也出现了对异端末摩尼的抨击:

> 波斯的大谎言家、贪婪无厌的异端末摩尼,为了编造一种偏离所有宗教体系的新说,而从所有体系中攫取了[某些东西]。同时,他依据自己所攫取的东西,来组织那些[借用来的]已经完全偏离[本]意的[因子]。他所介绍的其他体系所持观点已[同时被加以]改造,因此没有任何权威可言……

摩尼教在吐蕃受到排斥,但是牟羽可汗在位的759—780年,在漠北和中原却得到了发展的大好机会。牟羽可汗在鄂尔浑河流域建立了斡尔朵八里(Ordu Balik)以及许多宫殿。学者们通过对喀喇巴喇哈逊遗址的考察(图7-7[1]),觉察其城市形态以可汗的宫殿和摩尼教寺院为中心,在回鹘宫城近旁就是摩尼教寺院遗址,可能为当时摩尼教主教的驻锡地。(彩色图版7-7、7-8)牟羽可汗甚为骄横,举兵助唐平定史朝义时,唐雍王李适(后来的德宗)去见他,他责备雍王礼节不周,不肯蹈舞,把侍从雍王的四个大臣各榜箠一百下,其中二人被打死。但是,唐朝本身的军队无法平定史朝义等叛军,不得不倚仗回纥的精良骑兵冲锋陷阵。在收复洛阳后,只能听凭回纥烧杀掳掠。牟羽可汗回漠北之后,虽然表面上看,回纥与唐朝为兄弟之邦、甥舅之国,实际上回纥对唐朝予取予求。乾元(758—760)之后,回纥每岁来唐朝内地售马一次,换取唐的缯帛,即为著名的绢马贸易,回纥获利极大。

在这种政治形势下,摩尼教挟回纥之威势,行教中原。《僧史略》卷下曰:

> 大历三年(768)六月敕:回纥置寺,宜赐额"大云光明之寺"。

---

〔1〕〔2010-07-26〕. http://irq.kaznpu.kz/pictures/1426.jpg.

327

图 7-7　喀喇巴喇哈逊回鹘故都斡尔朵八里宫城遗迹

《佛祖统纪》卷 41 云：

> 大历三年,敕回纥奉末尼者,建大云光明寺。(并见卷 54)

768 年所建的摩尼教寺院,可能是在首都长安。三年以后,摩尼教进一步要求在长江流域建立寺院,并得到了批准。《佛祖统纪》卷41 云：

> 大历六年(771)回纥请于荆、扬、洪、越等州置大云光明寺,其徒白衣白冠。

《僧史略》卷下曰：

> 大历六年正月,又敕荆、越、洪等州,各置大云光明寺一所。

关于这两件事,胡三省引《唐书会要》卷 19 云：

> 回鹘可汗王令明教僧进法入唐。大历三年六月二十九日,敕赐回鹘摩尼为之置寺,赐额为"大云光明"。六年正月,敕赐荆、洪、越等州,各置大云光明寺一所。

摩尼教能够在荆州(今湖北江陵)、扬州(今江苏扬州)、洪州(今江西南昌)、越州(今浙江绍兴)等地建立寺院,对于它在中国的传播起了很大的作用。即使武宗会昌禁断,这些寺院被取缔,但是,摩尼教在中国南方民间的影响并未因为寺院的取缔而马上消失,为以后明教的发展打下了基础。根据林悟殊先生的判断,摩尼教自大历三年后,凭藉回纥的势力,大举向中原传教,为了适应大量汉人摩尼教徒举行宗教仪式的需要,把摩尼教赞美诗翻译成汉文势在必行,因此《下部赞》译成汉文,很可能在这段时期。

摩尼教不仅借助回纥的势力在长安与长江流域广建寺院,而且也利用其巫术的一面扩大影响。本来摩尼是比较反对巫术的,但是,就像我们已经看到的,摩尼教在罗马帝国就常常被作为巫术而受到迫害。喀里斯考古发掘中也发现过摩尼教徒施行巫术的文献。摩尼教在中亚也有巫术文献留存。因此我们对汉文史料的有关记载并不意外,《唐会要》卷49云:

> 贞元十五年(799)四月,以久旱,令摩尼师祈雨。

摩尼师在京师求雨是否成功,史无明文,不管成败,都不可能对其在华夏的影响起到决定性作用。摩尼教在中原的影响力主要取决于回纥政局。

牟羽可汗于建中元年(780)听从九姓胡的建议,打算南下侵略唐朝。其宰相顿莫贺出身贵族药罗葛氏,反对南侵,进谏无效,于是乘人心不欲南寇,举兵击杀牟羽可汗,并杀了九姓胡二千余人,自立为合骨咄禄毗伽可汗。顿莫贺看来并非摩尼教的信奉者,他屠杀的九姓胡中可能也有不少摩尼教徒。因此在他当政期间(780—789),以及此后的五位可汗在位期间,摩尼教都甚为沉寂。

795年,骨咄禄登上了汗位,就是九姓回鹘可汗碑上的登里啰羽禄没蜜施合汩咄禄胡禄毗伽可汗(795—805)。他本非汗族,从小就是孤儿,为回鹘大首领所收养,长大以后武艺高强,能言善辩,自顿莫贺时就开始管理兵马,诸大首领多很敬服他。奉诚可汗(790—795)没有后嗣,举国就奉他为王。他既为可汗,就冒姓药罗葛氏,把顿莫贺的子孙幼小者都送往唐朝,以防他们长大后争权。唐朝政府册封他为怀信可汗。回鹘语文书 T Ⅱ K 173(现编号 U 1,彩色图版 7 – 9)讲到回鹘可汗于羊年前往高昌,请摩尼教慕阇派遣三个默奚悉德前往漠北。这个回鹘可汗可能就是怀信可汗,而羊年就是803年癸未年。这一历史事件说明怀信可汗是抱着重振摩尼教的目的,前往高昌敦请摩尼教高僧的,一如牟羽可汗当年从洛阳带回睿息等四僧。摩尼教得到更大的发展机会则是在下一任可汗——保义可汗时代。

《九姓回鹘可汗碑》汉文第11—24行叙述和颂扬保义可汗(808—821)的辉煌业绩,最后两行残破过甚,录第11—22行如下:(图7-8)

图7-8 九姓回鹘可汗碑拓本

○□□□□(12)□合毗伽可汗，当龙潜之时，于诸王之中最长。都督、刺史、内外宰相、[司马]官等奏曰："○○天可汗垂拱宝位，辅弼须得[贤才，□□有]佐治之才，海岳之量，国家体大，法令须明。特望○天恩允臣等所请□□。"[○○天](13)[可]汗宰衡之时，与诸相殊异，为降诞之际，贞祥奇特。自幼及长，英雄神武，坐筹帷幄之下，决胜千里之外。温柔惠化，抚[育百姓，因]世作则，为国经营，算莫能纪。初，北方坚昆之国，控弦卅余万。[彼可汗]□□□□□(14)自幼英雄智勇，神武威力，一发便中。坚昆可汗，应弦殂落，牛马谷量、[杖]械山积，国业荡尽，地无居人。复葛禄与吐蕃连[□，□□□]偏师于匀竭户对敌，智谋弘远。□□□□□□□□□□□□□□□□□□□□□□(15)□北庭，半收半围之次，○○天可汗亲统大军，讨灭元凶，却复城邑。[率]土黎庶，含气之类，纯善者抚育，悖戾者屏除。遂[奔逐至狐]媚碛。凡诸行人及畜产□□□□□□□□□□□□□□□□□□□□(16)□□□遗弃后，吐蕃大军攻围龟兹。○○天可汗领兵救援，吐蕃夷[灭]，奔入于术，四面合围，一时扑灭。尸骸臭秽，非人所堪，遂筑京观，败没余烬。□□□□□□□□□□□□□□□ □□□□□□□(17)□□百姓，与狂寇合从，有亏职贡。○○天可汗躬总师旅，大败贼兵，奔逐至真珠河。俘掠人民，万万有余，驼马畜乘，不可胜计。余众来归，□□□□□□□□□□□□□□□□□□□□□□□□(18)[龟兹王]自知罪愆，哀请祈诉。○○天可汗矜其至诚，赦其罪戾。遂与其王，令百姓复业。自兹已降，王自○朝觐，进奉方[物，与左右]厢、沓实力□□□□□□□□□□□□□ □□□□□□ □□□(19)□□□□军将，供奉官并皆亲睹。至以贼境，长驱横入，自将数骑，发号施令，取其必胜，勍敌毕摧。追奔逐北，直至大[漠]，[杀万人有余]，□□□□□□□□□□□□□□□□□□□□□□□(20)□□□□□，攻伐葛禄、吐蕃，搴旗斩首，追奔逐北，西至拔贺那国，[克]获人民及其

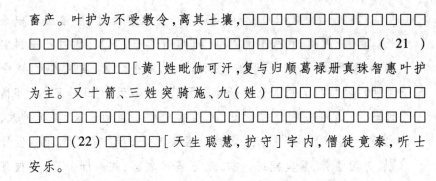

畜产。叶护为不受教令,离其土壤,□□□□□□□□□□□□
□□□□□□□□□□□□□□□□□□□□□□□□□（ 21 ）
□□□□□ □□[黄]姓毗伽可汗,复与归顺葛禄册真珠智惠叶护
为主。又十箭、三姓突骑施、九（姓）□□□□□□□□□□□
□□□□□□□□□□□□□□□□□□□□□□□□□□□□
□□□(22)□□□□[天生聪慧,护守]宇内,僧徒竟泰,听士
安乐。

碑文详细记述了保义可汗的事迹:他原来是宰相,在怀信可汗统治下,已经屡建战功,其中最突出的是打败坚昆(黠戛斯),亲手射死坚昆可汗。他后来被众位权臣推举为可汗,碑文上称他为"天可汗"。德宗(779—805)以后,葛禄(葛逻禄)时时背离回鹘而与吐蕃联和,吐蕃之取北庭、陷安西,皆由葛禄为之犄角。自贞元六年(790)吐蕃攻陷北庭后,直到保义可汗亲自征讨北庭,才被回鹘收复。吐蕃失去北庭后,围攻龟兹,保义可汗领兵救援,吐蕃军队逃往龟兹西面五百六十余里的于术,被保义可汗歼灭。保义可汗进一步西征,兵锋直抵珍珠河(锡尔河上游),攻伐葛禄、吐蕃,西至拔贺那国(今费尔干纳地)。

碑文除了大力颂扬保义可汗的武功之外,还颂扬在他的统治下,"僧徒款泰,听士安乐"。与粟特文碑文对照,"僧徒"即粟特文'rt'w[复数间接格'rt'wty],为摩尼教僧侣;"听士"即粟特文 n[γ]'wš'k(复数间接格 n[γ]'wš'kty),音译"耨沙喭",意译"一切净信听者",简称"听者"。

正是在怀信可汗与保义可汗时代(805—821),摩尼教又一次重现于中原。《佛祖统纪》卷41云:

> 元和元年(806),回纥遣使同摩尼伪人来朝。

《新唐书》卷 217 上《回鹘传》有类似的记载,不过更为详细:

> 元和初,再朝献,始以摩尼至。其法日宴食,饮水茹荤,屏湩酪,可汗常与共国者也。摩尼至京师,岁往来西市,商贾颇与囊橐为奸。

"始以摩尼至"不是指摩尼教始到中国,而是指摩尼教师僧开始作为回鹘官方代表,或伴随外交使节来到中国。"茹荤"可能是错误,因为摩尼教徒一般吃素。每日一食和不吃乳酪都可以得到其他资料证实,确实是摩尼教徒的特点。

《资治通鉴》的记载也与此类似:

> 是岁(元和元年)回鹘入贡,始以摩尼偕来,于中国置寺处之。其法日宴乃食,食荤而不食湩酪。回鹘信奉之,可汗或与议国事。

津逮本李肇《国史补》云:

> 回鹘与摩尼议政,京城为之立寺。其法日晚乃食,敬水而茹荤,不饮乳酪。其大摩尼数年一易,往来中国。小者年转江岭,西市商胡[囊]橐[为奸],其源生于回鹘有功也。

大摩尼可能是指级别比较高的摩尼教僧侣,并不终生驻在长安,而是几年轮换一次。小摩尼则指级别比较低的摩尼教僧侣,驻在外省,每年都轮换。摩尼教徒不仅常与回鹘人商讨军国大事,因此要在长安为他们建立寺院,以便随时向回鹘人提供意见;而且他们中可能有不少粟特人,以善于经商著称,在长安自然也会从事经济活动,这对回鹘人也非常重要。摩尼教看来不仅使已有的长安、荆、扬、洪、越等州的寺院活动起来,而且还申请建立新的寺院。《旧唐书》卷14云:

> 元和二年正月庚子(807年2月22日),回纥请于河南府、太原府置摩尼寺,许之。

《册府元龟》卷999有类似记载。河南府就是唐朝的东都洛阳,以前牟羽可汗就是在这里皈依摩尼教的;太原是回纥人从蒙古高原到黄河流域的必经之地,在这两个地方设置摩尼教寺院自有其合理性。

白居易(772—846,彩色图版7-10)为皇帝起草的《与回鹘可汗书》中就有一些关于东都、太原摩尼寺的情况保存下来。当时回鹘可汗势力鼎盛,与唐朝皇帝平起平坐,皇帝给回鹘的文书不用诏表,而用书。白居易的《复回鹘可汗书》可能是807年所起草的,当时回鹘可汗派将军达览前来,以6500匹马换取25万匹绢,也涉及一些其他事务。《白氏长庆集》卷57翰林制诰有与回鹘可汗书,末段云:

> 其东都、太原置寺,此令人勾当,事缘功德,理合精严。又有彼

国师僧,不必更劳人检校。其见撷拓勿施邬达干等,今并放归。所令帝德将军安庆云供养师僧,请住外宅;又令骨都禄将军充检校功德使;其安立请随般次,放归本国者;并依来奏,想宜知悉。今赐少物,具如别录。内外宰相及判官、摩尼师等,并各有赐物,至宜准数分付。内外宰相、官吏、师僧等,并存问之。遗书指不多及。

从这份文书来看,东都(洛阳)、太原的摩尼教寺似乎是唐朝负责兴建的,因此皇帝答应,已经派人处理,事情涉及功德,理当精益求精。又有回鹘的摩尼教师僧在那里负责,就不必另外派人检查了。皇帝又答应了回鹘帝德将军安庆云供养摩尼教师僧,在寺院外另找住宅安顿的要求。最后,皇帝对回鹘的内外宰相、官吏、摩尼教师僧都各有赏赐,加以问候。从这份文书可以看出摩尼教师僧在回鹘的特权地位。

《佛祖统记》卷48引《夷坚志》讲到明教徒时说:

> 复假称白乐天诗云:"静览苏邻传,摩尼道可惊。二宗陈寂默,五佛继光明。日月为资敬,乾坤认所生。若论斋絜志,释子好齐名。"以此八句,表于经首。

学者们固然没有能够在今本白居易诗集中找到这首诗,但是白居易(图7-9[1])有与回鹘、摩尼教师僧打交道的经验,熟悉摩尼教教义

图7-9 〔明〕陈鸿绶《白居易四趣图》之一

而撰写此诗也并非没有可能。不仅像白居易这样的文人学士通过处

---

〔1〕〔2010-07-26〕.http://www.yingbishufa.com/ldhh/img/chenhongshou010_2.jpg.

理回鹘问题而熟悉摩尼教,当时长安的普通汉人民众中也有人信奉摩尼教。《太平广记》卷107曰:

> 吴可久,越人,唐元和十五年(820)居长安,奉摩尼教。妻王氏,亦从之。岁余,妻暴亡。经三载,见梦其夫曰:某坐邪见为蛇,在皇子陂浮图下,明旦当死。愿为请僧就彼转《金刚经》,冀免他苦。梦中不信,叱之。妻怒,唾其面。惊觉,面肿痛不可忍。妻复梦于夫之兄曰:园中取龙舌草,捣傅立愈。兄寤走取,授其弟。寻愈。诘旦,兄弟同往,请僧转《金刚经》。俄有大蛇从塔中出,举首徧视,经终而毙。可久归佛,常持此经。

由于这个故事归结为《金刚经》的神效,很可能是佛教徒编造出来诋毁摩尼教的。佛教徒之所以有必要这么做,说明长安的摩尼教势力已经大到足以引起佛教的警觉。

回鹘与唐朝的关系日益密切,摩尼教徒在其间往往充当使者的角色。元和八年(813)4月,保义可汗派伊难珠向唐朝请婚,要求和亲。唐朝没有答应,设宴于三殿,欢送伊难珠回去,赏赐给他银器缯帛。保义可汗以数千骑逼近唐朝边境,唐朝临时修理城市,防备其进攻。礼部尚书李绛建议准许和亲,但是唐宪宗(805—820在位)不听。因为伊难珠已经回去了,唐朝就想通过摩尼师僧回去向可汗解释不许和亲的原因。《旧唐书》卷195云:

> 元和八年十二月二日,宴归国回鹘摩尼八人,令至中书见宰臣。先是,回鹘请和亲,宪宗使有司计之,礼费约五百万贯,方内有诛讨,未任其亲,以摩尼为回鹘信奉,故使宰臣言其不可。乃诏宗正少卿李孝诚使于回鹘,太常博士殷侑副之,谕其来请之意。

《册府元龟》卷979也有类似的记载,不过时间可能误作元和十二年。820年唐宪宗去世,唐穆宗(820—824在位)即位,回鹘又派使者来求婚,就答应了。但是保义可汗还没有来得及迎娶唐朝公主就去世了,唐朝旋即册封了即位的可汗为崇德可汗。《旧唐书》卷195云:

> (长庆元年[821])五月,回鹘宰相、都督、公主、摩尼等五百七十三人入朝迎公主,于鸿胪寺安置。敕:太和公主出降回鹘为可

欧·亚·历·史·文·化·文·库·

敦……

唐穆宗以第十妹为太和公主,嫁给崇德可汗。回鹘来迎亲的队伍空前庞大,《新唐书·回鹘传》说:"部渠二千人,纳马二万,橐驼千,四夷之使中国,其众未尚多此。诏许五百人至长安,余留太原。"在这支迎亲队伍中,摩尼师僧也扮演了重要的角色。摩尼教既因为回鹘政治势力的鼎盛而得利,自然也因为鄂尔浑回鹘汗国的衰败灭亡而受挫。回鹘汗国 9 世纪初就出现了崩溃的迹象,回鹘汗廷经常发生变故,大臣谋反、杀死可汗之事时有发生。至唐文宗开成五年(840),回鹘为黠戛斯所破,唐朝逐渐改变了对摩尼教的优容态度。回鹘汗国溃散退出漠北之后,诸部四散,三支西迁。南下的主要有两支,一支以嗢没斯为首,另一支为近可汗牙十三部,以特勤乌介为可汗。黠戛斯破回鹘时,得到了太和公主,命令达干十人将太和公主送到塞上,准备送回唐朝。乌介可汗在路上遇到黠戛斯的使者,杀死了达干等人,带上太和公主一起行动,到天德地界,要求唐朝将天德城借给太和公主居住。唐武宗(840—846 在位)询问李德裕的意见,李德裕劝武宗给其粮,不许借城。于是唐朝决定给他们粮食二万斛,但是不借振武(治所在今内蒙古和林格尔县西)。李德裕《会昌一品集》(图 7 - 10[1])卷 5,《赐回鹘书意》有云:

> 将相大臣,累陈公议,以可汗逗留塞上,逼近边城,百姓不安,人心疑惑,可汗亦须深见事体,早务归还。所求种粮,及安存摩尼,寻勘退浑(吐谷浑)、党项劫掠等事,并当应接处置,必遣得宜。

可见回鹘乌介可汗在生死存亡之际仍不忘要求唐朝安存摩尼,把此事看得与获得种粮、追究吐谷浑和党项等劫掠回鹘的事情同样重要。乌介可汗虽然得到唐朝的安抚,但是不可能归还漠北,仍然出没在河北、山西、陕西各地,杀掠百姓,盗窃牛羊。唐朝下令各地尽力防范。南下的回鹘的另一支以嗢没斯为首,归降唐朝,唐诏拜嗢没斯为大将

---

〔1〕《会昌一品制集》二十卷。〔唐〕李德裕撰,宋刻本,黄丕烈跋,上海图书馆藏。
　[2010 – 07 – 26]. http://images. china. cn/attachement/jpg/site1000/20080705/000cf1a48f8709 d94c2d23. jpg.

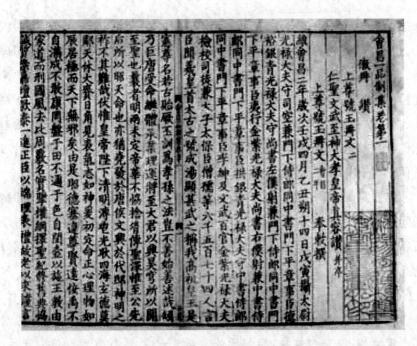

图 7 - 10　《会昌一品制集》(部分)

军郡王归义军使,赐姓李,名思忠。唐朝除了防范乌介可汗、招降嗢没斯之外,还要提防京城中熟悉情况的回鹘人内外勾结,其中一个典型就是石诚直。《会昌一品集》卷 14 所载的会昌二年八月十八日(842 年9 月 25 日)《论回鹘石诚直状》云:

> 右自两日来,臣等窃闻外议云:"石诚直久在京师,事无巨细,靡不谙悉。昨缘收入鸿胪,惧朝廷处置,内求奉使,意在脱身。"又云:"石诚直先有两男逃走,必是已入回鹘,料其此去,岂其肯尽心。"臣等伏以自可汗在边,已使苗缜、王会、杨观三度告谕,又曾领常照、安鲁卿同往,逗留塞上,终不悛心。石诚直是一卑微首领,岂能有所感悟?况自今夏以来,两度检点摩尼回鹘,又宠待嗢没斯至厚,恐诚直之徒,必怀疑怨。此去岂止于无益,实虑生奸。伏望速诏刘沔所在勒回,实为尤惬。仍望兼赐崔巨玄诏。

看来一个卑微首领石诚直牵连各个方面。李德裕显然担心他一直驻在京师,了解唐朝的许多情况,两个儿子先逃走了,必定已经投奔乌介可汗,如果他这次再借出使之名,脱身投奔乌介可汗,就可能带来麻烦。因为乌介可汗逗留塞上,虽经唐朝一再劝说,仍然既不返回漠北,也不归降,成为唐朝边境上的祸害。至于嗢没斯因归降而受到厚待,自然会激起乌介可汗及石诫直之辈的疑怨。在这种背景下看"两度检点摩尼回鹘"就别有意味了。李德裕自然不愿意在乌介可汗覆灭、自己掌握摩尼教徒叛逆的真凭实据以前就镇压他们,但是显然对他们就像对石诫直一样,并不放心,因此才在短短时间内两度检点,以防他们与乌介可汗暗通款曲。

嗢没斯等归降,乌介可汗自然很愤怒,要求唐朝赐牛羊种粮,并械送嗢没斯,安存摩尼师。此事应在842年下半年。武宗答应给粮三千石,不许牛羊,并不允送还嗢没斯。这封答可汗书见《会昌一品集》卷5:

> 摩尼教,天宝以前,中国禁断。自累朝缘回鹘敬信,始许兴行。江淮数镇,皆令阐教。近各得本道申奏,缘自闻回鹘破亡,奉法者因兹懈怠,蕃僧在彼,稍似无依。吴楚水乡,人性嚣薄。信心既去,翕习至难。且佛是大师,尚随缘行教,与苍生缘尽,终不力为。朕深念异国远僧,欲其安堵,且令于两都及太原信向处行教。其江淮诸寺权停,待回鹘本土安宁,即欲令如旧。

词句尚算委婉有礼,但是限制摩尼教活动范围的目的非常清楚。长江流域荆、洪、扬、越等州771年所立的寺院,这时都被封闭,番僧恐怕也都得回到北方。768年在长安,807年在洛阳、太原所立的摩尼教寺还可以苟延残喘一些时间。

会昌三年(843)回鹘尚书仆固绎到幽州,约定送太和公主回幽州,乌介可汗的亲信骨肉及摩尼志净等四人已先入振武军。唐军击败乌介可汗,迎归太和公主。到这时候,回鹘已经不足惧,而摩尼教徒中有人公然帮助乌介可汗,于是唐朝开始全面禁止摩尼教。《旧唐书》卷18《武宗纪》,会昌三年二月制有曰:

> 回纥既已破灭……应在京外宅及东都修功德回纥,并勒冠带,各配诸道收管。其回纥及摩尼寺庄宅钱物等,并委功德使与御史台及京兆府各差官点检收抽,不得容诸色人影占。如犯者并处

极法,钱物纳官。摩尼寺僧,委中书门下条疏奏闻。

武宗禁绝摩尼教,应该是他两年后灭佛的先声。犹如罗马帝国狄奥多西一世醉翁之意实在阿里乌派,但是其势盛大,一直没有在立法时点他们的名;而摩尼教只是一个外国起源的、没有社会地位的"邪教",多次攻击摩尼教作为镇压阿里乌派的先声,最后才将阿里乌派一网打尽。唐武宗恐怕用的也是类似手法。摩尼教在中国势力毕竟比佛教小得多,《唐文粹》卷65舒元舆《重岩寺碑序》云:"国朝沿近古而有加焉,亦容杂夷而来者,有摩尼焉,大秦焉,祆神焉;合天下三夷寺,不足当吾释寺一小邑之数。"摩尼教又与败亡的回鹘有千丝万缕的关系,唐武宗首先对其下手,实为以后灭佛预作准备。唐武宗灭佛,经济上的考虑无疑是一个重点。在灭佛之前打击摩尼教的经济动机也一目了然。回鹘与九姓胡长期从事绢马贸易等大规模国际商贸活动,自然积累了可观的财富,在内地的各个寺院自然是他们活动的据点,也自然聚积了相当的钱物,购置了相当的庄宅,充公以后对唐武宗的财政恐怕不无小补。同时,这也可以防止与回鹘流亡残部有联系的"诸色人影占"。《新唐书》卷217下《回鹘传》的记载再次说明了会昌三年唐武宗将其"产赀入之官"的动机:

> 诏回鹘营功德使在二京者,悉冠带之。有司收摩尼书若象,烧于道,产赀入之官。

烧掉摩尼教的书和像,也反映了意识形态上的冲突,唐武宗信奉道教,可能把摩尼教的书籍视为对道教地位的威胁,因此烧之而后快。在这次禁绝中寺僧殉难者甚众。《僧史略》卷下大秦、末尼条曰:

> 会昌三年,敕天下摩尼寺并废入宫。京城女摩尼七十二人死。
>
> 及在此国回纥诸摩尼等,配流诸道,死者大半。

"宫"可能是"官"的笔误。根据这条记载,以及类似的《佛祖统纪》卷42的记载,难以确定京城女摩尼是自尽还是被杀。日本僧圆仁《入唐求法巡礼行记》卷第三(图7-11[1])则明确说明,摩尼师是被

---

〔1〕〔2010-07-26〕. http://www.bell.jp/pancho/k_diary-2/images/image-2/0912-09.jpg.

339

杀的：

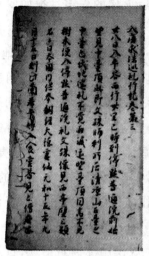

图 7-11　圆仁《入唐求法巡礼行记》卷第三

会昌三年四月,敕下令煞天下摩尼师,剃发,令著袈裟,作沙门
形而煞之。摩尼师即回鹘所重也。

圆仁所记,当为其在长安所亲见,无可置疑。杀摩尼而令作沙门
形,可能说明唐武宗确实是以此为灭佛的前奏。摩尼师可能多为胡人,
佛教徒也知道他们与自己不是一回事,贵族官员中即使有佛教徒,也
不会反对屠杀摩尼师。但到临刑之际,让他们穿上袈裟而杀之,显然是
为反佛造声势。

关于会昌五年(845)灭佛之举,《通鉴》胡三省注云:

大秦、穆护,又释氏之外教,如回鹘摩尼之类,是时敕曰:释氏
既已釐革,邪法不可独存。其人并勒还俗,递归本贯充税户;如外
国人,送远处收管。

从这条敕令看,摩尼教徒即使在会昌三年未被杀死或流放,也会
在会昌五年被勒令还俗或流放远处。对摩尼教的打击自不能与处理
回鹘问题、灭佛这样的大事同日而语,但是,唐朝官私文献中时将这些
事件相提并论。《唐大诏令集》卷10,会昌五年册尊号敕有云:

乃者虏众乖离,部族欸附,收弟子于毡裘之所,致名王为冠带

之臣。坚昆来朝,不远万里;蛮貊向化,克同九州。廓清乱风,洗涤污俗,剪逆弁而故都底定,窜摩尼而坏法永除。(并见《全唐文》卷78)

《全唐文》卷730,郑亚(820年进士)为《会昌一品集》作叙,亦有云:

> 二年歼丑虏,兴北伐之诗;四年诛狡童,咏东征之歌。而又移摩尼之风,坏浮图之俗,偃兵返朴,四海晏定。

至此中原的摩尼教遭到沉重打击,一蹶不振。但是也还有一些残余。《册府元龟》卷976云:

> 后唐天成四年(929)八月癸亥,北京奏葬摩尼和尚。摩尼,回鹘之佛师也,先自本国来太原。少尹李彦图者,武宗时怀化郡王李思忠之孙也,思忠本回鹘王子嗢没斯也,归国赐姓名。关中大乱后,彦图挈其族归。太祖赐宅一区,宅边置摩尼院以居之。至是卒。

图7-12　唐武宗像

当时的"北京"即太原,本来是摩尼教的一个重要中心。这条资料证明当年唐武宗(图7-12[1])禁绝摩尼教,有很大的政治考虑。嗢没斯归降唐朝,他自己当可继续信仰摩尼教,与他一起归降的摩尼师可能也并未受到追究。会昌三年(843)到天成四年(929)隔了80多年,929年去世的摩尼和尚,不太可能就是当年跟随嗢没斯的成年摩尼师。或许会昌三年之后,还有年轻胡人摩尼师来到太原摩尼院,至此方去世。

7.3　西域摩尼教

840年鄂尔浑回鹘汗国灭亡,有些摩尼教徒可能仍然留在漠北,向

---

〔1〕〔2010-07-27〕. http://news. china. com/zh_cn/history/all/11025807/20070615/images/13479528_20060719172049656 2700. jpg.

341

欧·亚·历·史·文·化·文·库

新的征服者黠戛斯人传教,叶尼塞河(Yenizei)岸崖刻显示摩尼教僧侣在他们当中传教相当深入。回鹘西迁主要的有三支。一支迁往当时葛逻禄游牧处,后来又联合葛逻禄、样磨等族建立了喀喇汗王朝。另一支西迁到河西走廊各地,即所谓"甘州回鹘",摩尼教徒在甘州的存在可能为时不久,因为这里中原及吐蕃的佛教徒势力很大。另一支回鹘迁往吐鲁番地区,唐朝曾在此设西州,因此称其为西州回鹘,首府设在高昌城,又称高昌回鹘(866—1250)。全盛时期其疆域大约东起哈密,北至伊犁河,西至冰达坂(阿克苏北),南距吐蕃。西迁高昌的回鹘人仍然信奉摩尼教,9—12世纪的高昌回鹘是世界摩尼教的中心。目前存世的东方摩尼教文献大部分出自高昌,那里还残留着一些摩尼教遗址,能够让学者们通过第一手资料研究摩尼教的真实情况。

在漠北回鹘西迁高昌之前,摩尼教已经在高昌地区发展起来。IB 6371(T.Ⅱ.D.135)是缪勒所刊布的摩尼教赞美诗题记的一叶,其中发愿请求天使庇护 Uluγ iliq tängridä qut bulmïš ärdämin il tutmïš alp qutluγ küluq bilgä uyghur qaghan 及其部从。这位回鹘可汗就是登里啰(tängridä)泊(qut)没密施(bulmïš)颉(il)咄登密施(tutmïš)合(alp)俱录(külug)毗伽(bilgä)可汗(qaghan),即牟羽可汗(759—779年在位)。荣新江先生认为,此件不一定写于牟羽可汗时期,但从其内容和形制来看,把它列入高昌最早的一批摩尼教文献,应当没有问题。

回鹘文文书 TⅡK 173(彩色图版7-9)记载 Tängrikän uighur bughuγ xan 于羊年到高昌,与摩尼教慕阇讨论摩尼教团的问题。这个可汗可能即怀信可汗(795—808年在位),羊年是803年癸未年。当时高昌的摩尼教可能比漠北更盛,可汗才有必要专门到高昌跑一次讨论有关此教的问题。

在介绍摩尼教在西亚、中亚的传播时,我们已经谈到粟特文文书 M112 和 M119(图7-13[1]),它们是两封写给东方教区之首的书信,

---

[1][2010-07-27]. http://www. bbaw. de/forschung/turfanforschung/dta/m/images/m0119_seite1. jpg.

反映了持戒较严的当地教徒与叙利亚来的持戒较松的教徒之间的分歧。这些书信写成的年代可能在 880 年以前,当时高昌摩尼教徒看来比较担心从叙利亚来的摩尼教师僧虽然不严守戒律,但是能言善辩、惯于派系斗争,可能会惑乱人心,动摇本地师僧的领导权。

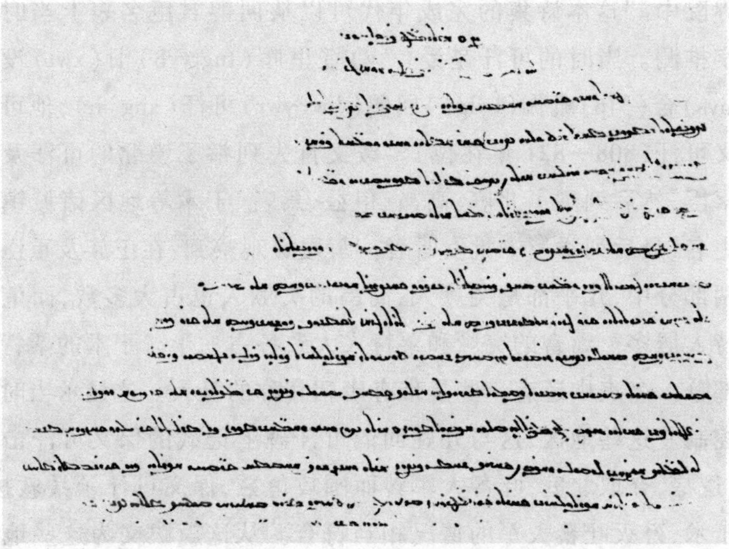

图 7 – 13　吐鲁番出土粟特文文书 M119:书信

中古波斯文文书 M1(彩色图版 7 – 11、7 – 12)是缪勒刊布的摩尼教赞美诗集的一叶。荣新江、王媛媛在前辈学者研究的基础上,进一步阐明了这份文书对理解摩尼教在西域初传的重要意义。这份文书是一份索引,列出了诗集中所收的许多赞美诗的标题。与此一起的有一篇跋文,跋文第 1—159 行是回鹘君臣名表,第 160—227 行是对赞美诗抄写情况的介绍。从介绍中我们得知:"[这是]光明使者诞生后的 546 年,[正是]在这……年,当他(摩尼)在神力中升起(去世),在仁慈的撒特 – 奥尔米兹(Shād Ohrmizd)去世后的 162 年,开始写作这本汇聚了美妙的赞诗、字里行间洋溢着活力的诗集。""光明使者"自然是指摩尼,他 216 年诞生,546 年之后即 762 或 763 年。撒特 – 奥尔米兹是电那勿派的领袖,根据这篇跋文,他大约在 600 年左右去世,看来后世教徒将他去世的这一年定成了本教历史的一个新纪元。跋文告诉我们,

·欧·亚·历·史·文·化·文·库·

从这一年开始:"在宗教精神领袖们的命令下,抄经手开始抄写赞美诗,可他没有完成。因为他无法全身心投入,因为他没有充裕的时间,他[只]抄写了一点,[仅仅]几首赞美诗而已,并没有全部完成。这本未完成的诗集搁置在原地时日已久。它被存放在焉耆(喀拉沙尔)的一所寺院中。"这本诗集的完成年代可以从回鹘君臣名表上当时可汗的名字推测。当时的可汗是爱("y)登里啰(tngryyδ)汩(xwt)没密施(bwlmys)合('lp)毗伽(bylg')回鹘('wyγwr)可汗(xng'n),他可能就是保义可汗(808—821年在位)。跋文首先列举了漠北的可汗及其家族及宰臣,然后列举了北庭、高昌、龟兹、焉耆、于术等地区诸城镇的各级官吏名,最后列举了一批女听者。王媛媛观察到:在王族及重臣和北庭这两部分中,几乎都是突厥人,高昌的突厥人也占大多数,而龟兹则以粟特人居多。焉耆的突厥和粟特人大致各占一半。于术的粟特人则占大部分。名表中还有一些是带有唐朝官称的汉人。这显示当时回鹘汗国控制着这些地区,这与九姓回鹘可汗碑上记载的保义可汗击败吐蕃、葛逻禄,夺取北庭,吐蕃大军转而围攻龟兹,保义可汗领兵救援,追击到于术,歼灭吐蕃大军的情况相当符合。从这篇跋文为这些地方的统治者祈福来看,他们可能都比较支持摩尼教,有的学者甚至认为这些地方可能存在摩尼教徒的活动。

840年回鹘西迁,随回鹘迁往西域的摩尼教师僧当与西域原来的摩尼教徒汇合,自然为摩尼教在西域的发展带来良机。耿世民先生介绍了阿拉伯和波斯史料中的高昌回鹘王国(9—10世纪)。塔敏木·依本·巴赫尔·阿勒木塔维(Tamim ibn Bakhr al-Muttawwǐǐ,一译塔米姆)是高昌回鹘建立不久,即9世纪后半期经过七河流域到达高昌王国的。头20天他在草原上走,后20天,他走过有农作物的地方。这里有许多乡村和城镇,其中的大部分居民信仰拜火教和摩尼教。他也看到建筑坚固的王城,城市有12扇大铁门,其中有很多居民,住得很挤,还有许多市场和货物,大部分居民是摩尼教徒(Zindiki)。他注意到当地国王的金制宫殿,其上有900士兵守卫。

依本·霍尔达德别赫(Ibn Khordadbekh,820—912,图 7-14[1])于846—847 年完成了《道里与诸国志》,后于 885 年完成增补。在这部书中关于高昌王国的记载是直接从塔敏木那里来的。霍尔达德别赫到达回鹘(Toguzguz)可汗首府的路线是由上奴失建(Nushujan,似位于今吉尔吉斯斯坦)去的,行程共 3 个月,沿途经过许多乡村和牧场,那里的居民是突厥人,其中有信仰拜火教和摩尼教者。回鹘王的宫殿是金制的,上面有 900 人看守。10 世纪初,库达马(Kudama)又重复了塔敏木的记述,讲到回鹘王的首府是在湖边。

图 7-14 依本·霍尔达德别赫时代的旅行队伍

加尔迪兹(Gardizi,约卒于 1061 年)在其书中说:回鹘可汗信奉摩尼教中的电那勿(Dinaver)派。城里也有基督教徒、二元论者和佛教徒。回鹘居民中有一大部分还信仰摩尼教。他说:"在宫廷大门附近,每天都聚集三四百电那勿教派的信徒,大声诵读摩尼著作,然后向国王致敬。完后散去。"11 世纪的伊斯哈克(Isḥāq ibn Ḥusain)所著的 *Ākām al-Marjān* 也讲到托古兹古思人的宗教信仰是摩尼教。

---

〔1〕〔2010 - 07 - 29〕. http://remacle.org/bloodwolf/arabe/khordadheh/caravane_pamir.jpg.

345

欧·亚·历·史·文·化·文·库·

麦斯欧迪(Mas'ūdi,一译马苏地,卒于956年,图7–15[1])一生著作丰富,传世的主要有《黄金草原和珠玑宝藏》,其中第15章第312节记载:

图7–15　麦斯欧迪

> 阿穆尔子孙中的一些人越过巴里黑河(阿姆河),其中大部分分布在中国地区。他们分裂成几个王国散布在那个地区,其中有骨咄即骨咄兰的居民,有 Uruwisan、苏对沙那、不花剌和撒麻耳干间的粟特,以及拔汗那、柘折、白水城和法拉布的居民。他们建造城市和庄园,其他人则与他
>
> 们分手居住在草原上,他们中有突厥、葛逻禄、托古兹古思,他们是 Kushan/Kaushan 城即呼罗珊地区和中国之间的王国的主人。如今,即332年(943或944年),突厥诸种族中没有人比他们更勇猛、更英武、统治得更牢固。其君主是回纥可汗,他们信仰摩尼教,突厥人中只有他们信奉这个教。

华涛先生认为,当时的阿拉伯、波斯学者实际上根本不能区分840年以前掌握东部天山地区的托古兹古斯(漠北回鹘)和840年以后在那里安家立业的托古兹古斯(西迁后的回鹘和高昌回鹘)。麦斯欧迪这里记录了阿拉伯、波斯流传的有关突厥起源的古老传说,那里的托古兹古思应指漠北回鹘。但是,麦斯欧迪又把这个托古兹古思看成现存的一个部族,位于"中国和呼罗珊之间",当即西迁后的回鹘。第326—327节记载:

> 前所述,他们(中国人)的国家与托古兹古思国家相毗邻。后者的宗教信仰中有摩尼教和明暗二宗说。他们曾经愚昧无知,他们信仰的方式就是所有突厥人的方式,直到他们遇到一个二神教的诱骗者。那个人向他们夸夸其谈,让他们看到现世的矛盾,向他

---

〔1〕〔2010 – 07 – 28〕. http://ummatanwasatan.net/wp-content//masudi.jpg.

们阐述死和生、健康和疾病、富有和贫穷、光明和黑暗、聚合与分散、联系与脱离、东方和西方、存在与空无、黑夜与白昼等等各种对立的事物,又向他们提及理性动物和其他各种动物遭遇的种种痛苦,向他们提及儿童、白痴、疯子面临的一切。……

　　因此如果中国君主是萨满教徒,宰杀动物,那么他和突厥君主回鹘汗之间就发生战争。如果中国君主是摩尼教徒,那他们之间的事就一致起来。

麦斯欧迪这里谈到的托古兹古思信奉摩尼教的经过可能是牟羽可汗接受摩尼教的经过,这里的托古兹古思是指漠北回鹘。他关于中国唐朝和托古兹古思因信仰摩尼教之与否而和战之事,可能是摩尼教借回鹘之势在中原发展,又因回鹘之败而失势的一种夸张。伊本·法齐赫(Ibn al-Faqih)903 年成书的《诸国志》(Kitab al-Buldan)说突厥人大多信奉摩尼教。华涛认为,他说的托古兹古思大多是指漠北回鹘。

据奈迪木《群书类述》的记载,有消息传到托古兹古思那里,萨曼王朝的统治者企图迫害寻思干(撒马尔罕)的摩尼教教会。托古兹古思汗吩咐通知萨曼王朝的异密,在托古兹古思地方的伊斯兰教徒要比萨曼王朝的摩尼教徒多得多,如果伊斯兰教徒迫害在他们国家居住的摩尼教徒,那么他就要迫害在他们国土内的伊斯兰教教徒。由于以上的恫吓,萨曼王朝的异密才放弃了自己的计划。

如果说穆斯林学者对于高昌回鹘信仰摩尼教的情况提供了比较多的细节,但是有时会与漠北回鹘时代的情况混为一谈的话,那么中原历史记载虽然简单,时代与地域则比较清楚。宋本《册府元龟》卷976 记载:

　　闵帝应顺元年(934)正月,赐回鹘入朝摩尼八人物有差。

森安孝夫先生在其《回鹘摩尼教史之研究》中把《册府元龟》卷976 所记"回鹘入朝摩尼八人"考证为西州回鹘所派使者,而不是前人所说的甘州回鹘使臣。宋本《册府元龟》卷972 则明确记载了西州回鹘一如漠北回鹘,仍然以摩尼教僧侣为使者出使中原:

周太祖广顺元年(951)二月,西州回鹘遣都督来朝贡玉大小六团……回鹘遣使摩尼贡玉七十七,白氎段三百五十,青及黑貂鼠皮共二十八,玉带、玉鞍辔铰具各一副,犛牛尾四百二十四,大琥珀二十颗,红盐三百斤,胡桐律三百九十斤,硇砂二千一百斤,余药物在数外。

《旧五代史》卷138《回鹘传》所说的"周广顺元年二月,遣使并摩尼贡玉团七十有七,白氎、貂皮、犛牛尾、药物等",显然是《册府元龟》这段史料的缩写,讲的是同一件事情。《新五代史》卷11《周书·太祖纪》:"[广顺元年]二月辛丑,西州回鹘使都督来。……[丁巳]回鹘使摩尼来。"可以确定广顺元年二月西州回鹘两次遣使,第一次派都督率领,日期是辛丑;第二次以摩尼师僧领队,日期是丁巳(阳历4月2日)。

同时,西域南道的于阗也派摩尼师僧出使中原,《宋史》卷490《外国传》:

于阗国建隆二年(961)十二月,本国摩尼师贡琉璃瓶二,胡锦一段。

中原也曾派遣使者王延德(938—1006)前往高昌回鹘,《宋史》卷490《外国传》"高昌国"条说:

[王延德]自[太平兴国]六年(981)五月离京师,七年四月至高昌。所历以诏赐诸国君长袭衣、金带、缯帛。八年春,与其谢恩使凡百余人,复循旧路而还,雍熙元年(984)四月至京师。

王延德(图7-16[1])归来撰写了《西域使程记》(又称《王延德使高昌记》),原书已佚,宋代王明清《挥尘前录》卷4转述:

图7-16 王延德出使高昌

太平兴国六年诏遣王延德、白勋使高昌。延德等叙其行程,言

高昌佛寺五十余区,皆唐朝所赐额。复有摩尼寺,波斯僧各持其法,佛经所谓外道者也。

《宋史·外国传》"高昌国"条取材于《王延德使高昌记》,王国维从中摘录,收入《古行记校录》(《王国维选集》[十三]),其中讲到高昌宗教文化的情况说:

佛寺五十余区,皆唐朝所赐额,寺中有《大藏经》、《唐韵》、《玉篇》、《经音》等。居民春月多群聚遨乐于其间。游者马上持弓矢,射诸物,谓之禳灾。有敕书楼,藏唐太宗、明皇御札诏敕,缄锁甚谨。复有摩尼寺,波斯僧各持其法,佛经所谓外道者也。

这段记载反映了高昌多种文化宗教并存的情况,从王延德的眼光来看,似以佛教比较占优势,也保存了一些中原儒家文化的文献,而摩尼教、波斯僧也仍然有存在的余地。沙畹、伯希和认为,王延德所说的"波斯僧"为祆教徒,还是景教徒,尚不能加以论断。高昌没有发现过祆教经文,但是出土的景教经文甚多,还发现了景教壁画(彩色图版7-13、7-14)。

《宋会要辑稿》197册《蕃夷四·龟兹》讲到:

真宗天禧四年(1020)十二月,可汗师子王智海遣使来朝,贡大尾白羊。

森安孝夫先生认为,这个"智海"可能与《宋会要辑稿》其他地方讲到的智海是同一个人。《宋会要辑稿》199册《蕃夷七·历代朝贡》讲到:

真宗天禧元年(1017)四月:

二十六日,龟兹国克韩王智海遣使贡玉及马、香药等。

仁宗天圣二年(1024):

三月十七日,龟兹国王智海等贡独峰驼、五香药、杂物。

仁宗天圣九年(1031):

正月十八日,龟兹国王智海遣使李延庆等贡硇砂、乳香、名马。

智海可能就是吐鲁番高昌故城遗址 α 发现的一根柱子上的回鹘文题记讲到的可汗 Köl Bilgä。遗址 α 的佛寺建立的时间实为 1008 年。

在这之前这里是一个摩尼教中心，甚至可能是东方教区法主的驻地。

虽然伊斯兰和中国史料都没有能够提供太多高昌摩尼教的细节，但是，幸运的是，吐鲁番气候极其干燥，不仅保存了一些摩尼教遗址，而且保存了数量可观的摩尼教文献。摩尼教遗址主要在高昌。高昌故城在今新疆吐鲁番东约 20 余公里的哈拉和卓堡西南，维吾尔语称为亦都护城。城垣用夯土筑成，平均高约 20 余米，现在已经多处崩溃。城略呈正方形，城周约 5 公里。城中建筑物多已残破。城市的布局有一点像唐代长安城。这个地方汉代称高昌壁，后来曾经是高昌郡郡治、高昌王国国都。回鹘西迁来此，也以此城为都城。13 世纪归附蒙古。今天所知道的摩尼教遗物，均出自高昌回鹘时期。

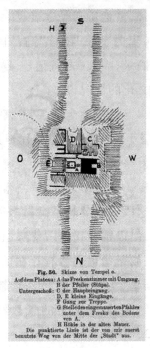

图 7 - 17　吐鲁番高昌故城 α 遗址图

高昌城中央有一座印度塔似的建筑物，控扼全城。城的四隅也许各设一座寺院，但其中只有西南和东南的庙宇尚存有遗迹。西南的那座由格伦威德尔命名为遗址 α，是确认的摩尼教遗址。在中央印度塔及其周围建筑物的南边，有一座摩尼教寺院，格伦威德尔命名为遗址 K。勒柯克认为，位于中央的遗址 K，原来是高昌摩尼教团最重要的寺庙或祭祀的地方。（图 7 - 17[1]）

遗址 α 主要在格伦威德尔领导下进行了发掘。它被嵌在内城西城墙里，其建筑形制分为上下两层。在格伦威德尔所绘的 α 遗址图（图 7 - 17）中，标着字母 A 和 B 的建筑物位于整个寺院遗址的上层。

〔1〕〔2010 - 07 - 29〕．http：//dsr．nii．ac．jp/toyobunko/III-6-A-16/V-1/page/0067．html．en．

A 厅的建筑模式就像一个大盒子(外殿)套住一个小盒子(内殿)。因而,内殿外四周都有走廊,西边的走廊上出土了许多残损严重的细密画和写本残片。内殿里的墙壁上饰有壁画。B 则是一座佛塔。下层的 C 是该遗址的主门厅,其近旁的房间里也出土了很多写本残片。D 和 E 是小门厅。从下层到上层建有宽大的阶梯,至少有 17 级之多。(图 7 - 18[1])

图 7 - 18　吐鲁番高昌故城遗址 α,东部的小室一瞥

遗址 K 是勒柯克领导下进行发掘的重点之一。(图 7 - 19[2])它位于古城的中央,北边与城内的主要大街为界,这个位置与建筑物的重要性相适应。K 遗址群主要可以分为四个部分,即:北部的一组拱顶小房,东部的藏书室,中部的几个大厅和西部的拱顶大房。(图 3 - 8)

遗址 K 的北面保留最好的是一组 4 个拱顶小房。西侧的两个拱顶小房的西面有两个房间。靠北的一个为正方形,没有进出口,用途不明。靠南的那个有一个陶制的窄穹隆顶,有一个朝西的门,下两级台阶才能到室内。在台阶旁边距地面约一英尺高的地方,勒柯克他们发现了束成一捆的摩尼教手稿。勒柯克辨认出其中一部分是用粟特文书

〔1〕Le Coq 1923, Pl. A, fig. a. [2010 - 07 - 29]. http://dsr. nii. ac. jp/toyobunko/LFB-2/V-2/images/gray/0033. jpg.

〔2〕Le Coq 1923, Pl. A, fig. c. [2010 - 07 - 29]. http://dsr. nii. ac. jp/toyobunko/LFB-2/V-2/images/gray/0033. jpg.

·欧·亚·历·史·文·化·文·库·

7-19　吐鲁番高昌故城遗址 K，从东南方看到的拱形建筑

写的，大部分则是用中古突厥语言的文字书写的。就内容而言，有后来归柏林收藏的用摩尼字母写的摩尼教忏悔书残卷、有关宇宙起源学说的手稿残件、彩色的带有题跋的赞美诗抄本以及细密画残页。那捆手稿看上去像是已经不再被利用后扔进这个房间中的。

　　遗址北面的东南角上被认为是藏书室的附属建筑物，这或许就是汉文《摩尼光佛教法仪略》的《寺宇仪》中列出的"经图堂"。这组建筑中最重要的是一个带有穹隆顶的房间——藏书室和紧靠东边的狭长的通道。这早先也是一个穹隆顶型的建筑，它从上到下充填了大量残砖碎瓦。在这些瓦砾中，勒柯克他们发现了大量摩尼教写本残卷、绢画残片以及碎布片。他们的收藏品中所有的摩尼教寺幡都出自此处。穹隆顶房间的地上铺满了一层约 8 厘米厚的暗黑色又软又潮湿的东西，并混杂许多金粉和颜料。勒柯克等仔细研究后马上就清楚了，原来这么厚一层都是摩尼教经书，由于受潮而完全霉烂了。但书是完整的，其中许多都配有极精美的彩色插图。尽管作了种种努力，还是没有能够挽救这些珍贵的资料。这个房间的墙是用灰浆涂抹的，上面所绘的壁画已经全部被盗走了，只剩下一些壁画的残片。

　　遗址 K 中央部分是三个大厅，靠南面的一个最大，靠北面的一个最小。勒柯克认为，这些厅室在某段时间是摩尼教徒从事宗教仪式的地方，并且很可能是摩尼教文献中反复被提到的"斋堂"（caidan）的一个例证。北厅中所有四面墙都已经被毁坏了。中厅西墙保存比较好，有一些壁画还部分地保留了下来，一般认为其中一个画得特别大的摩尼教高僧可能就是摩尼本人。这堵墙东边的垃圾堆里还发现了几份摩尼教写本残卷，其中有一页的另一面上是严重毁坏的细密画，另一面用摩尼教字体和中古波斯语写着回鹘可汗的宗室名册。

那个大穹隆顶房子在这组建筑物西边的一个小土丘上，保存得不好。

除了这两个主要的发现地点外，摩尼教细密画的残件还在古城的其他遗址中被发现。在大寺院遗址发现有佛教、摩尼教和景教［粟特—聂斯托利亚派］的手稿残件。

交河故城在吐鲁番西面，形状像一个窄三角形，两股水流在它的南端汇合成小溪，汉语的名称叫"交河"。（彩色图版7-15）在汉唐时代，这里是吐鲁番地区的首府。这座古城已经全部被毁坏了。勒柯克他们除发现了许多汉文佛教文献外，还发现了突厥文书写的佛教文献和寺院旌幡。与这些东西一起发现的还有回鹘文书卷的残卷，后来这些文献被确定为摩尼教忏悔文的一部分，由勒柯克刊布。

大量的摩尼教写本是在吐峪沟遗址的发掘工作中发现的。吐峪沟在高昌故城的东面，峡谷的北端有大型寺庙群，河流左岸上有一座大型塔庙，在它的右侧有一个房子的左右门墙，勒柯克他们在吐峪沟获得的大量写本就是出自这间房子。（图7-20[1]）其中包括一份突厥如尼文字母表的残页，上面用摩尼教文字注明了此种字母的名称（或者对应的发音），可能是用来帮助摩尼教传教士学习突厥如尼文的。此外发现的还有：回鹘文、粟特文、叙利亚文和摩尼教文的书籍与卷轴书残本。

柏孜克里克千佛洞位于吐鲁番市东面的木头沟西岸的悬崖上。自从第一次考察队从那里走后，建筑物受到很大破坏。第二次考察队去的时候，巴图斯发现那个称为"外族洞"的洞窟被地震彻底毁掉了。

---

〔1〕［2010-07-30］. http://dsr. nii. ac. jp/toyobunko/LFc-42/V-1/page-hr/0248. html. en.

图 7 - 20 吐鲁番地区吐峪沟：北端的大型庙群

他随第一次考察队来时,曾考察过那个洞窟,据他说,那个洞窟中有这一地区最美的壁画,看来那是一幅摩尼教壁画"逃亡埃及"。第 9 号庙佛殿的四壁约 5 米高,门两侧的窄墙上,保存着几幅供养人像,左墙上画的两个妇女中,紧挨着门的那个保存得最好。她们两个人姿态、服饰非常类似,双手持一枝花,戴着高贵的头冠,头发发式富有艺术性,衣服是金色光滑布料的长衫,里面是红色的内衣。(彩色图版 7 - 16)一位妇女的榜题的意思是："(这是)王后殿下之像"。勒柯克把这幅壁画和第 9 号庙的壁画一起都剥下来,运回柏林。第三次吐鲁番考察队在格伦威德尔领导下,在木头沟 3 号窟的一个洞室中发现了回鹘文写本、佛教绘画的残存部分、小型古物和寺院的幡等,其中还有一部分摩尼教写本。在一处墙角发现了许多摩尼教书籍的残页,包括一件用摩尼教细密画装帧封面的梵夹式抄本。柏孜克里克的有些洞窟是摩尼教、佛教二重窟,格伦威德尔编号第 25 窟(新编第 38 窟)就是其中之一。该窟正面壁画是一棵三干树,格伦威德尔线描了这幅壁画。(图 7 - 21[1],参阅彩色图版 2 - 5)近年来,森安孝夫又作了进一步的研究。

　　胜金口的溪谷是从吐鲁番绿洲的高地通向木头沟寺院设施的路

[1][2010 - 07 - 30].http://dsr.nii.ac.jp/toyobunko/LFa-21/V-1/page/0088.html.en.

图 7 – 21 柏孜克里克第 25 窟壁画

径。在面对 10 号寺院、在溪谷右岸北面的那座塔下,勒柯克他们发现了许多印度偈语书页的残迹,其中一张保存相当完好的书页,是出自一本摩尼教书籍。晁华山先生曾对胜金口的 10 号寺院进行进一步的考察。

　　勒柯克在高昌故城发现的有些彩色书页是否确实是摩尼教作品尚待进一步研究。他认为,在高昌发现的编号为 IB4957a(新编号 MIK Ⅲ 4957a)的细密画是否应该算做摩尼教的作品相当值得怀疑。这幅画表现了身穿中式服装从左向右斜排列的跪着的男子,每个人手中都持有一块小板一样的白色物体,可能即汉语中称之为“圭”的笏板。(彩色图版 7 – 17)勒柯克将其收入《中亚古代晚期的佛教文物》第 2 卷《摩尼教袖珍画》,因为这件残件是与其他能够清楚表明为摩尼教遗物的手稿在同一时间和同一地点被发现的,没有有力的证据来证明这件残件不是摩尼教的作品。其次,他认为,现存的属于中国摩尼教的作品,都是根据西方艺术风格进行了改变而产生的。荣新江、王媛媛研究了一篇摩尼教赞美诗集跋文(中古波斯文文书 M1 的一部分),指出其中除了明确的摩尼教高僧、回鹘王族、官员之外,还有一些带有唐朝官称的官员,如北庭的大将军节度使名叫呼诺鸡(qwnkyy),王媛媛认为

欧·亚·历·史·文·化·文·库·

或许也可能为一汉人名;龟兹节度使伊蠡啜(yδδwγ);至于曹侍郎(tsw syl'ng)、焉耆的唐副使(t'ang fwšy)、罗副使(l'fwšy)等则很可能是汉人。因此,这幅画上画的穿中式服装的官员或许正在与回鹘王族、官员一起参加摩尼教仪式,只是画面的其他部分破损而无法确定。

勒柯克收入《摩尼教袖珍画》中的另一幅图编号 IB4984(新编号 MIK Ⅲ 4984,彩色图版 7 - 18),画面上有一个人物坐在宝座上,戴的头冠下面有一条头巾,光轮已经褪色,身穿一件红色的外衣。勒柯克觉得其画风或许更接近摩尼教袖珍画的画风,但是不敢肯定它是摩尼教的作品。克里姆凯特虽然认为它也可能是佛教徒的作品,但是还是把它收入了《古代摩尼教艺术》。近年来有学者研究了背面的粟特文,认为其内容为佛教《本生经》的片断,古乐慈据此认为此图非摩尼教作品。

1988 年森安孝夫调查了柏孜克里克石窟,特别对第 38 窟(格伦威德尔编号第 25 窟)作了详细考察,探究了这个窟从佛教窟改造成摩尼教窟,后来又改回佛教窟的情况。他考察了此窟西侧壁上的残存壁画(彩色图版 7 - 19),画面下部是唐草文,画面的上面当中是一颗摩尼宝珠,右面是一个吹横笛的乐人,左面是一个弹奏琵琶的乐人。(图 7 - 21[1])他指出,古突厥文(回鹘文)《献给慈父摩尼之赞歌》(《摩尼大颂》[Great Hymn to Mani],其中第 245—280 行有对应的龟兹文[吐火罗文 B])中赞美摩尼为摩尼宝珠(cintāmaṇ);帕提亚语摩尼教《般涅槃赞歌》(帕提亚文 prnybr'n,梵文 parinirvāṇa)(如文书 M5、M8171 等)把摩尼去世视为涅槃,这在壁画上就表现为两个乐人围绕着摩尼宝珠吹笛弹琴,进一步验证了此窟为摩尼教窟的假设。他还研究了此窟正面的壁画(彩色图版 2 - 5,图 7 - 22[2]),释读并用日文和英文翻译了壁画上的回鹘语铭文,依据铭文,提出画面左面穿铠甲的男听者当即此窟的施主 Qutluγ Tampmïš Qy-a,右面的女听者(Nγošakanč)或为其妻,其他十个都是守护灵(英译 guardian deities)。画面上三干树下面

---

[1][2010 - 07 - 30]. http://dsr. nii. ac. jp/toyobunko/LFa - 21/V - 1/page/0088. html. en.
[2]森安孝夫,Fig. 9

的鸟可能即铭文中提及的孔雀鸟。他确定此画的主题是礼拜和赞美"生命之树",它是"光明王国"、"光明夷数"和回归光明王国的"摩尼"的象征。他提出,与此同类的摩尼教洞窟还有格伦威德尔编号第17窟(新编第27窟,彩色图版7-20)。他认为柏孜克里克石窟摩尼教壁画的年代比较可能是在9世纪末到10世纪前半叶绘制的,也可能是8世纪末到840年绘制的。

图7-22 吐鲁番柏孜克里克第25窟侧壁(西侧)摩尼教壁画:
摩尼宝珠、2个乐人

晁华山先生曾在吐鲁番考察石窟,1993年发表论文《寻觅湮没千年的洞房摩尼寺》。他在胜金口考察了两个寺院,分别称之为北寺和南寺,1898年率队考察吐鲁番的俄国人克莱门茨(D. A. Klimentz, 1848—1914)将这两寺合编为10号,德国格氏沿用这个编号。(彩色图版7-21)北寺规模宏大,从寺前地面到最高处窟顶共有5层平台。下起第3层是主要平台,这层平台的正壁建有5个洞窟,中心是第3窟,南邻窟(第4窟)是大窟,主室正壁上方半圆面画"生命树与死亡树交会图"(彩色图版3-17),两侧壁画"宝树果园图"(图7-23[1]),树下有斋讲高师。"宝树果园图"上树冠枝叶繁茂,果实累累,树间有禽鸟飞翔。(彩色图版7-22)晁华山认为,这里所画的正是摩尼教写本中所说的善树、生命树,由于生命树不止一株,那么这些生命树也就构成了生命树园或宝树果园。

---

[1]晁华山,彩色图版。

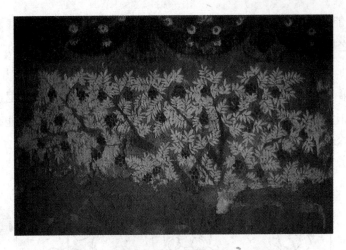

图 7 – 23　吐鲁番胜金口北寺第 4 窟：生命树壁画

　　直到公元 10 世纪，回鹘的力量还很强大，对摩尼教也是采取保护态度的。道教长春真人丘处机（1148—1227）应成吉思汗之召赴中亚，1221 年 9 月下半月抵达天山北麓的别失八里，这是 10 世纪下半叶高昌回鹘王的避暑之地。长春真人至此，诸王贵人达官及"僧人道士"来迎，而道士衣冠与中国异。沙畹、伯希和推测，这些衣冠与中国异、处于回鹘地界中之"道士"，安知非摩尼教师乎。不过即使他们确实是摩尼教师僧，其势力也已经微不足道了。

8 明教

沙畹、伯希和说:"吾人须知者,真正之摩尼教,质言之,大摩尼师自外来所传布之教,已灭于八四三年之敕,尚存者为已改之摩尼教,华化之摩尼教耳。""至八四三年后,在中国之摩尼教,既不能与伊兰之宗教代表相接,而又为官厅所虐待,遂不能不依附于佛教、道教以自存,故其受当时强盛宗教之影响亦多。久之此摩尼教遂渐变而为一种秘密教。由秘密教不免成为一种秘密会。中国摩尼教消灭之前,所存者仅此而已。"他们的判断基本上说明了 843 年之后摩尼教华化的特点。但是,在他们 1911—1913 年发表《摩尼教流行中国考》以来,对于 843 年之后的摩尼教又发现不少新资料,特别是近年来,日本学者吉田丰刊布了日本所藏元末明初宁波的摩尼教绘画,福建霞浦发现了有明显摩尼教成分的民间宗教遗迹和文书,使我们可以对沙畹、伯希和当年的判断略作修正:明教所保存的真正摩尼教成分,远比当年猜测的要多得多。比如,日本所藏的摩尼教宇宙图相当细致地再现了摩尼教的宇宙创世论,相当符合真正摩尼教的文献记载。明教并非只有沦落为秘密教、秘密会一途。第二条途径是建立寺院式摩尼教,除了著名的福建晋江草庵外,至少还有浙江四明(宁波)的崇寿宫、温州平阳的潜光院和选真寺。第三条途径是演变为公开的民间宗教,典型的例子是福建霞浦的乐山堂。

8.1 明教的出现

早在唐代,摩尼教除了在长安、洛阳、太原,荆、扬、洪、越等州建立了寺院之外,可能已经传播到其他地方。福建霞浦东北太姥山上现存的摩尼宫完全由石块建成,面积很小,只有2.4平方米,高2.5米,入口没有门,建筑式样朴质无华。(图8-1[1])有些学者认为这可能是唐代摩尼教遗址,证据是林嵩的《太姥山记》。林嵩是福建长溪(今霞浦县)人,唐乾符二年(875)进士,乾符六年(879)所撰的《太姥山记》描

图8-1　福建太姥山摩尼宫

写了山水风光,提到山顶上有一座摩尼宫(彩色图版8-1):

> 山旧无寺,乾符间(874—880),僧师待始筑居于此,乃图其秀拔三十三峰。游太姥者,东南入自金峰庵,东入自石龙庵,即叠石庵。又山外小径,自北折而东,亦入自石龙庵。西入自国兴寺,寺西有塔。北入自玉湖庵,庵之东为圆潭庵。国兴寺东有岩洞,奇石万状,曰玉笋芽签,曰九鲤朝天,曰石楼。楼下有隐泉,曰观音洞,曰仙童玉女,曰半云洞,曰一丝天。石壁夹一小径,如委石石罅中,天光漏而入,仅容一人行,长可半里。蹑登而上,路中曰牛背石,石下曰万丈崖,崖上为望仙桥,桥西曰白龙潭,有龙伏焉。雷轰电掣之时,洞中薛薛如鼓声,天旱祷雨辄应。潭之西曰曝龙石,峰上曰白云寺。又上曰摩尼宫。室后有顶天石,石有巨人迹二,可长二尺。此摩霄顶,太姥山颠也。山高风寒,夏月犹挟纩。山木无过四

〔1〕〔2010-08-13〕. http://www.fuding.org/fuding/pic/mng.jpg.

尺者,石皆皱瘵。秋霁望远,可尽四五百里,虽浙水亦在目中。

林嵩的记载十分简略,仅凭摩尼宫这个名称判断早在唐代这一带就有摩尼教活动,尚嫌证据过于薄弱。但是,近年来在附近的霞浦县发现了北宋以来与摩尼教有关的一些遗迹与文书,可以与此互相印证。摩尼教传入福建比较确切的记载见诸何乔远(1558—1631)所撰《闽书·方域志·泉州府晋江县》:

> 会昌中汰僧,明教在汰中。有呼禄法师者,来入福唐,授侣三山,游方泉郡,卒葬郡北山下。

"会昌中汰僧"当指唐武宗会昌五年(845)对佛教的打击。福唐即今福清县,三山即今福州市,泉郡即泉州,北山即清源山。摩尼教也将其僧侣称为法师,《九姓回鹘可汗碑》说:"况法师妙达明门,精研七部,才高海岳,辩若悬河,故能开政教于回鹘。""呼禄"可能是"呼嚧唤(中古波斯语 xrwh[x]w'n)"的简称,汉文《摩尼光佛教法仪略·寺宇仪第五》记载:"每寺尊首,诠简三人:……第二,呼嚧唤,译云教道首,专知奖劝。"呼嚧唤是寺院中负责奖惩劝导的管理人员之一,不过仍然属于一般僧侣,低于法堂主,品级不高。但是,会昌法难后数百年,何乔远在叙述摩尼教传入福建的历史中,独独把呼禄法师标举出来,可见这是一个在摩尼教传播过程中起过重大作用,因而被明教徒牢记不忘的人物,或许是一个品级较高的僧侣。森安孝夫就提出,"呼禄"可能是回鹘文 ulug 的音译,意为"大",因此"呼禄法师"即"大法师"。

呼禄法师墓在南宋之前早已湮没,但清乾隆《泉州府志·山川》留有南宋朱熹的《与诸同僚谒奠北山》:

> 联车陟修坂,览物穷山川。疏林泛朝景,翠岭含云烟。祠殿何沉邃,古木郁苍然。明灵自安宅,牲酒告恭虔。肸蚃理潜通,神蚪亦蜿蜒。既欢岁事举,重喜景物妍。解带憩精庐,尊酌且流连。纵谈遗名迹,烦虑绝拘牵。迅晷谅难留,归轸忽已骞。苍苍暮色起,反旆东城阡。

宋代沈继祖曾弹劾朱熹所为"剽窃张载、陈颐之余论,寓以食菜事魔之妖术"。食菜事魔是一个笼统的名称,泛指各种宗教异端,其中包括明教。朱熹可能对明教教义有所了解。朱熹谒奠的所谓祠殿,所谓明灵,所谓名迹,或许就是谒奠呼禄法师。

足以证明宋代以前明教在福建流传的资料并不多。徐铉(916—991)为南唐大臣,历官右散骑常侍、礼部尚书,能诗,也长于书法。(图8-2[1])徐铉好谈神怪,著《稽神录》,其卷3(《太平广记》本)记载了一个神怪故事,其中提到了明教:

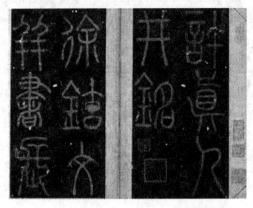

图8-2　徐铉篆书《许真人井铭》

清源人杨某,为本郡防遏营副将。有大第在西郭,侵晨趋府未归,家人方食,忽有一鹅负纸钱自门而入,径诣西郭房中,家人云:"此鹅自神祠中来耶?"令其奴逐之,奴入房,但见一双髻白髯老翁,家人莫不惊走。某归闻之,怒持杖击之,鬼出没四隅,变化倏忽,杖莫能中。某益怒,曰:"食讫当复来击杀之。"鬼乃折腰而前口诺。杨有女二,长女入厨切肉具食,肉落砧,辄失去。女执刀白父曰:"砧下露一大黑毛手,曰:'请斫。'女走,气殆绝,因而成疾。次女于大瓮中取盐,有一猴自瓮突出,上女之背,女走至堂前,复失之,亦成疾。乃召巫立坛治之,鬼亦立坛作法,愈盛于巫,巫不能制,亦惧而去。顷之,二女及妻皆卒。后有善作魔法者,名曰明教,请为持经。一宿,鬼乃唾骂某而去,因而遂绝。某其年亦卒。

清源郡即今泉州,西方史料称之为刺桐(Zaitun),是16世纪之前

---

〔1〕[2010-08-14]. http://www.s5461.net/yihai/UploadFiles_4278/200910/2009102012502278.jpg.

中国最重要的港口,居住在此的外国人相当多。摩尼教在中原遭受迫害之际,避往泉州,犹如现代史上原来在东北的白俄或犹太人避往上海,其理正同。明教在唐末五代传入福建的事实已经得到大部分学者的认可,因为以后还有大量资料可以证明,明教确实在福建、浙江等地流传活动。但是,五代北方是否有摩尼教活动则尚须存疑。赞宁(919—1001)撰于北宋太平兴国年间(980)的《僧史略》卷下有一段综述来自伊朗的宗教,但是他对大秦(Nestorianism,即景教)、火祆(Zoroastrianism,即琐罗亚斯德教)、末尼(Manichaeism,即摩尼教)三种不同的宗教未必分得很清楚,在叙述了会昌年间禁断摩尼之后说:

> 然而未尽根荄,时分蔓衍。梁贞明六年(920),陈州末尼党类立母乙为天子,累讨未平。及贞明中,诛斩方尽。后唐石晋时复潜兴,推一人为主,百事禀从。或画一魔王踞坐,佛为其洗足,盖影傍佛教,所谓相似道也。或有比丘为饥冻故,往往随之效利,有识者尚远离之。此法诱人,直到地狱。慎之哉!

按照赞宁的说法,母乙造反是"末尼党类"拥戴的结果。但是,宋薛居正等所撰《旧五代史》卷 10(《梁书》)《末帝纪》下"贞明六年(920)"条记载同一事件则没有提到摩尼教:

> 冬十月,陈州妖贼母乙、董乙伏诛。陈州里俗之人,喜习左道,依浮屠氏之教,自立一宗,号曰"上乘"。不食荤茹,诱化庸民,揉杂淫秽,宵聚昼散。州县因循,遂致滋蔓。时刺史惠王友能恃戚藩之宠,动多不法,故奸慝之徒,望风影附。母乙数辈,渐及千人,攻掠乡社,长吏不能诘。是岁秋,其众益盛,南通淮夷。朝廷累发州兵讨捕,反为贼所败。陈、颍、蔡三州,大被其毒。群贼乃立母乙为天子。其余豪首,各有树置。至是,发禁军及数郡兵合势追击,贼溃,生擒母乙等首领八十余人,械送阙下,并斩于都市。

《旧五代史》记载的母乙的左道也与摩尼教没有什么共同之处,因此,赞宁关于摩尼教在五代北方引发民众造反的说法可谓孤证。不过他对摩尼教的指责倒确实成了以后佛教史家将摩尼教与食菜事魔等异端混为一谈的先声。

8.2　北宋明教依托道教

摩尼教与道教渊源甚深,早在摩尼教传入中国之时,道教为了将哲学家老子神化,与佛教的释迦牟尼抗衡,杜撰了《老子化胡经》,编造出老子西入流沙,化为摩尼的神话(彩色图版8-2):

> 后经四百五十余年,我乘自然光明道气,从真寂境,飞入西那玉界苏邻国中,降诞王室,示为太子。舍家入道,号末摩尼。转大法轮,说经诫律定慧等法,乃至三际及二宗门,教化天人,令知本际。上至明界,下及幽涂,所有众生,皆由此度。摩尼之后,年垂五九,金气将兴,我法当盛,西方圣象,衣彩自然,来入中洲,是效也。当此之时,黄白气合,三教混齐,同归于我。仁祠精舍,接栋连薨。翻演后圣,大明尊法。中洲道士,广说因缘。为世舟航,大弘法事。动植含气,普皆救度。是名总摄一切法门。

后来摩尼教自己也承认此经,以为依托道教的依据。敦煌发现的汉文《摩尼光佛教法仪略》就直接引用:

> 《老子化胡经》云:"我乘自然光明道气,飞入西那玉界苏邻国中,示为太子。舍家入道,号曰摩尼。转大法轮,说经戒律定慧等法,乃至三际及二宗门。上从明界,下及幽涂,所有众生,皆由此度。摩尼之后,年垂五九,我法当盛。"五九四十五,四百五十年,教合传于中国。

摩尼教徒反过来利用《老子化胡经》,承认摩尼是老子的化身,在老子西入流沙、托生为摩尼之后四百五十年,摩尼教就应该流行于中国。宋代是中国道教繁荣的时期,太宗、真宗、徽宗、高宗、孝宗曾多次下诏搜访道经,两宋曾六次编修《道藏》,奠定了明代《正统道藏》的基础。在宋朝官府出面支持编修《道藏》的情况下,明教徒乘机进献自己的经书,使其编入《道藏》,从而赢得合法传播的机会。

《闽书·方域志·泉州府晋江县》关于宋代明教的情况记载:

> 至道(995—997)中,怀安士人李廷裕得佛像于京城卜肆,鬻

以五十千钱,而瑞像遂传闽中。真宗朝(997—1022),闽士人林世长取其经以进,授守福州文学。

《佛祖统纪》卷48转引《夷坚志》说:"其经名二宗三际。二宗者,明与暗也。三际者,过去、未来、现在也。大中祥符兴《道藏》,富人林世长赂主者,使编入《藏》,安于亳州明道宫。"《闽书》与《夷坚志》讲的应该是同一件事情。宋真宗(997—1022年在位,图8-3[1])与辽国订立"澶渊之盟"以后,寇准得势,资政殿大学士王钦若乘机离间,说澶渊之盟是春秋城下之耻。真宗为了雪耻,进行大规模崇道活动,假造天书,封禅泰山,谒亳州太清宫,祀老子。大中祥符三年(1010)聚集官员于崇文院详校《道藏经》,并由王钦若(彩色图版8-3)总领其事。最后在大中祥符九年把修订完的《道藏》呈给真宗,真宗赐名这部道藏目录为《宝文统录》。据李焘(1115—1184)《续资治通鉴长编》卷86所载,"初,诏取道释藏经互相毁訾者删去之,钦若言:'《老子化胡经》,乃古圣遗迹,不可削去。'"真宗接受了

图8-3 宋真宗

他的意见,在《道藏》中保留了此经。这也为以后明教依托道教开了方便之门。黄震《黄氏日钞》卷86《崇寿宫记》记载,崇寿宫主持张希声说:"吾所居初名道院,正以奉摩尼香火,以其本老子也。"黄震希望张希声拿出证据来,他才能为此宫写记。张希声"则报曰:《老子化胡经》明言'我乘自然光明道气,飞入西那王界,降为太子,舍家入道,号末摩尼,说戒定惠等法。'则道经之据如此"。可见《道藏》中保留《老子化胡经》一直为明教合法存在提供着保护伞。

<hr>

〔1〕[2010-08-14]. http://a3. att. hudong. com/18/78/01300000449351234777 84534134_s. jpg.

宋真宗除了命王钦若总统校订《道藏》外,又在大中祥符五年(1012)将太清宫藏唐写本《道藏》出降余杭郡,命大臣进行修校,张君房(彩色图版8-4)《云笈七签》序文概述其事:

> 于是天子锐意于至教矣。在先时,尽以秘阁道书《太清宝蕴》出降于余杭郡,俾知郡故枢密直学士戚纶、漕运使今翰林学士陈尧佐,选道士冲素大师朱益谦、冯德之等,专其修较,俾成藏而进之。然其纲条涽漫,部分参差,与《琼纲》、《玉纬》之目舛谬不同。岁月坐迁,科条未究。适纶等上言,以臣承乏,委属其绩。时故相司徒王钦若总统其事,亦误以臣为可使之。又明年冬,就除臣著作佐郎,俾专其事。臣于时尽得所降到道书,并续取到苏州旧《道藏》经本千余卷,越州、台州旧《道藏》经本亦各千余卷,及朝廷续降到福建等州道书、《明使摩尼经》等,与诸道士依三洞纲条、四部录略,品详科格,商较异同,以铨次之,仅能成藏,都卢四千五百六十五卷,起千字文"天"字为函目,终于"宫"字号,得四百六十六字。且题曰:《大宋天宫宝藏》。距天禧三年(1019)春,写录成七藏以进之。

由张君房具体负责的这次修订《道藏》,是以太清宫所藏唐写本《道藏》为基础,广泛利用苏、越、台、福等州的旧《道藏》经本和道书,修成《大宋天宫宝藏》,其中应该包括《明使摩尼经》等摩尼教经。

黄震《黄氏日钞》卷86《崇寿宫记》不仅证实宋真宗时代曾向福州宣取摩尼经,而且此后在宋徽宗时代还有两次从温州宣取摩尼经颁入道藏:崇寿宫主持"[张]希声复缄示所谓《衡鉴集》,载我宋大中祥符九年(1016),天禧三年(1019),两尝敕福州,政和七年(1117)及宣和二年(1120)两尝自礼部牒温州;皆宣取摩尼经颁入道藏。其文尤悉。余始复书谓之曰:信矣,是可记也。"陆游《老学庵笔记》卷10告诉我们:"闽中有习左道者,谓之明教,亦有明教经,甚多刻版摹印,妄取道藏中校定官名衔赘其后。"陆游在《渭南文集·条对状》(卷5)具体说明了道藏中校定官的哪些名衔被赘在明教经书的后面:"伪经妖像,至于刻板流布,假借政和中道官程若清等为校勘,福州知州黄裳为监雕。"陆游可能亲眼看到过这种以道藏经书面目出现的明教经。

宋徽宗（1100—1125 在位,彩色图版 8 - 5）时期是北宋第二个崇道的高潮。他在崇宁（1102—1106）中就下诏令天下搜访道教遗书,令道士校订,收入道藏。政和三年（1113）又诏天下访求道教仙经,编修为《万寿道藏》,总计 5480 卷,其中可能仍有明教经。宋徽宗特别崇信神霄派,雷法风行。他在位年间对神仙人物的赐封猛增,比如,册封东汉五斗米道创始人张道陵为"真君",三次追封关羽为忠惠公、武安王、义勇武安王。此后在整个 12 世纪赐封活动一直持续,出身低微但仍属地方性的神祇也被纳入诸神体系,将许许多多荣誉头衔封给了平民出身的神祇。

这些获得荣誉头衔的平民出身的神祇甚至包括福建霞浦的明教徒林瞪（1003—1059）。霞浦县柏洋乡神洋村民国壬申年（1932）《孙氏宗谱》中摘抄《孙绵大师来历》（图 8 - 4[1]）记载:

图 8 - 4　福建霞浦县柏洋乡神洋村
《孙氏宗谱》之《孙绵大师来历》

公,孙姓,讳绵,字春山,禅洋人,初礼四都本都渔洋龙溪西爽大师门徒诚庵陈公座下,宋太祖乾德四年（966）丙寅肇刱本堂,买置基址而始兴焉,诚为本堂一代开山之师祖也。本堂初名龙首寺,

---

〔1〕《霞浦县明教（摩尼教）史迹调查报告》第 6 页。

元时改乐山堂,在上万,今俗名盖竹堂。门徒一人号立正,即林廿五公,幼名林瞪,上万桃源境人,真宗咸平癸卯年二月十三日(1003年3月18日)诞生,天圣丁卯年(1027)拜孙绵大师为师,[廿]五公卒嘉祐己亥年三月初三日(1059年4月17日),寿五十七,墓在上万芹前坑。孙绵大师墓葬禅东垅对面路后。显扬师徒,俱得习传道教,修行皆正果。

从这份《孙绵大师来历》中,我们得知早在宋太祖乾德四年(966)孙绵在当地建立了一座龙首寺,元代改名乐山堂,有一个门徒林瞪。这座乐山堂的遗址尚在,位于霞浦县柏洋乡上万村西面堂门楼地方,离村二公里许,坐东向西。元、明、清历代重修,毁于2006年桑美台风。遗址进深40.3米、面阔38.6米,面积约1560平方米。(彩色图版8-6)遗存构件包括:宋代莲花覆盆式柱础1个;元明莲花柱础多个;砖土结构的神龛底座2层。部分梁架木料堆放在遗址北侧,包括柱、梁、枋、斗拱等,正梁书写"大清嘉庆拾壹年(1806)岁次丙寅季春桃月朔越四日壬子卯时吉旦建",说明了最后一次承建时间。在厝基遗址上大量发现瓦砾外,屋后东北角后,斜坡山体切面堆积有瓦砾、陶瓷器等,有宋代瓦片和宋、元、明、清残陶瓷片。大门入口处尚存9级台阶,主殿廓前条石仍在、台阶3级。此外,在原天井内有一株千年桧树。(图8-5[1])

图8-5 福建霞浦县柏洋乡上万村乐山堂遗存构件及桧树

从《孙绵大师来历》来看,孙绵与林瞪似乎只是"习传道教",看不出与明教有何关系。但是,霞浦县柏洋乡上万村清代同治十一年(1872)《林氏宗谱》的记载说明

[1][2010-08-15].http://www.ixiapu.com/read.php? tid-12171-fpage-3-page-7.html.

林瞪是一个明教徒(彩色图版8-7):

> [林]瞪公,宋真宗咸平六年癸卯二月十三日生,行二十五,字
> □□,娶陈氏,生女二。长女屏俗出家为尼,卒[袝]父墓左。次女
> 适,卒亦袝父墓左。天圣五年丁卯,公年二十五乃弃俗入明教门,
> 斋戒严肃,历二十有二年,功行乃成。至嘉祐四年己亥三月三日密
> 时冥化,享年五十有六,葬于所居东头芹前坑。公殁后灵感卫民,
> 故老相传,公于昔朝曾在福州救火有功,寻蒙有司奏封"兴福大
> 王",乃立闽县右边之庙以祀之,续蒙嗣汉天师亲书"洞天福地"四
> 金字额一面,仍为奏封"洞天都雷使",加封"贞明内院立正真君",
> 血食于乡,祈祷响应。每年二月十三日诞辰,二女俱崇祀于庙中,
> 是日子孙必罗祭于墓,庆祝于祠,以为例程。

孙绵虽然是龙首寺(乐山堂)"开山之师祖",但是,如果没有林瞪
福州救火的神话故事,林瞪没有因此被赐封,龙首寺完全可能像明教
的其他寺院一样在历次宗教迫害中被"摈其徒、毁其宫",不复存在。
"嗣汉天师"就是龙虎宗张天师,此宗是由张道陵后裔以龙虎山为中心
建立的符箓派。至北宋,龙虎宗开始显露声势,其间有六位天师受封为
"先生"。至南宋,又有两位天师受封为"先生"。因此,林瞪之庙蒙嗣
汉天师亲书"洞天福地"四金字额一面就意味着得到道教的正式承认。
宋徽宗时代神霄派大行其道,雷法盛行,林瞪被封为"洞天都雷使"说
明他已经被神化为道教之神。至今当地人还保存着一些法器,据说是
林瞪遗物。其中有一枚银质印章"五雷号令",篆文,方形,狮子钮,显
然与雷法有关。另有一枚青铜印章"圣明净宝",篆文,方形,可能与明
教有关。还有一件青铜角("角"发音"禄")端,为带盖整形角兽,四脚
踏在蟒蛇身上,底部刻有篆书铭文六字"子子孙孙[永]宝"。(彩色图
版8-8)塔后村林氏宗祠神龛上还保存着一块神牌,正面刻楷书:"洞
天感应兴福雷使真君",外缕雕双龙抢珠。背面底上刻楷书:"乾隆五
十一年(1786)丙午岁次□□二十八癸酉□旦立□首宗孙求汉子杰国
胜□南洋境□□□"。(彩色图版8-9)这应该就是林瞪的神牌。

当地地方志将林瞪作为地方上平民出身的神祇记载了下来,《万

历福宁州志》卷15《仙梵》写道（彩色图版8-10）：

> 林瞪，上万人。嘉祐间，闽县前津门火，郡人望空中有人衣素衣，手持铁扇扑火，遂灭。遥告众曰："我长溪上万林瞪也。"闽人访至其墓拜谒，事闻，勅书"兴福真人"。正德初，闽县令刘槐失辟，因祷之，夜梦神衣象服告以亡处，明日获之。

从这段记载来看，林瞪被神化是北宋仁宗嘉祐年间（1056—1063）开始的，明正德年间（1506—1521）闽县县令刘槐丢了东西，还向他祈祷，相当相信他的灵验。这段记载也被《福建通志》列仙卷、乾隆二十七年版《福宁府志·人物志·方外》、民国十八年版《霞浦县志》方外卷等一再重复。

霞浦县柏洋村《林氏宗谱》里还保存了一篇清嘉庆廿二年（1817）林登鳌写的《八世祖瞪公赞》，进一步揭示了此地明教保存与发展中，林瞪所起的作用（图8-6[1]）：

图8-6　福建霞浦县柏洋乡上万村
《林氏宗谱》之《八世祖瞪公赞》

岁在丁丑仲夏之月，因修谱而考前人之懿行，见夫甲第蝉联、声名著甚者，则九牧为甚也；孝行昭彰、旌表门闾者，则双阙尤最著

---

〔1〕《霞浦县明教（摩尼教）史迹调查报告》第6页。

者也;至若生而为英、死而为神者,如我祖讳瞪公者尤罕匹焉。族中以公护国救民、御灾捍患,久已脍炙人口,特未有赞焉以纪之。鳌敬仰瞪公之为人正气,塞乎两间,不屑屑于富贵,不戚戚于贫贱,固非凡人所可及。自一入明教后,若无所表见,时人得毋为公病,而不知人之所以病公者,正公之所以成其为公也。盖死日然后是非定矣!试思庸人争利于生时,达人流芳于死后,古今当时则荣、没则已焉者,何可胜道哉!公于宋嘉祐间福州回禄救援有功,封为兴福真人,建庙于省垣,血食千年,其子若孙亦各立庙于城乡。本年二月虔备祭品庆祝华诞,以及岁时伏腊皆有祭祀,凡有求必应,有祷必灵焉。嗟乎!公以一布衣而享祀不忒,流芳百世,揆之古人,若关公尽忠事汉、死称帝君,岳将竭诚佐宋、殁为正神,虽显晦之不同,而乃圣乃神,宁不与之后先济美哉!

裔孙庠生登鳌百拜敬撰

林瞪与关羽、岳飞相比,自然"显晦不同",没有那样崇高的地位,但是,他从一个凡人,成为神祇,受人崇拜,道理是类似的。正因为他被神化了,才使乐山堂内存明教因素,外托道教保护,延续千年。

林瞪的长女出家为尼,可能是明教之尼。两个女儿都崇祀于庙中。这个庙的遗址尚存,位于上万村芹前坑之西,距离村庄、乐山堂各一公里,在上万村到堂门楼田间机耕路中段路对面半坡上。坐北向南,四周森林茂密,中有一小坪,原是姑婆宫,现遗址面积约 90 平方米,部分墙体基础尚在,周围三面用毛石砌墙。宫后是林瞪墓。(图 8 – 7[1])"姑婆"一词,当地人理解为未出嫁之姑娘,但是,也使人联想到《宋会要辑稿·刑法二》之七八记录的宣和二年十一月四日,臣僚向朝廷汇报的明教情况时提到的"侍者、听者、姑婆、斋姊"中的"姑婆"。据富安敦(A. Forte)研究,"侍者、听者、姑婆、斋姊"可能分别指明教的男性僧侣、在家信徒,女性僧侣和在家信徒。

与霞浦龙首寺同在福建的晋江草庵也可能兴建于宋代。弘一法

---

〔1〕〔2010 – 08 – 15〕. http://www.ixiapu.com/read.php? tid-12171-fpage-3-page-5.html.

图8-7　福建霞浦县柏洋乡上万村姑婆宫遗址

师在20世纪30年代曾数度在草庵度岁,在《重兴草庵碑》中说:"草庵肇兴,盖在宋代。"清代蔡永兼所撰的《西山杂志》抄本也说宋代就有草庵。1979年9月,在晋江草庵前20米处,挖地基时发掘出一件"明教会"褐釉碗(彩色图版8-11)和60多块残片。晋江文管会分别于1982年11月、1983年6月在磁灶大树威窑址发现类似草庵出土的褐釉碗、刻有"明"字的残片。鉴于大树威窑址为宋代古窑址,学者们认为"明教会"碗烧制年代最迟不晚于北宋政和年间(1111—1118)。

浙江四明的崇寿宫是一座道教化的摩尼教寺院,至黄震景定五年(1264)作《崇寿宫记》(收入《黄氏日钞分类》卷86)时,应经历300多年,其创建的时代当为宋初或五代。

图8-8　洪皓

北宋方腊起义(1120)之前,朝廷宣取摩尼经颁入道藏,霞浦建立了龙首寺,林瞪获得了赐封,草庵一带有明教会活动,整个气氛比较宽松。但是,也有因藏明教经典而遭人告发的案例。洪适(1117—1184)《盘州文集》卷74《先君述》讲述了其父洪皓(1088—1155,图8-8[1])所处理的这个案子:

> 先君登政和五年(1115)进士第,主台州海宁簿。会令去,摄其事。……李氏富而戆,家藏妖书号《二宗三际经》。时节集邻户,酿香火祀神,元非尝习也。奸人诡入伍中,通其女,既泄,即告县,逮送狱。先君入食,有小吏偶语,喜甚。诘之,曰:"李氏赂钱五十万,故喜也。"先君曰:"是下狱属耳,而赇吏若此,可缓乎!"即呼囚庭下,委曲问情,得,并告者平决之。吏骇顾失色。方腊反,台之仙居民应之,踪捕反党及旁县。一日,驱菜食者数百人至县,丞、尉皆曰可杀,先君争不得。丞、尉用赏秩,不逾年,相继死,皆见所杀为厉云。

洪皓以后假礼部尚书,出使金国。金国留不遣返,在金15年,威武不屈,时人称之为"宋之苏武",著有《松漠纪闻》。他初入仕途时判的这个案子不仅说明当时明教的活动已经波及浙江海宁,更主要的是说明,在方腊造反之前,对宗教异端的政策尚比较宽松,他还能够据理公平处理私藏《二宗三际经》的案件;方腊造反之后,殃及宗教异端,所谓"菜食者"当即所谓食菜事魔,洪皓竟然无法挽救数百无辜者的生命。

8.3 两宋明教与食菜事魔

宋徽宗赵佶在历史上以书画享有盛名,有画作传世,《听琴图》据说即其作品,画中抚琴者即其自画像。(图8-9[2])但是他却不善治国,重用蔡京、童贯等奸臣主持朝政。朝廷在苏州增设应奉局,由蔡京的心腹朱勔主持,专门在江浙一带为皇帝搜罗珍奇物品与奇花异石。这些奇花异石,用船运至开封,称为"花石纲",以营造延福宫和艮岳。

花石纲等倒行逆施终于引发了方腊领导的民变。方腊(?—

---

〔1〕[2010-08-15]. http://www.wdwsfs.com/sywz/UploadPic/2010-7/201072322105822208.jpg.
〔2〕[2010-08-15]. http://www.jxgl.com/blog/20074261045261643.jpg.

图 8-9 宋徽宗《听琴图》

1121)是睦州青溪县(今浙江杭州市淳安县)竭村人,史称其"托左道以惑众。初,唐永徽中,睦州女子陈硕真反,自称文佳皇帝,故其地相传有天子基、万年楼,腊益得凭籍以自信"。青溪多产竹木漆,是应奉局重点榨取之地,民不聊生。方腊于宣和二年(1120)十月聚众造反。方勺(1066—?)《泊宅编》卷5记载:"腊自号圣公,改元永乐,置偏裨将,以巾色饰为别,自红巾而上凡六等。无甲胄,惟以鬼神诡秘事相扇訹。"方腊攻破六州五十二县,波及的地区包括今浙江、江苏、安徽、江西数省。各地百姓纷纷揭竿而起,响应方腊,比如浙南有仙居吕师囊。童贯率领十五万精兵进攻方腊,废止应奉局。宣和三年(1121)正月方腊兵败,退守帮源,最后退往洞源村东北的石洞中躲藏,四月被俘,被朝廷处死。方腊最后坚守的石洞被称为"方腊洞"。(图 8-10 [1])

就在方腊起义后才一个月,宋朝的官员就已经提出镇压温州明教。《宋会要辑稿》(图 8-11)中《刑法二》之七八记录了宣和二年(1120)臣僚的陈言与徽宗的决定:

　　十一月四日,臣僚言:"一、温州等处狂悖之人,自称明教,号

────────────

〔1〕〔2010-08-15〕.http://www.zjol.com.cn/pic/0/01/37/87/1378757_998696.jpg.

图 8-10　方腊洞

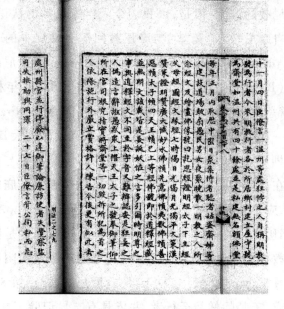

图 8-11　《宋会要辑稿·刑法二》之七八至七九

为行者。今来明教行者各于所居乡村建立屋宇,号为斋堂(回鹘文čaidan)。如温州共有四十余处,并是私建无名额佛堂,每年正月内取历中密(帕提亚文 myhr)日,聚集侍者、听者、姑婆、斋姊等人,建设道场,鼓扇愚民,男女夜聚晓散。一、明教之人所念经文及绘画佛像,号曰《讫思经》、《证明经》、《太子下生经》、《父母经》、《图经》、《文缘经》、《七时偈》、《日光偈》、《月光偈》、《平文策》、《汉赞策》、《证明赞》、《广大忏》、《妙水佛帧》、《先意佛帧》、《夷数佛帧》、《善恶帧》、《太子帧》、《四天王帧》。以上等经佛号,即于道释经藏并无明文该载,皆是妄诞妖怪之言,多引'而时明尊'之事,与道释经文不同。至于字音,又难辨认。委是狂妄之人伪造言辞,诳愚惑众,上僭天王、太子之号。"

奉御笔:仰所在官司根究指实,将斋堂等一切毁拆。所犯为首之人依条施行外,严立赏格,许人陈告。今后更有似此去处,州县官并行停废,以违御笔论。廉访使者失觉察,监司失按劾,与同罪。

陈言的臣僚应该对于温州明教具有第一手知识,虽然他们没有提到明教与摩尼教的渊源,但是,以我们今天对摩尼教的认识来看,温州明教无疑出自摩尼教。"斋堂"与摩尼教回鹘文文献中的čaidan(摩尼字母写做 c"yd"n、j'yδ'n)发音类似,回鹘文čaidan 即摩尼教最重要的节日庇麻节(Bēma,彩色图版 5 – 17)。"密日"即 764 年杨景风所注《吉凶时日善恶宿曜经》中所说的蜜日:"尼乾子(梵文 Nirgranthaputra,在中国以名一切外道)末摩尼以蜜日持斋,亦事此日为大日,此等事持不忘。"密日即星期日,是摩尼教听者持斋的日子。出家与在家的摩尼教徒都必须在斋月中持斋,只能在日落以后吃一顿饭。庇麻节是斋月的最后一天,应该整天斋戒,按照巴比伦历法是阿达尔月(Ādār)的第 7天,一般为阳历 2 月的最后一天。中国阴历的正月通常是阳历的正月或二月。明教徒自然不熟悉巴比伦历法,可能按照中国阴历把庇麻节定在阴历正月举行。"行者"也见于汉文《摩尼教残经》第 81 行:"如是三日及以二夜,于其师僧乃至行者,并皆具有二界记验。"帕提亚文《惠明经》对应于"行者"的是 ngwš'g'n,音译"耨沙喭",译云一切净信听者,就是摩尼教的在家信徒。明教中"行者"的含义可能应该理解为梵文 ācārin 的意译,也即修行者。富安敦认为,"侍者、听者、姑婆、斋姊"

可能分别指男性的僧侣、在家信徒,女性的僧侣、在家信徒。这段记载有一些见于敦煌汉文摩尼教经的神名:"明尊"即最高神伟大的父,"先意"即原人,"妙水"是其五明子之一,"夷数"即耶稣。"四天王"则见于吐鲁番发现的摩尼教绘画,表现为 4 个印度教神祇:象头神格尼沙,猪头面目出现的毗湿奴(?),粗眉大眼、络腮胡子的梵天(?)和貌似阴阳人的湿婆(?)。《日光偈》使人联想到《下部赞》的《此偈赞日光讫末后结愿用之》。在摩尼教中,不仅太阳,而且月亮也是神的居处和转运光明分子(灵魂)的中转站,因此明教文献中出现《月光偈》并不令人感到意外。《证明经》则可能是《证明过去教经》的简称,即摩尼七部大经之一的《钵迦摩帝夜部》。《图经》当即《大二宗图》的文字说明,描绘摩尼教的宇宙结构。吉田丰刊布的摩尼教宇宙图使我们相信,宋代明教徒还保持着相当准确的摩尼教宇宙创始论知识。《七时偈》也当有所本,因为众所周知,摩尼教徒一天要做七次祈祷。《太子下生经》的"太子"可能就是摩尼,《老子化胡经》说:"我乘自然光明道气,从真寂境,飞入西那玉界苏邻国中,降诞王室,示为太子,舍家入道,号末摩尼。"《太子帧》也就是老子示为太子、即摩尼的画像。"尔时明尊"与《摩尼教残经》第 5 行的"尔时明使"如出一辙。"至于字音,又难辨认"可谓对汉文摩尼教经,尤其是从帕提亚文翻译过来的音译文字的确切描述。但是,陈言的臣僚并没有把温州明教与方腊起义挂钩,也没有发明"食菜事魔"这顶帽子把明教与其他异端混为一谈。

方勺(1066—?)在《泊宅编》卷 5 中则把一些宗教异端笼统称为"蔬食事魔、夜聚晓散者",把方腊之乱归咎于他们,认为他们源自东汉张角的五斗米道:

> 后汉张角、张燕辈,托天师道陵,立祭酒治病,使人出米五斗而病随愈,谓之"五斗米道"。至其滋盛,则剽劫州县,无所不为,其流至今,蔬食事魔、夜聚晓散者是也。凡魔拜必北向,以张角实起于北方,观其拜,足以知其所宗。原其平时不饮酒食肉,甘枯槁,趋静默,若有志于为善者。然男女无别,不事耕织,衣食无所得,则务攘夺以挺乱,其可不早辨之乎? 有以其疑似难识,欲痛绳之,恐其

滋蔓，因置而不问，驯致祸变者有之。有舍法令一切弗问，但魔迹稍露，则使属邑尽驱之死地，务绝其本根，肃清境内，而此曹急则据邑聚而反者有之。此风日煽，殆未易察治，如能上体国禁之严，下念愚民之无辜，迷而入于此道，不急不急，销患于冥冥之中者，良有司也。

方勺所谓的"蔬食事魔、夜聚晓散者"，只是表面行为举止，并非根据教义确定的某一宗教或教派。但是后世士大夫、佛教史家往往不加详察，将明教与蔬食事魔、夜聚晓散者混为一谈，造成很多混淆。

在方腊造反之前，只禁止夜聚晓散、习不根经教。方腊造反之后，则明令禁止食菜事魔，别立条文，与夜聚晓散连称。除了《二宗经》之外，对于事魔等人的经文，全部焚毁。《宋会要辑稿·刑法二》记载，宣和三年（1121）：

> 闰五月七日，尚书省言："契勘江浙吃菜事魔之徒，习以成风，自来虽有禁止传习妖教刑赏，既无止绝吃菜事魔之文，即州县监司不为禁止，民间无由告捕，遂致事魔之人聚众山谷，一日窃发，倍费经画。若不重立禁约，即难以止绝，乞修立条。"从之。

> 八月二十五日，诏："诸路事魔聚众烧香等人所习经文，令尚书省取索名件，严立法禁，行下诸处焚毁。令刑部遍下诸路州军，多出文榜，于州县城郭乡村要会处分明晓谕。应有逐件经文等，限令来指挥到一季内，于所在州县首纳。除《二宗经》外，并焚毁。限满不首，杖一百，本条私有罪重者，自从重。仍仰州县严切觉察施行，及仰刑部、大理寺，今后诸处申奏案内，如有非道释藏内所有经文等，除已追取到声说下本处焚毁外，仍具名件行下诸路照会，出榜晓谕人户，依今来日限约束首纳，焚毁施行。"

清源人庄绰（字季裕）《鸡肋编》卷上有一段大约写于1133年的文字详细描写了食菜事魔的情况以及对他们的镇压，但是对于他们的教义则语焉不详：

> 事魔食菜，法禁甚严。有犯者，家人虽不知情，亦流于远方，以财产半给告人，余皆没官。而近时事者益众，云自福建流至温州，

遂及二浙。睦州方腊之乱，其徒处处相扇而起。

闻其法，断荤酒，不事神佛、祖先，不会宾客，死则裸葬，方敛，尽饰衣冠，其徒使二人坐于尸傍。其一问曰："来时有冠否？"则答曰："无。"遂去其冠，逐一去之，以至于尽。乃曰："来时何有？"曰："有胞衣。"则以布囊盛尸焉。

云事之后致富。小人无识，不知绝酒肉、燕祭、厚葬，自能积财焉。又始投其党，有甚贫者，众率财以助，积微以至于小康矣。凡出入经过，虽不识，党人皆馆谷焉。人物用之无间，谓为一家，故有无碍被之说，以是诱惑其众。

其魁谓之"魔王"，佐者谓之"魔翁"、"魔母"，各诱化人。旦望人出四十九钱于魔翁处烧香，翁母则聚所得缗钱，以时纳于魔王，岁获不资云。亦诵《金刚经》，取以色见我为邪道，故不事神佛，但拜日、月以为真佛。其说经如"是法平等，无有高下"，则以"无"字连上句，大抵多如此解释。

俗讹以魔为麻，谓其魁为麻黄，或云易魔王之称也。其初授法，设誓甚重，然以张角为祖，虽死于汤镬，终不敢言"角"字。传云：何执中守官台州，州获事魔之人，勘鞫久不能得。或云：何，处州龙泉人。其乡邑多有事者，必能察其虚实，乃委之穷究。何以杂物数件示之，能识其名则非是，而置羊角其中，他皆名之，至角则不言，遂决其狱。

如不事祖先、裸葬之类，固已害风俗，而又谓人生为苦，若杀之，是救其苦也，谓之度人，度多者则可以成佛。故结集既众，乘乱而起，甘嗜杀人，最为大患。尤憎恶释氏，盖以戒杀与之为戾耳。

但禁令太严，每有告者，株连既广，又当籍没、全家流放，与死为等，必协力同心，以拒官吏。州县惮之，率不敢案，反致增多。余谓薄其刑典，除去籍财之令，但治其魁首，则可以已也。

食菜事魔者活动从福建流入温、台等州，与明教传播路线相合；他们吃素和崇拜日月，与明教徒有类似之处；他们采用裸葬和分享财产，也符合明教的要求。但是食菜事魔的其他方面却与明教不同。食菜事魔者并未自称明教或摩尼教。所谓以张角为祖和诵《金刚经》,可能是描述金刚禅的特点,它是弥勒会的变种,吸收了道教的一些教规和做法;而明教与黄巾、《金刚经》没有什么关系。福建明教徒来自比较广泛的社会阶层,包括秀才、吏人、军兵,甚至传说有名族士大夫家也加入明教;而食菜事魔者似乎主要来自社会底层。食菜事魔以杀人为"度人",这显然不符合摩尼教的主要教义。摩尼教僧侣必须遵守的五净戒之一为"不害",即非暴力;三印之一为手印,也即手之和平,也就是不杀生。摩尼教的听者要生产劳动,不可能完全不做收割庄稼、宰杀牲畜等杀生之事,但是必须忏悔。《下部赞·此偈凡至莫日与诸听者忏悔愿文》中听者因为"又损五分法身,恒加费用;或斩伐五种草木,或劳役五类众生",进行忏悔。《此偈你逾沙忏悔文》中听者也为了"或损庐舍那身兼五明子"而忏悔。这种思想,明教并未丢弃,而是遵行不误。白玉蟾在《海琼白真人语录》中就记载了明教"且云尽大地山河草木水火,皆是毗卢遮那法身,所以不敢践履,不敢举动。"这些证据都说明,不可把食菜事魔等同于明教。

南宋王质(1135—1189)《雪山集》卷3《论镇盗疏》根据亲眼所见,叙述了江西食菜事魔的情况,涉及其术其书,对于我们理清宋代明教与食菜事魔的关系甚有帮助:

> 臣往在江西见其所为食菜事魔者,弥乡亘里,诵经焚香。夜则哄然而来,旦则寂然而亡。其号令之所从出而语言之所从授则有宗师。宗师之中有小有大,而又有甚小者。其徒大者或数千人,其小者或千人,其甚小者亦数百人。其术则双修、二会、白佛、金刚禅,而其书又有《佛吐心师》、《佛说涕泪》、《小大明王出世开元经》、《括地变文》、《齐天论》、《五来曲》。其所以为教戒传习之言亦不过使人避害而趋利,背祸而向福。

双修、二会、白佛、金刚禅可能都是佛教的异端教派,通称食菜事魔,其书也与明教无涉。但是佛教史家宗鉴(良渚)于嘉熙(1237—1240)初,续吴克己《释门正统》成8卷,在卷4《斥伪志》中,把朝廷禁止食菜事魔不根经文的法令与摩尼教扯在一起,在王质列举的经书之外，又加上了《二宗经》：

唯祖宗法令，诸以《二宗经》及非《藏经》所载不根经文传习惑众者有罪。《二宗经》[谓]男女不嫁娶，互持不语，病[不]服药，死则裸葬。非《藏经》所载不根经文谓《佛吐恋师》、《佛说啼泪》、《大小明王出世开元经》、《括地变文》、《齐天论》、《五来子曲》之类。原其滥觞亦别无他法，但以不茹荤酒为尚，其渠魁者，鼓动流俗，以香为信，规其利养。昼寝夜兴，无所不至，阴相交结，称为善友。一旦郡邑少隙，则很者凭愚以作乱，自取诛戮，如方腊、吕昂辈啸聚者是也。其说亦称不立文字，尝曰："天下禅人，但传卢行者十二部假禅，若吾徒者即真禅耳。"乃云："菩提达摩栽心地，种透于灵台。"即其语也。人或质之，则曰："不容声也。果容声则吾父母、妻子、兄弟先得之矣。"或有问焉，终何所归。则曰："不升天，不入地，不成佛，不涉余途，直过之也。"以此自陷，亦以陷人。此所谓事魔妖教者也。据《僧史略》称为大秦、末尼、火祆教法。

志磐宝祐六年至咸淳五年（1258—1269）撰成的《佛祖统纪》（卷39）则将这段文字稍加改写，缀在唐武则天延载元年（694）"波斯国人拂多诞（西海大秦国人）持二宗经伪教来朝"之下，概述摩尼教在华流行简史之后，当然更加没有什么理由可言。至于宗鉴所说的《二宗经》，内容为"男女不嫁娶"等，与摩尼教辨识明暗二宗的《二宗经》完全不同。《佛祖统纪》卷48转引《夷坚志》说：北宋大中祥符（1008—1016）明教的《二宗三际经》被编入了《道藏》，已经不属于"不根经文"。而宣和三年（1121）八月二十五日的诏书明确指出，《二宗经》不在焚毁之列。

《嘉定赤城志·李谦戒事魔十诗》（卷37）中，李谦（？—1208）劝导台州百姓不要信奉食菜事魔，其中第二、四、七、九首如下，也涉及白佛、二会：

白衣夜会说无根，到晓奔逃各出门。此是邪魔名外道，自投刑辟害儿孙。

莫念双宗二会经，官中条令至分明。罪流更溢三千里，白佛安能救尔生。

　　仙居旧有祖师堂,坐落当初白塔乡。眼见菜头头落地,今人讳说吕师囊。

　　肉味鱼腥吃不妨,随宜茶饭守家常。朝昏但莫为诸恶,底用金炉爇乳香。

李谦在《嘉定赤城志》中郡守题名作"李兼",以开禧三年(1207)三月三十日知台州,嘉定元年(1208)九月二十一日除宗正丞,未行卒。"二会"也作二会子(陆游写做二桧子),是当时弥勒教派的一个分支。"双宗"可能就是王质所说的"双修",《双宗二会经》可能是《双修二会经》,与摩尼教的《二宗经》不是一回事儿。"白佛"应该与王质所说的"白佛"相同,是当时食菜事魔者修习的法术之一,而并非摩尼光佛。台州固然是明教流行地区之一,但是,还没有证据说明响应方腊起义的仙居吕师囊是一个摩尼教徒,只能肯定他是食菜事魔者中的一个首领。

著名文学家陆游(1125—1210,图8-12[1])在其《渭南文集·条对状》(卷5)里则明确记述了明教的一些情况,此文可能写于绍兴三十二年(1162):

　　自古盗贼之兴,若止因水旱饥馑,迫于寒饿,啸聚攻劫,则措置有方,便可抚定,必不能大为朝廷之忧。惟是妖幻邪人,平时诳惑良民,结连素定,待时而发,则其为

图8-12　陆曾纂修《陆氏族谱》(清康熙四十三年)的陆游像

害,未易可测。伏缘此色人处处皆有,淮南谓之二桧子,两浙谓之牟尼教,江东谓之四果,江西谓之金刚禅,福建谓之明教、揭谛斋之

　　〔1〕〔2010－08－14〕. http://cms. jiapu. com/upload/attachment/201003/3fc6062a6bfebcaa36588bac2c9b4cce. JPG.

类，名号不一。明教尤甚，至有秀才、吏人、军兵，亦相传习。其神号曰"明使"，及有"肉佛"、"骨佛"、"血佛"等号，白衣乌帽，所在成社。伪经妖像，至于刻板流布，假借政和中道官程若清等为校勘，福州知州黄裳为监雕。以祭祖考为引鬼，永绝血食，以溺为法水，用以沐浴。其他妖滥，未易概举。烧乳香则乳香为之贵，食菌蕈则菌蕈为之贵。更相结习，有同胶漆。万一窃发，可为寒心。汉之张角，晋之孙恩，近岁之方腊，皆是类也。欲乞朝廷戒敕监司守臣，常切觉察，有犯于有司者，必正典刑，毋得以"习不根经教"之文，例行阔略。仍多张晓示，见今传习者，限一月，听赍经像衣帽赴官自首，与原其罪。限满，重立赏，许人告捕。其经文印版，令州县根寻，日下焚毁。仍立法：凡为人图画妖像及传写刊印明教经等妖妄经文者，并从徒一年论罪，庶可阴消异时窃发之患。

陆游曾在绍兴二十八年当过福州宁德县主簿，对当地的实际情况比较了解。"二檜子"当即王质、李谦所说的二会或二会子；金刚禅是独立的弥勒教派；四果可能是江淮间民间的宗教异端，崇拜张角。陆游主要讲的是明教，"明使"多次见于敦煌出土摩尼教经，比如《下部赞》有《叹诸护法明使文》；《摩尼教残经》第52行说："若有明使出兴于世，教化众生，令脱诸苦。"陆游说的"肉佛"、"骨佛"、"血佛"是相当奇特的术语，恐非出于杜撰。《下部赞·叹五明文》第二叠说"夷数肉血此即是，堪有受者随意取。如其虚妄违负心，夷数自微无雪路。"夷数即耶稣，摩尼教将耶稣一分为三：一为历史上实有其人的拿撒勒的耶稣；另一个是光明耶稣；第三个是代表所有囚禁在物质中的光明分子的耶稣（Jesus patibilis），在粟特文中被翻译为"佛种"（Buddha gotra），在汉文中翻译成"夷数肉血"。这个来自异域的神学观念自然很难为中国人所理解，很可能以讹传讹，就成了肉佛、血佛之类。"法水"也见于敦煌摩尼教经，《下部赞·叹夷数文》第二叠把信徒的灵魂比做耶稣的"妙衣"："复是大圣新妙衣，卒被魔尘来坌染，唯希法水洗令鲜"。《摩尼教残经》第332行说："缘此法水，洗濯我等诸尘重垢，令我明性，常得清净。"陆游说刻板流布的明教经书上有政和中道官程若清等为校

勘、福州知州黄裳为监雕的说明,应该是他亲眼所见,因为他在《老学庵笔记》卷10中就说自己曾经得到过所谓明教经:

> 闽中有习左道者,谓之明教,亦有明教经,甚多刻版摹印,妄取道藏中校定官名衔赘其后。烧必乳香,食必红蕈,故二物皆翔贵。至有士人宗子辈,众中自言:"今日赴明教斋。"予尝诘之:"此魔也,奈何与之游?"则对曰:"不然,男女无别者为魔,男女不亲授者为明教。明教,遇妇人所作食则不食。"然尝得所谓明教经观之,诞谩无可取,真俚俗习妖妄者所为耳。又或指名族士大夫家曰:"此亦明教也。"不知信否。偶读徐常侍《稽神录》云:"有善魔法者,名曰明教。"则明教亦久矣。

陆游(彩色图版 8 - 12)发现徐常侍即徐铉的《稽神录》提到过明教,似乎不清楚明教与唐代摩尼教的渊源。他所说的"魔"自然为食菜事魔之魔,并非"摩尼"之摩的谐音。明教徒也很清楚自己容易被划入食菜事魔之列,在陆游面前强调的区别就是"男女无别者为魔,男女不亲授者为明教"。

"男女不亲授"的明教不仅常被归入"男女无别"的食菜事魔,在有的情况下,更具体地与佛教异端白云菜扯在一起。宗鉴在《释门正统》卷4《斥伪志》中,详细讲述了嘉泰二年(1202)白云菜的一个案例,主犯是临安府(今杭州)余杭县白云庵的道民沈智元:

> 如嘉泰二年七月十二日施行臣寮所奏:临安府余杭县南山白云庵道民沈智元进状乞敕额,云道民者游堕不逞,吃菜事魔。所谓奸民者也,既非僧道,又非童行,自植党与,千百为群,挟持妖教,鼓愚俗。或以修路、建桥为名,或效诵经、焚香为会。夜聚晓散,男女无别,呼啸善诱,实繁有徒。所至各有渠魁相统,忽集忽散,莫测端倪。[遇]有争讼,合谋并力,厚啖胥吏,志在必胜。遇有修建,夤缘假名,敛率民财,自丰囊橐。横行州县,欺轹善良,㧅置私庵,以为逋逃渊薮。盖由寄居形势之家,受其嘱托,认为己产,出名占据,曲为盖芘,遂使州县莫敢谁何。此风久炽,全不为怪,臣未暇究论。且余杭南山白云道人崇师之地。智元伪民之魁,挟左道以惑

众,揆之国法,罪不胜诛。……况庆元臣寮论伪民奸恶之弊,不得自为党类,永远结集,各令四散,如违将为首人决配远恶州军,徒党编管。……昔传五斗米道者,始托黄老,分遣弟子,周游四方,转相诳诱。其后数十万众,同日窃发,汉室遂微。此曹若不防闲,何所不至? 讵可以为细故而忽之? 欲下临安府,将智元等重行编配,永不放还,庵舍尽行拆除,散其徒党,籍其物业,以为传习魔法、[玩]视典宪之戒。如本庵委有先朝御书塔名,只量留屋宇,就差邻僧掌管。并乞行下诸路监司,遵从已降指挥日下条奏。如奉行不虔,以违制论。寄居形势之家,准前认为已产,盖芘执占、不遵约束者,台谏指名弹奏。施行以后,又复影傍权势,私立其庵,迄绍定六余三十年。视权势者之兴衰好恶,而屡有废置焉。……

宗鉴在此引述了嘉泰二年臣僚的上奏,主旨仍然是恐怕白云菜这样的宗教异端发展成类似五斗米道的大规模民众造反,威胁政权的稳定。余杭白云庵道民沈智元与明教毫无关系。但是,志磐《佛祖统纪》卷48《法运通塞志》第十七之十五在节录了宗鉴《释门正统》卷4《斥伪志》的沈智元案件后,加上了一段按语:

　　述曰:尝考《夷坚志》云,吃菜事魔,三山尤炽。为首者紫帽宽衫,妇人黑冠白服,称为明教会。所事佛衣白,引经中所谓“白佛言,世尊”。取《金刚经》一佛、二佛、三、四、五佛,以为第五佛。又名“末摩尼”,采《化胡经》“乘自然光明道气,飞入西那玉界苏邻国中,诞降王宫为太子,出家称‘末摩尼’”,以自表证。其经名《二宗三际》。二宗者,明与暗也。三际者,过去、未来、现在也。大中祥符兴《道藏》,富人林世长赂主者,使编入《藏》,安于亳州明道宫。复假称白乐天诗云:“静览苏邻传,摩尼道可惊。二宗陈寂默,五佛继光明,日月为资敬,乾坤认所生。若论斋洁志,释子好齐名。”以此八句表于经首。其修持者,正午一食,裸尸以葬,以七时作礼,盖黄巾之遗习也(原注:尝检乐天《长庆集》,无苏邻之诗。乐天知佛,岂应为此不典之辞?)

志磐将明教与白云菜扯在一起自然是毫无根据的,不值得深考。

他所引的《夷坚志》也不见于今天通行的本子,不过却未见得出自杜撰。《夷坚志》的作者洪迈(1123—1202,图8-13[1]),号容斋,洪皓第三子,著有《容斋随笔》。洪迈广览博闻,从中年起,就开始杂采古今奇闻琐事,写作《夷坚志》,此书可谓当时社会生活、宗教文化、伦理道德、民情风俗的一面镜子,为后世提供了宋代社会丰富的历史资料。因此,里面如果有关于明教的记述,并不令人惊异。同时,

图8-13　洪迈

《夷坚志》卷帙浩繁,据说原书有 420 卷,今存 206 卷,可能散失了很多,因此志磐完全有可能看到今已不存的部分而抄录了这段文字。《夷坚志》本来就是杂采奇闻轶事,与《宋会要辑稿》中记录的臣僚上奏不可同日而语,这段记叙可能把明教与其他异端混为一谈。"所事佛衣白,引经中所谓'白佛言,世尊'。"这可能就是王质、李谦讲到过的"白佛"。"取《金刚经》一佛、二佛,三、四、五佛,以为第五佛。"可能出自王质、陆游讲到过的金刚禅。"盖黄巾之遗习也"指的是吃菜事魔,与明教也没有关系。"末摩尼"、《化胡经》、《二宗三际经》编入《道藏》则可以与其他资料相印证,确为明教的特点。《摩尼教残经》第 254 行说师僧:"但凡圣所制,年一易衣,日一受食,欢喜敬奉,不以为难。"明教"修持者,正午一食",还保持着唐代摩尼教的严格规矩。黄震在《黄氏日钞》、《崇寿宫记》里也证实了这一点:"其法于戒行尤严,日惟一食。"明教徒"裸尸以葬"也符合摩尼教的教义,《下部赞·叹无常文》说:"当造肉身由巧匠,即是虚妄恶魔王,成就如斯窟宅已,网捕明性自潜藏。……生时裸形死亦尔,能多积聚非常住。"摩尼教把肉体视为魔王所造,是囚禁明性的窟宅,自然裸葬足矣,何必厚葬。明教徒"以七时作礼"即每天做七次礼拜,这在西方摩尼教资料中也可以得到印证。

─────────────

〔1〕〔2010-08-14〕. http://pc. images22. 51img1. com/6000/yufeng258134059/c050d1862f0fb571ef23ba95206e02ef. jpg#100129074.

至于白居易的诗,也不必因为不见于《长庆集》而予以否定。因为白居易诗作很多,有些可能散失掉了,没有收进《长庆集》。白居易曾经与回鹘有过交涉,不能排除他了解摩尼教,并为其经文题诗的可能性。

《佛祖统纪》卷54述事魔邪党,即摩尼、白莲、白云三派,注引宗鉴的话:

> 良渚曰:此三者,皆假名佛教,以诳愚俗,犹五行之有沴气也。今摩尼尚扇于三山,而白莲、白云处处有习之者。大抵不事荤酒,故易于裕足,而不杀物命,故近于为善。愚民无知,皆乐趋之,故其党不劝而自盛。甚至第宅姬妾,为魔女所诱,入其众中,以修忏念佛为名,而实通奸秽。有识士夫,宜加禁止。

上述关于明教的资料几乎全部出于士大夫与佛教史家笔下,《宋会要辑稿》所记录的臣僚上奏所言比较翔实可靠,陆游等地方官也尚能分清明教与其他异端的不同,《夷坚志》这样的志怪小说集则未加深究,容易混为一谈,需要仔细分辨,方可采信;而佛教史家出于攻击明教的动机,则有故意混淆之嫌。明教既然常常依托道教,道书中自当有若干可靠记载,白玉蟾(1194—1229?,图8-14[1])的《海琼白真君语录》中就保存了一段他与弟子彭耜的对话,谈到明教:

图8-14 白玉蟾像,出自明万历刻本《海琼玉蟾先生文集》

> [彭]耜问曰:"乡间多有吃菜持斋以事明教,谓之灭魔。彼之徒且曰:'太上老君之遗教'。然耶?否耶?"[白玉蟾]答曰:"昔苏邻(Assuristan)国有一居士号曰慕阇(中古波斯文 hmwc'g、粟特文 mwz"k'),始者学仙不成,终乎学佛不就,隐于大那伽山。始遇西天外道有曰毗婆伽明使者,教以一法,使之修持,遂留此一教,其实非理。彼之教有一禁戒,且云尽大地山河草木水火,皆是毗卢遮那

---

〔1〕〔2010-08-17〕. http://9610.com/song/baiyuchan/baiyuchanxiang.jpg.

（梵文 vairocana）法身，所以不敢践履，不敢举动；然虽如是，却是在毗卢遮那佛身外面立地。且如持八斋、礼五方，不过教戒使之然而。其教中一曰天王，二曰明使，三曰灵相土地，以主其教。大要在乎'清净、光明、大力、智慧'八字而已。然此八字，无出乎心。今人着相修行，而欲尽此八字可乎？况曰明教，而且自昧！

白玉蟾（彩色图版 8－13）祖籍福建闽清，幼举童子科。及长，因"任侠杀人，亡命至武夷"。师事陈楠，浪游各地。陈楠死后，又游历罗浮、武夷、龙虎、天台诸山。嘉定十年（1217），收彭耜与留元长为弟子。他和他的弟子应该有很多机会接触到福建、浙江一带活动的明教徒。他说的苏邻国、慕阇、明使、"清净、光明、大力、智慧"等，都见于敦煌出土摩尼教经。"清净、光明、大力、智慧"即最高神的"四面尊严"：神、光明、威力、智慧，这八个字还见于晋江草庵摩崖石刻和福建省莆田发现的两块石碑上。白玉蟾所说的"毗卢遮那"即敦煌出土摩尼教经中的卢舍那，也就是西方资料中所说的光耀柱。他是一个重要的神，"充遍一切"，不可损害，同时他又是天上的银河，是灵魂（光明分子）飞升月宫、日宫，以致最后前往新乐园的道路。《下部赞·此偈凡至莫日与诸听者忏悔愿文》就讲了听者要忏悔"损五分法身"的"衍违"，去世之后，通过"卢舍那境界"，最后入"涅槃常明世界"的过程："又损五分法身恒加费用；或斩伐五种草木，或劳役五类众生，余有无数愆违，今并洗除忏悔。若至无常之日，脱此可厌肉身，诸佛圣贤前后围绕；宝船安置，善业自迎，直至平等王前。受三大胜，所谓'花冠、璎珞万种、妙衣串佩'。善业福德佛性，无穷赞叹。又从平等王所，幡花宝盖，前后围绕，众圣歌扬。入卢舍那境，于其境内，道路平正，音声梵响，周回弥覆。从彼直至日月宫殿，而于六大慈父及余眷属，各受快乐无穷赞叹。又复转引到于彼岸，遂入涅槃常明世界。"这里说的"五分法身"，在《此偈你逾沙忏悔文》中作"卢舍那身兼五明子"："我今忏悔所，是身口意业，及贪嗔痴行，乃至纵贼毒心，诸根放逸；或疑常住三宝，并二大光明；或损卢舍那身兼五明子；于师僧父母、诸善知识起轻慢心，更相毁谤；于七施、十戒、三印法门，若不具修，愿罪销灭。"回鹘文文书ＴＩＤ 200 更加清楚地表述了卢舍那身作为囚禁在物质中的光明分子总合的观念：

> 卢舍那佛身(lušyanta burxan öz)是万事万物：土地，山峦，石头，沙砾，海边和河里的水，所有的水塘、水道和湖泊，所有树木，所有的生物和人类。卢舍那身(lušyanta öz)无所不在，充遍一切。如果一个僧侣对某种事物举起或伸出他的手，那么他就对卢舍那佛犯下了罪孽。

这样一个中亚起源的摩尼教观点居然在华南保存到 13 世纪，确实是令人惊奇的。白玉蟾在《万法归一歌》中也嘲笑明教、四果：

> 明教专门事灭魔，七时功德便如何？不知清净光明意，面色萎黄空自劳。
>
> ……
>
> 更有持斋四果徒，九曲江头下铁符。乳香烧尽难成佛，精血元阳搬运枯。

据此可以推测，陆游记载的"烧乳香则乳香为之贵"，以及其他文献关于烧乳香的记载可能是四果的特点，而被误以为是明教的特点。白玉蟾此歌讲了明教四个特点：一，专门灭魔，因此"其魁谓之'魔王'，佐者谓之'魔翁'、'魔母'"。类似的"事魔"之举不可能是明教的特点。二，"七时功德"就是《佛祖统纪》引《夷坚志》说的"七时作礼"，明教每天要做七次礼拜一定使外界留下深刻印象。三，"清净光明"自然指"清净、光明、大力、智慧"八字真言，是明教的大要。四，白玉蟾嘲笑明教徒"面色萎黄"，这与西方基督教徒嘲笑摩尼教徒苦修徒劳如出一辙。白玉蟾与陆游对明教思想的认识显然有所不同，陆游说："尝得所谓明教经观之，诞谩无可取，真俚俗习妖妄者所为耳。"白玉蟾站在道教的立场，批评明教，但是对于明教"清净光明"大要本身并未否定。他很可能在自己的广泛游历中有机会与明教僧侣交谈辩论过，比较了解他们的教义。

根据现存资料，当时可能存在的明教寺院除了福建晋江的草庵、霞浦的龙首寺，还可能有浙江温州平阳的潜光院和选真寺。陈高记载潜光院的《竹西楼记》写于元至正十一年(1351)，《选真寺记》作于同

389

年,不过从这两篇文献记载推测,潜光院与选真寺都可能建于宋代。南宋朝廷虽然注意防范民间宗教,防止黄巾起义重演,但是武力始终不足以与辽、金、元抗衡,终于被蒙古人所灭亡。

8.4 元代明教

沙畹、伯希和、王国维、陈垣诸位学者开始研究摩尼教在中国的流行情况时,几乎没有发现什么关于元代的资料。在以后的研究中,新材料逐渐增多,现在已经可以勾勒元代明教的基本轮廓。元初最重要的资料当推《马可·波罗游记》中的有关记述。

随着蒙古帝国的扩张和元朝的建立,中国与西方建立了空前密切的联系,就在这种中西交通大盛的时代,威尼斯商人尼科罗·波罗(Nccolò Polo,1252—1294)和马弗·波罗(Maffeo Polo,1252—1309)东来中国。他们是远东贸易商人,1260 年住在君士坦丁堡,由于担心政治动乱,变卖财产,离开了那里。他们穿过了亚洲的大部分地区,1266 年抵达大都(今北京),谒见了蒙古大汗忽必烈(1260—1294 年在位,图 8 – 15[1])。此后大汗派遣他们携国书通聘罗马教皇。约1269 年他们回到家乡,于 1271 年谒见新当选的教皇格里戈利十世(Gregory Ⅹ,1210—

图 8 – 15　忽必烈

1276),将忽必烈的国书呈交给教皇。

1271 年末,尼科罗·波罗带上 17 岁的儿子马可·波罗(1254—1324),和马弗·波罗再次东行,1275 年夏抵上都。他们在中国居住了十多年,于 1295 年回到威尼斯。马可·波罗(图 8 – 16[2])参加战争被

---

〔1〕〔2010 – 08 – 17〕. http://imgsrc. baidu. com/baike/pic/item/dc854fda204d1ac8b6fd48be. jpg.

〔2〕〔2010 – 08 – 17〕. http://upload. wikimedia. org/wikipedia/commons/5/54/Marco_Polo_portrait. jpg.

俘而被关在热那亚的监狱里,1298 年由他口
述,由狱友拉斯蒂切罗·比萨(Rustichello da
Pisa)笔录而写成《马可·波罗游记》。(彩色
图版 8 - 14)

《马可·波罗游记》有多种版本,内容相
去甚远。1932 年在西班牙托莱多(Toledo)大
教堂图书馆发现的拉丁文写本 Z 是穆尔(A.
C. Moule)与伯希和英译本的底本。这个写本

图 8 - 16 马可·波罗

为其他写本所没有的重要段落之一是关于福州附近一批宗教不明者
的记载。马可与马弗抵达福州的时间大约是 1292 年。这段记载写道:

  我们谈一件马可先生(Master Marc)说过的事情,因为这件事
情值得一提。当马可·波罗(Marc Polo)先生本人及其叔父马弗
(Mafeu)先生在上述的福州城时,一位睿智的回教徒(Saracen,即
萨拉森人)和他们在一起。他告诉他们:"在这样一个地方有一种
人,他们的信仰谁也不懂。他们不是偶像崇拜者,因为他们没有偶
像,他们不拜火;不信穆罕默德(Mahomet),看来也不是基督教徒。
如果你们乐意,我们可以一起去找他们谈谈;你们也许会对他们
的生活有所了解。"他们去那里,开始与他们谈话,观察他们,询问
他们的生活与宗教。但是,他们似乎唯恐来人寻根究底会夺去他
们的宗教。马弗和马可先生看到他们畏畏缩缩,开始抚慰他们,并
说"不要害怕,我们来此绝不是要伤害你们,只想做些好事,改善
你们的处境。"当地人唯恐大汗派他们去作这种调查,从而危害他
们。马弗和马可先生日复一日常去那里,与他们亲如一家,了解他
们的生计,发现他们信仰的是基督教。因为他们有经书,马弗和马
可先生阅读经书,开始讲解,并逐字逐句翻译,结果发觉这就是圣
经《诗篇》(Psalter)中的语句。于是他们问当地人从何处得来这
种宗教和戒命。他们回答说:"得自我们的祖辈。"他们在一座庙
中有三幅画像,这是在世界各地传教的七十使徒中的三人。他们
说,这些使徒在很久以前把那宗教传给他们的祖辈,他们保持这

个信仰已有七百年;但是他们很久没有听过讲道,因此对一些主要事情都不了解。"我们遵守先辈的教导,根据我们的经书纪念和敬拜这三位使徒。"当时马弗和马可先生就说:"你们是基督教徒,我们也是基督教徒。我们建议你们派人去见大汗,向他说明你们的情况,他可能来了解你们,你们就可以自由地保持你们的宗教和戒命。"由于偶像崇拜者的缘故,他们不大敢公开表明或保持他们的宗教。这样,他们便派二人去见大汗。马弗和马可先生还指示他们,他们应该首先去见大汗宫中的一位基督教首领,他可以在大汗面前为他们陈词。使者们就如此做了。结果如何?基督教首领在大汗面前说,这些人是基督教徒,他们应该被确认为大汗管辖下的基督教徒。而偶像崇拜者的首领听到了这番话,便提出质疑,说这不应该,因为上述之人是偶像崇拜者,他们一贯如此,应该被算做偶像崇拜者。于是在大汗面前发生了一场大辩论。最后大汗大怒,命所有的人退下,而召见使者们,问他们希望做基督教徒还是愿做偶像崇拜者;他们回答,如果陛下乐意,不予反对,他们希望像其先辈一样做基督教徒。于是大汗为他们及其他所有信徒规定了特殊待遇,他们必须被称为基督教徒,可以[保持]基督教律法。因为发现在整个蛮子州,信仰这种教义的人有七十多万户。

大汗忽必烈(彩色图版 8 - 15)最后承认福州这些教徒为基督教徒;但是伯希和等学者认为,他们实际上不是基督教徒,而是摩尼教徒。如果他们是真正的基督教徒,就像马可·波罗所熟悉的蒙古朝廷上的景教徒(Nestorians)一样,那么他们的身份认同根本就不会成为问题。穆尔曾谨慎地提出,他们或许是唐代景教传下来的。如果确实如此,蒙古朝廷上的景教徒应该无需任何辩论就可以把他们算成基督教徒。唐代景教徒主要是外国人,而且已经在唐武宗会昌灭佛(845)之际被根除,此后几乎不再看到关于他们的记载,似乎不可能在元代尚有七十万户之多。而摩尼教有不少中国人信奉,经过会昌灭佛并未根除,演变成明教,成为福建和浙江的重要民间宗教,马可·波罗说的"七十万户"自然不无夸大之嫌,但无论如何明教徒的数量是相当大的。有的明教经书被编入道藏,官府、士大夫、佛教史家和道士都不时提到他们的活动。摩尼教从唐代起就被指责为"妄称佛教,诳惑黎元",现存汉文摩尼教经已经采用了大量佛教术语,明教更进一步华化。元代朝廷的佛教(所谓偶像崇拜者)首领为了扩大自己的影响,加强自己的势力,就希望把他们算做佛教徒。

这批福州教徒拥有的经书,当然是汉文写成的,如果类似敦煌出土摩尼教经,其中应该包括赞美诗,这些赞美诗很容易被误认为基督教圣经的《诗篇》。伯希和提出,他不太相信马可·波罗所说的,这些教徒在一座庙里的三幅画像是三个使徒的像,它们或许是耶稣、琐罗亚斯德和佛陀的画像。根据最近发现的福建霞浦的资料,我们可以假设它们是摩尼光佛、夷数和佛和电光王佛的像。摩尼光佛、夷数佛、电光佛均见于敦煌出土摩尼教经,进一步华化以后,模仿道教的三清(玉清、上清、太清),成为三神一组的最高神祇。

从马可·波罗的记叙来看,这批教徒并不像基督教徒、佛教徒那样有自己的管理机构,这也符合明教徒的情况。元朝统治者对于儒、释、道、也里可温(基督教)、答失蛮(伊斯兰教)、白云宗、头陀教等都有管理,但是没有明确提到对明教的管理。有一块双文合璧的碑铭显示明教是归也里可温主教管理的,这块碑收藏在泉州海外交通史博物馆,是 1954 年 12 月吴文良先生在通淮门外津头埔乡发现的,立碑的年代是元仁宗皇庆二年八月十五日(1313 年 9 月 5 日)。(彩色图版 8 - 16)碑文包括两行异族文字和两行汉文。两行用叙利亚字母拼写的突厥语意为:

是为尊者(mra-i ḥasya)教区主教(episqupa)失里门高僧(mar-i šlimun)之墓

癸牛年八月十五日扫马(Zauma)等人志

汉文部分可标点为:

管领江南诸路明教、秦教等,也里可温(阿拉伯文*rāhibīyūn),马里失里门(Mar Solomon),阿必思古八(希腊文

·欧·亚·历·史·文·化·文库·

ἐπίσκοπος），马里哈昔牙（叙利亚文 mry ḥsy' ܡܪܝ ܚܣܝ ）。

皇庆二年，岁在癸丑八月十五日，帖迷答扫马（Timothy Sauma）等泣血谨志。

墓主为"失里门"，这是一个人名，在突厥语写做 šlimun，也即古代基督教常见的人名所罗门（Solomon）。加在这个人名前面的"马里"为 Mar-i 的译音，乃是尊称，意为高僧。"阿必思古八"，即突厥语的 episqupa，为希腊文ἐπίσκοπος的译音，即主教。"马里哈昔牙"，即突厥语mra-i ḥasya，是叙利亚语mry ḥsy' ܡܪܝ ܚܣܝ 的译音，意为尊者。立墓碑者为"帖迷答扫马"，此即基督教徒所用古代姓名提摩太·扫务玛（Timothy Sauma），在突厥语中作 Zauma。"也里可温"是元人对基督教的称呼，"秦教"当即景教。这说明元朝明教是合法存在的，由一位也里可温主教兼管江南诸路明教和秦教（景教）。

元代没有留下类似宋代迫害食菜事魔的文献，可能对明教等宗教异端比较宽容，从而民间留下了一些碑刻和文献资料。福建晋江草庵摩尼光佛雕像就是在元代至元五年（1339）雕刻的。草庵石室本身也应该建于元代。摩尼光佛雕像左右上角各有一篇题记（图8-17[1]），右上角题记云：

> 兴化路罗山境姚兴祖奉舍石室一完。祈荐先君正卿姚汝坚三十三宴，妣郭氏五九太孺，继母黄十三娘，先兄姚月涧，四□□生界者。

摩尼光佛雕像左上角题记：

> 谢店市信士陈真泽立寺，喜舍本师圣像，祈荐考妣早生佛地者。至元五年戊月四日记。

在元代行政区划中，兴化路从来没有管辖晋江县，所以"兴化路罗山境姚兴祖奉舍石室一完（院）"题记中的"兴化路罗山境"应在莆田、仙游境内。姚兴祖应系元朝兴化路莆田县或仙游县人。他为了祈荐自己的父亲、母亲、继母、兄长四人早出生界，捐资造了这座石室。"谢店

〔1〕林悟殊 2005，图版三。

图 8 - 17 福建晋江草庵建寺摩崖石刻

市信士陈真泽立寺,喜舍本师圣像"题记中的谢店市,今名畲店,离草
庵约 2 公里。陈真泽其人在《畲店陈氏族谱》中有记载,谱云:陈真泽
"修建草庵石佛,不吝资财,立有石碑,垂裕后昆于不朽"。族谱资料印
证题记,草庵摩尼光佛像当系至元五年(1339)陈真泽为祈荐父母而雕
造的。

另一个关于明教的重要碑刻是选真寺碑。1988 年夏天在浙江省
苍南县括山乡下汤村选真寺前田野中发现了孔克表《选真寺记》元碑,
碑文基本上与民国《平阳县志》所录的《选真寺记》吻合。(彩色图版
8 - 17)碑额半圆形,"选真寺记"四字分两行篆刻,碑文摘录如下:

赐同进士出身将仕郎建德录事孔克表撰并书

敦武校尉温州路平阳州判官燕京孙篆额

平阳郭南行七十里,有山曰鹏山。层峦逶迤,隆然回抱,河流
萦带,林壑茂美,彭氏世居之。从彭氏之居西北行三百余步,有宫
一区,其榜曰"选真寺",为苏邻国之教者宅焉。盖彭氏之先之所
建也。……

下面碑文详细讲述了彭如山、彭德玉等人对该寺的扩建。写成此
记的年代为至正十一年(1351),该寺始建的年代应为南宋。"苏邻国"
见于敦煌出土《摩尼光佛教法仪略》:"摩尼光佛诞苏邻国跋帝王宫,金
萨健夫人满艳之所生也。"另见该写本所引《老子化胡经》:"我乘自然

·欧·亚·历·史·文·化·文·库·

光明道气,飞入西那玉界苏邻国中,示为太子,舍家入道,号曰摩尼。"苏邻国即 Sūristān,谓巴比伦。中国人普遍把摩尼教视为来自苏邻国的宗教。

就在温州平阳《选真寺记》写成的那一年,即至正十一年(1351),陈高写了《竹西楼记》,告诉我们温州平阳还有一个明教寺院,即炎亭的潜光院,文中也提到了苏邻国:

> 有潜光院在焉。潜光院者,明教浮图之宇也。明教之始,相传以为苏邻国流入中土,瓯越人多奉之。其徒斋戒持律颇严谨,日每一食,昼夜七时,咸瞑拜焉。

《竹西楼记》所记载的潜光院始建年代至少也可以追溯到南宋。粘良图先生在泉州《青阳科甲肇基庄氏族谱》(图 8-18[1])集外篇中发现一篇元至正年间晋江县主簿欧阳贤为士人庄惠龙写的墓志铭,说明庄惠龙在晚年"托以苏邻法",也即皈依了明教:

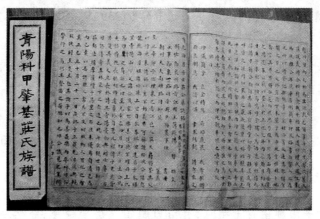

图 8-18 《青阳科甲肇基庄氏族谱》

> 公讳惠龙,号海月。……母王氏,节推质之裔孙也。以至元辛巳(1281)四月初三日生公,夙失怙恃,既长,聪明特达,勇于自奋。凡经传子史皆涉猎其义,又且长于诗,其青阳景物与硕士赓和者,句语清奇,真林泉下之逸老也。晚年厌观世谛,托以苏邻法,构

〔1〕粘良图,彩色图版八。

摩萨坛于其里之右,往来优游,自适其志而已。素以善诱掖人,常若不及,以故乡人有化之者。至正己丑(1349)十月二十一日疾终于正寝。

上述碑铭、文献都反映了元代民间明教流行的情况,不过一般对明教的教义语焉不详。所幸福建霞浦柏洋乡龙首寺在元代改名乐山堂,还保存了一份《乐山堂神记》,使我们得以一窥元代明教教义。(彩色图版 8 – 18)《乐山堂神记》的部分照片已经刊布,录文如下:

◎乐山堂神记

◎太上本师教主摩尼光佛、电光王佛、夷数如来、净风、先意如来、天地化身卢舍那佛、北方镇天真武菩萨、法相惠明如来、九天贞明大圣、普庵祖师、观音、势至二大菩萨。太上三元三品三官大帝:上元一品天官锡福紫微大帝、中元二品地官赦罪清虚大帝、下元三品水官解厄洞阴大帝、三天教主张大真人、三衢教主灵宝天尊、勅封护国太后元君。~◎本坛明门都统威显灵相感应兴福雷使真君济南法主四九真人、移活吉思大圣、贞明法院三十六员天将、七十二大吏兵、雄猛四梵天王、俱孚元帅、嚛[啵]明使。灵源传教历代宗祖:◎胡天尊祖师、胡古月、~高佛日、~乐山堂开山地主孙绵大师、玉林尊者陈平山、~张德源、~上官德水、~……

这份文献自然是后来抄写的,可能是清抄本,因此提到元代以后的很多法师。但是追溯师承时,一直回溯到宋太祖乾德四年(966)丙寅肇刱本堂的孙绵大师及其诸位祖师,而兴福雷使当即被封为兴福大王、洞天都雷使的林瞪。因此《乐山堂神记》的内容必有所本,可能传自北宋之祖师,而非元代或后世杜撰。从《乐山堂神记》来看,摩尼教的神谱已经与道教神谱结合,比如三天教主张大真人当即龙虎山张天师。其中甚至加进了佛教人物如普庵祖师(1115—1169)。摩尼教的最高神大明尊,以及一些重要神祇均未提及。但是,此文仍然保存着明显的摩尼教神祇。"摩尼光佛"即摩尼,敦煌文书《摩尼光佛教法仪略》题目中就包括了这个名称,他是摩尼教的创始人,但本来并非神祇,此时成了"太上本师教主",列在第一。这在熟悉佛教、道教的华人看来,犹如以释迦牟尼、老子为最高神一样,再自然不过了。"夷数"是敦煌摩尼教文献常见的神祇,《下部赞》中两叠《赞夷数文》就是专门歌颂耶稣的。摩尼教经中的"电光佛"即西方资料中的光明处女,引导人的灵魂上升明界,在明教中与摩尼、耶稣并列为三大神。"净风"为创造天地之神。"先意"即原人,此名也见于《宋会要辑稿》,应该是明教中比较常见的神。"天地化身卢舍那佛"即光耀柱,白玉蟾在其语录中曾有过一番描述,可见是明教教义的重点之所在,以至于为白玉蟾所熟知。"法相惠明"在《摩尼教残经》被称为"惠明法相",在其他文献中又被称为"惠明佛"、"法相",即西方资料中的光明诺斯。"观音、势至二大菩萨"初看为佛教之神,其实是摩尼教的说听与唤应二神,即呼神和应神。"雄猛四梵天王"使人联想到《宋会要辑稿》中的《四天王帧》,以及吐鲁番高昌故城出土的摩尼教美术作品中的四天王。"俱孚元帅"当与耶俱孚有关。"移活吉思(大圣)"可能是粟特文 yw'rks 的译音,在敦煌景教写本 P. 3847 的《尊经》的法王名录中作"宜和吉思(法王)",叙利亚文 gywrgys,今译乔治,在东方称为大殉教者。

　　福建霞浦柏洋乡乐山堂的一些宗教文书使我们相信,宋元时代明教文献保存的摩尼教成分要比我们以前所想象的更多,而日本最近刊布的元末明初宁波绘画更加使我们相信,宋元时代的明教徒仍然相当了解摩尼教教义。2006 年日本学者泉武夫首先提出奈良大和文化馆藏的一幅所谓"六道图"上的神可能是摩尼,后来吉田丰、古乐慈和埃伯特(Jorinde Ebert)都进行了研究,基本确定这是一幅摩尼教绘画。(彩色图版 3 – 19)它可以被命名为"冥王圣图"。画面一共分为五层:最上面一层描绘了明界的宫殿。电光佛及其随从自天而降,左边描绘她们受到一位女主人的欢迎,中间是宾主在宫殿里会面的场景,右边是主人欢送她们离开。第二层是布道场景。中间的神当为摩尼光佛,右面有两个白衣师僧,坐着的那个正在讲道;右边穿红衣服的可能即此画的捐赠者张思义,站着的是其仆人。第三层是士、农、工、商四幅小图,描绘了听者的灵魂转世。第四层是审判图。坐在桌子后面的审判官即"平等王",小鬼押着亡灵前来受审;电光佛及其侍者从画面的左上方驾云而来,对审判给予指示。第五层是地狱,描绘了四种恐怖的场景。这幅画清楚地表明,明教徒虽然吸收了不少佛教六道轮回的东西,但是,根本教义仍然是摩尼教的三道轮回,即师僧死后将会上升明界,听者则还要到人间去轮回,恶人则要下地狱。

最近,吉田丰刊布了 4 幅元末明初宁波的摩尼教绘画(其中一幅剩下两件残片,因此共分为 5 件):第一幅是宇宙图,尺寸很大,137.1 厘米×56.6 厘米,细致地描绘了摩尼教的整个宇宙结构,与景教主教巴尔库尼(Theodore bar Konai)用叙利亚文撰写的《斯可利亚》(*Book of scholies*)、书目学家奈迪木用阿拉伯文撰写的《群书类述》中的有关描写相当符合,甚至在许多细节上也与摩尼教中古波斯文、粟特文资料相吻合。我们可以很容易地从画面上辨认出"四十大力士"支撑的"十天"、最高神"大慈父"主宰的"明界"、"日月二大明船"以及须弥山及其周围的大地。这可能是元末明初华南的明教徒根据摩尼的《大二宗图》(《大门荷翼图》,*Ardhang*)绘制的。(彩色图版 2 - 1、2 - 4、2 - 7、2 - 8)

第二幅是天界图,分为两件,是一幅大画上剩下的两个残片。我们可以看到最高神"大慈父"及其"五种国土":"想、心、念、思、意"。(彩色图版 4 - 18、4 - 19)第三幅是圣者传图(1),描绘了数条船只航海的景象,以及登岸以后,摩尼教师僧及其追随者向当地人,包括佛教僧侣传教。(彩色图版 1 - 2、1 - 3)第四幅是圣者传图(2),内容与前者的下部类似,描绘了传教活动。(彩色图版 8 - 19)这两幅图可能描绘了摩尼早年航海到印度去传播摩尼教的情况。

元朝统治者对各种宗教比较宽容,明教也获得了一个自由发展的时期。元朝统治者起自蒙古高原,统一中国以后,仍然控制漠北,没有像大多数汉族王朝统治者一样时时面临北方游牧民族的威胁。但是,元朝的统治者汉化程度较低,始终不甚了解汉地内情,虽然禁止过白莲教,但是对于民间异端宗教可能造成的政治影响估计不足,终于酿成了元末农民大起义。

8.5 明代及其后的明教

元末农民大起义中宗教异端无疑发挥了极其重要的作用。栾城人韩山童祖父就是白莲会,被流放到永年(今属河北)。大约1351年,韩山童倡言"天下大乱,弥勒佛下生",河南及江淮民众响应。刘福通等声称韩山童是宋徽宗八世孙,当为中国主。他们起兵造反,以红巾裹头,为白莲、弥勒教徒的教帜,称红巾军。后韩山童被擒,其子韩林儿逃到武安。1355年,刘福通以韩林儿为帝,号"小明王",国号为宋,年号"龙凤"。朱元璋(1328—1398,彩色图版8-20)是临濠(今安徽凤阳)人,自幼贫寒,遭天灾家变,孤苦无依,入皇觉寺为小沙弥,后离乡为游方僧。1352年朱元璋投郭子兴,参加红巾军。1355年郭子兴卒后,朱元璋被刘福通邀请加入小明王韩林儿的宋国为左副元帅,削平群雄,击败元军,1364年封吴王。1366年冬韩林儿渡长江时沉舟而亡,朱元璋改元"吴元年",1368年在应天(今南京)称帝,国号大明,年号洪武。朱元璋自己以参加白莲、弥勒教倡导的造反起家,深知这些民间异端宗教的影响。他于洪武元年四月赴汴梁,闰七月还南京,接受开国功臣李善长(图8-19[1])的建议,下诏禁绝民间宗教异端。王世贞《名卿绩纪》卷3《李善长传》记载洪武元年:

图8-19 李善长

> 高帝幸汴,善长复留守,得颛杀生封拜焉。帝还,诏定封建诸王官属国邑及大赏平中原将士功有差。请置司农卿,于河南课耕垦。又请禁淫祀白莲社、明尊教、白云、巫觋、扶鸾、祷圣、书符、咒水邪术。诏可。

这次李善长建议的禁止范围把明尊教也包括在内,"明尊教"应该

---

〔1〕〔2010-08-18〕. http://imgsrc. baidu. com/baike/pic/item/8a95ad1c6126b99687d6b6e2. jpg.

就是宋元福建、浙江流行的明教。《明太祖实录》卷53，"洪武三年（1370）六月甲子"条记载：

> 于是中书省臣等奏：凡民庶祭先祖，岁除祀灶，乡村春秋祈土谷之神，凡有灾患，祷于祖先，若乡属、邑属、郡属之祭，则里、社、郡、县自举之。其僧道建斋设醮，不许奏章上表，投拜青词，亦不许塑画天神地祇；及白莲社、明尊教、白云宗、巫觋、扶鸾、祷圣、书符、咒水诸术，并加禁止，庶几左道不兴，民无惑志。诏从之。

这个上奏的内容与李善长的建议相当类似。元末民众起义反元，有两种号召：在政治上为复兴汉族统治，重建赵宋王朝；在宗教上就是白莲、弥勒教的"弥勒佛降生、明王出世"的口号。朱元璋建国之初就决定禁绝以白莲、弥勒教为首的各种民间异端，而且以法律的形式固定下来。早在吴元年朱元璋就命左丞相李善长等议定律令。洪武六年，朱元璋命刑部尚书刘惟谦等以《律令》为基础，详订《大明律》。《明代律例会编》卷11《礼律一》规定：

> 凡师巫假降邪神，书符，咒水，扶鸾，祷圣，自号端公、太保、师婆及妄称弥勒佛、白莲社、明尊教、白云宗等会，一应左道乱正之术，或隐藏图像，烧香集众，夜聚晓散，佯修善事，扇惑民人，为首者绞，为从者各杖一百，流三千里。○若军民装扮神像，鸣锣击鼓，迎神赛会者，杖一百，罪坐为首之人。○里长知而不首者，各笞四十。其民间春秋义社，不在禁限。

纂注说明："……及妄称西方弥勒佛，远公白莲社，牟尼明尊教，释氏白云宗等会……"牟尼明尊教当为摩尼教演变而成的明教，在宋代就常与白莲、白云一起被归入食菜事魔，到了明初也一起被禁。1646年刊布的《清律》中亦有类似的条文。

据说明教被禁的原因，除了被视为"旁门左道"之外，另一个理由是"上逼国号"。宋濂（1310—1381，图8-20[1]）《芝园续集》卷4《故

〔1〕〔2010-08-18〕. http://upload. wikimedia. org/wikipedia/commons/thumb/5/50/Song_Lian. jpg/200px-Song_Lian. jpg.

岐宁卫经历熊府君墓铭》记叙道：

> 洪武改元，上即皇帝位，凡创制更革之典，君多预闻。上遇君厚，每字前而不名。……温有邪师曰"大明教"，造饰殿堂甚侈，民之无业者咸归之。君以蛊俗眩世，且明犯国号，奏毁之。官没其产，而驱其众为农。

熊府君即熊鼎（1322—1376），洪武元年任浙江按察司签事，分部台、温。朱元璋可能因为熊鼎的奏折而打算没收其产业，使其信徒回乡务农，但是，这个打算可能并没有全面执行。

何乔远（1558—1631）所著《闽书·方域志》在谈到晋江华表山草庵时告诉我们，朱元璋一统天下

图 8 - 20　宋濂像

以后，以儒、佛、道三教作为官方认可的意识形态，来指导人民的精神生活，反对包括明教在内的各种异端，又因为明教的名称犯了国号，打算驱散其信徒，拆毁其殿堂，但是由于户部尚书郁新、礼部尚书杨隆奏请宽容，就置之不问了。何乔远在这段文字中还比较全面地回顾了摩尼教在中国的流传，确定了明教实渊源自摩尼教，以及明教在宋、元、明三朝的基本情况，是研究摩尼教不可多得的珍贵资料，值得全文引用：

> 泉州府晋江县华表山，与灵源相连，两峰角立如华表。山背之麓有草庵，元时物也，祀摩尼佛。摩尼佛名末摩尼光佛，苏邻国人，又一佛也，号具智大明使。云老子西入流沙，五百余岁，当汉献帝建安之戊子，寄形捺晕。国王跋帝之后，食而甘之，遂有孕。及期，擘胸而出。捺晕者，禁院石榴也。其说与攀李树、出左胁相应。其教曰明，衣尚白，朝拜日，夕拜月。了见法性，究竟广明，云即汝之性，是我之身，即我之身，是汝之性。盖合释、老而一之。行于大食、拂菻、[吐]火罗、波斯诸国。晋武帝太始丙戌，灭度于波斯，以其法属上首慕阇。慕阇当唐高宗朝行教中国，至武则天时，慕阇高弟密乌没斯拂多诞入见。群僧妒谮，互相击难。则天悦其说，留使

课经。开元中作大云光明寺奉之。自言其国有二圣,号先意、夷数,若吾中国之言盘古者。"末"之言大也。其经有七部。有《化胡经》,言老子西入流沙,托生苏邻国事。会昌中汰僧,明教在汰中。有呼禄法师者,来入福唐,授侣三山,游方泉郡,卒葬郡北山下。至道中,怀安士人李廷裕得佛像于京城卜肆,鬻以五十千钱,而瑞像遂传闽中。真宗朝,闽士人林世长取其经以进,授守福州文学。皇朝太祖定天下,以三教范民,又嫌其教门上逼国号,摈其徒,毁其宫。户部尚书郁新、礼部尚书杨隆奏留之,因得置不问。今民间习其术者,行符咒,名师氏法,不甚显云。庵后有万石峰,有玉泉,有云梯百级,及诸题刻。

何乔远在《名山藏》第七记《王享记》中有一段类似的记载,较为简略。福建晋江华表山草庵目前已经成为脍炙人口的摩尼教遗址,当代学者们就是因为陈垣先生刊布了何乔远的这段记载而开始注意此庵,终于寻获的。(图8-21[1])这段文字不长,但是大部分都能从可靠的摩尼教资料得到证实。因此其他资料未曾提及的事实也相当可信。关于摩尼的生卒,何乔远可能看到过类似敦煌本《摩尼光佛教法仪略》的文献。我们可以与《仪略》的有关文字作一比较:"佛夷瑟德乌卢诜者(本国梵音也)译云光明使者。又号具智法王。亦谓摩尼光佛。……按彼波斯婆毗长历,自开辟初有十二辰,掌分年代。至第十一辰,名讷,管代二百廿七年,释迦出现。至第十二辰,名魔谢,管代五百廿七年,摩尼光佛诞苏邻国跋帝王宫,金萨健种夫人满艳之所生也。婆毗长历当汉献帝建安十三年二月八日而生,泯然悬合矣。至若资禀天符而受胎,斋戒严洁而怀孕者,本清净也;自胸前化诞,卓世殊伦。神验九征,灵瑞五应者,生非凡也。……《老子化胡经》云:'我乘自然光明道气,飞入西那王界苏邻国中,示为太子,舍家人道,号曰摩尼。……至晋太始二年正月四日乃息化。"根据恒宁的研究,所谓波斯婆毗长历"至第十二辰,名魔谢,管代五百廿七年",合公元208年,这个摩尼诞生的年代在

〔1〕[2010-08-20]. http://qkzz.net/images/m/xg/337318-1.jpg.

图 8-21　福建晋江华表山草庵

《仪略》中作"汉献帝建安十三年",即公元 216 年,相差了 8 年。《闽书》记载摩尼诞生的年代为"汉献帝建安之戊子",即"汉献帝建安十三年",与《仪略》的错误相同。关于摩尼去世的年代,《闽书》也沿袭了《仪略》的错误。根据吐鲁番出土的摩尼教文献,可以推算出摩尼卒于 274 年,《仪略》的"晋太始二年"即《闽书》的"晋武帝太始丙戌",即公元 266 年,也差了 8 年。唐代武则天时,拂多诞入华,告诉中国信徒,多少多少年以前教主摩尼出生与去世,应该不至于出错。而况开元七年(719)还有一位"解天文大慕阇"来华,在换算波斯婆毗长历与中国历法方面更不应该出错。恒宁认为唯一可能的解释是:《仪略》的汉文编译者在换算年代时出了差错。《闽书》关于摩尼生卒年的记载自非何乔远杜撰,定当得自福建明教徒的文献或口述,如果其错误也与《仪略》相同,只能证明福建明教出自唐代中原摩尼教,而不可能是从海上传过来的。

　　关于摩尼诞生的神话,《闽书》的"擘胸而出"显然与《仪略》的"自胸前化诞"同出一源,乃模仿佛教关于摩耶夫人攀阿输迦树而释迦牟尼破母右胁而出的神话。但是,《闽书》又谓"其说与攀李树、出左胁相应"。因为道士为了神化老子,也模仿释迦牟尼诞生的神话,说老子母

404

亲攀李树而老子破母左胁而出。

《闽书》"火罗"当为"吐火罗"之讹,吐火罗曾派慕阇觐见唐玄宗。拂多诞入见武则天,先意(原人)、夷数(耶稣)二神,其经有七部,《化胡经》,宋真宗朝明教经得以编入道藏等均可在其他资料得到证实。"末之言大也"是解释"末摩尼"的"末"字不可按照汉文字望文生义,是音译而来的。我们今天知道,这是叙利亚文尊称"大德"(mr)的音译。刘南强先生感叹道:"所有这些随意记录但是高度精确的细节不可避免地使我们得出结论,在这么晚近的时代(大约1600年左右)华南的摩尼教徒仍然以小心保存的本教历史为基础,保持着清楚的自我认同。尽管他们关于摩尼生平的知识染上了浓厚的本土色彩,但是他们显然忠实于8世纪中国摩尼教徒中流行的版本。"伯希和对何乔远的记载也早就感叹过:"观其记述17世纪上半叶流传福建的传说之忠实,不能不令人惊羡也。"我们今天掌握了越来越多明教在明代及以后的资料,特别是草庵附近苏内村和霞浦的资料,更可以理解为何何乔远能够作出如此精确的叙述。

在何乔远出生以前的正统十年(1445)福建晋江草庵主持明书在寺前大石上镌刻偈语:

> 劝念:清净、光明、大力、智慧,无上至真,摩尼光佛。正统乙丑九月十三日,住山弟子明书立。

"清净、光明、大力、智慧"即摩尼教最高神的四面尊严:神、光明、威力、智慧,在元明时代的福建广泛流传。1988年6月在福建省莆田市涵江区福厦公路旁发现一块断碑,刻有"大力智慧 摩尼光佛"八个楷书大字,上端尚有"明"字和"真"字的下半残迹。1990年在涵江区府礼堂前水沟又发现一块残碑,上刻"清净光"三字和"明"字的上半部,将它与以前发现的断碑拼合在一起,可以断定原来碑上刻的就是"清净、光明、大力、智慧,无上至真,摩尼光佛"十六字偈。(彩色图版8-21)该碑右侧有一行落款细字"都转运盐使上里场司令许爵乐立"。查《莆田县志》:"都转运盐使司分司在县东北涵头市,元至元间设管勾、董卤差事,延佑二年(1315)改为司令司,明洪武二年(1369)改今名。"因此此碑可能立于1315—1369年。

几乎与莆田市摩尼教断碑重合同时,该市出版的《湄州报》报道,莆田县北高乡后积村竖有一块断碑,上刻"□□□明、大力、智慧,□□□真,摩尼光佛。"如果复原全碑,应该也是这十六字偈。(图8-22[1])

霞浦县盐田畲族乡北洋村公路边,离村二公里许,有一座飞路塔,坐北朝南,始建于明代洪武甲寅年(1374),为四角形花岗岩质地单层造像塔。2008年因修路重修。新建筑是混凝土结构,

图8-22　福建莆田县北高乡
明教十六字偈断碑

将飞来塔嵌镶在新建的泗洲佛平房亭内,露在平房屋面上。宝瓶已毁后用水泥加上。塔前刻有楷书:"清净、光明、大力、智慧"明教教义八字。(彩色图版8-22)两边立柱上落款楷书:"时洪武甲寅年(1374)太岁一阳月吉[日]立,东峰兴□山人秋圃宗玄募款造。"须弥座刻有花纹。龛里供佛造像三尊。

霞浦县柏洋乡上万村还保存着三佛塔构件。构件为辉绿岩质地,原塔有三座,位于塔后村前一公里的柏洋至塔后公路边,为单层四角造像塔。现尚存塔片32块,放在上万村的观音亭内和塔后村林氏宗祠戏台下。塔构件包括11块佛像,4个塔檐、3块塔刹,以及刻有花纹的塔底座等。还有造像两座,各雕刻一个人物像,边柱各刻一行楷书,连读为:"全凭菩萨扶持力,早赐兰孙抱送来。"两石刻分别落款:"大明正德九年甲戌岁正月吉旦"、"桃源信士林楚造"。正德九年为1514年。有一块三尊并坐像,共有三个像,造像头顶背后皆有光环,中座呈跏趺坐姿势。左边造像非常奇特,没有戴帽,双手露于袖子外面,其左手抱一物疑似猴子,右手压住一犬。右边造像戴帽,双领结宽衣,双手藏于

---

〔1〕林悟殊2005,图版十。

袖内。（图8-23[1]）

图8-23　霞浦县柏洋乡上万村三尊并坐造像

　　吴春明2008年11月前往霞浦县柏洋乡上万村复查明代三佛塔石刻佛像时，发现一块佛像脸面虽然被损毁，但是背景光圈与草庵摩尼光佛相似。（图8-24[2]）他查证了上万村《林氏宗谱》等其他资料，初步认为三佛塔等可能是明教遗物，林瞪是明教徒。

图8-24　三佛塔构件之一与草庵摩尼光佛像之比较

　　《闽书》说："今民间习其术者，行符咒，名师氏法，不甚显云。"可见17世纪上半叶何乔远的时代，明教已经进一步民间化，向使用符咒的方向发展。清代在《清律》里还保存着禁止明尊教的条文，公私记载里却极少看到关于明教的记载。但是近年来发现了一些明教最后演变成民间宗教的重要资料。粘良图先生发现，在晋江草庵附近的罗山镇

　　〔1〕[2010-08-20]. http://bjyouth.ynet.com/img.db? 57318279+s(300).
　　〔2〕《霞浦县明教（摩尼教）史迹调查报告》第4页。[2010-08-20]. http://yocity.cn/yocityAdmin/upload/view/2007-10-919111825959796.jpg.

苏内村和相邻的溪东村有个境主宫,宫中奉五位神灵为境主。神像以墨笔画在寝殿粉壁上,外用玻璃橱窗隔开。居中是摩尼光佛,取样于草庵的摩崖造像,摩尼跌坐在莲座上,背后有十八道光芒,位置高于其他四神。左一为都天灵相,五绺长须,戴四方头巾,着圆领绣袍,坐于交椅,右手当胸执一圆珠。这个形象明显模仿中国古戏装中士人或员外的造型。他的名字可能与白玉蟾讲到的明教之神灵相土地有关。左二为境主公。右一为秦皎明使,束发戴冠,五绺长须,身着甲胄,双手执剑,双剑交叉于胸前。此形象一如中国古代的武将。他当即霞浦柏洋乡《乐山堂神谱》中的"嗦嗾明使"。"嗾"字为口字旁,罕见,当为音译。右二为十八真人。(彩色图版 8 – 23)

晋江明教进一步民间化还表现在使用符箓,摩尼已经化为中国民间宗教的众多神祇之一。苏内村历来有乩师传承,乩师随时在草庵、境主宫或四王府宫(村中另一座神庙)作法。乩师向求神卜卦的村民提供印有摩尼光佛形象、八卦形象的符纸,指定地方张贴或焚烧以镇宅驱邪。(图 8 – 25[1])苏内村民称草庵前崖刻"清净、光明、大力、智慧,无上至真,摩尼光佛"为"摩尼公咒",有不少人相信念此咒语可以定心性,祛邪鬼。

粘良图在苏内村调查时,还在曾仁忠家发现一尊摩尼光佛木雕像。摩尼光佛坐在莲花座上,面容丰满,赭红色,无须,细眉凤眼,双耳垂肩,头发中分,如起双突。佛像着金色开襟道袍,腰束绦带,开胸处露橘红色内衣。(彩色图版 8 – 24)这尊摩尼光佛木雕像不像其他人家供奉的摩尼光佛像完全取样于草庵石雕像。陈进国先生在霞浦县柏洋乡一位法师家中也访到一尊佛像,造型与上述摩尼光佛像有相似之处,平结跏跌坐,着开襟道袍,腰束绦带,开胸处露粉红色内衣,可能也是祖传的摩尼像。

吴春明、陈进国、林鋆先生等在霞浦发现的民间宗教遗物中,有相当数量的文书,其中有不少明显的摩尼教因素。根据林鋆先生 2009 年

---

〔1〕粘良图,彩色图版十二。

8－25　福建晋江罗山镇苏内村村民用的摩尼光佛符篆

10月8日摄的"陈法师藏科本中的《下部赞》语句"照片,我们读到:

大圣无始世尊那罗延佛

大圣神变世尊苏路支佛

大圣慈济世尊摩尼光佛

大圣大觉世尊释迦文佛

大圣活命世尊夷数和佛

愿降道场,证明功德,接引亡灵,来临法会。

一、那罗初世人,二、苏路神门变,

三、释迦托王官,四、夷数神光现。

众和:救性离灾殃,速超常乐海。

一、摩尼大法王,二、最后光明使,

三、出现于苏邻,四、救我有缘人。

众:救性离灾殃,速超常乐海。

一者无上光明佛,二者智惠善母佛,

三者常胜先意佛,四者欢喜五明佛,

五者勤修乐明佛,六者真实造相佛,

七者信心净风佛,八者忍辱日光佛,

……

这与《下部赞·收食单偈》几乎完全相同,微小的不同是《收食单偈》作"一者无上光明王","四者欢喜五明佛"。但是,更使我们惊讶的是,现存敦煌发现的摩尼教经中并无其他文句,而这些文句相当符合摩尼教的教义。"那罗延佛"是《下部赞·一者明尊》的所谓"作者",梵文当为Nārāyaṇa,指印度教大神毗湿奴(Viṣṇu)。"苏路支",即姚宽《西溪丛语》卷上所谓"苏鲁支",即琐罗亚斯德(Zoroaster,约公元前7至公元前6世纪),是琐罗亚斯德教的创建人。"释迦文"即释迦牟尼,佛陀佛教的创建者。"夷数"即耶稣,基督教的创建者。此文不仅把这三位先知与摩尼列在一起,而且称摩尼为"最后光明使""出现于苏邻(Suristān,在巴比伦)",这些正是摩尼在其《沙卜拉干》中的说法:"神的使者一次又一次地把智能和善行传到人间。有一个时代由名叫佛陀的使者传到印度,又有一个时代由名叫琐罗亚斯德的使者传到波斯,另一个时代由叫耶稣的使者传到西方。而今,启示又降下来,在这个最后的时代,先知的职分落在我摩尼身上,由我作为向巴比伦传达神的真理的使者。"

陈法师藏《未名科仪书》有请"五雷子",解释了五佛的名称,与上述五佛一致:

> 一佛那罗延,降神娑婆界,轼应波罗门,当淳人代,开度诸明性,出离生死。若愿亡灵乘佛威,光证[菩]萨会。二佛苏路支,以大因缘故,说法在波斯,度人无数,六道悉停[骏],三途背息。若愿亡灵乘佛威,光证菩萨会。三佛释迦文,得道[蓝毗]苑,度生死,若金口演真言,咸生皆觉悟。若愿亡灵乘佛威,光证菩萨会。四佛夷数和,无上明尊子,降神下拂林,作慈悲父,刹刹露真身,为指通宵路。若愿亡灵乘佛威,光证菩萨会。五佛摩尼光,最后光明使,托化在王官,示为太子说法,转金轮,有缘蒙济度。若愿亡灵乘佛威,光证菩萨会。

娑婆界,即娑婆世界,梵文 sahā-loka-dhātd,意译为忍土、堪忍土、忍界,泛指这个现实世界。波罗门,即婆罗门,梵文brāhmaṇa,印度四种姓中,婆罗门是印度教僧侣,为最高种姓。苏路支即琐罗亚斯德,为波斯人。蓝毗苑,即蓝毗尼园,梵文 Lumbinī,是释迦牟尼的诞生之地。夷数即耶稣,《下部赞·赞夷数文》称夷数为"自是明尊怜悯子",又称其为"一切明性慈悲父"。拂林,本自波斯人对罗马帝国的称谓 Frōm 或 Hrōm。《摩尼光佛教法仪略》说"摩尼光佛诞苏邻国跋帝王宫",《老子化胡经》说老子"降诞王室,示为太子,舍家入道,号末摩尼。转大法轮,说经戒律定慧等法"。这应该就是此文关于摩尼光佛的叙述的根据所在。

柏洋乡谢道琏传用《奏申牒疏科册》当为清抄本,其中有多份文书包含了摩尼教成分。《牒官将》是"牒请四梵天王诸大护法明使"的。对"四梵天王"用的是"牒",规格不如"申"和"奏"高,不过四梵天王在明教神谱中作用相当大。《申地府》的对象之一是"地府灵尊平等大帝",显然出于摩尼教的"平等王",在这份文书中与道教的"北阴酆都元天大帝"并列。《申唤应》的对象是观音、势至,初看似为佛教的菩萨,但是题目以及目录中此文列入"唤应明宫",都说明这里的"观音、势至"出自摩尼教的呼神和应神。"奏"是规格最高的文检。《[奏]昊天》的对象是道教的"昊天至尊玉皇上帝",但是颂扬玉皇上帝"位统十天,为天帝之至尊;恩超八地,济地狱之苦魂。""十天八地"当出自摩尼教,《摩尼教残经》第12—15行说:"净风明使以五类魔及五明身,二力和合,造成世界——十天八地。……其彼净风及善母等,以巧方便,安立十天;次置业轮及日月宫,并下八地……"吉田丰刊布的元末明初宁波地区绘制的摩尼教宇宙图将十天画得相当细致,我们可以相信,华南明教徒一直保存着摩尼教"十天八地"的神话。陈进国等刊布的陈氏法师提供的一本未名科仪书的《赞天王》说"十天王者,梵名阿萨漫沙也。是故道教称为昊天玉皇大帝"。十天王即摩尼教中的净风第二子,掌管第一至第七层天,其兄持世明使掌管第八至第十层天。但是在其他文字的摩尼教文献中,十天王已经比他的其他四兄弟更受人注目,在明教中则与玉皇大帝合二为一,成为最高神之一。《奏教主》则非常明确地以三个摩尼教的神祇为最高神:(彩色图版 8 – 25)

(1)■奏教主　嗣

411

（2）太上清真无极大道正明内院法性灵威精进意部主事渝沙臣厶谨奏为度

（3）亡事。恭闻　光明教阐，包罗万法之宗，智惠门开，济度四生之德。一

（4）介么微冒干　佛听。今据　大清国福建福宁州云云由词旨至

（5）明界，照得亡灵生前过惧、殁后愆尤，倘拘执对，未获超升。今建良

（6）缘，特伸荐拔。但臣厶忝掌　真科，未敢擅便；录词百拜上奏　〇签三个

（7）神通救性电光王佛　金莲下、　太上教主摩尼光佛　青莲下、

（8）广惠庄严夷数和佛　金莲下。　恭惟　慈悲无量、济度有缘，愍孝诚

（9）之恳切，允微臣之奏陈，乞颁　明敕行下阴府诸司，赦释亡魂，脱离刑

（10）曹之所，乘毫光径赴法坛，领善功直登　净邦。恭望慈光厶夜至期

（11）奏请光降道场，证明修奉，恩资逝性即超升，福利存家常迪吉。臣厶

（12）诚惶诚恐，稽首顿首百拜，谨具奏　闻，伏侯　恩命之至。

（13）〇年　月　日主事臣厶百拜谨状。

这份《奏教主》在《奏申牒疏科册》目录里列为："圆明宝阙宫　圆明宝阙三清上圣　青莲［下］"。道教里面的三清——玉清境元始天尊、上清境灵宝天尊、太清境道德天尊——被取而代之，代替他们的是"神通救性电光王佛　金莲下、太上教主摩尼光佛　青莲下、广惠庄严夷数和佛　金莲下。"这里赞颂夷数和佛的"广惠庄严"也是《下部赞·赞夷数文》里赞颂夷数的词语："广惠庄严夷数佛，起大慈悲舍我罪。

听我如斯苦痛言,引我离斯毒火海。"

《兴福祖庆诞科》也以摩尼、电光佛和夷数佛为大圣。《兴福祖庆诞科》手抄本共 29 页,是法师庆祝兴福都雷使林公二十五真君(林瞪)诞辰时所用的请神科仪本,包括《起大圣》、《开坛文》、《净口文》、《净坛文》、《天地咒》、《请护法文》、《召符官文》、《谢土地赞》等节。根据吴春明先生提供的照片看,《起大圣》奉请的三大圣就是上述三个摩尼教神祇,并录摩尼教诗一首:(彩色图版 8 - 26)

起大圣(左举)

大圣长生甘露摩尼光佛、大圣贞明法性电光王佛、大圣延生益算夷数和佛,愿降寿筵,证明修奉。

大圣自是吉祥时,普耀我等诸明使。妙色世间无有比,神通变现获如是。

"摩尼光佛"见于敦煌本摩尼教经《摩尼光佛教法仪略》的题目等处,"电光佛"见于敦煌本《下部赞·收食单偈》"十一者齐心电光佛",是东方摩尼教十二大神之一,即西方资料中的光明处女神。"夷数"是摩尼教的主要神祇,《下部赞》有两叠《赞夷数文》,第二叠接近结束写道:

大圣自是吉祥时,普曜我等诸明性。妙色世间无有比,神通变现复如是:

或现童男微妙相,癫发五种雌类魔;或现童女端严身,狂乱五种雄魔党。

讲的是第三使与光明处女神各自以男女裸体出现在空中,诱惑雌魔流产、雄魔射精的神话。《起大圣》这首诗几乎一字不差地抄自《赞夷数文》,"获"可能只是"复"字之讹。"诸明使"可能只是"诸明性"之讹,也可能是有意改写。在一本无名科文残本抄件上,这首诗就抄得与《下部赞·赞夷数文》一字不差。(彩色图版 8 - 27)

《兴福祖庆诞科》中的《净坛文》使用了大量音译文字,值得进一步研究,在音译文字之后,录诗一首(彩色图版 8 - 28):

愿施戒香解脱水,十二宝冠衣缨珞,洒除坛界息尘埃,严洁净

413

口令端正。

此诗又与敦煌本《下部赞·赞夷数文》的诗句只差几个字：

> 愿施戒香解脱水，十二宝冠衣缨珞，洗我妙性离尘埃，严饰净
体令端正。

可见《兴福祖庆诞科》上述两首诗定是利用《下部赞·赞夷数文》
的诗句改写成的。

《兴福祖庆诞科·请护法文》则把摩尼教的"清净、光明、大力、智
慧"和四梵天王、二大护法纳入民间宗教五方五帝的框架。先说明：
"天王化四明神，锐持手，甲穿身，御怨敌，护真人，令正教，免因循。"然
后罗列四梵天王的音译名字，再列出一个图表。"五方"为东南西北
中："北方守坎"，配"清净"和"嘘嚩逸天王"（[嘘]缚诃逸啰）。"东方
守震"，配"光明"和"弥诃逸天王"（弥诃逸啰）。"南方守离"，配"大
力"和"喋啰逸天王"（业缚啰逸啰）。"西方守兑"，配"智慧"和"娑啰
逸天王"（娑啰逸啰）。"中"为"真如门示现中央佛中央辅弼主"，配二
大护法："耶俱孚大将"和"味嗦皎明使"。（"味"与"[味]"甚难分辨）
（图8－26[1]）其他文献的"秦皎（有时作"嗦啵"）明使"或许只是"味
嗦皎明使"的简称，而"俱孚大将"当为"耶俱孚大将"的简称。《下部
赞·叹诸护法明使文》第二叠说："头首大将耶俱孚，常具甲仗摧逆
党。"耶俱孚为帕提亚文/中古波斯文 y'kwb、y'qwb 的译音，可能即雅
各布（Jacob）。

陈进国等刊布的陈氏法师提供的一本未名科仪书的《赞天王》也
说明了四天王的作用（[]中的文字为笔者根据上下文校补），很值得进
一步研究：

> 十天大王者，梵名阿萨漫沙也。是故道教称为昊天玉皇大帝，
住在第七天中，处于大殿，管于十天善恶之事。此天内有十二面宝
镜，上面观于涅[槃常明世界]，下面照于阴司地府，十面鉴于十天
诸庇背叛等事，化四天王管四天下。嘘[嚩]逸天王管北郁坛界，

---

[1]吴春明供稿。

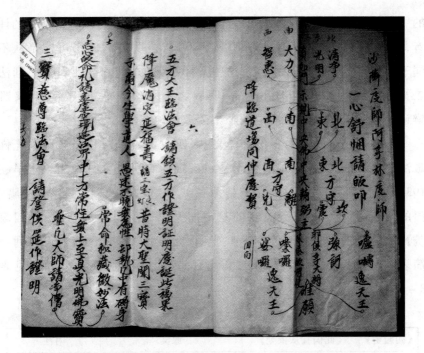

图 8-26 霞浦县柏洋乡《兴福祖庆诞科》之《请护法文》(部分)

弥诃逸天王统御[东弗婆提,业缚啰逸天王管]南阎浮提,[娑]啰
逸天王掌握西瞿耶尼。四天大明神若见诸天恶庇起奸计,骚扰天
空地界诸圣,应时展大威神,折挫调伏,速令安定,急使调伏。一心
虔恭,合掌皈依,同降道场,加彼下界福德,男女长福消灾,增延
福寿。

　　"四梵天王"也见于陈进国刊布的《去煞符》。整个符纸看上去类
似道教符箓,值得注意的是有一行文字有明显的摩尼教特点:"以下以
此是摩尼大法旨;无上明尊祖,慈悲最圣明。再苏夷数伕,圆满大光明。
伕法僧勅四梵天王勅奉请大圣。伽度师,乌芦诜,訬罚时哩喉[噤]娑
婆诃。"《摩尼教残经》第 133 行说:"其明父者,即是明界无上明尊。"无
上明尊祖即摩尼教的最高神。"伕"是"佛"的异体字,"夷数伕"即夷
数佛,也即耶稣。四梵天王使人联想到《宋会要辑稿·刑法二》宣和二
年十一月四日臣僚言,"明教之人所念经文及绘画佛像"中有《四天王
帧》。"伽度师,乌芦诜"当即《下部赞》第二首音译诗《此偈宜从依梵》

415

· 欧 · 亚 · 历 · 史 · 文 · 化 · 文 · 库 ·

的"伽路师"和"乌卢诜",分别为伊朗语 q'dwš 和 rwšn(读若 rōšn)的译音,意为"圣哉光明"。两者所用汉字不同,说明霞浦文书可能是从不同于敦煌本的摩尼教经中抄录这些音译字句的。《宋会要辑稿·刑法二》宣和二年十一月四日臣僚言,明教之人所念经文"至于字音,又难辨认",恐怕就是从汉文摩尼教经中袭取的。

陈进国还刊布了另一份音译文书《四寂赞》。敦煌所获《摩尼光佛教法仪略》残卷残存的最后词句是:"次观四寂法身",许地山先生早在1935 年研究摩尼教的文章中就猜测:"或者'四寂法身'就是希拉(腊)语的'四面尊严'。"出人意料的是霞浦文书证实了他的猜测。《四寂赞》果然是赞美"四面尊严"即神、光明、大力和智慧的。我们可以列一简表与敦煌所获《下部赞》第二首音译诗《此偈宜从依梵》对照(见表8-1):

表 8-1 四寂表

《四寂赞》	《此偈宜从依梵》	原文	附注
奥和匐	医罗诃	叙利亚文 'lh' ᘏᘏᘏ	清净 阿罗诃(景教碑)
贺卢诜	乌卢诜	伊朗语 rwšn (读若 rōšn)	光明
嵯鹊啰	祚路	伊朗语 zwr (读若 zōr)	大力
[啹]哩	于呐	伊朗语 whyh (读若 wehīh)	智慧

《四寂赞》中还出现了"摩尼弗里悉德","弗里悉德"可能即《摩尼光佛教法仪略》里的"佛夷瑟德",即帕提亚语 fryštg 的译音,意为"使者"。《四寂赞》之后是《戒月结》,森安孝夫曾考证摩尼教回鹘文文书中的 čxšapt ay 意为"斋戒之月",在汉文中当做"戒月",现在居然在霞浦文书中见之。霞浦柏洋乡法师手中持有的多种科仪文书为我们提供了明教演化为民间宗教的许多细节,尚有待于学者们作更深入的探索。

大事记

216 年　摩尼诞生于苏邻国(巴比伦)北部的玛第奴(?)。

240 年　波斯萨珊国王沙卜尔一世加冕,摩尼 24 岁。摩尼与净洗派分裂,创建摩尼教后,先后得到沙卜尔一世及其继承者奥尔米兹德的支持。

273—276 年　波斯萨珊国王瓦赫兰一世在位,反对摩尼教。

274 年　摩尼入狱,后被处死。末思信继承摩尼为摩尼教法主。在科德的影响下,瓦赫兰二世迫害摩尼教和基督教。

约 280 年　基督教埃及主教警告信徒警惕摩尼教的宣传。

284 年(或 286 年)　末思信殉教。伊利诺斯继承末思信为法主。

约 290 年　里科普里斯的亚历山大以希腊文著《批判摩尼教教义》。

292 年　波斯萨珊国王纳尔西(292—310)继位,停止对摩尼教和基督教的迫害。

298 年　波斯国王纳尔西被罗马恺撒加莱里乌斯击败。

302 年　罗马帝国非洲总督茹利亚诺斯报告了北非摩尼教活动的情况,皇帝戴克里先发布诏书镇压摩尼教。

302—309 年　波斯萨珊国王奥尔米兹德二世重新开始迫害摩尼教和基督教。

约 306 年　叙利亚的厄弗冷出生于尼西伯城,他写过不少反摩尼教的著作。

约 340 年　《阿基来行传》被翻译成希腊文,此书成为基督教反异端的主要资料来源。

348 年　耶路撒冷的西里尔在其反摩尼教的著作中引用了《阿基来行传》。

·欧·亚·历·史·文·化·文·库·

约 350 年　所谓拿戈·玛第文库的神智派科普特文写本写成。

354 年　11 月 13 日奥古斯丁生于塔加斯特城(今阿尔及利亚的苏克阿赫拉斯)。

365 年　《阿基来行传》被翻译成拉丁文。保斯托拉僧侣狄托斯著《反摩尼教徒》,全本只有叙利亚文本保存了下来。

372 年　罗马皇帝瓦伦提尼安发布了反摩尼教的诏书。

373 年　奥古斯丁成为摩尼教北非教会的听者。叙利亚的厄弗冷在埃德萨去世。

376 年　伊皮凡尼乌写成《良药宝箱》中反对摩尼教的第 66 章,长篇引述《阿基来行传》。

381 年　罗马皇帝狄奥多西一世发布诏书,剥夺摩尼教徒一些基本公民权。

383 年　奥古斯丁在迦太基与摩尼教非洲主教福斯图斯见面,颇为失望,疏远摩尼教。罗马皇帝狄奥多西一世发布诏书,压制摩尼教徒。

386 年　福斯图斯及其他摩尼教徒被判流放,次年判决取消。

387 年　奥古斯丁在米兰受洗,皈依基督教。

388—389 年　奥古斯丁撰写其第一本反摩尼教的著作《天主教的生活方式和摩尼教的生活方式》(*De moribus ecclesiae Catholicae et De moribus Manichaeonum*)。

390 年　埃及法雍麦地纳 – 马地发现的摩尼教科普特文写本大约于此前后写成。

392 年　奥古斯丁与希波的摩尼教长老福图那图斯在希波进行公开辩论。福斯图斯大约在此前后去世。

394 年　奥古斯丁撰写《答摩尼门徒阿迪曼通》(*Contra Adimantum, Manichaei i discipulum*)。

396—397 年　奥古斯丁撰写《答题为基要的摩尼书信》(*Contra epistulam Manichaei quam vocant Fundamenti*)

398—400 年　奥古斯丁阅读福斯图斯的著作,起草其 33 卷的《答摩尼教徒福斯图斯》(*Contra Fautstum Manichaeum*)。

404 年　加沙主教波菲里与摩尼教女尼安条克的朱莉亚进行辩论。

在希波,奥古斯丁与摩尼教非洲教会选民费里克斯进行了辩论。

425 年　罗马皇帝瓦伦提尼安三世禁止摩尼教徒住在离罗马 100 公里的范围内。

430 年　奥古斯丁在希波去世。

443 年　教皇利奥一世组织调查团,审查和迫害摩尼教徒。

445 年　瓦伦提尼安三世重新启用所有前任反对摩尼教的方法。

492 年　教皇杰拉西乌斯一世(Pope Gelasius)发现在罗马有几个摩尼教徒,焚其书,将其审判与驱逐。

518 年　安条克的塞佛留撰写抨击摩尼教的论著。

527 年　查士丁一世和查士丁尼发布诏书,禁绝摩尼教。许多摩尼教徒被处死。

约 570 年　中亚摩尼教团在撒特－奥尔米兹领导下,与巴比伦的领袖分裂,以电那勿派的名义独立。

600—601 年　撒特－奥尔米兹去世。粟特文成为东方摩尼教的通用语言。

650—683 年　唐高宗在位,摩尼教可能行教中国。

694 年　唐武则天延载元年,波斯国人摩尼教拂多诞持《二宗经》入见。由于阿拉伯阿拔斯王朝的伊拉克总督比较宽容,许多离开美索不达米亚的摩尼教徒回到伊拉克。

710—712 年　米尔成为巴比伦摩尼教教会的领袖。

约 710—740 年　中亚摩尼教徒重新接受巴比伦法主的领导。

719 年　唐玄宗开元七年,中亚吐火罗支汗那王帝赊派懂天文学的摩尼教慕阇至中国。

730 年　巴比伦摩尼教教会法主米尔努力结束电那勿派的分裂。

731 年　开元十九年,大德拂多诞奉诏在集贤院翻译《摩尼光佛教法仪略》。20 世纪初在敦煌藏经洞发现其抄本。

732 年　开元二十年,唐朝禁断摩尼教。

约 735 年　伊拉克摩尼教徒分裂为米尔派和米科拉斯派。

744—840 年　漠北回纥(回鹘)汗国。

757 年(?)　穆盖法尔被以"精低格"的罪名处死,他可能曾翻译过几部摩尼教著作。

760年　伊拉克摩尼教米科拉斯派的分裂结束。

762年　唐代宗宝应元年,回纥牟羽可汗助唐进攻叛军史朝义,收复洛阳,次年带摩尼教睿息等四僧回漠北,摩尼教开始盛行于回纥。

768年　唐代宗大历三年,在长安为回纥摩尼教徒建大云光明寺。

771年　大历六年,应回纥之请,在荆、扬、洪、越诸州建大云光明寺。

779—786年　阿拉伯阿拔斯王朝哈里发迫害摩尼教徒。

791—792年　叙利亚瓦西特景教主教巴尔库尼写了《斯可利亚》,第11卷列举了各种异端,包括对摩尼教教义的概述。

807年　唐宪宗元和二年,回鹘使者又要求在河南府(洛阳)、太原府建摩尼寺。

814年　元和九年,回鹘在漠北喀喇巴喇哈逊立用汉文、粟特文、突厥文三种文字刻写的九姓回鹘可汗碑,颂扬保义可汗,追述回鹘信奉摩尼教的历史。

821年　唐穆宗长庆元年,回鹘宰相、都督、公主、摩尼等573人入朝迎公主,太和公主嫁给回鹘可汗为可敦。

840年　唐文宗开成五年,回鹘为黠戛斯所破,主要分三支西迁,其中一支迁往吐鲁番,称高昌回鹘。

842年　唐武宗会昌二年,关闭摩尼教在南方的寺院,只保留两都及太原的寺院。

843年　唐武宗会昌三年,关闭所有摩尼教寺院,财产充公,教徒流放,死者大半。摩尼教呼禄法师此后到福建,在三山(今福州)教授弟子,又到泉郡(泉州)传教。摩尼教进一步中国化以后称为明教。

866年　唐懿宗咸通七年,高昌回鹘王国建立,信奉摩尼教。

879年　唐僖宗乾符六年,林嵩撰《太姥山记》,提及摩尼宫。

920年　梁贞明六年,陈州毋乙、董乙起事,冬十月被镇压。

约932年　根据阿拉伯书目学家奈迪木的记载,有大约500个摩尼教徒前往撒马尔罕。

934年　后梁闵帝应顺元年,宋朝赐高昌入朝摩尼8人。

约950年　根据奈迪木的记载,伊拉克的布韦希王朝时期,在巴格达尚有约 300 个精低格（其中包括很多摩尼教徒）。

951 年　后周太祖广顺元年,西州回鹘(高昌回鹘)遣使进贡。

961 年　南唐建隆二年,于阗派遣摩尼师进贡。

966 年　宋太祖乾德四年,孙绵建造龙首寺(在今福建霞浦柏洋乡),元代改名乐山堂。

981 年　宋太宗太平兴国六年,王延德出使高昌,记载了高昌的摩尼寺。

987 年　奈迪木完成《群书类述》,其第九章第一部分以很大篇幅记叙了摩尼教的历史与教义。根据他的记载,当时巴格达大约只有五个精低格了。

995—997 年　宋太宗至道中,福建怀安士人李廷裕得摩尼像于京城,从此摩尼像传入福建。

约 1000 年　比鲁尼写《古代诸民族编年史》,其中记载了摩尼教的情况。

1016 年　宋真宗大中祥符九年,敕福州宣取摩尼经颁入道藏。

1019 年　宋真宗天禧三年,敕福州宣取摩尼经颁入道藏。

1027 年　宋仁宗天圣五年,林瞪拜孙绵为师,皈依明教。

约 1033 年　比鲁尼写《印度考》,其中包括一些关于摩尼教的记载。

约 1035 年　宋仁宗景祐二年,敦煌莫高窟藏经洞封闭。洞内保存了汉文《摩尼光佛教法仪略》、《下部赞》和《摩尼教残经》。直到 20 世纪初始为世人所知。

1059 年　宋仁宗嘉祐四年,明教徒林瞪去世,后被封为"兴福大王"、"洞天都雷使",这个教门保存了一些摩尼教文献,以民间宗教的面貌延续至现代。

1115 年　宋徽宗政和五年,台州海宁主簿洪皓处理了一件私藏《二宗三际经》的案件。

1117 年　政和七年,礼部牒温州宣取摩尼经颁入道藏。

1120 年　宋徽宗宣和二年,礼部牒温州宣取摩尼经颁入道藏。方腊起义,朝廷连带根究温州明教。

约 1162 年　宋高宗绍兴三十二年,陆游要求朝廷严惩福建明教、两浙牟尼教等异端。

1264 年　宋理宗景定五年,黄震撰《崇寿宫记》。明教寺院崇寿宫在浙江四明(宁波)。浙江宁波在元末明初绘制过明教绘画,现存日本。

1292 年　元忽必烈至元二十九年,马可·波罗在福州看到的一个教派可能是明教。

1313 年　元仁宗皇庆二年,泉州的基督教徒帖迷答扫马为管理江南诸路明教、秦教(景教?)、也里可温(基督教)的主管马里失里门立墓碑。

1339 年　元惠宗至元五年,陈真泽出资在福建泉州华表山草庵雕刻摩尼像。

1349 年　元惠宗(顺帝)至正九年,福建晋江庄惠龙去世,他晚年托以苏邻法(皈依明教)。

1351 年　至正十一年,孔克表撰《选真寺碑》,碑在浙江温州平阳(今苍南)。明教寺院选真寺可能建于南宋。陈高撰《竹西楼记》,记载了温州平阳的潜光院,明教寺院潜光院也可能建于南宋。

1368 年　明太祖朱元璋洪武元年,下诏禁止明尊教等异端,后以法律的形式确定下来。浙江按察司佥事熊鼎因温州"大明教"犯国号,上奏将其摧毁。朱元璋嫌明教之名上逼国号,摈其徒,毁其宫。户部尚书郁新、礼部尚书杨隆奏留之,因得置不问。明教演变成使用符咒的民间宗教,名"师氏法"。

1374 年　洪武七年,飞路塔(在今福建霞浦县盐田畲族乡北洋村)建成,塔前刻有楷书:"清净、光明、大力、智慧"。

1445 年　明英宗正统十年,福建晋江草庵主持明书在寺前大石上镌刻偈语"劝念:清净、光明、大力、智慧,无上至真,摩尼光佛"。

1514 年　明武宗正德九年,林楚造三佛塔(在今福建霞浦县柏洋乡上万村)。

1620 年　明神宗万历四十八年,何乔远撰成《闽书》,记载了晋江华表山草庵,勾勒了摩尼教的历史。

图版目录

423

欧·亚·历·史·文·化·文·库·

彩色图版目录

·欧·亚·历·史·文·化·文·库·

轮之间残存 9 个小头像,原先也许有 12 个

彩色图版 4 - 1　高昌出土文书 MIK Ⅲ 4614 摩尼教轴卷书书名页:画了一面旗子,两侧站着精灵或神

彩色图版 4 - 2　木头沟出土 MIK Ⅲ 8260,梵夹式装订,正面有图,是跪着的圣徒;反面是一篇中古突厥文经典

彩色图版 4 - 3　高昌出土 MIK Ⅲ 6268 皮革书的封皮

彩色图版 4 - 4　高昌遗址 K 出土文书 MIK Ⅲ 6368 正面:抄经图

彩色图版 4 - 5　高昌出土文书残片 MIK Ⅲ 4962a,b,c:人物和花卉

彩色图版 4 - 6　中古波斯文《沙卜拉干》残片之一:M482 + 477b 正面

彩色图版 4 - 7　中古波斯文《生命福音》残片之一:M17 反面

彩色图版 4 - 8　埃及喀里斯出土科普特文文书 P. Kell. Copt. 53 (p. 51):摩尼《书信集》残片

彩色图版 4 - 9　中古波斯文《大力士经》残片:M101a 页 1

彩色图版 4 - 10　高昌遗址 K 出土绢画 MIK Ⅲ 6279:驱逐巨人

彩色图版 4 - 11　《小赞愿经》残片之一:M538 正面

彩色图版 4 - 12　尼采米的《五诗集》(*Khamsa*)插图:摩尼在水晶盖上画死狗

彩色图版 4 - 13　《科隆摩尼古卷》

彩色图版 4 - 14　伊朗比沙卜尔摩崖石刻:沙卜尔一世凯旋浮雕

彩色图版 4 - 15　《惠明经》帕提亚文残片:M384 等的页一

彩色图版 4 - 16　《摩尼教残经一》首页(中国国家图书馆藏)

彩色图版 4 - 17　帕提亚文组诗《胡亚达曼》残片之一:M233 反面

彩色图版 4 - 18　天界图(A)

彩色图版 4 - 19　天界图(B)

彩色图版 4 - 20　《摩尼光佛教法仪略》首页

彩色图版 5 - 1　吐鲁番高昌故城遗址 K 发现的壁画 MIK Ⅲ 6918:摩尼教高僧(摩尼[?])身后的众僧

彩色图版 5 - 2　吐鲁番高昌故城遗址 K 发现的旗幡 MIK Ⅲ 6283

彩色图版 5 - 3　吐鲁番高昌故城遗址 K 发现的旗幡 MIK Ⅲ 6283 正面(?)局部

彩色图版 5 - 4　吐鲁番柏孜克里克 65 号洞窟出土粟特文文书

81TB65:1:书信 A 的插图

·欧·亚·历·史·文·化·文·库·

4979a,b 背面:国王图像

彩色图版 7 - 6　吐鲁番高昌故城遗址 α 发现的双折页残片 MIK Ⅲ 4959 背面:印度神祇

彩色图版 7 - 7　喀喇巴喇哈逊回鹘故都斡尔朵八里宫城遗迹

彩色图版 7 - 8　喀喇巴喇哈逊回鹘故都斡尔朵八里宫城平面图

彩色图版 7 - 9　吐鲁番高昌故城遗址 K 出土回鹘语文书 U1a,b(T Ⅱ K173):摩尼教历史文献

彩色图版 7 - 10　〔南宋〕梁楷《八高僧故事图》之三:白居易拱谒,鸟巢指说

彩色图版 7 - 11　吐鲁番出土中古波斯文文书 M1:摩尼教赞美诗集之一页正面

彩色图版 7 - 12　吐鲁番出土中古波斯文文书 M1:摩尼教赞美诗集之一页背面

彩色图版 7 - 13　吐鲁番高昌城外一座景教教堂的壁画:"圣枝图"

彩色图版 7 - 14　吐鲁番高昌城外一座景教教堂的壁画:一位年轻姑娘

彩色图版 7 - 15　吐鲁番交河故城鸟瞰图

彩色图版 7 - 16　柏孜克里克第 9 窟内殿入口左侧窄墙上的女供养人像

彩色图版 7 - 17　吐鲁番高昌故城发现的彩色书页 MIK Ⅲ 4957a:身穿中式服装的官员

彩色图版 7 - 18　吐鲁番高昌故城遗址出土粟特文经典插图

彩色图版 7 - 19　吐鲁番柏孜克里克第 25 窟侧壁(西侧)摩尼教壁画:摩尼宝珠、2 个乐人、连珠纹、唐草纹

彩色图版 7 - 20　吐鲁番柏孜克里克第 17 窟(新编第 27 窟)

彩色图版 7 - 21　吐鲁番胜金口摩尼寺外景

彩色图版 7 - 22　吐鲁番胜金口北寺第 4 窟生命树壁画

彩色图版 8 - 1　哈佛燕京图书馆藏光绪庚辰(1880 年)《重刊福宁府志》:林嵩撰《太姥山志》

彩色图版 8 - 2　英国藏敦煌写经《老子化胡经》

主要参考文献

Allberry, C. R. C. A Manichaean Psalm-book：Part Ⅱ[M]. Stuttgart：W Kohlhammer,1938.

Arnold,Thomas Walke. Survivals of Sasanian & Manichaean art in Persian painting[M]. Oxford：the Clarendon Press for Armstrong College,Newcastle-upon-Tyne,1924.

Augustine. The works of Saint Augustine：a translation for the 21st century [M]. N. Y. ：New City Press,c1990 - c2009.

奥古斯丁.忏悔录[M].周士良,译.北京：商务印书馆,1997.

巴托尔德.中亚突厥十二讲[M].罗致平,译.北京：中国社会科学出版社,1984.

白玉蟾.宋白真人玉蟾全集[M].台北：宋白真人玉蟾全集辑引委员会,1976.

霞浦县第三次全国文物普查领导小组.霞浦县明教(摩尼教)史迹调查报告[R].[出版者不详],2009.

伯希和.福建摩尼教遗迹[G].冯承钧,译.//冯承钧.西域南海史地考证译丛：第9编.北京：商务印书馆,1995：125 - 141.

Boyce M. A Reader in Manichaean Middle Persian and Parthian：texts [M].Téhéran ：Bibliothèque Pahlavi,1975.

蔡鸿生.唐代九姓胡与突厥文化[M].北京：中华书局,1998.

Tokyo National Museum,Kyoto National Museum,Asahi Shimbun. Central Asian art from the Museum of Indian Art, Berlin, SMPK[M]. Tokyo：Asahi Shinbunsha,1991.

Chadwick,Owen. A history of Christianity[M]. London：Weidenfeld & Nicolson,c1995.

晁华山. 寻觅湮没千年的东方摩尼寺[J]. 中国文化,1993(8):1-20.

Chavannes, Edouard. Un traité manichéen retrouvé en Chine[M]. Paris: s. n. ,1912.

沙畹,伯希和. 摩尼教流行中国考[G]. 冯承钧,译.// 冯承钧. 西域南海史地考证译丛:第8编. 北京:商务印书馆,1995:43-104.

陈高华. 摩尼教与吃菜事魔[M].//中国农民战争史论丛:第4辑. 郑州:河南人民出版社,1982:97-106.

陈进国,林鋆. 明教的新发现——福建霞浦县摩尼教史迹辨析[M/OL].//雷子人. 不止于艺:中央美术学院"艺文课堂"名家讲演录:第1版. 北京:北京大学出版社,2010:345-391. http://www. chinesefolklore. org. cn/upload/news/Attach-20100228073629. pdf.

陈进国,吴春明. 论摩尼教的脱夷化和地方化——以福建霞浦县的明教史迹及现存科仪文本为例[C].//台湾佛光大学"民间儒教与救世团体"国际学术研讨会会议论文集. 台北:[出版者不详].2009.

陈学霖. 明朝"国号"的缘起及"火德"问题[J/OL]. 中国文化研究所学报,2010/(50):71-103. http://www. cuhk. edu. hk/ics/journal/articles/5003. pdf.

陈垣. 摩尼教入中国考[J]. 国学季刊,1923,1(2):203-239.

陈垣. 摩尼教入中国考[G].//陈垣学术论文集:第1集. 北京:中华书局,1980:329-374.

陈垣. 摩尼教残经一,摩尼教残经二[J]. 国学季刊,1923,1(3):531-546.

Decret,François. Mani et la tradition manichéenne. Paris:Seuil, 1974.

Dodge B. The Fihrist of al-Nadim,A Tenth-Century Survey of Muslim Culture:Ⅰ-Ⅱ[M]. New York:Columbia University Press,1970.

Franz, Heinrich Gerhard. Kunst und Kultur entlang der Seidenstrasse[M]. Graz:Akademische Druck-u Verlagsanstalt,c1986.

福建霞浦县发现明教遗物. 世界宗教研究,2009(2):封三.

耿世民. 回鹘文摩尼教寺院文书初释[J]. 考古学报,1978(4):

497 – 516.

耿世民. 维吾尔古代文献研究 [M]. 北京：中央民族大学出版
社,2003.

耿世民. 维吾尔与哈萨克语文学论集 [G]. 北京：中央民族大学出版
社,2007.

Ghirshman, Roman. Persian art, Parthian and Sassanian dynasties, 249 B. C. – A. D. 651 [M]. tran. , Stuart Gilbert, James Emmons. New York： Golden Press,1962.

Giversen. The Manichaean Coptic papyri in the Chester Beatty Library/ Søren Giversen [M]. Genève：Cramer P, 1986.

Hans-Joachim Klimkeit. Gnosis on the Silk Road：Gnostic texts from Central Asia [M]. tran. , Hans - Joachim Klimkeit. Calif. ： HarperSanFrancisco,c1993.

Gulácsi, Zsuzsanna. Manichaean art in Berlin collections：a comprehensive catalogue of Manichaean artifacts belonging to the Berlin State Museums of the Prussian Cultural Foundation, Museum of Indian Art, and the Berlin-Brandenburg Academy of Sciences, deposited in the Berlin State Library of the Prussian Cultural Foundation [M]. Turnhout： Brepols,2001.

Gulácsi, Zsuzsanna. Mediaeval Manichaean book art：a codicological study of Iranian and Turkic illuminated book fragments from 8th – 11th century east Central Asia [M]. Boston ：Brill,2005.

Gulácsi, Zsuzsanna. A Visual Sermon on Mani's Teaching of Salvation：A Contextualized Reading of a Chinese Manichaean Silk Painting in the Collection of the Yamato Bunkakan in Nara, Japan [J]. Studies on the Inner Asian Languages,2008(23),1 – 15.

Härtel, Herbert. Die Seidenstrasse：Malereien und Plastiken aus buddhistischen H? hlentempeln aus der Sammlung des Museums für Indische Kunst Berlin [M]. Berlin：D. Reimer,c1987.

Härtel, Herbert. Along the ancient silk routes：Central Asian art from the West Berlin State Museums：an exhibition lent by the Museum für Indische

Kunst, Staatliche Museen Preussischer Kulturbesitz, Berlin, Federal Republic of Germany[M]. New York:Metropolitan Museum of Art,[1982].

Litvinsky B A. History of civilizations of Central Asia. V. 3[M]. The crossroads of civilizations, A. D. 250 to 750. Paris:Unesco,1992.

李特文斯基. 中亚文明史:第3卷[M]. 马小鹤,译. 北京:中国对外翻译出版公司,联合国教科文组织,2003.

华涛. 西域历史研究[M]. 上海:上海古籍出版社,2000.

姜伯勤. 敦煌吐鲁番文书与丝绸之路[M]. 北京:文物出版社,1994.

Werner Sundermann. Iranian Manichaean Turfan texts in early publications(1904 – 1934): photo edition[M]. London:Corpus Inscriptionum Iranicarum by School of Oriental and African Studies,1996.

Dieter Weber. Iranian Manichaean Turfan texts in publications since 1934:photo edition[M]. London:Corpus Inscriptionum Iranicarum by School of Oriental and African Studies,2000.

Iain Gardner. Kellis literary texts[M]. Oxford:Oxbow Books,1996.

Klimkeit,Hans -Joachim. Manichaean art and calligraphy[M]. Leiden:Brill,1982.

〔联邦德国〕克林凯特. 古代摩尼教艺术[M]. 林梧殊,译. 广州:中山大学出版社,1989.

Le Coq, Albert von. Chotscho:Facsimile – wiedergaben der wichtigeren Funde der ersten Königlich preussischen Expedition nach Turfan in Ost – Turkistan, im Auftrage der Generalverwaltung der Königlichen Museen aus Mitteln des Baessler – Institutes herausgegeben von A. von Le Coq. 45 farbige und 30 schwarze Lichtdrucktafeln mit beschreibendem Text[M]. Berlin:D. Reimer,1913.

勒柯克. 高昌:吐鲁番古代艺术珍品[M]. 赵崇民,译. 吉宝航,审校. 乌鲁木齐:新疆人民出版社,1998.

Le Coq, Albert von. Die buddhistische Prajña in Mittelasien. 2. t. Die manichaeischen Miniaturen. 1923. – 3. t. Die Wandmalereien. 1924. Berlin:D. Reimer,1922 – 1933.

阿尔伯特·冯·勒柯克,恩斯特·瓦尔德施密特.新疆佛教艺术[M].乌鲁木齐:新疆教育出版社,2006.

李经纬.古代维吾尔文献"摩尼忏悔词"译释[J].世界宗教研究,1982(3):57-78.

Lieu,Samuel N C. Manichaeism in the later Roman Empire and medieval China[M]. Tübingen:J. C. B. Mohr,c1992.

Lieu,Samuel N C. Manichaeism in Central Asia and China[M]. Boston:Brill,1998.

林梅村,陈凌,王海城.九姓回鹘可汗碑研究[J].欧亚学刊,1999(1):151-171.

林悟殊.摩尼教及其东渐[M].台北:淑馨出版社,1997.

林悟殊.中古三夷教辨证[M].北京:中华书局,2005.

林悟殊.宋元温州选真寺摩尼教属性再辨析[J].中华文史论丛2006(4):265-288.

马小鹤.光明使者——图说摩尼教[M].上海:上海社会科学出版社,2003.

马小鹤.摩尼教与古代西域史研究[M].北京:中国人民大学出版社,2008.

Werner Sundermann. The Manichaean hymn cycles Huyadagmān and Angad Rōšnān in Parthian and Sogdian:photo edition / transcription and translation of hitherto unpublished texts[M]. London:Corpus Inscriptionum Iranicarum by School of Oriental and African Studies,1990.

Iain Gardner,Samuel N C Lieu. Manichaean texts from the Roman Empire[M]. Cambridge:Cambridge University Press,2004.

森安孝夫,オチル.モンゴル国現存遺跡·碑文調査研究報告[M].豊中:中央ユーラシア学研究会,1999.

森安孝夫.ウイグル=マニ教史の研究[G].//Dsaka daigaku bungakubu.大阪大学文学部紀要(31/32). Osaka:Osaka University Press,1991.

牟润孙.宋代之摩尼教[J].辅仁学志,1938(7).

牟润孙. 宋代之摩尼教 [G].//注史斋丛稿. 北京：中华书局，1987:94 - 116.

Moule A C. Christians in China before the year 1550[M]. New York:The Macmillan Co. ,1930.

阿·克·穆尔. 一五五〇年前的中国基督教史[M]. 郝镇华, 译. 蒋本良, 校. 北京:中华书局,1984.

粘良图. 晋江草庵研究[M]. 厦门:厦门大学出版社,2008.

牛汝极. 回鹘文《牟羽可汗入教记》残片释译[J]. 语言与翻译,1987(2).

Pelliot,Paul. Notes on Marco Polo[M]. London:G. Routledge,1938.

饶宗颐. 穆护歌考[G].//饶宗颐诗学论著选. 上海:上海古籍出版社,1993:404 - 441.

荣新江. 海外敦煌吐鲁番文献知见录[M]. 南昌:江西人民出版社. 1996.

荣新江. 中古中国与外来文明[M]. 北京:三联书店,2001.

Rudolph Kurt. Gnosis: the nature and history of Gnosticism [M]. San Francisco:Harper & Row,1983.

芮传明. 入华摩尼教之"佛教化"及其传播——以《下部赞·叹明界文》为例[G].//上海社会科学院《传统中国研究集刊》辑委员会. 传统中国研究集刊:第五辑. 上海:上海人民出版社,2008.

芮传明. 东方摩尼教研究[M]. 上海:上海人民出版社,2009.

芮传明. 摩尼教突厥语《忏悔词》新译和简释[J]. 史林,2009(6).

Snellgrove,David L. The cultural heritage of Ladakh[M]. Boulder:Prajña Press,1977.

Michel Tardieu. Manichaeism. tran. ,M B DeBevoise. Urbana Ill:University of Illinois Press,c2008.

新疆吐鲁番地区文物局. 吐鲁番新出摩尼教文献研究. 北京:文物出版社,2000.

王国维. 摩尼教流行中国考[J]. 亚洲学术杂志,1921(11).

王国维. 摩尼教流行中国考[M].//观堂集林:第4册. 北京:中华书

局,1959:1167 - 1190.

王见川. 从摩尼教到明教[M]. 台北:新文丰出版公司,1992.

王菲. 回鹘文摩尼教寺院文书再考释[J]. 欧亚学刊,2000(2):225 - 242.

《维吾尔族简史》编写组. 维吾尔族简史[D]. 乌鲁木齐:新疆人民出版社,1991.

王媛媛. 从波斯到中国:摩尼教在中亚和中国的传播(公元 3—11 世纪)[D]. 北京:北京大学博士研究生学位论文,2006.

Widengren Geo. Mani and Manichaeism[M]. tran. ,Charles Kessler. London:Weidenfeld and Nicolson,c1965.

吴春明. 林瞪与明教. [出版者不详],2009.

吴晗. 明教与大明帝国[M].//读史劄记. 北京:三联书店,1956:235 - 270.

许地山. 道教、因明及其他[M]. 北京:中国社会科学出版社,1994:33 - 50.

杨富学,牛汝极. 牟羽可汗与摩尼教[J]. 敦煌学辑刊,1987(2).

杨富学,牛汝极. 沙洲回鹘及其文献[M]. 兰州:甘肃文化出版社,1995.

杨志玖. 马可波罗在中国[M]. 天津:南开大学出版社,1999.

吉田豊. 新出マニ教絵画の形而上[J]. 大和文华. 2010(121):图版 1 - 9,3 - 34.

元文琪. 二元神论:古代波斯宗教神话研究[M]. 北京:中国社会科学出版社,1997.

张广达. 唐代汉译摩尼教残卷[J]. 东洋学报,2004(77):376 - 336.

索　引

A

阿必札却斯（Abizachias）　12

阿大姆斯（Adamas of Light）
32,63,83

阿迪亚波纳（Adiabene）　16

阿尔比派（Albigensians）
298－300,428,436

阿尔达班（Ardabān）　18

阿尔达希（Ardashir）　1,2,10,
190,423

阿拂胤（āfrīn）　169,170,172,
185,264

阿拂胤萨（'frywnsr,赞愿首）
228,264

阿格拉·曼纽（Angra Mainyu）
28

阿赫里曼（Ahriman,'hrmyn）
2,10,28－30,35,49,50,64,83,
84,167,168,252,301,432

阿胡拉·玛兹达（Ahura Mazdā）
2,3,10,29,30

《阿基来行传》（Acta Archelai）
18,88,89,92,93,151,154,172,
173,240,298,417,418

阿罗缓（'rd'w'n,纯善人）
14,222,223,225,228,2621

阿罗瓒（Razan）　169,170,
172,181

阿诺德（Thomas W. Arnold）
49,58

阿斯木森（J. P. Asmussen）
120,124,146,150

阿塔巴努斯（Artabanus）　2,10

阿驮（Addā）　17,33,117,
196,265

埃德萨的巴戴桑（Bardaisan of
Edessa）　4

埃里温（Erevan）　18

爱吾赤（išayγuêï,执事）　271

安布罗斯（Abrose）　286,292,
436

安德列斯（F. C. Andreas）
115－117

安条克的塞佛留（Severus of Anti-

欧亚历史文化文库

已经出版

林悟殊著:《中古夷教华化丛考》 定价:66.00 元

赵俪生著:《弇兹集》 定价:69.00 元

华喆著:《阴山鸣镝——匈奴在北方草原上的兴衰》 定价:48.00 元

杨军编著:《走向陌生的地方——内陆欧亚移民史话》 定价:38.00 元

贺菊莲著:《天山家宴——西域饮食文化纵横谈》 定价:64.00 元

陈鹏著:《路途漫漫丝貂情——明清东北亚丝绸之路研究》

定价:62.00 元

王颋著:《内陆亚洲史地求索》 定价:83.00 元

〔日〕堀敏一著,韩昇、刘建英编译:《隋唐帝国与东亚》 定价:38.00 元

〔印度〕艾哈默得·辛哈著,周翔翼译,徐百永校:《入藏四年》

定价:35.00 元

〔意〕伯戴克著,张云译:《中部西藏与蒙古人

——元代西藏历史》(增订本) 定价:38.00 元

陈高华著:《元朝史事新证》 定价:74.00 元

王永兴著:《唐代经营西北研究》 定价:94.00 元

王炳华著:《西域考古文存》 定价:108.00 元

李健才著:《东北亚史地论集》 定价:73.00 元

孟凡人著:《新疆考古论集》 定价:98.00 元

周伟洲著:《藏史论考》 定价:55.00 元

刘文锁著:《丝绸之路——内陆欧亚考古与历史》 定价:88.00 元

张博泉著:《甫白文存》 定价:62.00 元

孙玉良著:《史林遗痕》 定价:85.00 元

马健著:《匈奴葬仪的考古学探索》 定价:76.00 元

〔俄〕柯兹洛夫著,王希隆、丁淑琴译:

《蒙古、安多和死城哈喇浩特》(完整版) 定价:82.00 元

乌云高娃著:《元朝与高丽关系研究》 定价:67.00 元

杨军著:《夫余史研究》 定价:40.00 元

梁俊艳著:《英国与中国西藏(1774—1904)》　　　　定价:88.00 元

〔乌兹别克斯坦〕艾哈迈多夫著,陈远光译:

　　《16—18 世纪中亚历史地理文献》(修订版)　　定价:85.00 元

成一农著:《空间与形态——三至七世纪中国历史城市地理研究》

　　　　　　　　　　　　　　　　　　　　　定价:76.00 元

杨铭著:《唐代吐蕃与西北民族关系史研究》　　　定价:86.00 元

殷小平著:《元代也里可温考述》　　　　　　　　定价:50.00 元

耿世民著:《西域文史论稿》　　　　　　　　　　定价:100.00 元

殷晴著:《丝绸之路经济史研究》　　　　定价:135.00 元(上、下册)

余大钧译:《北方民族史与蒙古史译文集》　定价:160.00 元(上、下册)

韩儒林著:《蒙元史与内陆亚洲史研究》　　　　　定价:58.00 元

〔美〕查尔斯·林霍尔姆著,张士东、杨军译:

　　《伊斯兰中东——传统与变迁》　　　　　　　定价:88.00 元

〔美〕J.G.马勒著,王欣译:《唐代塑像中的西域人》　定价:58.00 元

顾世宝著:《蒙元时代的蒙古族文学家》　　　　　定价:42.00 元

杨铭编:《国外敦煌学、藏学研究——翻译与评述》　定价:78.00 元

牛汝极等著:《新疆文化的现代化转向》　　　　　定价:76.00 元

周伟洲著:《西域史地论集》　　　　　　　　　　定价:82.00 元

周晶著:《纷扰的雪山——20 世纪前半叶西藏社会生活研究》

　　　　　　　　　　　　　　　　　　　　　定价:75.00 元

蓝琪著:《16—19 世纪中亚各国与俄国关系论述》　定价:58.00 元

马小鹤著:《光明的使者——摩尼与摩尼教》　　　定价:120.00 元

敬请期待

〔俄〕Т.Б.巴尔采娃著,张良仁、李明华译:

　　《斯基泰时期的有色金属加工业——第聂伯河左岸森林草原带》

李鸣飞著:《玄风庆会——蒙古国早期的宗教变迁》

许全胜著:《黑鞑事略汇校集注》

张文德著:《朝贡与入附——明代西域人来华研究》

尚永琪著:《胡僧东来——汉唐时期的佛经翻译家和传播人》

篠原典生著:《西天伽蓝记》

桂宝丽著:《可萨突厥》

·欧·亚·历·史·文·化·文·库·

张小贵著：《祆教史考论与述评》

贾丛江著：《汉代西域汉人和汉文化》

王冀青著：《斯坦因的中亚考察》

王冀青著：《斯坦因研究论集》

王永兴著：《敦煌吐鲁番出土唐代军事文书考释》

薛宗正著：《汉唐西域史汇考》

李映洲著：《敦煌艺术论》

许序雅著：《唐朝与中亚九姓胡关系史研究》

叶德荣著：《汉晋胡汉佛教论集》

〔俄〕波塔宁著,〔俄〕奥布鲁切夫编,吴吉康译：《蒙古纪行》

王颋著：《内陆亚洲史地求索》（续）

〔德〕施林洛甫著,刘震译校：《叙事和图画
　——欧洲和印度艺术中的情节展现》

王冀青著：《斯坦因档案研究指南》

刘雪飞著：《上古欧洲斯基泰文化巡礼》

汪受宽著：《骊靬梦断——古罗马军团东归伪史辨识》

〔前苏联〕巴托尔德著,张丽译：《中亚历史》

徐文堪编：《梅维恒内陆欧亚研究文选》

〔前苏联〕К.А.阿奇舍夫、Г.А.库沙耶夫著,孙危译：
　《伊犁河流域塞人和乌孙的古代文明》

徐文堪著：《古代内陆欧亚的语言和有关研究》

刘迎胜著：《小儿锦文字释读与研究》

李锦绣编：《20世纪内陆欧亚历史文化研究论文选粹》

李锦绣、余太山编：《古代内陆欧亚史纲》

郑炳林著：《敦煌占卜文献叙录》

陈明著：《出土文献与早期佛经词汇研究》

李锦绣著：《裴矩〈西域图记〉辑考》

王冀青著：《犍陀罗佛教艺术》

王冀青著：《敦煌西域研究论集》

李艳玲著：《公元前2世纪至公元7世纪前期西域绿洲农业研究》

许全胜、刘震编：《内陆欧亚历史语言论集——徐文堪先生古稀纪念》

张小贵编：《三夷教论集——林悟殊先生古稀纪念》

李鸣飞著:《横跨欧亚——马可波罗的足迹》

杨林坤著:《西风万里交河道——明代西域丝路上的使者与商旅》

杜斗诚著:《杜撰集》

林悟殊著:《华化摩尼教补说》

王媛媛著:《摩尼教艺术及其华化考述》

〔日〕渡边哲信著,尹红丹、王冀青译:《西域旅行日记》

李花子著:《长白山踏查记》

王冀青著:《佛光西照——欧美佛教研究史》

王冀青著:《霍恩勒与鲍威尔写本》

王冀青著:《清朝政府与斯坦因第二次中国考古》

芮传明著:《摩尼教东方文书校注与译释》

马小鹤著:《摩尼教东方文书研究》

段海蓉著:《萨都剌传》

〔德〕梅塔著,刘震译:《从弃绝到解脱》

郭物著:《欧亚游牧社会的重器——鍑》

王邦维著:《玄奘》

冯天亮著:《词从外来——唐代外来语研究》

芮传明著:《内陆欧亚中古风云录》

王冀青著:《伯希和敦煌考古档案研究》

王冀青著:《伯希和中亚考察研究》

李锦绣著:《北阿富汗的巴克特里亚文献》

〔日〕荒川正晴著,冯培红译:《欧亚的交通贸易与唐帝国》

孙昊著:《辽代女真社会研究》

赵现海著:《明长城的兴起
　　——"长城社会史"视野下明中期榆林长城修筑研究》

华喆著:《帝国的背影——公元14世纪以后的蒙古》

〔前苏联〕伊·亚·兹拉特金著,马曼丽译:《准葛尔汗国史》(修订版)

杨建新著:《民族边疆论集》

〔美〕白卖克著,马娟译:《大蒙古国的畏吾儿人》

余太山著:《内陆欧亚史研究自选论集》

淘宝网邮购地址:http://lzup.taobao.com

463